后浪出版

完全写作指南

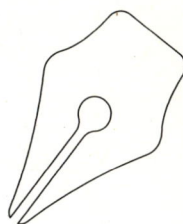

HOW TO WRITE ANYTHING
A COMPLETE GUIDE

［美］劳拉·布朗（Laura Brown）——— 著

袁婧 ——— 译

江西人民出版社
Jiangxi People's Publishing House
全国百佳出版社

劳拉·布朗的其他著作

《创建你自己的汽车修理站——释放公司潜在创造力的方案》

BUILD YOUR OWN GARAGE:
Blueprints and Tools to Unleash Your Company's Hidden Creativity

（与贝恩德·H·施密特教授合著）

献给我的父母，
已故去的洛伊斯·H·布朗与贾斯汀·W·布朗

目　录

第一部分

写作的流程

第一章

没什么是你写不了的

在工作中、学习中以及你的私人生活中，无论你需要写什么，只要掌握一些简单的方法，你都能写得出来。无论是商务电子邮件、演讲稿，还是学期论文、申请书，抑或是信函、颂词，甚至是寻物启事、交通罚单应诉信，就像我说的，没什么是你写不了的。

我教写作已经有近三十年的时间了，从高中生到公司主管，各个年龄层和职位的人我都教过。这么长时间以来，我从未遇到过任何一个"写不出来"的人，反而是经常遇到一些被写作流程吓到的人。

别担心。在这本书里，我将教给你一套能够久经考验的写作流程，无论你需要写什么，我都会告诉你要怎样去做。在前四章中，我们将会解决这个问题。而在接下来的章节中，你可能也看到了，它们占了全书的一大半，我会手把手教你写出所有你能想到的，会用得上的东西。

孩子们会玩一种桌游，上面有一个圆形的转盘，转盘停下的位置决定了你要去做的事。如果你曾经玩过这种游戏，那么你就已经准备好来学习我的写作课程了。现在，女士们先生们，请看劳拉·布朗博士的写作转盘：

如果你上过写作课，或是学习过高中英语，那么你应该对这个转盘上的内容并不陌生。之前你也听说过：写作需要明确**目标**、确定**读者**、用**头脑风暴**总结出中心思想、**组织**内容、**写初稿**以及**修改**。但在大多数写作课上，这些步骤都是以线性的方式展示的，像这样：

只要肯努力，任何时候你都能写作。

——塞缪尔·约翰逊，
作家、诗人、编辑、
词典编撰家

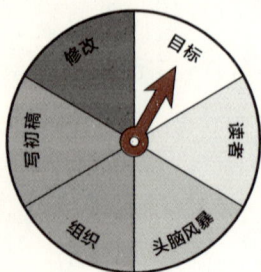

目标→读者→头脑风暴→组织→写初稿→修改

从理论上讲，按照这个顺序操作，你就能得到一篇组织得当、逻辑严谨的完美稿件。这个方法对一部分人是有用的，但如果你和大多数人一样，那么它很可能就不适合你。在现实生活中，大部分人都不是线性思维的写作者。

这六个步骤并没有错，错的是这个强制性的顺序。当循序渐进变成了因循守旧，它只会阻碍你写作能力的发挥。

成功的写作者都知道，你可以以这个步骤中的任意一步作为起点，写出一篇成功的文章。（当然，修改的步骤不包含在其中）你可以从头脑风暴开始，或从写提纲开始，你也可以从写初稿开始（实际上，我的很多客户和学生都是从这一步开始的，也许你也可以）。成功的关键是，不要以任何特定的顺序做完这六件事，只要保证在写作流程中，每件事都做了一遍即可。

对我们大多数人而言，写作的过程并不是线性的，而更像是由多个步骤组成的一个环形。我们可以从环上的任何一步开始，根据个人的喜好沿转盘多次重复，直到我们对自己写的东西完全满意为止。

在下一章中，我将向你展示如何使用这个转盘，找到你理想的写作流程。一旦你找到了自己理想的流程并稍加练习，写作就会变得比较容易了，你能写得更快，最终效果也会更好。在本书中，我会经常提到这个写作转盘，并向你展示如何将它广泛地应用于各种不同类型的写作当中。

> 阅读时，我们会从头开始，读到结尾；写作时，我们会从中间开始，然后解决其他的部分。
>
> ——薇琪·卡尔普，
> 诗人

> 当我准备写一本书时，会先写结尾。
>
> ——玛西亚·达文波特，
> 小说家

第二章

找到属于你自己的写作步骤

在上一章中，我们大致浏览了写作流程中的六大步骤，它们排列在写作转盘的不同位置。在本章中，我们将细致地了解每一步，观察它们在写作流程中起到了什么用。为简单起见，在这里我是按照线性顺序列出的，但要记住，你想从哪里开始就可以从哪里开始。

第一节 写作的准备

1. 明确你的目标

当你坐下来要写点什么的时候，你要很明确地知道自己的目标是什么，你希望达到什么目的。

乍一看，你写作的目标是不言而喻的，大部分情况下也的确如此。如果要写贺词，你的目的就是让对方得到应有的祝福。如果要写唁函，目的就是给对方以安慰。但有些时候，明确目的比看上去更加复杂。如果你搞不清自己想要达到什么目的，就很容易会走上歪路。

比如说，你打算申请一份工作，要完成你的简历需要附一封求职

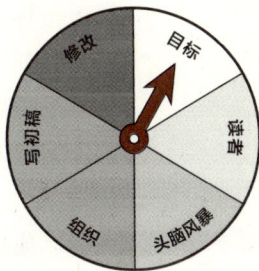

信。写这封求职信的目的是什么？是想要找工作对吗？但求职信能帮你找到工作吗？不，它不能，它只是找工作这个流程中的一小部分。影响录取的因素有很多：你的简历、证明人、面试中的表现等等。所以当你写求职信完善简历的时候，你的具体目的究竟是什么呢？

其实写求职信有两个目的：一是促使你的读者仔细翻看你的简历，二是争取让他们给你面试电话。一般来说，人事主管有一大摞简历要看，每份只会看十秒钟，这是很现实的。如果你能在求职信里写些能激起对方好奇心的东西，那他很可能会认真看你的简历。求职信也让你有机会表现那些简历里没有的东西，或者直接点出为什么你的经历很适合这份工作。这些都能让人事主管把你的简历放到备选范围里，而不是直接扔进废纸篓。

你也看到了，世上有两种不同的求职信写法，一种的目的是"找到工作"，另一种的目的是"给读信的人一些信息，争取让他们面试我"。第二种情况显然更现实，更能突出重点，实际上也更容易撰写。

让我们再来看看投诉信和电子邮件。当我们写投诉信的时候，一般都很愤怒，也不愿意在投诉上花太多时间。你写信的目的是什么呢？可能只是发泄一下？而如果写信的目的不只是发泄，那就需要仔细想想自己想得到什么。你是想退货还是换货？是想得到道歉还是解释？是打算重新结算还是重新购买？一旦明确了目标，你就能向读信的人提出明确的要求。如果你没有提出要求，对方怎么会知道你需要什么呢？还记得那句老话吗，付出就会有回报。可能它并不是颠扑不破的真理，但如果你不付出，收获的机会可能会很小。

仔细思考写作目的能帮你搞清该说什么，以及怎么说。有趣的是，这样一来你的读者也会更加轻松。如果你也有过收到大量简历的经历，你就会知道一封周到、工整且有针对性的求职信会让人感到多么轻松。如果你负责接收过投诉信，你也会知道对方提出清晰的需求，比满纸愤怒的羞辱更能解决问题。让读者更加轻松，你也更有可能得到你想要的东西。

努力思考你的写作目标是一个很好的写作起点。但如果你是从其他步骤开始的，比如你是从写提纲、写初稿开始的，那么你可以将这一步视为检查的过程，看看目前为止写了些什么，检查一下写出来的东西有没有准确地表明你的目的。在进行最终检查的时候，也要牢记你的写作目标。在修改最终稿的时候，问问自己有没有表达清楚，读者能不能领会你的意思，有没有向对方提出具体的行为要求。

2. 了解你的读者

除私人日记之外，所有的作品都是有读者的，你的作品需要指向这些特定的**读者**。有时，读者的需求和期盼是显而易见的。比如说，要预测一封唁函读者想看到什么并不难，看菜谱或是驾驶指南的人通常目的也十分明确。

而有些时候情况会更复杂，尤其是当你向读者提出要求的时候。如果读者或许能满足你的愿望，或许也能拒绝你的请求，那就值得我们去好好想想，他们是什么样的人？他们希望看到什么？他们需要你做什么？

在考虑读者这个问题的时候，要设身处地地去思考。你要问问自己，如果你是那个收到信件或稿件的人，你会是什么反应，要从读者的角度进行思考。

站在读者的角度进行思考，有两个关键的问题：

- 信息
- 态度

你要给读者哪些信息？他们已经掌握了多少？如果需要对方根据你的需求做出决定、展开行动，他们又需要你提供什么信息？想象一下，比如你要为某个申请 MBA 的人写一封推荐信，你的读者希望看到申请人学术表现优异、对商业有一定了解、能与人协同合作……得到这些信息才能够促进申请人被录取。如果你要推销某种产品，那么读者希望了解的是产品究竟有什么功效，以及产品如何能满足自己的需求。在这种情况下，你要写什么内容取决于你推销的对象是谁。举例来讲，如果你想销售一款软件，那么你所挑选的向专业人士展示的信息，和向一般用户展示的信息是不同的。

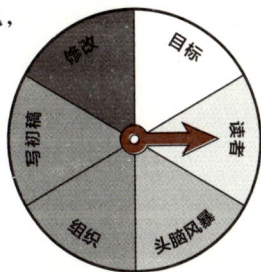

选择信息的黄金法则是：要用足量的有效信息，让你的读者行动起来。

了解读者潜在的态度也是成功写作的关键。你的读者会有什么样的反应？他们很愿意接受你的信息吗？还是会有抵触情绪？他们是否怀有敌意？这些问题很大程度上取决于你写的内容是什么。如果你写的是贺词，那么就完全不必担心读者的态度。但如果你写的是请求拨款的提案书，心里又清楚看信的人打算削减预算，你就能预测到对方应该会抱一种谨慎而怀疑的态度。如果你是给员工写电子邮件，就对方的表现进行约谈，你也能预测到读者可能会带有抵触情绪，从而应该相应地调整自己的语气。

把信息和态度纳入考虑范围中，你就能够预测对方可能提出的任何问题。在你预测问题时，可以将问题的答案也囊括进写作之中，这样能节约再次交流的时间。你也可以先将这些信息准备好，待到问题出现时再使用。无论是哪种方法，你都需要预测读者需要什么信息，有什么态度，以及潜在的反应是什么，这些预测能帮助你写得更好。

即便是最枯燥无味的写作任务，也值得我们花时间认真思考怎样满足读者的需求。说明书写作就是个很好的例子。写一份说明书看起来很简单，但我们都有过这样的经历，明明是"特别简单"的说明书，却看不懂，其原因是其中有很重要的步骤被遗漏了。每当这种情况发生，一定是因为作者自认为读者知道的和自己一样多。设身处地地为读者着想，即便是"有固定格式"的文章，你也能写得更加周密。

现在你也看到了，了解你的读者经常与明确你的目标紧密相连。如果你能了解读者，那么写出来的东西就能比较轻松地达到目的。

在开始写作时，花几分钟想一想你的读者，想一想他们想要什么，这能帮你开个好头，但并不是说你一开始就必须这样做。在整个写作的过程中多次考虑这个问题也能达到同样的效果。实际上，我强烈推荐后一种方式！在写作的过程中，你经常会有"迷失"的感觉，这其实就是一个信号，你的关注点已经不在读者身上了，关注点已经开始偏移了。在这种时候，回过头考虑一下读者是必要的，在最终定稿前，这是检查的绝佳机会。

3. 用头脑风暴锁定你想表达的内容

头脑风暴是传统写作流程中的第三步：在考虑好自己的目的和读者后，你就已经准备好写出所需要的内容了。有些事情很明确，很好写。比如你要给孩子的老师写一封信，告诉她儿子要请假看医生，这时信是否完整并不太重要。但有一些更复杂的内容，写作时你要花些时间把必要的内容都囊括进来。头脑风暴是一个编排所有可能相关内容的过程，将它们排列在一起，以备写作之用。

头脑风暴有一些规则（别担心，这些规则能让事情变得更简单，而不是更复杂）。如果你在学校或是工作的地方参与过头脑风暴式的讨论，那么你很可能看到过这些规则：

> 一旦抓住了主题，语句就跟着来了。
>
> ——加图，
> 罗马政治家、作家

1. **想出的点子越多越好。**如果你能把注意力放在数量而非质量上，那么提出有用的点子的概率就会更大，点子多多益善。

2. **不要审查，不要评论。**头脑风暴时，让你的思绪自由发散。这并不是对点子进行评论的时候，不要说这个点子不太好，那个点子不合适。把脑袋里评论的声音关掉，把所有想到的东西都写出来。你可以之后再删减。

3. **接受不同寻常的想法。**不要考虑你的想法靠不靠谱。你的这些想法可能完全超出预料，但它们当中可能会有一个非常有用，或至少能为你的思考指引方向的点子。充分发挥自己的想象力。

4. **合并改进你的点子。**如果你任由思绪自由发散，那么点子很可能会有一些重合。观察它们的相似之处，并加以合并调整。

头脑风暴的次数越多，结果就会越好。对很多人来说，对点子进行评判的冲动非常强烈。他们的脑子里总会有一个很小的声音说"这个点子不够好""这个点子没什么意思"或者"这个点子不靠谱"，要

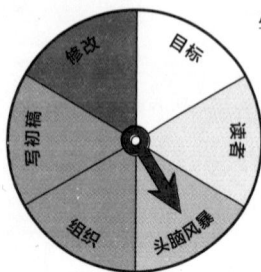

学着把这个声音关掉，这的确是个挑战。而一旦能关掉它、掌控它，你就能够动用起所有的创造力为写作筹备素材了。

让我们来看看这个例子，看看头脑风暴是如何运作的。比如，你要为公司新开发的软件产品做一个幻灯片演讲稿。在头脑风暴之后，你有了这样一张清单：

> 如果你买我们的软件，工作效率就能提高。
>
> 它比其他的同类产品更好。
>
> 我们能提供给你强有力的支持。
>
> 我们能为你量身定制。
>
> 我们的产品操作简便。
>
> 我们的软件包会成为同类产品中的冠军。
>
> 我们会发送最新版本到您的邮箱。
>
> 我们的产品更实惠。
>
> 软件多平台兼容。
>
> 操作易上手。
>
> 你的同行都在使用。
>
> 其他有竞争力的产品功能冗余。
>
> 新版本正在研发中。

看看这份清单，并非所有信息都与此次演讲相关，还有一些信息是重复的。有一些条目比较含糊：比如说，这款产品究竟是怎么替客户省钱的？为什么它能让客户提高效率？无论如何，这份清单是在头脑风暴阶段作者能想到的所有内容。这些内容为下一步的幻灯片制作打下了坚实的基础。接下来只要删减组合一下，这份清单就能摇身一变，变成一份很不错的初稿。

在头脑风暴的过程中，如果你能留意我们之前讨论的前两步，明确写作目标和认真地了解读者，对你会非常有帮助。你的目的是说服读者购买新软件，有哪些信息能帮助你达成这个目标呢？记住，要从读者的角度考虑。他们对一款软件产品的期待是什么，为什么会有这样的期待？他们现在用的是什么软件？你的软件如何让他们有更好的体验？哪些信息更能说服他们？哪些信息他们最不感兴趣？这些问题能为你的头脑风暴过程提供灵感。

可以从头脑风暴开始进行写作吗？当然可以！有很多人都从这一步开始写作。有时候，把内容列成清单可以帮助作者组织内容，制订写作计划。但无论你最终是从哪一步开始的，都要记得头脑风暴不是你写完提纲、写完初稿就没用了。它是一种你可以来来回回反复使用的手法，每次用都会很有帮助。

比如说你现在已经写完了演讲的初稿。当你回头来看自己写的东西时，可能会觉得有些部分不够完整、不够有说服力，甚至你会发现有很重要的信息完全被漏掉了。这时候你就可以回到头脑风暴这一步重新思考，然后带着想出来的新内容再回到初稿中。写提纲时，可能你也会发现同样的问题：提纲中有些部分的内容偏多。如果你觉得文章的结构不够均衡，那就回到画板前，再头脑风暴一下，把空白的部分填补上。你可以无限次地回到这一步，直到你完成所有想要的内容。

第二节　写作的步骤

1. 组织文章

要组织一篇文章，方法有很多种。在学校里，应该有很多人都见过那种形式很严谨的提纲，里面包含罗马数字、阿拉伯数字，以及各种不同大小的字体。针对数量庞大的信息，这类提纲的格式能提供给你一种逻辑化的组织方式。但我们写的大多数东西都没有这么长、这么复杂，不必使用这么正式的提纲，如果硬要把内容套进这样的格式里，实在是件吃力不讨好的事。

我们以何种方式组织文章，很大程度上取决于文章本身的类型，以及我们自己想达成什么样的目标。如果我们写的是说明书或是驾驶

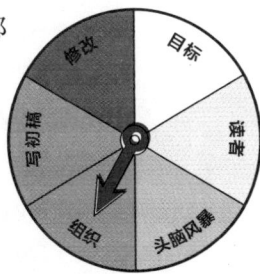

指南，那么循序渐进式的提纲就很好用；如果你要描述发生了某件事，那么就可以按时间顺序进行组织；如果想说服某人，那么你可以将原因按照重要程度进行排列，将最重要的因素作为开头，把最让人无法拒绝的原因放在结尾，在最强的音符上戛然而止。如果你是要写正反两方面的意见总结，以上的方法可以综合运用。对于大多数文章而言，组织起来需要遵守一些简单的逻辑规则。沿着转盘转一下，你会发现重新考虑读者能帮助你找到组织文章的好方法。你的读者希望看到什么？哪种组织方式最具有说服性？哪种组织方式他们最容易接受？

让我们来旋转一下转盘，在考虑目的、考虑读者、对内容进行头脑风暴之前，可以先进行文章组织这一步吗？当然可以，其实组织文章、列提纲是个很好的开端。把组织文章的步骤提前可以帮助你更好地进行头脑风暴，提出点子，整理内容。

让我们来举个例子，假如你想给上司发一封邮件，提议推迟你所策划的一件事，那么快速地列一个提纲，你可以得到如下内容：

- ✓ 我们推迟到五月吧。
- ✓ 推迟后的效果会更好。
- ✓ 餐厅还没有预定。
- ✓ 目前人手不足。
- ✓ 推广还不够到位。
- ✓ 已有两个部门的主管申请延迟。
- ✓ 如果能够推迟，我们还能在电子快讯中进行推广。

你可以看到，这个提纲相当松散，没有那些罗马数字和字母，甚至连数字都没有，但只要四十或五十秒，邮件中需要提到的主要问题就都列在其中了。作者可以根据这份提纲开始写初稿，也可以再稍微改一下提纲，将读者潜在的反应考虑进来，设想你的上司看到这个提议后的反应。因为推迟议程的原因并不是很清晰，你的上司可能会觉得奇怪，为什么推广会不到位，为什么还没有预定餐厅。给提纲重新排个序，上司不高兴的概率也许会减少一点。

✓　　我们推迟到五月吧。

✓　　已有两个部门的主管申请延迟。

✓　　后勤方面还未准备好。

✓　　如果推迟的话，我们还能在电子快讯中进行推广。

　　有了这份新提纲，被上司回绝的概率就会大大减小，因为作者手中掌握着最具说服力的一点：有两个部门的主管要求延迟。把那些不太好说的理由全都归到"后勤问题"当中，然后用一条"利好"的理由作为结束：推迟让我们有更多的时间做更好的推广，最终达到更好的效果。

　　组织语言的过程总共也花不了几分钟，但这几分钟却能够解决大问题，能够消除读者的消极反应。这时就可以开始写初稿了，有了这份提纲，你应该知道怎么写了。

列反向提纲

　　写初稿前必须先列提纲吗？不，如果提纲不适合你，大可不必这样做。有很多人都喜欢先写初稿，然后开始"列反向提纲"。在"列反向提纲"的时候，拿着已经写好的初稿，标记出自己实际都写了哪些内容，你可以逐段写出中心大意。列反向提纲可以帮助你检查文章组织是否合理，看看是否需要返回头重新排列内容。这种方法还能够暴露出你的信息漏洞，对于这些漏洞，你可以通过头脑风暴将内容再补充进去。

没什么比改文章更有趣。你看到自己说了些什么，接下来要探寻的是你想表达什么。这就像进行精神分析一样，只不过它是免费的。

——莉碧·奥尼尔，
小说家

2. 写初稿

　　写初稿是一个需要你坐下来，第一次将所有东西写出来的过程。传统观念认为应该在认真地头脑风暴、列出内容提纲后再动笔写初稿。但是，很多人并不以为然，会直接开始写。这样做的理由有很多。有时是因为很匆忙，感觉列提纲是在浪费时间。有时是因为我们认为自己知道该说什么，所以就直接开始说了。

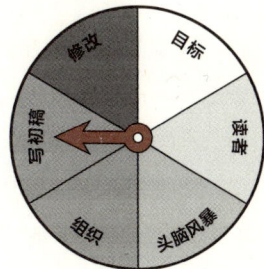

不要管你的老师怎么说，一上来就写初稿是绝对没有问题的。如果你想开始写，写就是了。这样做实际上也是有一些优势的，一些作者发现在写作的过程中会产生新的想法。只是你心里要清楚，如果想在考虑目的、考虑读者、用头脑风暴想出实际内容之前开始写初稿，你可能就面临着大量的修改工作。如果你认为这没问题，那就别犹豫了，开始写吧！

关于写初稿，人们还忽略掉了重要的一点，虽然有很多人都从这一步开始，但这是最容易产生焦虑感的一个步骤。写初稿会使你感到焦虑，好像马上就可以写完了，但我们给了自己太多的压力，总想着能一步到位。当然，我们已经明白了，一次就写好几乎是不可能的。那么我们如何能减少写初稿时的焦虑，快速有效地沿着这个写作的指南针工作呢？

如果你已经开始写初稿了，我的意见是你最好接着写，直到写不下去，直到你开始质疑自己在干什么，这时你知道需要返回头看一看。所以放轻松，继续写便是。如果你写到了某个地方，发现少了点东西，做出标记，继续往下写。如果你是在电脑上写，将这部分全部转成大写、斜体或是涂上不同的颜色。如果你是手写，可以在下方画线、标星或是标问号。一旦开始写，就应该借着这股劲一直写，写得越多越好。

什么时候该停下来思考一下呢？当出现了如下问题时，就说明是时候停一下了：你开始疑惑"真见鬼，我为什么要写这个？"或"写这个有意义吗？"或是觉得"写得太烂了"。如果你觉得自己写不动了，就停下来休息一下吧。看看自己写了些什么，按照转盘的步骤检查一下。你的目标明确吗？所写的内容对你的读者有吸引力吗？想要的内容都写进来了吗？需不需要再头脑风暴一下？文章组织得是否有效？多关注那些薄弱的部分，返回头来再去修改。

3. 修改

很少会出现特别完美的初稿，其罕见程度就像是在温哥华看到了晴天，或是在佛罗里达看到了北极熊。的确会有例外情况发生，但它

要说服自己，你是在捏黏土，不是在刻石雕，写在纸上也是可以修改的，下笔的第一句越蠢越好。反正写出来之后，你也不会冲出去把它打印出来。将它放在一边，然后写下一句即可。

——雅克·巴曾，
历史学家、散文家

我经常会等着句子在脑海内慢慢成形，然后才写出来。但更妙的是能抓住它刚露头的那一点点，是开头也好结尾也罢，这时还看不清有什么，用力一拉，剩下的就都跟着出来了。

——安德烈·纪德，
小说家

们并不常见。**修改**并不意味着你写得不好，它只是写作流程中的一个环节。无论你写的是什么，都应该留出时间来修改初稿。

修改的意义很广泛，从反思、重写，到校对、改错别字。要改什么，取决于这几件事：文章有多长、多复杂、多重要。再怎么说，在从你手里送走之前，你也需要快速地审校一遍。

花几秒钟时间重新检查一下你的文章能让你避免不必要的错误。举个例子，想象一下你刚写好了一封信，申请推迟履行你的陪审团义务，信里有这么一句话：

今年 6 月 21 日前，我都有时间履行该义务。

看起来没错，对吗？可问题是直到 6 月 21 日前你都没空。你真正想说的是这个意思：

今年 6 月 21 日前，我都没有时间履行该义务。

就漏掉了一个"没"字。如果不检查，你就直接把错误的信件寄给法庭的书记员了。寄信前检查一下，比之后费力地去解释误会要容易得多。

哪怕是电子邮件也是需要检查的。也许你觉得私人邮件没必要检查，但万一出了错，后果可能会很消耗时间和精力。有一次我给二十个朋友发了邮件，邀请他们 4 月 17 日，周二下午 3 点到餐厅吃晚饭。有十一个人给我回信，问是不是真的要在下午 3 点就吃晚饭。我不得不再发一次邮件改正，晚餐时间其实应该是 7 点。我这就是在浪费自己的时间和朋友的时间，如果在发邮件之前我能花点时间再看一看，错误是完全可以避免的。

如果是工作邮件，错误的代价就更高了。如果邮件里有错别字，最起码会让你显得很不专业。而要是发错了信息，后果会更严重。在下一章中，我们会更详细地讨论电子通信的问题。现在，只要记住要认真检查就够了！

对那些比较长、比较复杂的文章，除了审校以外，你还需要以批

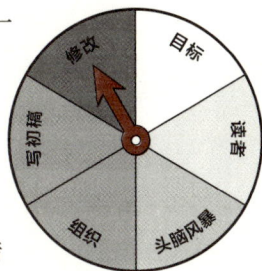

> 你要允许自己有写不好的权利。总得大体上写完，才能开始修改。即便是再妙的句子，你也只能暂时放在那里继续向前写，一直写到最后。到那时，你很可能会有不同的感受。
>
> ——拉里·格尔巴特，编剧

判的眼光看待自己的初稿。在修改前，这里有一张清单，你可以问问自己这些问题：

- ✓ 想写的东西表达清楚了吗？如果我要提出申请，那么我表达的意愿清晰吗？
- ✓ 对读者的称呼合适吗？
- ✓ 要想让对方响应我的申请，我给的信息充足吗？这些信息有趣吗？抓人吗？能让他们行动起来吗？
- ✓ 信息完整吗？有没有漏掉什么重要的东西？
- ✓ 排序有没有逻辑？内容有没有力度？
- ✓ 有没有拼写错误、标点错误、语法错误？

分批修改

对于比较长、比较重要的文件，一些人喜欢分批修改。也就是说，他们会把文件看好几遍，对于上面的这些问题，每次只解决几个。与一次解决所有问题不同，将任务分块来完成能让你感到更轻松。你也可以自己列出问题清单，并以自己的方式解决它们。关键是要找到一种对你来讲容易且有效的方法。

寻求帮助

无论你有多认真，看着刚刚写出来的东西，你也很容易会失去洞察力。如果你刚刚写完初稿就返回去修改，是很容易将问题漏掉的。让其他人看看你的初稿，哪怕是快速浏览一下，也能解决"自己看不出来"的问题，你也能从他人的角度看看自己写得怎么样。

一个人必须能狠下心修改自己写的东西，不然会有别人来完成这件事。

——约翰·贝里曼，诗人

有时同事之间会联合起来相互检查。这样做既能够建立互信的关系，也能够大幅度提升各自的工作质量。如果你是第一次请别人来帮你，一定要让对方知道你想要的是什么。例如你就是想让对方快速审校一下，一定要在一开始就让对方知道，不然他可能会花一个小时去修改所有的细节。对于写好的文章，如果你有一些特殊的问题，比如不确定能不能吸引读者，或是不确定简介部分是否太长，一定要告诉你的"编辑"，这样他才能在你需要帮助的点上集中注意力。

休息一下

在理想的状态下，我们写完初稿后能休息一下，再进行修改。能过个一两天再修改就再好不过了，那时你更能清楚地看到自己写了些什么。但不幸的是，现实的限制很难让我们有机会这样做。但即便是

想抓住读者，提前收集反馈！

当我和马克·维克多·汉森编辑第一本《心灵鸡汤》时，我们是想做这样的一本书：它能用一些令人难忘的故事打动读者、启发读者。当时我们已经收集了很多故事，但我们想从中选出对读者最有价值的故事。要怎么选呢？通过读者反馈！

我们选出了一个 40 人的小组，让他们从 7 分到 10 分来给每个故事打分。10 分是那种会让读者起鸡皮疙瘩的好故事；9 分表示故事讲得很不错，能让读者开始思考很多事；8 分是指故事还不错，但缺少情感上的冲击；7 分表示效果平平。我们给每位试读的读者都写了一封信，向他们解释这个反馈流程，同时告诉他们，要由他们来决定最终的成书能否感动其他读者。我们还建了一个 Excel 表格对反馈进行平均值统计，它能反映出对于每个故事读者会有怎样的感受。

我们用这种方式对 250 本《心灵鸡汤》进行了统计。如今，这个系列已经印刷超过了 5 亿册，我坚信如果没有读者的反馈，这一切都是不可能发生的。无论是谁，要写什么，打算写给谁看，这都是相当重要的。

所以如果你下次再写比较重要的东西，也就是那些需要对读者有实际冲击力的东西时，可以努力在截稿前找一些读者反馈。如果试读的人与你的潜在读者十分相似，那么最终你的文章肯定能够打动你的读者。

作者：杰克·坎菲尔，畅销书《心灵鸡汤》系列责任编辑之一。另与珍妮特·斯威策合著《成功法则：如何成为你想成为的人》。

在最匆忙的环境中，也是有时间停下来对初稿进行修改的。如果稿子必须在下班前写完。时间允许的话，早晨一上班就开始写初稿，放一个中午的时间，下午再开始修改。只放下几个小时，你就能对稿件有全新的感受。如果你还有一位同事能帮你审校一下，那么当你再回来修改时，状态会更好。

4. 把转盘转起来

就像我们所看到的，这种转转盘的写作方法在工作中能够给你很大的自由，你能够获得极高的写作效率。使用这个转盘，你可以随心所欲地从任何一个适合自己的步骤开始。我们都喜欢用比较容易、比较高效的方式做事。无论是叠衣服、做饭、还是列购物清单，无论有没有意识到，我们其实都有自己习惯的做事流程。这种转盘的形式能帮你跳脱出来，去寻找最适合自己写作的方法。

但是与现实世界中的写作相比，任何一种系统性的写作方式都有些理想化。无论你将转盘看作一条线还是一个圈，我们每天写东西都像是被一杆枪逼着，需要写得非常之快，把所有流程全都走一遍似乎太过奢侈，不太可能真的完成。无论是在个人生活还是职业生活中，交流的速度都在加快，停下来思考似乎已经成了一件奢侈的事。

我想我可以安慰你一下。你使用这个转盘的次数越多，写作流程就越能植根到你平日的写作当中去。接触得越多，用得就会越多。在不经意间，你就会变得更关注写文章的目的和读者，也会对文章的内容更加明晰，你会开始下意识地考虑提纲，写初稿和修改的技能也会提升。哪怕只是偶尔使用这个转盘，你也能找到自己最优的写作流程，它能让你写得更快更好：会比其他人教给你的任何方法都要有效。

除此之外，转盘写作法还有另一个好处，它是分步骤的。如果没时间好好计划或是修改，用它来做快速检查就很好。如果你刚赶完初稿，也可以沿着转盘检查一两次，看看有没有遗漏什么重要的内容。你甚至可以就拿它当作转盘来使用，随机选出一个步骤执行。你的心里非常清楚，在这一步上集中注意力是可以让你的文章有所长进的

（长期做下去，你将成为相当优秀的写手）。

转盘是属于你的，你可以按照自己喜欢的方式使用它。关于写作，所有你需要知道的东西都在里面。它的设计十分灵活，为的就是帮助你找到最适合自己的写作流程，在要求的时间范围内将文章写出来。本书会讨论不同的写作内容，我们会经常回到转盘这一步，同时我们也会讨论一些案例，有成功的案例，也有失败的案例。写作的过程直接、简单，并且有规律可循，希望我能为你打开通向这个过程的大门。

第二部分

电子写作和技术革新

无论技术如何革新，精雕细琢的语句总会找到读者市场。

——史蒂夫·伯内特，伯内特集团代表

20世纪90年代中期，互联网的使用开始大众化，一些人曾预言写作即将消失，取而代之的将是某种非语言化的数字交流。现如今我们都知道，这些预言没有成真，而且也不可能成真。实际上，多种电子沟通的形式进一步引爆了对写作的需求。对很多人来说，通常白天的工作要写电子邮件，要用短信跟踪孩子的动向，要制订下班后的计划，晚上要在社交网站上追看朋友们的状态，要在讨论区发帖。的确，我们在纸上写的字少了，但大部分人写得却比以前更多了。无论是在职业生活还是私人生活中，写作都变得越来越重要。

虽然技术革新并没有使写作消亡，但写作确确实实被改变了。因为个人电脑和手机的推广与技术革新，写作变得更快了，我称这种写作模式为"电子写作"。电子写作是什么？一台没有联网的电脑、一部手机，任何一种使用电子设备进行的写作都称为"电子写作"。有了技术的支撑，电子写作很快捷，我们每天都会接触。

尽管如今断网关机的生活是不可想象的，但电子技术仍然很新，人们对电子媒介中的写作仍抱有许多疑问。它的规则是什么？它有规则吗？技术革新是如此迅速，新设备和平台更新换代如此之快，你怎么知道规则是什么呢？即便是接触网络时间很长的年轻人，在从学校走向工作岗位后也会面临着挑战，此时，电子媒介写作的规则与过去已经不同，出错的代价会更高。尽管我们当中有很多人在互联网写作中浸淫已久，打字十分迅速，但要想写好并不容易。

接下来的两章我将回答你所有关于电子媒介写作的问题。在本书的第三部分中，你会看到对某种特定电子写作的详细指导：电子邮件、短信、博客、在社交网站上发帖、写公司网站简介。在第二部分中，你会看到对于电子写作的整体指导，包含了工作、家庭和学校中的电子写作。

第三章

选择写作方式

电子设备的发展创造了多种快速便捷的沟通方式，在未来它们还会创造得更多。虽然这些沟通方式都十分快捷，易于掌握，但它们并不完全相同。有的适合进行私人沟通，有的更适合商务沟通。有的沟通记录可以进行永久保存，有的则转瞬即逝。在你发送信息、寄电子邮件、在社交网站上发帖、打电话，甚至是与某人面对面交谈之前，花一分钟思考一下，你所选的这种媒介能否很好地传达你的信息，这种做法是非常必要的。

第一节　如何选择写作方式

1. 写还是不写

如果要与某人进行沟通，你要做的第一个决定就是到底要不要写下来。虽然写下来好像很方便，但有时打电话或面谈会是更好的选择。为什么谈话比写信更好？有这么几条理由：

首先，比较重要的一点是，比起口头沟通，电子邮件和短信都更容易引起误解。写作时，你无法运用自己的音调和面部表情，表情符号也只是在最普通的情况下才会奏效。在面对面的交谈，甚至是通过电话沟通时，任何一方都能够请对方进行说明，或是停下来重复一下刚才说过的话，这样一来，任何潜在的误解都会被扼杀在萌芽状态。而书面沟通并没有时间进行这样"有来有往"的交谈。而我们越是匆忙，写出来的电子邮件或是发出的信息就越不清晰。

还有一点也很重要，所有书面沟通都是一种记录。在很多情况下，这并不是什么问题。但如果你要说的是非常私人、非常感性的东西，在下笔前你可能会反复思考。在后文中，我们还会讨论更多关于用电子设备写作的基本特性，以及附加风险等问题。现在，你只需要问问自己，如果你写的东西会让其他人看到，你是否能够接受。如果回答是否定的，那么你最好选择打电话，或进行面谈。

另外礼节也是一个需要考虑的因素。如果要说的事比较复杂，那你一定会倾向于躲在文字背后，而不会想去挑起一场很可能不太友好的谈话。但在某些情况下，你真的需要掌握面对面的交流技巧，或者起码能够在电话中与人交谈。对于个人关系，有些比较重要的谈话就需要面谈。如果你能注视着对方的眼睛说"我很抱歉"，通常效果会很好。对你来说，将困难的沟通付诸笔头会更轻松，但如果要想真的解决问题，书面的沟通方式会比口头沟通的方式更加困难。更糟的是，对方会知道你是想对他避而不见，这本身就足以将事情搞得更糟了。在写电子邮件或发短信前停下来思考一下，你想这样写的原因是不是因为可以躲在文字背后，可以不见对方？如果是这样，你就要思考一下：面谈，或哪怕是通过电话交谈，对这段关系来说是不是更好的选择？

在工作中，另一种借着写作逃避的常用方式是"转发邮件"。你会不会有这种感觉，有时你急切地转发邮件，目的只是把一个问题从自己的收件箱扔到别人的收件箱里？你这样做的时候，好像是在做出回应，但你真的是在努力把这件事向着结果推进吗？通常情况下并不是。如果你遇到了这种处于转发当中的电子邮件，事情也并没有向着结果推进，那么你最好拿起电话把问题解决。如果你需要对电话里做出的决定加以确认，则可以使用电子邮件跟进。只是有时通过交谈会比无穷无尽地发邮件更好。

只要遵循以下两步，决定写下来还是说出来就会变得很容易：
（1）慢一点；（2）想一想。思考的时候，问问自己写下来是不是解决
问题最好的方法。问问自己如果你是对方，会作何感想，你会选择书
面交流还是当面交谈。大多数时候，常识和常规礼仪就可以帮助你做
出决定。两种方式都尝试一下，你会找到最好的那种。

2. 如果要写

一旦你决定自己动笔写了，接下来你就要确保选择什么媒介对读
者而言比较便利，对内容而言比较合适。

我曾经有一个同事，所有的电子邮件他都通过即时信息回复。这
与问题紧不紧迫无关，与问题复不复杂也无关。他就坐在自己的办公
桌前，他只是喜欢用即时信息而已，这就是他和别人沟通的方式。事
实上，我曾经听到他和另一位同事说自己的工作效率很高。他说使用
即时信息马上就能解决问题，这样邮件就不会在收件箱里发霉了。当
然，他忽略了一个问题，那就是别人可能无法立刻就回复他，这反而
给对方带来了不方便。发电子邮件时，双方都能在自己方便的时候去
思考怎样回复。在白天活动的间隙，你可以通过电子邮件和他人交流，
只要你愿意，在凌晨 3 点时你照样可以继续通过邮件和他人交流。我
的同事把这个交流的过程挪到了即时通信中，他改变了交流的形式，
可能无意之中将自己的时间表强加在了别人身上。

即便我们没有这位前同事这样极端，大多数人也都有自己偏爱的
交流方式，并会习惯性地使用它们。有些人发邮件，有些人发短信，
有些人打电话。当然偏好并没有错，只是如果你真的想进行有效的交
流，那就要考虑自己喜欢的这种交流方式，对方是否觉得方便。对你
而言，用社交网站发信息非常轻松，但如果你的朋友不来看，你的信
息也送达不到他们那里。可能你喜欢发短信，但你的朋友离开了座位
没有带手机，你也找不到他。如果你就是想要找到他，那么在沟通媒
介的选择上，你就需要更加灵活。

你还需要确认的是媒介与你所发的信息是否合适。要怎么看合不
合适呢？这里有一些考虑的因素：长度、复杂程度、正式程度、读者

数量以及持续性。将这些因素综合起来，依据你要说的内容，决定哪种电子沟通的形式最适合。

让我们快速浏览一下电子沟通的几种形式，要记住需要考虑的因素。

即时信息最适合那些简短、简单的沟通，比如和朋友们闲聊。在工作中，如果需要快速询问或回答问题，这也是一个很好的方式。即时信息适用于简短、不复杂、读者较少的信息传递。如果交流对象有三四个人，情况就会变得很复杂。交流会出现多线交叉，回答会与问题相分离，想要梳理整个讨论过程也会变得非常困难。当你关闭即时信息的窗口或关闭计算机时，文字也会消失。如果你想要将谈话过程永久地记录下来，这种方式就不太合适。尽管即时信息有缓存，大多数用户也不太容易将其恢复。如果你发出的信息是对方之后还会用的，比如说明或某项行动的最终方案等，最好通过短信或电子邮件发给对方。

发短信是一种非正式的、快捷的方式，可以用来制订或确认计划。在你四处奔走时，也会经常使用它，对于那种在最后一分钟发生变化或是更新信息的情况，这种方式尤为有效。如果你的信息很简短、不复杂，也不正式，短信就是一种很好的媒介。

在发送短信之前，最好能花几分钟将你的想法整合一下。如果在对方回复之前，你发现忘了写东西，又补发了一条。那么对方有可能就再也看不到上一条了，这取决于他用的是哪款手机。速度可能并不永远是最重要的。

与即时信息相似，在人不多、主题不复杂的情况下，短信是非常好用的。我的一个朋友讲了一个关于短信沟通的悲伤的故事："我有两个朋友，他们相互不认识，也都不看邮箱，所以我想通过发短信来安排大家见面。但每次他们对计划有改动（他们真的改了很多次）都要经过我这里。在最后确定前，我真是翻来覆去地发信息去确认细节！到我们相见的时候，他俩都挺好，只有我觉得既焦虑又委屈。"

这个朋友的故事启发了我，短信沟通的内容经常会变得越来越复杂，使得这种方式不再适用。如果你发现自己正处于这种状况之中，那还是拿起电话来吧。如果你仍然想用书面形式进行沟通，那也应该考虑用电子邮件代替短信。

电子邮件高效灵活，是一种人们广泛接受的电子沟通方式。它是商业活动中十分重要的部分，也在我们个人生活中扮演着重要的角色。对我们大多数人来说，电子邮件很容易使用。在工作电脑、家用电脑以及移动设备上，我们每天都可以多次查看邮箱。电子邮件适用于写篇幅较长、较为复杂的内容（其实在下一章中，我们会讲到电子邮件越简短，越有利于阅读）。无论是对朋友间非正式的讨论，还是商务上的往来，邮件都很合适。

对于群发来说，电子邮件也很好用。邮件可以分享一些大家都会再次用到的信息，它可以将记录永久地保留下来，每个收件人都可以轻松地找到信息记录。

虽然电子邮件是个很好的选择，但要牢记这条守则：在考虑读者和他们的倾向之前，不要做出决定。有些人的移动设备并不能接收邮件，还有些人抛弃了邮件改用短信。如果你真的想要对方收到信息，你就需要选择找得到对方的媒介。

使用**社交网站**发送信息也是一种选择。这些网站对信息发送大多都有字数限制。如果你能确保目标读者经常浏览这些网站或是关注你，那么对于群发信息来说这是一种绝妙的方法。但要记住，社交网站用户平均的注意力时间是很短暂的，如果你的信息十分复杂，那对你而言使用社交网站就不是一个很好的选择。社交网站适合即时发布通告，但不太适合发布那些需要过脑子的复杂信息。

更需要注意的是社交网站的公共性：所有你发布上去的内容都是公开的、永久的，发出前你要注意这两点。你要知道即使随后撤回了消息，它也不是完全消失了。你的读者都看到了信息，也许还转发了信息。在下一章当中我们会看到，大多数文字都会在某个网页快照上存储下来。如果你不愿意把这条信息某一天被写成标语，挂在卧室的窗户外面，那就不要发到任何社交网站上！

第二节　电子写作的未来

信息世界瞬息万变，设备和平台都在不断更新，它们受欢迎的程度随着时间推移发生了不同的变化。网站换了又换，移动设备变得越发精致。尽管有些人觉得互联网早已无处不在，但实际上我们仍处于电子通信的初级阶段。毫无疑问，改变将接踵而至。

但无论未来有怎样的改变，只要你能够遵循本章中的一些规则，就完全可以对自己使用的电子通信方式充满信心。无论事物如何变化，都要为沟通选择最合适的媒介，这一点始终不会变，你需要考虑哪种方式最适合对方，哪种方式更适合你。

过去，那些最早开始使用新工具的人们总是要冒一定风险，因为他们交流的对象可能还没有开始尝试新的科技。在这种情况下，早期的使用者在选择交流方式时需要更加灵活。而那些固守老方法的人（过时的速度似乎会越来越快）在与人交流时同样存在着风险。这些人同样要更加灵活，同时要紧跟时代。无论有怎样的变化，将双方的便捷性都考虑在内会提升沟通成功的概率。

无论电子写作的设备和平台如何变化，决定哪种方式更适用的因素始终都很重要——长度、复杂程度、正式程度、读者数量以及持续性。请将它们牢记在心。

保证你的孩子在电子通信的世界中的安全

孩子们是被各种电子设备包围着长大的。电子设备无处不在，但它们并非永远那样亲切友好。这里有两条建议可以帮助学生们从电子通信的世界中远离麻烦。

设想所有人都能看得到。在电子通信当中，没有什么是私人的。并不是只有你的朋友会看到你的社交网站在更新，你朋友的朋友也能看到，任何人都能"抓来"你的文字或图片与整个世界分享。你的短信也是可以被转发的。设想所有人都能看到你在电脑或移动设备上写的东西，你就"必须"提高安全意识，这里的所有人既包括学校里的人，也包括了高校的招生部门。

无法撤回。你在网站上、在智能手机上写的所有东西都是永久性的。即使注销了用户，账户在未来的某一天还是能够找得回来。删除内容很久以后，那些文字也还是能够搜索到。如果有人想找到你写的什么东西，他们真的可以找得到。如果你不想让它们永远留存下来，就永远不要写出来。

第四章

网络写作的步骤

在第二章中，我们看到了六步写作流程，它可以帮你写出所有需要写的东西。这个流程可以参考一个转盘，上面有这些内容：**目标、读者、头脑风暴、组织、写初稿和修改。**

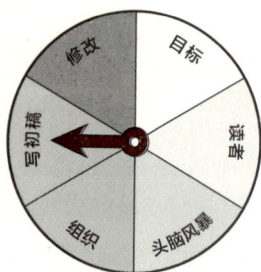

这个流程是很灵活的，适应性很强，对任何要写的东西都十分有用。在本章之中，我将向你展示一条捷径，他能让你将转盘和电子写作更快捷地联系起来。

在第二章中你可以看到，在使用转盘时你可以从任何一个地方开始，然后不停旋转，直到自己满意为止。但由于许多电子通信都很简短，写作速度也很快，我们假设你是从**写初稿**开始的。大多数人都是坐在电脑前就开始写的对不对？这完全没有问题，但大多数人第一稿写得都不好，所以在按下回车键发送前，我们需要再多做一些工作。

要修改多少呢？如果你写的东西很长，也很重要，那么我建议你像第二章中那样，走完整个转盘的流程，初稿完成前至少这六步都要走一遍。

但是，如果你的消息很短很简单，那么我建议你使用简化版的转盘，这是一种快速的诊断方式，它可以尽量完善你的文章。虽然这个过程要花几秒钟的时间，却能为你将来节省很多时间，它能帮助你避免信息不清、信息不全、信息无效的问题。

我们假设你的初稿写完了一部分。现在我希望你可以使用转盘上的三个部分对初稿进行检查：目标、读者和修改。每次发邮件、发帖子甚至是发短信之前，你都可以使用这个迷你转盘。

第一节　网络写作的准备工作

1. 对你和读者来说，目标是否明确？

假设你刚刚匆匆忙忙地为一封邮件、一条评论或是一篇博客打完了初稿。当你写得比较匆忙的时候，会很容易迷失自己的**目标**。我们总喜欢在想好之前就先动笔，而电子写作的便捷性会让我们的写作更加没有门槛，在真正考虑清楚要做什么之前，信息就已经发送了。你收到过多少这样的邮件，满满当当的信息，但你只会感到奇怪："他们到底想让我做什么？"如果你能停下来考虑一下目标，那么你的读者就不会遇到这样的问题了。

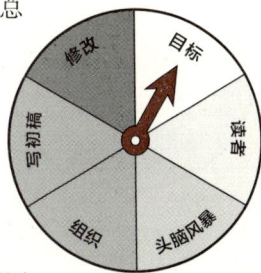

要记住，你的读者也很忙。在这个繁忙的时代，人们不想花那么多时间琢磨你到底想要什么。事实上对于那些模糊不清的请求，读者常常会直接忽略掉。如果他们真的花时间来看，并且弄明白了你想要什么，他们也会因为浪费了时间而感到不满。花一分钟明确你的目标可以为你自己和读者都节省不少的时间，从长远来看，它也能帮助你得到你需要的东西。

关于沟通的目标，问问自己这几个问题：我为什么要写？我想要什么？我是不是想让某人去做某件事？我需要让别人来选择我吗？我需要回复吗？我只是在传递信息吗？当你慢下来考虑这些问题时，你的答案可能会是"我不知道"。不要担心，幸运的是你没有用模糊或没有意义的信息去干扰读者，你现在就发现了问题。花一点时间想想自己到底为什么要写，然后去修改初稿，让你的目标变得更加明晰。

在发送内容之前，花一点时间问问自己这些问题：

- 我真的知道自己的目标是什么吗？
- 我向读者表达清楚我的目标了吗？

两个问题中如果有一个的答案是否定的，那么你还需要花点时间去明确目标。这种努力是值得的！

2. 你的信息是否能清晰地传递给读者？

只有当**读者**认同了你的目标时，文章才是成功的。在打初稿的时候你有考虑过你的读者吗？即使现在开始考虑也不晚！先问一问自己：我的读者是谁？我是写给上司看的吗？还是写给同事或朋友？有谁会看我写的东西？顾客还是潜在的顾客？考虑一下要如何称呼对方，根据你们的关系来看，哪种语气更合适？现在来设想一下读者对初稿会有什么反应。不同的读者很可能会有不同的需要和期待，如果你能从对方的角度考虑，那么就更能有机会写出吸引对方的文章。回想一下你提供的信息和你的态度。读者已经了解了哪些信息？如果需要他做出决定、展开行动，他还需要哪些信息？他可能会有怎样的态度？是开放包容的态度还是抵触怀疑的态度？在你继续写初稿的时候，这些与读者相关的思考会对你有所帮助。

在按下回车键发送之前，问问自己这几个问题：

- 我和读者是什么关系？
- 就我们的关系而言，我对对方的称呼是否妥当？
- 读者需要的信息我提供了吗？
- 有没有考虑到读者潜在的态度？

如果你对这些问题的答案都不满意，就花点时间重新修改初稿吧，让它变得更有趣，更能吸引你的读者。

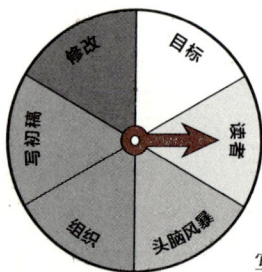

第二节 网络写作的注意事项

1.修改，修改，修改

在明确目标，并与读者建立联系之后，让我们把转盘转到**修改**这里。为了修改得更加迅速，这里有一张查询清单，涵盖了绝大多数电子写作中会出现的问题：

- ✓ 能不能更精简？
- ✓ 有没有把所有东西都包括进来？
- ✓ 够不够有礼貌？
- ✓ 语气是否合适？
- ✓ 能不能通过刊登测试？
- ✓ 你校对过了吗？

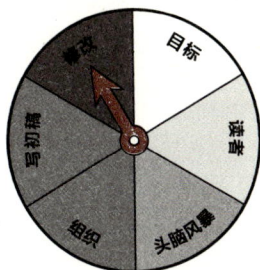

让我们逐条仔细地看一看。

✓ 能不能更精简？

忙碌的读者更喜欢短消息。简短是消息、帖子和博客受到青睐的关键。如果你的同伴很忙，那他就不太可能会去读长邮件，或者说他不太可能全都读完。人们浏览网页时，会更期待看到篇幅较短的内容，社交媒体也会将字数规定在一定的范围之内。即便你在网上"什么都没干"，也会有种时间很宝贵的感觉，会选择跳过那些过长的网页和文字。

当你打完初稿之后，从头到尾看看能否能将内容进行压缩。你需要从读者的角度考虑，他需要的内容你提供了吗？还是说你提供的信息太多了？如果是后一种情况，花点时间删除多余的句子，为读者减少阅读量。

如果你真的需要发一封长邮件，或要在网上发一个长帖，那么可以利用版面设计将很长的段落打碎，并把重点内容标记出来。如果一个人很忙，他可能只会扫读一遍，不会认真去读。版面设计的技巧能使你的文章变得更容易扫读，读者也更能看得进去。

在按下回车键发送前，问问自己：

- 我的信息或帖子够不够简洁？
- 不必要的词有没有全删掉？
- 有没有用版面设计将长的段落打碎，文章是不是变得更好读了？

如果你觉得初稿太冗杂，就花几分钟的时间修饰、重写或重新设计一下，文章越高效越好。

✓ 有没有把所有东西都包括进来？

电子写作自然是越短越好，但不能遗漏掉重要的信息。速度太快会惹祸：有时我们非常匆忙，忘了向读者传达所有信息。这种疏忽并不符合快速沟通最初的目的，因为你还需要花更多的时间弥补最初的漏洞。

如果你已经通读完了整条信息，接下来就要确保没有遗漏掉重要的内容，或是没有在混乱中将重要的内容误删。另外，你还要确保没有因为过度压缩而使文章难以理解。你发送的信息可以稍长一些，将所有问题讲清楚，但不要发给别人很短但很难理解的信息。

问问你自己：

- 有没有丢掉重要的东西？
- 有没有写得比较模糊的部分需要修改？

如果你的消息不够完整或是不够清晰，改掉它们！

✓ 够不够有礼貌？

速度提升之后，我们经常会在日常的礼节上有所疏漏。是的，我们很匆忙，但添上"请"和"谢谢"既用不了多长时间，也不会增加多少对方阅读的时间。在电子邮件中使用称呼语也是一个好主意。花一点时间在信件的开头问候一下，可以极大地提升信件的礼貌程度。

电子写作的形式和种类有很多，既有闲聊式的，也有直奔主题式的。商务写作比私人沟通更具目标性。但即便是在商务写作的范畴内，直截了当和粗鲁无礼也是有区别的。花一点时间确保自己的信件有礼有节，并且没有在无意中冒犯别人是很有必要的。

在打初稿的时候，如果你正处于愤怒或失望的情绪中，那么很可能语气会变得粗暴无礼。如果在打字的时候你因为某件事而很生气，请停下来。等自己头脑冷静下来之后再回来写。你可以之后再回来修改，如果你愿意也可以把它彻底丢掉。安全起见，你可以将写好的信息复制到一个文档中，并把邮箱里的删掉，这样可以确保你不会不小心将信息发送出去。

在发送邮件或是在网上发帖之前，问问自己这些问题：

- 我的邮件或帖子是否有礼貌？
- 里面有没有冒犯别人的地方？
- 如果我当时很生气或是很失望，发送邮件前有没有花时间冷静一下？

如果你在邮件里忘记了要有礼貌，那就花些时间加上"请"和"谢谢"。如果你写的东西里有一些冒犯性的、粗暴的或是侮辱性的语言，改掉它们。

✓ 语气是否合适？

在你写信或是发帖时，需要花一点时间看看你的语气是否合适。语气是什么意思呢？简而言之，语气就是写作传达给人的感受或态度。它与词汇、句子长度以及是否遵循语法相关。

怎么看语气是否合适呢？决定语气的因素有两点：文章的内容和你与读者的关系。文章的内容可以很专业，也可以很私人。你是在公司写的还是在家里写的？是商务信件还是纯私人信件？你与读者的关系既可能是工作上的，也可能是私人的。在商务信件中，你的读者是为你工作的人吗？还是工作中的同事？是你的上司吗？还是机构之外的商务伙伴？或者是客户？你的读者是学校的教授吗？还是你孩子的老师？或者是你雇佣的建筑承包商？

所有这些因素都会影响你的语气。让我们从简单的开始。当你给朋友或是家人写信时，语气可以比较放松，可以不太正式。当然，你还是要注意礼貌，不过给这些人写信比较安全，就像你和他们对话一样。

当你在工作中写作，或是进行商务写作时，情况会复杂一些。这时你的语气要更正式一些。如果你在一家公司工作，在语气这一点上最好向同事们学习。有些机构倾向于使用正式的语气，有一些则更随和。如果你负责公司的博客或社交网站，要记得你的读者是客户，不是朋友：当然你可以显得很热情友好，但你也要向对方表示一定的尊重。

我之所以唠叨这一点是因为很多人不明白，也不知道如何在写作时控制自己的语气。根据惠而浦公司（Whirlpool Corp.）全球大学公共关系总监克里斯·艾森博瑞（Chris Aisenbrey）所言："我们会收到大把学生发来的电子邮件，他们给招聘人员发的信息就像是发给自己朋友们的，想问他们晚上有什么安排。"很显然这些年轻人并不知道自己的语气欠妥，这种失控的行为会影响他们找工作。如果你能够意识到这点，并在寄送邮件前考虑这个问题，就能够避免犯同样的错误。

究竟语气是怎样在写作当中起作用的呢？在看初稿时可以注意以下几点：

句子完整。在正式写作时，最好能用完整的句子代替省略句。在不那么正式的写作之中，用省略句是没有问题的，只要你能够将意思表达清楚。

选词。正式的写作要求使用准确的、描述性的词汇代替俚语。举例来说，竞争对手所提的方案应该是"不够完善"，而不是"糟透了"。公司人员的聚会是"令人兴奋"，而不是"酷"。你会"很感谢"得到面试的机会，而不是觉得这个机会"太棒了"。

侮辱性的词汇。永远不要在与工作、职业相关的沟通中使用侮辱性的词汇。

缩写。缩写是非常不正式的。在工作中不使用缩写会更安全，除非公司里有其他人也这样做。

表情符号。在正式写作时，用表情符号代替准确的语言来表达自己的态度是不可取的。在非正式的工作写作中，到处都是这样的表情，在即时通信当中，你也要小心使用表情符号。比如，如果你是在和上司传送文件，他先使用表情符号当然比你先使用更好。

讲到语气，在进行工作写作和职业写作时你需要多想、多判断。请不要给你的上司发邮件问"搞什么呀？？？？"，不要给公司总顾问发笑脸表情，不要问英文教授"你明天有木有空？"如果你信不过自己的判断，你最好选择更正式的那一种，当你更熟悉公司机构、更了解同事们的期待时，再渐渐放松自己的语气。

在理解和控制语气上花时间，是最有价值的。新式的语气检查软件号称能够检查文章，拯救你于尴尬的境地，但其实它还是有问题的。没有任何软件能领会你和上司、客户之间的微妙关系。你最好能学着检查、学着修改自己的语气。最后，你所有的努力都会使你成为更有技巧、更有能力的写手。

在你向全世界发布文章前，问问自己这几个问题：

- 语气是否与内容相配（内容是个人的还是工作的）？
- 语气是否与读者相配？

如果你的语气不适合这个读者或这些内容，改掉它们。

✓ 能不能通过刊登测试？

电子写作给人以亲密的感觉：毕竟在写的时候只有你和写作设备，对吗？实际不是这样的。可能它让你觉得很私人化，而且具有实效性，但其实这两点都是错的。要想绝对地安全，你必须假设所有的电子写作都是公开的，是永久性的。如果你无法接受写在电脑上和手机上的东西所有人都能看的话，任何时候都不要写！

希望大家都能理解，我们在工作时写的电子邮件是属于公司的，而且是可以找回的（即便是已经删除了），这可能会给公司和我们自己带来麻烦。基本上所有在网上发布的东西都会有快照留存。即便是匿名发帖，也能通过 IP 地址跟踪最终被锁定。即时通信的记录功能会将你的聊天记录保存在电脑中，这意味着记录会保存在你的电脑中，也会保存在对方的电脑中。移动电话运营商会保留你的短信"记录"，他们能够根据法院的要求将你实际的短信内容输出来。安全起见，在使用电子设备写作时，你一定要假设写出来的东西能永久保留，如果有人真的想拿到，他们可以做到。用波士顿取证软件互联网安全与隐私顾问理查德·M. 史密斯（Richard M. Smith）的话来讲，"计算机真的十分擅长存储……如果有什么东西你不想泄露，就绝对不要将它转换成任何电子格式。"这一点对任何手机、其他电子设备或是与人沟通的任何电子传播方式都同样适用。

这么说是有点吓人，但在你做出任何不明智的举动前，有一个很简单的方法可以自查。在将你的语句传向网络世界前想象一下，如果它出现在了一份主流的全国性报纸上，你会有什么感受。如果答案是"很尴尬""很吓人""太羞愧了"，就不要把文章发出去。在点击回车键发送或发表前修改它，或是将其全部删除。

这类刊登测试还包括"妈妈测试"和"上司测试"。我建议你设想一下最严重的影响会是怎样的：一家主流报纸刊发了你关于同事的一封恶评邮件，你的妈妈刚好看见了你酩酊大醉的状态，或是你的上司在即时信息上看到了你在讨论他。哪种情形对你来说最可怕，就用它来当作坐标，衡量你的电子写作是否妥当，然后相应地修改你的初稿。

在你发送、发表或是提交前，问问自己：

- 如果我刚写的内容被发表在了《纽约时报》的头版上，我会作何感想？
- 如果妈妈读到了我刚写的东西，我会作何感想？
- 如果上司读到了我刚写的东西，我会作何感想？
- 如果未来的雇主读到了我刚写的东西，我会作何感想？

如果你的信息没有通过这项刊登测试，将这些会冒犯到别人的内容删除或改掉是一种很好的保护自己的方式。

✓ 你校对过了吗？

在将文字发向浩瀚宇宙前，你还有最后一步，快速校对一遍你的文稿。无论写什么东西，你都应该养成校对的习惯。它花的时间很少，但却可以避免错误和错误造成的损失。

偶尔出现拼写错误并不要紧。但是如果你的拼写错误太多，那么作为一个懒散又马虎的写手，你就要小心了。标点和语法的拼写错误和笔误，在职业沟通和商业沟通中会产生很大的影响。克里斯·艾森博瑞曾说："正是电子邮件中多到令人发指的拼写错误、语法错误和那些粗糙的想法，构成了写信人的最佳简历。"

粗心造成的失误可不仅仅会损害你的形象，更会曲解你的本意，给对方造成困扰。即便是发短信，也要在点击发送键之前快速地检查一遍。不相信我？当年 iPhone 4 面世后，人们就开始注意到手机的自动纠错功能有时会让你写出一些十分荒谬的短信，而且发现后为时已晚。有些短信会让人捧腹大笑，而有些又很猥琐。

或许发错信息一般不会造成什么损失，但任何经常发短信的人都知道，这种超高速、超简明的书写方式确实会造成很大的误解。

自动纠正功能并不是唯一的风险来源。在那么小的键盘上快速打字，犯错误是难免的。你打算和人约在下午 6 点见面？很容易就会打成"下午 5 点"而没有发现。这会让你和你的朋友都很头痛。在发送前真的需要快速检查一下。如果你不小心未经检查就发出了一条信息，回去看看自己都发了些什么。如果发错了，立即改正错误。

在工作中发电子邮件更加需要检查。当你忙着发送一大批电子邮件时，很容易会进入一种"自动驾驶"的模式，这是很危险的。有一个客户曾经告诉我，她在给一名潜在的客户发邮件时署名成了"爱你的苏珊"。在此之前，她刚刚给自己上大学的儿子发了一封日常邮件，当时还处在"妈妈模式"当中。她的客户觉得很有意思，但你也要知道，在有些情况下事情不会这么愉快地解决。

在你完成初稿前，问问自己：

- 我有没有针对写作中的拼写错误、笔误、用词错误和语法错误进行校对？

改正那些错误吧！

2. 养成好习惯

我知道，这些检查和修改听起来很繁杂。现实地来看，有时你没有时间全部做完，有时修改也不是很重要。但总会有更加重要的信息。

要记住，现在有越来越多的商务沟通和社会联系都是通过电子设备实现的，人们通过沟通的方式去衡量一个人。可能你会经常和某人通过邮件进行商务往来，但这个人你从来没有见过面。可能你还会在网络上邂逅一段浪漫情缘。如果你是一个懒散的、抓不住重点的写手，那么你留给别人的第一印象可能就是一个懒散的、抓不住重点的人，这样你很可能会失去订单……或是约会。从另一方面来看，如果你能关注交流的清晰和准确程度，别人对你的第一印象也会好很多。

要养成检查和修改电子文稿的习惯。你对自己写的东西越用心，得到的结果就越好，在修改上花的时间也会越少。如果你能养成检查电子邮件的习惯，检查和修改的速度也会提升。你会对自己常犯的错误很敏感，并且最终不再犯这些错误。经常性地检查修改会让你最终成为一名更好的写作者。

无论未来电子沟通形式如何演进，本章中的方法都将适用。无论你写什么，以什么形式去写，都要注意明确自己的目的，体察读者的需求和关注点，这一点永远都是最关键的。信息需要简明，但更要完整。写作要有礼貌，同时也要注意语气与内容和读者的协调性。电子写作并不会变得私人化，它反而会更加公开化，因此刊登测试对你永远都是有益的。只要人类仍然是不完美的，在写作流程中校对环节就是必要的。无论电子沟通的新世界会为你带来怎样的新事物，现在你都已经准备好掌控它了。

第三部分

分类写作

第五章

个人生活写作

在过去的几十年里，个人生活中写作的正式程度明显下降了，它的重要性却明显上升了。在生活的诸多方面，电子邮件和短信取代了电话和面谈。为了维持个人事务、人际关系、亲戚朋友和家庭事务，清晰明确的写作交流至关重要。无论你是要给孩子的老师写一封信，还是写一张交通罚单应诉单，抑或是给保姆写一张注意事项清单，你与对方是相安无事，还是纠纷重重，关键就在于你是否能写得足够清晰。在本章中，你会看到针对种种日常写作的分类指导，其中包括了关于个人事务的沟通、与人生大事相关的信件以及社交媒体环境中的写作。

第一节　常用文书

1. 一般启事

（订婚启事另见第 108 页，婚礼请柬另见第 110 页，出生启事另见第 128 页，领养启事另见第 129 页）

在面临订婚、结婚、生子这些人生大事时，通常我们都要撰写启事。启事有可能会在报纸上刊登、在网络上发布、通过邮政寄送或是通过电子邮件发送。虽然通过电子邮件发送启事变得越来越普遍，但在一些正式的场合中，我们仍然需要将启事正规地打印在纸上，以邮政信函的方式寄送。

基本情况

发布启事的**目的**是把我们人生当中发生的大事告诉他人。根据启事类型的不同，可以将你的**读者**分为几类，其中包括十分了解你的人，也包括不太了解你的人。但无论如何，你都需要保证启事的完整性。花些时间对内容进行**头脑风暴**是很有必要的，你需要将所有相关内容都囊括在内。启事通常要遵循模板进行组织，这样在一定程度上可以避免遗漏。除非启事异常简单，否则**初稿**不要只打一遍。我们会很容易遗漏重要的信息，因此让一个你信得过的人校对一下，再据此进行**修改**就显得十分明智了。要特别注意拼写错误和其他的错误。如果某件事重要到需要发布启事，那么这份启事很可能会被保留起来，尽量做得完美！

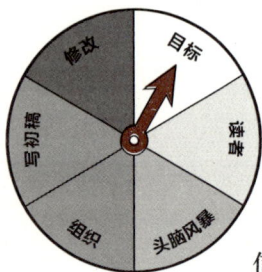

这样做

- 启事写得短小简明。如果这则启事是与企业的某项新推介相关，可提供网址供读者获取更多信息。

- 保证启事的完整性。考虑"何人、何事、何时、何地以及何因"这几个因素。如果这则启事与某个活动相关，也不要忘记时间、地点这些基本信息。

- 如果启事是要宣布一个好消息，那么你可以借机表达一下自己的喜悦之情。如果启事是要宣布一个坏消息，那么就直奔主题，语气要正式一些，务实一些。

- 校对所有的细节，保证姓名、日期、地点都是准确的。如果你还要将启事印刷成册，那么在大量印刷前，要保证能够再核查一遍细节。重新印刷价格昂贵，但在正式的启事上出现拼写错误，实在是一件很丢人的事。

---

2. 离婚启事

如今离婚已经变得十分普遍，越来越多的离婚夫妻选择寄送正式的启事，向自己的朋友和同事发出通告。常规的离婚启事是以手写或打印的形式寄送给他人的，但有些夫妻会选择通过发送电子邮件的方式宣告离婚。一些读者会觉得发电子邮件太不正式，所以你需要仔细考虑发布信息的媒介。

基本情况

发布离婚启事的**目的**十分简单，你要将自己的决定告知他人，并提供你的新联系方式和邮件地址，不要将"这件事是怎么发生的"也加上去，也不要去争取他人的支持。在这种时候，你最不应该关心的事就是其他人的看法。在撰写启事时要考虑你的**读者**。尽可能不要让别人感到不适，比如不要乱讲笑话。通常来讲，这个时候大家都不会很高兴，所以就更容易将重要的事情忘记。用**头脑风暴**明确一下自己想说的内容。如果你不是和自己的前任一起写这份初稿，那么在最终定**初稿**前，最好能与对方交流一下，确保没有遗漏掉任何重要的信息，没有犯什么错误，或是不经意间冒犯了对方。

语气要保持严肃务实。相对于情感激烈的启事而言，就事论事的启事更容易让人接受。除了与你的前任一起合作之外，你还可以将初稿交给好朋友或亲近的家人看一看，你相信的人会给你一些中肯的建议。之后再根据建议进行**修改**。

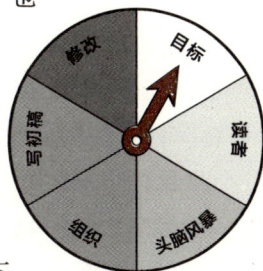

这样做	不要做
• 尽量简短。对于离婚启事来说，大段地去描述自己如何艰难地拯救这段婚姻，或是离婚让你感到多么糟糕（或解脱）都是不合时宜的。这些话还是留到和朋友一对一交谈时再说吧。	• 不要故意搞笑。在离婚启事中，幽默是很难产生效果的。有时一些夫妻尝试以搞笑的方式减轻沉重感，但通常都一败涂地，读者也会觉得不太舒服。
• 保持语气严肃有礼。	• 不要太过深入地剖析你们的情感。可以对婚姻走到尽头表示遗憾，但没有必要深入剖析自己的情感。
• 如果有必要，可以提供新的联系方式：比如说一方或双方要更换邮件地址、家庭电话号码。要告诉读者这些信息何时开始生效。	• 不要去讨论离婚的原因，这与他人无关。捍卫自己的尊严和隐私，不要展现太多的个人细节。关于这些内容的讨论尽量留到和朋友面对面交谈时再说。
• 读者需要了解的其他变化：如果由于离婚，一方更改了自己的姓名，那么与孩子们相关的读者（老师、童子军队长等等）就需要知道孩子的原地址是否需要变更。	• 不要提及离婚协议书的内容，这是私人性的信息。
• 维持尊严。可能你的内心正翻江倒海，但想想二十年后，你和你的孩子们会怎样看待这份离婚启事。你可以向朋友们尽情倾诉，但不要写下任何你会后悔的东西。	• 在双方没有协定好之前，不要提及任何未来的安排（比如孩子们）。
• 发启事这件事，要确保你的前任是知道的，而且要大概知道里面写了些什么。写离婚启事的目的是让事情变得简单一些，不要引起新的纷争。	• 不要在启事中解释对孩子们的安排。监护权是属于"私人事务"级别的。
	• 不要过度赞扬对方。一些夫妻希望为对方说些好话以减轻沉重感。但无论有多么好的初衷，读者都会感到不太舒服。
	• 如果某件事你并不想广而告之，就不要放到电子邮件当中。要记住，邮件是可以转发的，要防止自己陷入尴尬或更糟糕的境地。
	• 除非对方只是你工作上的熟人，否则不要将离婚启事发送到工作邮箱当中。你可以寄一张手写卡，或是将启事发送到私人邮箱当中。

错误的例子...

这些私人信息是无用的，只会令读者感到不舒服。

没有必要解释为什么决定离婚。这种非常私人的信息应有所保留。

亲爱的朋友：

带着沉重的心情，我们做出了一个艰难的决定。在经历了 14 年的婚姻生活之后，我们宣布离婚。在牧师的帮助下，我们认真地付出了许多努力，希望能避免做出这样的决定。最终，我们感到在这段婚姻中，双方都已经渐行渐远，关系已经无法继续维持了。我们的婚姻已经在上个月结束了。

丽莎仍会住在这栋房子里，德温和克里也会还住在这里。但肯从 3 月 24 日起会搬去默克罗夫特大街 27 号 E 居住，邮编 47329，但他周末时还会回来看望孩子们。我们的电话号码仍会保持不变。

虽然这段婚姻十分遗憾，但我们仍然深爱并尊重对方。我们仍会是好朋友，在未来的岁月中，我们期待着一同将孩子们抚养长大。

丽莎·霍伊特与肯·霍伊特

监护权是怎样安排的与他人无关。与初衷相反的是，你提供的信息越多，别人就越感到自己有权利质疑你。为了将这种好奇消灭在萌芽状态，不要说得太多。

强调对对方的尊重是好的，但丽莎和肯做得有些太过了。这会让一些读者感到不太舒服，也会让一些读者感到好奇，如果他们给对方的评价这么高，那么为什么要离婚。

...正确的例子

对于婚姻的终结，丽莎和肯表达出了适度的遗憾，但他们没有向读者展现更多的内心感受。个人隐私得到了保护，读者也没有被拉进这件事当中。

亲爱的朋友：

我们遗憾地宣布，在经历了 14 年的婚姻生活之后，我们做出了离婚这个艰难的决定。我们的婚姻已经在上个月结束了。

丽莎仍会住在这栋房子里，德温和克里也会还住在这里。但肯从 3 月 24 日起会搬去默克罗夫特大街 27 号 E 居住，邮编 47329，我们的电话号码仍会保持不变。

感谢朋友们多年来的支持，希望很快能再见到你们。

丽莎·霍伊特与肯·霍伊特

关于两个孩子，这就是读者需要知道的所有信息了。在事情完全确定之后，老师、医生、童子军队长这些需要经常联系孩子们的人还需要更多的细节信息。

这样对朋友们示意是很好的。这是一条很长的路，这样就强调了朋友们在他们生活中的位置。

错误的例子...

> 亲爱的朋友：
>
> 终于自由了！在度过了如此"有趣"的五年时光之后，我和克里斯终于搞清楚该投降了。从这个月起，本人恢复自由身了。
>
> 为了使神志恢复正常，我将重新开始使用自己婚前的姓名。我又变回吉娜·马泽伊了，孩子们还会随他们父亲的姓。
>
> 感谢大家的关爱与支持。
>
> 吉娜

...正确的例子

> 亲爱的朋友：
>
> 在经历了五年的婚姻后，我和克里斯决定离婚。这段婚姻会在这个月结束。
>
> 我会恢复自己婚前的姓名：吉娜·马泽伊。孩子们还会保留卡尔森的姓氏。
>
> 感谢大家的关爱与支持。
>
> 吉娜

3. 对离婚启事的回应

离婚已经越来越容易为社会所接受了，为了宣布自己的状态已经有所改变，越来越多的夫妻选择向朋友们发送启事。可能特别亲密的朋友已经知道了，但更大范围内的熟人还不知情。在家庭之间互相认识的情况下，这样的启事能起到很大作用，它能帮你摆脱某些尴尬的情境。

你可能会从孩子朋友的父母那里、工作伙伴那里或是多年没有联系的老朋友那里收到这样的启事。无论你与对方是什么关系，对这对夫妻来讲，他们和你的关系都重要到需要发给你一封启事的程度了，那么你必须对此做出回应。

回应需要参考启事的基本模式。如果你收到的是电子邮件，那么就回复电子邮件。如果你收到的是卡片，那么就用卡片或便笺进行回复。

基本情况

回应离婚启事的首要**目的**是向对方确认自己已经知道了他们离婚的消息。离婚伴随的是情感的雷区，因此最明智的做法是表明自己已经收到了消息，并且让双方都明白你很关心他们的生活。更深入的讨论可能会在之后进行。考虑你与收信者的关系。你有多了解他？你们是在什么情况下认识的？这些问题的答案能帮助你进行回应。简单地回复是个好主意，所以不用用**头脑风暴**想出太多的内容，也不用花很长时间**组织**语言。但在回复前还是应该花些时间整理一下思路。**写初稿**时，要注意自己的语气。离婚启事的语气会有很大差别：务实的、遗憾的、充满爱心的、愤怒的、苦涩的、幽默的……无论启事的语气如何，你的回复都应该是友好、严肃、简短的。在发出之前，花一点时间校对**修改**一下。站在读者的角度想一想，如果是自己收到这样一封启事的回复会作何感想。如果初稿中有什么不满意的地方，改掉它。

这样做	不要做
• 听到这个消息你感到很遗憾。即便你认为对他们而言，离婚是最好的决定，但这仍是一个巨大的损失，你应当表示遗憾。 • 认可双方共同经历的困难。 • 如果你仍希望同二人做朋友，再次强调这份友谊的珍贵。 • 对双方的未来表达自己美好的祝愿。可能你会和其中的一方更相熟，而与另一方不太熟，因此你可能会与其失去联系。可能你会有一种强烈的感觉，认为其中一个人的表现很糟糕，婚姻的终结都应归罪于这一方。但出于礼貌，你必须祝双方都会更好。 • 保持回复的简洁、友善与平静。在这种时候，人们的情绪很可能会不受控制，你的回复不应制造更多的混乱。	• 不要对离婚这件事表达支持或反对。对方的离婚启事并不是在寻求你的认可。尊重对方的选择，克制住评论的冲动。 • 不要说离婚对双方都好，即便你真的是这样认为的。为了鼓舞这对夫妻对未来保持乐观，这样打气可能会很好，但在这里说这样的话是很不合时宜的。 • 不要提建议。你可能觉得自己可以给他们很好的建议，也许有些建议还是出于自己的经验。但要记住，你不知道他们究竟是怎样想的，也不知道实际情况究竟是怎样的。如果需要，你可以在更私人的交谈中提出建议，这样会更合适。 • 不要开玩笑。即便启事本身是很幽默的，也不要跟着走，这样做是不合适的。对离婚而言，即便这个玩笑的初衷是好的，也会包含着潜在的伤害。 • 关于孩子们，除了祝他们一切都好之外，不要再提及其他内容。对于孩子们的安排可能还没有最终确定，即便是已经确定，很可能也会成为父母的一个痛点。此外，夫妻双方可能也会为离婚对孩子的潜在影响而深感愧疚。因此最好不要触及这个领域。 • 不要盘问细节。对方已经和大家分享了所有他们希望分享的信息。再去深究或旁敲侧击发生了什么都是不礼貌的。

错误的例子...

这样提及过去他们曾经很开心，可能会很伤人。另外去评价他们"努力过"也会让人不太高兴。他们离婚可能是因为其中一方有了婚外情，另一方不会同意你说他们"曾努力挽救婚姻"这一点。

亲爱的大卫和艾琳：

收到你们的离婚启事我深感遗憾。你们看起来总是那么好，在一起总是那么开心。我相信你们都已经十分努力了，发生这样的事我很遗憾。

你们也知道，我自己有过这样的经历。我认为你们不应该将这件事视为终点，而应该看作一个新的起点。我知道就算是为了孩子们，你们也会保持联系，我也知道你们依然会很在乎对方。事实上，我和布莱恩在离婚后就变成了特别亲密的朋友。在为失去的东西伤感时，不要忘记庆祝新的开始。

保重！

珍

建议，无论是多棒的点子，多善良的初衷，通常在这种时候都不那么受欢迎。这些可以留在将来私人会面时再说。

在这种情况下，"庆祝"这个词可能有些太欢快了。同样地，这样说是出于好心，但造成的潜在伤害和反感也是巨大的。

...正确的例子

亲爱的大卫和艾琳：

收到你们的离婚启事我深感遗憾。谢谢你们通知了我。

我相信对你们双方来说，这都是一个艰难的过程，我也知道这将是一个巨大的改变。希望你们都能照顾好自己。希望你们二人未来一切顺利。

保重！

珍

这条回复虽然简短，但表达了对二人的关心，对于离婚也表达了遗憾，其间既没有进行劝说，也没有踩到对方的痛处。

4. 请柬

（婚礼请柬另见第 110 页）

　　从孩子的生日派对到正式聚会，我们会为了各种各样的活动发送请柬。如果能将邀请看作这些活动的一部分，会很有帮助。邀请可以为活动定下基调，也可以让读者有所期待。请柬看上去很简单，但要想写好一定要花些时间。如果你漏掉了重要的信息，那么接下来你要做的事也会多很多。

　　派对的请柬一般会通过电子邮件，或是社交网站发送。但针对婚礼这类正式活动的请柬，应当印刷后通过邮政系统寄送。

基本情况

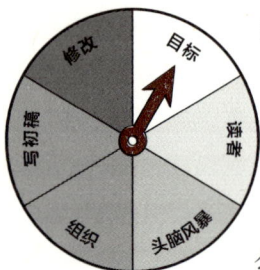

　　发送请柬的首要**目的**应当是进行活动说明。当然，你要让读者知道自己希望他能参加活动，并据此提供一些相关信息。但除了这些基本信息外，请柬的另一项重要任务是提示对方带什么、穿什么。无论**读者**是谁，他们都需要获知与活动相关的完整信息，因此在**头脑风暴**时需要从他们的角度想一想。向自己提几个新闻记者式的问题："什么人、什么事、什么时间、在哪里、为什么、怎么做。"不要去假设读者会知道你所知道的事。大多数请柬都会遵循一个传统的组织结构，它能帮助你回忆起所有重要的信息。如果你使用的是预先印刷好的请柬，那么就要考虑除了填空之外，你是否还需要做其他事。客人是否需要一些额外的信息，比如穿什么、带什么？确保自己的请柬内容完整。如果能将**初稿**交给别人校对一下是很好的主意，既可以看看信息是否完整，也可以检查一下拼写错误。寄出错误的信息会带来大量的后续工作。此外对于正式的活动，客人还会将请柬留作纪念。因此在**修改**时，要确保请柬没有拼写错误以及其他令人尴尬的错误。

这样做	不要做
• 根据活动决定语气。活动有多正式？是否有主题？请柬可以为活动定下基调。	• 不要通过一个完全陌生的邮箱发送电子邮件请柬，否则你很可能会被客人的垃圾邮件过滤器剔除出去。
• 选择适宜的邀请方式。非常正式的活动请柬仍需要打印。	• 不要将有兴趣参加的人排除在外。如果有人对活动感兴趣，确保他能有机会拿到请柬。
• 提前发送请柬。无论是寄送纸质请柬，还是通过社交网站发布信息，都需要给客人预留出一定时间：一般来说派对要提前三周，婚礼至少要提前三个月。	• 不要遗漏掉回复信息。这一点经常会有人忘记。
• 确保时间、地点所有这些信息都准确。	
• 让收件人了解自己是否能带一个同伴。	
• 如果有人不清楚地点，要写清路线。	
• 如有必要，写明具体的服装要求。	
• 如果需要客人带食物来聚餐，要告诉他们。同时还要告诉他们不要带什么，比如不需要带生日礼物之类的。	
• 添加回复信息。将接收回复的截止日期考虑在内，这样就可以有时间筹备活动了。	
• 校对！发出错误的信息不仅仅是尴尬的问题。如果你无意间提供了错误的日期，或是提供了错误的回复电话，要想解决这一团糟的事情可是有许多工作要做的。	

...正确的例子

（婚礼请柬的范例详见第 111 页）

晚宴

> 欢迎参加凯伦·里奇与大卫·赫尔曼的晚宴
> 2 月 27 日，周五
> 晚 6：30
> 朗德特里路 908 号
> 敬请赐复 888-765-4321

百乐餐

> 欢乐聚餐！
> 带上你最喜欢的菜
> 就让我们一起来享受周六吧，5 月 18 日，6：00
> 琳恩和尼尔的家
> 橡木路 2334 号
> 敬请赐复 888-111-2222

生日惊喜派对

欢迎参加琳赛·撒哈兰的 30 岁生日惊喜派对

4 月 20 日，周六

下午 6：00（请准时到场）

晚餐 & 鸡尾酒会

谢尔顿休息厅

请回复至路易斯处

888-555-2222

九十岁生日宴

欢迎与我们一同庆祝

雪莉·汉森的 90 岁生日宴

9 月 5 日，晚 6 点

贝克汉餐厅

爱荷华州埃姆斯

菲尔德斯通路 657 号

请回复至琳达处

888-222-1234

孩子过生日

快来和我们一起庆祝
约书亚的 8 岁生日!
7 月 23 日,周六,下午 2:00
圣塔芭芭拉佩奇路 42 号
带上泳衣和毛巾!

请在下午 5:00 来接孩子

毕业

克里斯蒂娜·拉西特与卡梅伦·拉西特
骄傲地宣布
他们的女儿

伊冯娜·西蒙毕业了

请于 6 月 12 日
上午十点
在学位授予典礼上
分享他们的喜悦
麦卡利斯特礼堂
新奥尔良
圣查尔斯大道 6823 号
招待会将在拉西特家举行
敬请赐复 888-222-1111

退休

真诚地邀请您前来庆祝

斯蒂芬妮·亚历山大的欢送会

她已在里诺联合学区

工作了 35 年并即将退休

2012 年 6 月 16 日，周六

晚 6：00—11：00

马斯顿俱乐部

内华达州里诺

马斯顿大街 7492 号

如不能出席，请于 6 月 1 日前回复至比尔·亚历山大处

888-222-1212

5. 贺词

（婚礼贺词另见第 122 页）

可以表达祝贺的场合

运用好这些场合，寄一份贺词表达自己的关切：

- 考上中学、大学、或研究生
- 获得学术奖、学术荣誉或学术成就
- 获得奖学金
- 毕业
- 找到新工作
- 升职
- 获得职业成就
- 开业
- 退休
- 达成某个人生目标
- 搬新家
- 订婚或结婚
- 生子
- 纪念日
- 受戒礼或成人礼
- 初次圣礼

为了祝贺对方，并且表现出你的关心，寄送一份贺词是一个很好的主意。鉴于当下生活节奏的加快，人们寄送的贺词越来越少，但这是一种保持联系、增进友谊、表达善意的好方法。在"可以表达祝贺的场合"栏中，我提供了一些可以寄送贺词的场合。

在非正式的场合中，可以用电子邮件的方式寄送贺词。但如果你能将它打印出来，那么对收件人将会有更重大的意义。在职业场合中，你可以写一封信。但在更私人的场合中，你应当使用更高档的纸张手写一份贺词。使用事先印制好的祝贺卡也是可以的，但一定要保证除了签名之外，卡片上还有一些更个人化的东西。

基本情况

写贺词的**目的**很直接：为了认可和祝贺收信人取得某项成就、经历某件事。贺词能够使你的**读者**感到欣慰，让他知道你在关心他、支持他。比起模式化的贺词，你更应该花些时间用**头脑风暴**确定想写的内容，使你的贺词更特别。你知道他付出了怎样的努力吗？分享一下你的看法和回忆吧，你的贺词会更加有意义。在示范提纲中，我提供了一种**组织**贺词的方式。**初稿**的语气主要取决于你与读者的关系：越是了解对方，贺词就可以越温和、越个人化。在正式誊写在卡片上之前，最好先打一个初稿。在浏览初稿时，站在对方的角度想一想，设想一下如果是自己收到这样的贺词会作何感想。能不能写得更个人化一些，更有意义一些？对初稿进行**修改**，改到自己乐意收到这样的贺词时，就可以寄出了。

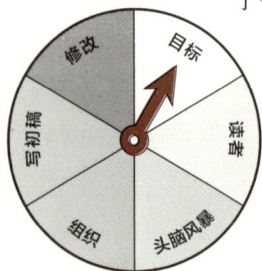

示范提纲

开头：针对具体的事件或成绩，明确地向读者表示祝贺。
中间：让对方知道，这份荣誉是他应得的，他为此付出了许多。同时也可以告诉他，你为他感到骄傲，或是知道这件事你有多高兴。写得个人化一些。
结尾：再次祝贺对方，祝愿对方未来一切顺利。

这样做	不要做
• 在贺词的开头就使用"祝贺"这个词。	• 不要拖得太久。迅速地发贺词,这能让对方感受到你也在为这件事庆祝。
• 要记住"恭喜啊"并不正式。对短信来说它很合适,但对正式写作来说就有些太随意了。	• 不要将这份成绩归结为"运气好"。可能你的本意是好的,但这样做就是在表示你认为对方不配或不该得到这样的成绩。如果他只是运气好,就不配得到祝贺,不是吗?
• 在开头的部分提及需要祝贺的事件。	
• 根据你们的关系,在适度的情况下,越个人化越好。	• 不要表现得很惊讶。同样地,如果你说"我从来没想过会看到这样的结果"一类的话,实际就是在贬低你的读者,低估这份成绩。
• 对对方付出的努力表示赞赏。人们都喜欢得到赞扬,但他们更希望你知道他们付出了怎样的努力。	
• 将注意力更多地放在收信人身上,而不是自己的身上。比如说,不要大篇幅追忆自己的大学毕业典礼,这会让重点从读者身上转移走。	• 不要太夸张。要注意赞扬不要言过其实。虽然你的情感是真诚的,但这会让你的赞扬听起来不够诚实。
• 以"祝愿取得更大的成绩"为结尾。	• 不要只是买现成的卡片然后签上字。哪怕只是几句话也好,根据你们之间的关系,确保这份贺词的内容与读者是有关联的。

错误的例子...

卡尔为自己寄晚了卡片做出了大段的道歉，但它将贺词真实的目的转移走了，真实的目的应当是祝贺珍妮。他说寄晚了是"毫无缘由"的，但又试图让工作忙疯了成为借口。为了防止这种情形的发生，最好按时寄出你的贺词。

亲爱的珍妮：

　　首先，请原谅我毫无缘由地将这张卡片寄晚了。我想让你知道，我一直都在惦记着你，只是工作实在太忙了。

　　听说你通过了资格考试，我真是太兴奋了！我知道你有多努力，也知道这对你来说很不容易。但你坚持了下来，并且通过了，我真为你骄傲。我知道这件事肯定看起来还很不真实。我还记得当年我通过了考试的时候，每个人都来祝贺我，但有好几个礼拜我都没有感觉到很高兴，而是感到很吃惊。那时我学得太辛苦，压力也很大。但你理应享受这份愉悦，你应该为自己骄傲。干得好！

　　　　　　　　　　　　　　　　　爱你的卡尔

可能是觉得太过愧疚，卡尔居然忘记了祝贺珍妮。不要只是暗示，要说出来！

卡尔说了太多关于自己的事，在这种情况下，珍妮的事反而显得不重要了。卡尔本意是想与珍妮分享自己的经历，但他似乎没注意到对方可能不是这样想的，可能她不需要他的建议。

...正确的例子

卡尔一上来就热情地祝贺了珍妮。

亲爱的珍妮：

　　恭喜你通过了资格考试！我知道学习有多枯燥，但你坚持了下来，并且通过了，我真为你骄傲。

　　希望你现在正庆祝着自己的成功。这是你应得的！

　　通过考试会为你的职业生涯提供各种机会，我知道无论如何选择，你最终都会成功。祝你一切顺利。

　　　　　　　　　　　　　　　　　爱你的卡尔

卡尔分享了自己的经历，并与珍妮建立了联系。

就自己而言，卡尔知道通过考试对珍妮的职业生涯意味着什么，并且和珍妮分享了这一点。他对她未来的表现充满了信心，并祝愿她一切顺利，以此作为结尾。

错误的例子...

亲爱的史蒂夫：

　　祝贺你在布朗森找到了工作！找到这样的工作可不容易，肯定是你的时机对，运气好。我真为你高兴！你一直都是个实干家，你是灵感的源泉。希望你在新的工作中一切顺利。

　　再一次祝贺你，真为你高兴。

　　祝好！

斯蒂芬妮

斯蒂芬妮激动得有点过头了。也许她真的认为史蒂夫是世界上最棒的，但在这里听起来有点不够真诚。要掌握好祝贺的语气，这是十分微妙的。

斯蒂芬妮激动的语气将贺词的效果削弱了。她这样是在暗示史蒂夫找到工作只是因为"时机对"以及"运气好"，而不是因为他配得上这份工作。

...正确的例子

亲爱的史蒂夫：

　　祝贺你在布朗森找到了工作！你将自己的事业发展得很好，对雇主来说，你一直努力让自己变得更有价值，对此我十分钦佩。布朗森能得到你真是他们的幸运。祝你在那里能过得开心。希望你在新的工作中一切顺利。

　　再一次祝贺你，真为你高兴。

　　祝好！

斯蒂芬妮

这次就好一些了。斯蒂芬妮认可了史蒂夫，他找到这份工作并不是因为运气好，而是他准备充分，并且十分努力。

6. 退休贺词

退休是人生中的一件大事，它代表了人生一个阶段的结束，也代表另一个阶段的开始。作为朋友和同事，应当为退休者庆祝，并表达祝贺。即便你只是买了一张问候卡，也应当花时间写些个人化的东西，祝贺他经历这重要的转折点。

这样做	不要做
● 认可对方工作的价值。如果你是他的同事，就可以说一说他在工作中做出的贡献。要保证你的贺词个人化一些，具体一些。	● 不要让读信的人感到自己青春已逝。
● 在适当的条件下表达你的感激之情。可能他是你的同事、下属，是孩子的老师、图书管理员、机修工、园丁或是医生，只要曾帮助过你，一定要让他知道你有多么感激他。	● 不要太伤感。是的，这代表着一种结束，也代表着我们都在变老。但即便你很伤感，语气也要保持积极的态度。
● 保持乐观向上。在感到激动的同时，退休也会使人惊慌。因此你的贺词务必要语气欢快一些。	● 不要开不恰当的玩笑。有些人在不知道说什么的时候，或是悲伤难过的时候，就会幽默一下。但要根据你们之间的关系，注意语气是否得当。
● 既要认可过去，也要展望未来。谈一谈对方未来将会有怎样美好的生活。	● 如果能写出具体的事情，就不要套用模板。不要只是写"祝贺你退休了，这是你应得的"，花些时间写些更具体的东西来。
● 如果你愿意，也可以提议一下再聚的事宜。退休可能会让人感到很孤单。	
● 以祝福对方的退休生活结束。	

亲爱的克里：

祝贺你退休了！

如果没有你，这里不会是现在的样子。你总是能慷慨地分享自己的业务知识，你有不可估量的才能，你是一个非常棒的同事。谢谢你为我们所有人做的所有事，现在是该放松一下的时候了，去享受一下和家人休闲的生活吧，我真为你感到高兴。

请一定要给我你的私人邮箱地址。希望我们能保持联系，也希望能听到你在亚利桑那州展开新生活的消息。

保重！

汤姆

7. 感谢信

感谢信的用途十分广泛：过生日、收到节日礼物、受到招待、遇到贴心的举动，以及感受到各种各样的善意都会用得到感谢信。写感谢信很少会出错，只要你想写，就去写吧！

你当然可以通过电子邮件发送感谢信，但要记住它只适用于对一些小礼物、小事情表达感谢。通过邮政寄送手写卡片或手写信件会更有意义。在婚礼、洗礼、收到节日礼物或造访他人家中这类情形下，更合适使用手写的感谢信。根据自己的判断决定，如果拿不准就寄手写的卡片或信件，毕竟做得过头总比做得不够要强。

写感谢信的首要**目的**当然是对某人、某事表达谢意。另一个重要的目的是增强你与收信者之间的关系。一封彬彬有礼的感谢信可以为你保持一个持久的良好印象。读者与你之间的关系决定了感谢信的内容和语气，写给亲人和写给不熟悉的人的感谢信是完全不同的。对内容进行**头脑风暴**是重要的一步，一旦你说出了"谢谢"两个字，紧接着就要想是要为某件礼物表达感谢，还是为某件事表达感谢，同时还要说出一些具体的细节。要**组织**好信息，在开头表达"谢谢"之后，在结尾处再重复一次。**初稿**要用自己的语言来写，用自然地语气表达出真实的感受。之后通读一两次，将自己

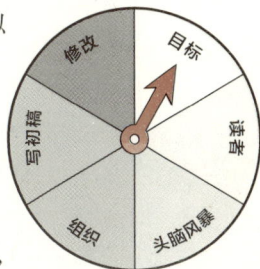

放在对方的位置上看一看。这封感谢信与礼物以及你们之间的关系是否匹配？有没有说全？够不够真诚？在寄出前，确保自己**修改**了必须调整的地方。

这样做	不要做
• 及时寄出感谢信。据说已故的戴安娜王妃十分热衷于写感谢信，为了感谢自己度过的一个愉快的夜晚，她会先写完感谢信再去睡觉。如果你能养成写感谢信的好习惯，就永远不会由于拖延而必须尴尬地将感谢信和道歉信合成一封来写。	• 感谢信不要写得太含糊或太宽泛。你只需花几分钟就能将它写得具体一些、个人化一些，如果你能这样做，对读者来说，意义是十分重大的。
• 记得说"谢谢"，信息要简单明了。	• 不要去提礼物的价格或是礼金的多少。
• 具体谈一谈这份礼物或这个举动对你有怎样的意义。描述一下你打算如何使用它，为什么你特别需要它，收到它你有什么感受。这样个性化处理之后的感谢信能让你与读者间建立起真实的联系。	• 不要只是在买来的感谢卡上签上名就寄出去。有很多读者都能够接受商店买来的感谢卡，但仅仅在内页上签名是不够的，你需要再添加一些私人化的东西。
• 即便你不喜欢这份礼物，也要说些好话。也许这件毛衣整体不好看，但它的蓝颜色很棒，或者是你特别喜欢黑丝绒上的小猫之类的。	• 不要只写自己，也不要转到其他事情上，将注意力集中在礼物和送礼物的人身上。关于你自己生活中的新情况，可以再写另一封信告诉对方。
• 提一些与礼物相关的背景。假期在一起过得开心吗？他们记得你的生日，你为此感动吗？	• 不要过分夸奖礼物。当然你可以具体说说为什么喜欢它，但不要太过头。如果你把这份礼物夸到了极致，可能就是在暗示对方，这份感激并不那么真诚。
	• 不要使用太虚或是过于正式的语言。如果这封信是写给一个你认识的人，就不要写"在婚礼上见到你和泰德叔叔真是太荣幸了"。没有人会这样道谢，你需要用自己的语言写作，"在婚礼上见到了你和泰德叔叔，我和史蒂夫都非常高兴"听起来更私人化，这样的句子对于收信人来说也更有意义。

这样做	不要做
• 如果情况允许，感谢对方"付出的代价"。你当然不想直接去提礼物的价格，但如果你收到的礼物非常昂贵，就需要在感谢信里提到这一点。如果你收到的礼物是别人手工制作的，或者你知道这份礼物十分难得，又或者你怀疑当时拜访的时间不太合适，都要在这里感谢对方。	• 如果你有一沓感谢信要写，注意不要陷入"自动驾驶模式"。注意避免越写越没有人情味，越写越像流水线上的作业，尽量不要将所有感谢信都写成一个样子。尽量让信件私人化一些。

错误的例子...

亲爱的珍：

　　真不敢相信，距离上次见到你已经过去一周了。那天可真开心！孩子们还在讨论那天的情形，还在讨论他们的珍阿姨有多好。希望那天你没有太勉强，同时也希望不久后能由我们来招待你和拉斯。

　　回到家后，我们也开始忙了起来。凯拉周二就回到了学校，皮特今年也去了一所新的幼儿园，这次是日托，他正忙着适应一群新的小伙伴。生活真是永远不会乏味！

　　爱你！

特妮

> 虽然特妮的语气友善而富有激情，但她忘记了说"谢谢"。

> 在感谢信中，特妮不应该谈论太多关于自己的事。应当将注意力完全放在珍的身上。虽然特妮的本意是好的，但对于拜访珍这件事，她的道谢显得有些马虎。

...正确的例子

亲爱的珍：

　　谢谢你上周招待我们，我们都非常高兴。孩子们还在讨论那天的情形，还在讨论他们的珍阿姨有多好。

　　为了让我们都住下你肯定费了不少事，而且我也知道你不习惯有小孩子。但没有你的热情好客，这次的旅行是不可能成行的，真是非常感激。我们和你与拉斯度过了一段美好的时光，希望不久后能由我们来招待你们，不如我们来计划一下寒假如何？

　　要再次感谢你，让我们度过了一段美好又难忘的夏末时光。

爱你的特妮

特妮提到了珍因好客而"付出的代价"，这里虽然没有提到钱，但提到了给女主人带来的不便。

特妮提到了珍的好客对他们意味着什么：如果没有她，假期根本不会成行。

特妮提出了回报的方案，她将感谢信变成了一种加深关系的方式。

错误的例子...

亲爱的琪莎：

　　在婚礼上见到你和天卫真是荣幸。非常感谢你送的咖啡机，每次用它的时候我们都会想起你，这让煮咖啡变得更有趣了。

　　等一切安定以后再见面。我们都想再见到你！

爱你的德布

能看得出来，德布正坐在那里为一大批出席婚礼的宾客写感谢信，这个开头实在太不私人化了。她的署名是"爱你的"，以她和琪莎的关系，感谢信的语气应该更热情一些。

感情表露得很好，就是有些太老气了。

这封感谢信并不坏，但也没什么特别的。只要稍加努力，德布就能写出一些能让琪莎真心记住的东西。

...正确的例子

亲爱的琪莎：

尽管只是短暂的见面，但能在婚礼上见到你和大卫可真高兴。我总听别人说，婚礼上能和客人待在一起的时间很少，现在我相信了。真希望我们能有机会坐下来聊一会。

非常感谢你送的咖啡机。我和拜伦认为这是我们最重要的家用设备，远比微波炉、电冰箱重要得多。有了它我们再也不用出门买咖啡了！真搞不明白，没有它的日子我是怎么活下来的。

再次感谢你所做的一切。等一切安定以后，希望能再见到你和大卫。我很快会再给你发电子邮件。

爱你的德布

> 德布的开场白很热情，很私人化。

> 有些傻乎乎的，但很可爱，而且能体现出对礼物的真实看法。

> 总体来说，这是一封热情的感谢信，表达出了友谊的重要性。

更多例子

亲爱的艾利森：

非常感谢你送我帕特里克·奥布莱恩的书。多年前我就听说他写得非常好，所以书一到我就开读了。这本书真是精彩极了，非常吸引人，而且十分有趣。你读过他的书吗？再次感谢你这份贴心的礼物。

爱你的苏菲

针对礼物

针对礼品卡
或礼券

亲爱的罗克珊和乔：

　　谢谢你们的礼品卡！刚搬进新家，这正是我们所需要的。我们用它为厨房的窗户置办了窗帘。这房子太老了，窗户的型号很奇怪，标准尺寸的窗帘根本装不上。有了这张卡，我们终于可以买到定制尺寸的窗帘了，非常感谢你们的礼物。

　　希望能见到你们。等厨房布置好之后，欢迎来吃晚餐！

爱你的凯蒂和乔什

针对礼金

亲爱的琳达姨妈：

　　打开贺卡看到支票的时候，我有些不知所措。非常感谢您这份慷慨的礼物。我想您肯定知道，有了这份礼物，下个学期我就可以安心上课不去打工了。您给了我专职学习的机会，对此我非常感激。我不会让您失望，也永远不会忘记您的这份好意。

爱你的吉姆

针对帮助

亲爱的史蒂文：

　　谢谢你在我们外出的时候帮忙照看花园。我猜今年的番茄有些种过头了，要不是你在这里照顾它们，现在大概已经死掉了。我知道这肯定费了你不少功夫，非常感谢。

　　请千万不要客气，随时过来吧，冰箱里现在全都是卡罗尔做的意大利面酱，快来帮我们腾些地方！

吉姆

亲爱的艾丽卡：

　　非常感谢你开车载我，还帮我搬了新家。当时我完全蒙了，而且毫无头绪，是你拯救了我。要不是有你在，可能我现在还在转圈打包呢。没有你我不可能做得完，真是太感谢你了。

　　希望假期能见到你！

爱你的阿德尔

针对帮助

8. 教你的孩子写感谢信

　　我们都还记得在生日或节日过后，被迫坐下来给赠送礼物的人写感谢信的感受。童年就养成写感谢信的习惯会对孩子们大有好处。在孩子们提笔开写的时候，你就可以开始教他们写感谢信了。

　　送礼物的人非常喜欢收到孩子们写的感谢信。如果送出了礼物，却再也没有听到回音是一件很受伤的事，尤其这种事一而再，再而三地发生的时候。

　　写感谢信不仅是一种礼貌，学习写感谢信的过程对孩子们也是一堂重要的人生课程，他们会明白送礼物和体察他人是怎么一回事，会明白选礼物的过程中包含着怎样的关怀，也会明白收到一份特别称心、十分用心打造的礼物会有怎样的感受。哪怕他们并不是特别喜欢写感谢信，但他们应该学会婉转而有礼貌地为一件礼物道谢。

　　可以和孩子讨论一下，为什么寄感谢信如此重要。给他们准备一些符合他们年龄的卡片或信纸，在写作时为他们提供帮助。有些家长规定，在将感谢信写好之前，不可以玩玩具、穿新衣服或是使用零花钱，也有些孩子写信的压力会小一些。但无论如何，感谢信都要及时寄出。

　　你可以和孩子分享一下下面这张清单，帮助他们弄明白需要写些什么。同时可以鼓励他们创造性地添加一些细节，或是画画，这样能使信件显得更私人化，也更有趣。

- 说"谢谢。"
- 点出礼物的名字。
- 说你喜欢这份礼物。
- 谈谈你想怎么使用它，你有多喜欢它，或者它会怎样帮助你。

例子

亲爱的希瑟阿姨：

　　谢谢您送给我的裙子。蓝色是我的最爱，它真漂亮。我会穿着它去上学。

　　谢谢！

最亲爱的卡莉

亲爱的布朗先生：

　　谢谢您让我在您的园子里摘了鳄梨。它们可真不错。妈妈要教我们用它们来做鳄梨沙拉了。

　　再次谢谢你！

大卫和雅各布

亲爱的爷爷奶奶：

　　谢谢你们的支票，你们真好。妈妈说我可以用一些，所以我打算去买套新游戏。剩下的钱我打算存进银行，留着上大学的时候用。希望你们俩一切都好。

爱你们的斯考特

亲爱的戴夫叔叔：

　　谢谢您寄来的这些老照片。看到它们可真高兴！我最喜欢的是您和我爸爸穿着戏装的那几张。你们是在哪里拍的呢？有时间我想给您打电话聊一聊。能得到这些家族历史的片段我真的很开心。

爱你的朱恩

---

9. 道歉

　　粗心大意、考虑不周等行为会给别人造成伤害，这时写一封真诚的道歉信对弥补这一伤害大有帮助。选择道歉的媒介十分重要。有时候最好面对面道歉，有时候则需要写下来。

　　如果代价不是很高，场合也不是非常正式，通过电子邮件写道歉信是个好主意。如果是更严肃的问题，就需要手写卡片或信件。如果你有任何的疑虑，不妨将道歉写下来，小心一些总是好的。你要让读者明白，你们的关系十分重要，为此你需要买一张卡片，或是使用高质量的信纸。

基本情况

　　写道歉信的**目的**是要让读者知道，你意识到自己犯了错误，对于给他人造成的伤害与痛苦你深感抱歉。同时，你还希望读者知道你正在弥补自己的行为，防止它再次发生。理解**读者**、预测他的态度是写好道歉信的关键。你和读者之间有着怎样的过往？她会对你的道歉作何反应？

　　你伤害他有多深？一定要站在他的角度多想想。可能你不想回忆当时发生了什么，但站在对方的角度思考会对你大有裨益。如果你是对方，你希望听到怎样的道歉？做什么能让情况好转？写下"对不起"是很容易的，但这意味着之后你还有一些更私人化、更具体的东西。以"对不起"作为开头，也不失为一种**组织**道歉信的好方

示范提纲

道歉信应当直指主题，要保持信息的明确性。

开头：在一开头就为错误道歉。

中间：如有必要，解释自己为什么会这样做。不要找借口，但要让读者明白你不是去有意忽视他的。

结尾：重申歉意。如有必要，让读者知道你有弥补错误的打算。结尾处要让读者明白，你们的关系是十分重要的。

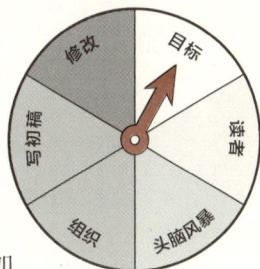

法。你可以将示范提纲作为道歉信的结构。除非你的道歉十分简短、十分直接，否则在寄出前应该多打几次**初稿**。哪种语气更合适是很微妙的，这取决于你与读者的关系，也取决于你犯了多么严重的错误。初稿一旦写好了，先搁置一会儿。之后再从头开始，以读者的角度审视这份道歉信，并据此进行**修改**。

这样做	不要做
• 写得越早越好。拖着不道歉会让情况变得更糟。 • 道歉。直截了当地说你很抱歉。如果读者认为你是在搪塞，结果只能适得其反。 • 保持简洁。过长的道歉会令读者感到不舒服。 • 真诚。 • 解释。让读者知道原因。如果你伤害了别人，那么他就有权利得到一个解释。 • 如果你有改正的机会，就集中精力去改正。过去已经无法改变，但你能通过自己未来的表现证明你们之间关系的重要性。 • 将注意力集中在收信人的感受上，而不要集中在自己悔恨的感受上。 • 如果情况允许，向读者保证类似的情况不会再次发生。	• 不要找借口。解释和找借口是有很大不同的。犯了错就要承认。你不需要将自己痛打一番，但一定不要说"没什么大不了的"这类话。 • 不要责怪读者。写着"我很抱歉，但你也不应该……"的道歉信注定是不会有好效果的。有时承认自己做得不对是很困难，一些人会下意识地去责怪别人。在你没有察觉的时候，这种态度就悄悄出现了，因此一定要警惕。 • 不要转而去责怪别人。如果真的有别人的原因，你可以将它放在解释的部分当中，但不要逃避，否定自己应当承担的责任。 • 不要敷衍了事。既然你已经决定了要道歉，请认真对待。 • 不要卑躬屈膝。对于已经发生的事，你可能感到很懊恼，但如果你能保持自己的尊严，你们双方都会更轻松。

错误的例子...

其实萨拉并没有道歉。她最好能将"对不起"这句话直截了当地说出来。

恭维的话说得太多，萨拉可能会自己显得有些不真诚。

在这里注意力仍集中在丹尼斯身上，萨拉有些太卑躬屈膝了。

亲爱的丹尼斯：

周六在卡伦家我谈论了你的体重，这实在太随便也太伤人了，我真是太糟糕了。我非常重视我们之间的友谊。你一直是那么亲切友善，不该遭受这样的评价。我只想让你知道，我心里完全不是那样想的。

为什么当时我会那样说，我想了很久，感觉很难过，我不希望自己是会这样去谈论朋友的人。说真的，在这群人里我们都太喜欢开玩笑了，真应该控制一下自己。

我还要再说二次，真的很抱歉。一想到伤害了你我就很难过，希望你能原谅我。

爱你的萨拉

哎哟，又提到了谈论的内容，萨拉在无意中又伤害丹尼斯一次。伤人的词最好暗指，不要重复。

萨拉写了太多自己的感受，要将注意力放在丹尼斯身上。

这里提到了群体行为，能隐隐地感觉到对于自己说出来的话，萨拉不想承担全部责任。

...正确的例子

亲爱的丹尼斯：

我希望能对周六在卡伦家谈论你的话道歉。那番话太随意，也太不友善了，很抱歉伤害了你。你不该遭受这样的评价，我想让你知道，我非常重视我们之间的友谊。

为什么当时我会那样说，我想了很久。说真的，在这群人里我们都太喜欢开玩笑了，而且总是不管不顾。为此我伤害了自己在乎的人，这让我警醒了过来，我真的需要改变自己的行为了。如何做一个友善的人，我有许多要向你学习的东西。

我还要再说一次，真的很抱歉。我希望能请你去喝杯茶，只有我们两个人，重新建立一下友谊。周末我会打电话给你。

爱你的萨拉

对于这件事，萨拉看得很认真，她让丹尼斯明白了将来她会做得更好。

这种结尾的方式很不错，也重申了友谊。

萨拉一上来就道歉了，对于冒犯别人的评论，她也处理得很高明。

萨拉提到了群体互动，但她为自己的行为承担了全部的责任。

错误的例子...

尽管是受妈妈的指示，凯尔也应当在一开头就直接道歉，不要提妈妈的干预。

亲爱的姬儿阿姨：

　　我没能赶上您的聚会，妈妈告诉了我您有多失望，真希望您能知道我有多抱歉。爽约让您这样不开心，这真让我永远无法原谅自己。

　　我不会找什么借口，但我那天真的很忙。那天有五节课，其中两节还是实验课，另外这段时间我一直都处于缺乏睡眠的状态。可能假期里学习并不是个好主意。之前我把手机关掉了，现在才开机。我觉得如今的学生压力比从前大得多，对我们的要求越来越高。但很显然，我应该学会去应付这些问题。

　　希望在圣诞节的时候，我能够弥补一下。

　　　　　　　　　　　　　　　　爱你的凯尔

你能看出凯尔是真的很抱歉，但他在这里有点太夸张了。

凯尔其实没想好要不要找借口。他声称自己不会找，但这段文字已经不仅仅是解释了，更像是某种辩解，好像是在暗示老年人不理解大学生的压力似的。应当撤掉这一段，更直接地担起责任来。

...正确的例子

凯尔提到了姬儿阿姨之所以会不高兴的原因。

亲爱的姬儿阿姨：

　　对不起没能赶上您的聚会。我知道您准备了好久。真是糟糕，我就这么错过了。

　　我应当学会更好地管理时间。学校里的课很多，再加上工作，我有些力不从心了。本来非常期待见到您和凯文叔叔，但最终还是没去成，下次一定不会再错过了。

　　圣诞节的时候我会再回家。不如我还像往年那样接您来布鲁姆这里？希望能见到您。

　　　　　　　　　　　　　　　　爱你的凯尔

凯尔没有提到自己的妈妈，这封道歉信看起来是他自愿写的。

凯尔为自己的行为提供了合理的解释，没有找借口。他也保证了下次不会再犯。

凯尔提出了一个很好的聚会建议，用以弥补自己这次的缺席。

10. 为他人道歉

一般来说，既然一个人可以自己道歉，那么你就不应该替他道歉。但有些时候，你确实需要为某些人的行为负责，比如孩子或是别的特殊群体。如果他们的行为造成了损失、引起了麻烦，你应该主动表示歉意。

● 说清你是谁，比如表明你是家长，或是租场地的人。

● 让读者明白，你已经与责任方沟通过了，他们对自己的行为表示后悔。

● 不要找借口，不要消解所犯的错误，既然是来道歉的，就认真道歉。

亲爱的马里奥：

上周三童子军团给贵餐厅造成了损失，对此我深表歉意。他们做得太过分了，而我没能约束好他们。正如我们谈过的，对于损坏的花架我们会赔偿修理的费用。我和小姑娘们谈论了她们的行为，她们明白了这样做是不对的，对于造成的损失她们感到很抱歉。对于您和您的员工，我们表示最真诚的歉意。

谨上

珍妮弗·帕克斯

---

11. 假日家族通信

家人们变得愈发繁忙，人口迁移也比从前更加频繁，与亲人朋友保持联系变得越来越困难。一些家庭会借着发送节日贺卡的机会添加一份通信录，汇报一下家族成员最近的生活动向，通常还会有一张合照。有时我们想了解那些相隔很远的老朋友近况如何，只能通过这样的年度通信。

传统上，人们会把纸质的通信录叠好放进节日贺卡里。如今沟通

小贴士

要对家族通信的收件人进行挑选。亲朋好友有可能会对你的新闻感兴趣，但工作中的熟人、孩子的老师或是邮递员很可能就对家族新闻没那么感兴趣。对他们而言，一张简单的节日贺卡就很不错。

变得愈发电子化，越来越多的家庭会在节日时选择发送电子问候，加上电子通信。形式的选择完全取决于你个人的喜好。

基本情况

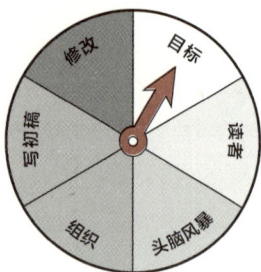

写假日家族通信的**目的**在于问候，同时让大家了解家人的近况。**读者**都是你的亲戚朋友，他们都希望了解你过得怎样，你的家庭过得怎样。写作的时候要注意这点。

头脑风暴的时候，试着将注意力集中在这一年每个家人最重要的几件事上。你可以去问问孩子们有什么想说的。也要让他们知道，在这里不能写得事无巨细。示范提纲能帮你组织所有内容。

为了保持一种节日氛围，**打初稿**时的语气应当友好而热情。阅读通信应当像对方来探望你的家庭，面对读者我们自然应该微笑。

写一封朋友们都爱读的通信需要一点技巧，需要一点耐心。创作假日家族通信有两个主要的误区：一是太过无聊，一是自吹自擂。我们的生活在大部分时间里都很平常，一板一眼地复述这一年发生的事对朋友们来说未免有些无趣。但在另一方面，将注意力放在家庭成就上又会给人一种自我吹嘘的印象。一些人认为在分享消息与吹嘘之间有一条分界线。无论这是怎样的一条线，我都建议你找到它并遵守它。

如果这份通信写得早，就有时间在写完后**修改**几次。这样你会得到更多的乐趣，也避免了将这样的琐事推到一年中最忙碌的时候去做。修改和重写也能帮你讲出一个朋友和家人都爱读的好故事。

示范提纲

你的假日家族通信应控制在一页纸的长度。第一段应当包括对读者的问候和良好的祝愿。

最典型的方式是每个家人写一小段。

接下来的一段可以写家庭活动，比如一次度假。

结尾段落应当重复对读者进行热情的节日问候。

这样做	不要做
• 开头热情地向读者问候，不要一上来就汇报家庭情况。	• 篇幅不要长于一页。关于孩子你可能有说不完的话，但长于一页的内容读者是不会愿意读的。如果你的通信很长，人们很可能会将它放在一边"一会儿再看"。
• 注意语气。这则通信并不是要你炫耀家庭成就。它的目的是与朋友保持联系，让他们得知你的近况。当然你可以让读者了解家里人取得的成绩，但如果能关注一年中家人都在做什么会更好，比如：孩子的新爱好、家人一起参与的活动或者什么时候搬进了新家等等。	• 不要把取得的成绩列成单子。写家庭通信并不是参加比赛，也不是求职。像写下预科课程成绩或是列出申请到了哪些学校就很可能会招人厌恶。
• 给每名家庭成员同等的份额。可以将家庭通信变成一次家庭写作活动。你可以让每个孩子都给自己的那部分内容打初稿。有些家庭甚至会每年让大家轮流当"主笔"。（确保你在寄出前编辑过了！）	• 少用盛赞的词语。不要只说你的孩子有多好、多有才华或是多聪明，多说一说他们参加活动有多开心。
• 在寄出通信前征得每位家庭成员的同意，不要让大家对你分享的信息感到尴尬或吃惊。	
• 保持简短。过节的时候每个人都很忙，要考虑读者的时间。	
• 段落短小。比起大段大段的文字，几个小段落会更具有吸引力。	

小贴士

大部分假日家族通信都将注意力放在好消息上。但如果家里发生了不好的事，在通信里也可以添加上。可能你的孩子正在经受慢性病的困扰，那么你的通信可以如实写下这件事，并且紧接着表扬他的勇敢，希望他早日康复。也有可能你的祖父母过世了，那么你可以写下这则逝世的消息，表达家庭的哀伤，同时详述与逝者在一起的美好回忆。

那些真正关心你的人，希望了解的是你家里发生了什么重要的事，他们关心的不仅仅只是好消息。

错误的例子...

整个第一段都在讲泰勒一家。换成问候读者怎么样？将注意力放在大房子上听起来像是在炫耀。

爸爸和妈妈在通信里占的篇幅很短。这种情况经常发生，但要记住，你的老朋友们很关心你的孩子们，但同时也很关心你的近况。

关于麦克的计划讲得太多了，读者不会感兴趣的。

珍妮是个很了不起的孩子，但这段里对她成绩的炫耀有些过头了。

可怜的小帕特所占篇幅不多，说得也很模糊。

这段里丹尼留给人最深的印象就是他的兴趣爱好，但写得既有炫耀之嫌，又很无聊。

从这段来看，泰勒家有不少可花的闲钱。

真是不敢相信，又一年过去了！但对于泰勒一家来说，这真是美好的一年！六月的时候，我们从圣塔安娜搬到了休斯顿，在这里我们住得很高兴。房间足够大，每个人都能有自己的卧室，此外还有空余的房间！住在这么大的地方也是一种挑战，我们都在慢慢地进行整理，这样就不会所有事都是妈妈来做了！

汤姆很喜欢他在科学专家公司的新工作，他现在是信息技术发展部的主管。安妮依然在忙着照顾孩子们。

真不敢相信，麦克明年五月就要高中毕业了！秋天他就要去西北大学念书，传媒专业，辅修劳资关系。我们打算全家一起自驾到俄勒冈州帮他安顿下来，之后再赶回来，其他的孩子们也要开学了。

珍妮还在上高二，她是辩论队的队长，是学生会的干事，是返校协调员……除此之外她的学习还保持着4.0的平均绩点！

帕特明年就要上高中了。他依然沿着他父亲的脚步，对科技充满了兴趣，此外他还发掘了自己在天文学和物理学方面的兴趣。

丹尼正在上五年级。他对于玩具车的兴趣似乎减弱了，现在正对吉他上瘾。他现在每周都去上课。他的老师说他真的很有天赋……只要他勤加练习！虽然丹尼还小，但他现在已经和帕特差不多高了，看来他还是遗传了他父亲的身高。

除了搬家之外，我们今年另一项重大的活动是八月时去了迪斯尼乐园。我们在里面待了九天，逛遍了里面的每一个角落，买了几乎所有在售的 DVD、T 恤和纪念品。现在屋子里迪斯尼的东西太多了，估计我们再也不用去了！

真想念大家，希望你和你的家人能过一个美好的圣诞节以及一个最愉快的新年!

　　爱你的汤姆、安妮、麦克、珍妮、帕特以及丹尼

...正确的例子

　　真是不敢相信，又一年过去了!希望你们过得像我们一样好。泰勒一家祝你和你的家人度过一个最愉快的节日季!

> 开头进行了修改，一上来就表达节日的问候，注意力更多地集中在读者身上。

　　今年，我们最大的新闻就是从加利福尼亚搬到了德克萨斯的休斯顿（如果你还没有收到我们新的回信地址，敬请留意）。对每个人来说这都是一个很大的改变，但我们爱这个新家爱得发狂（地方更大了!），也对这里的新生活很满意。

> 这种方式不那么炫耀，但读者都知道了这家人有多爱这座房子。

　　汤姆很喜欢他在科学专家公司的新工作，他现在是信息技术发展部的主管。安妮依然在忙着照顾孩子们，同时她也在休斯顿的基督教堂开始了志愿者的工作。我们又重拾了马术训练，既能锻炼，又能在一起好好相处。

> 添加了关于汤姆和安妮的一些信息，他们的朋友会很高兴看到这些。

　　麦克明年五月就要高中毕业了。秋天他就要去西北大学念书，我们打算全家一起自驾到俄勒冈州帮他安顿下来。

　　珍妮还在上高二，她现在可是忙得很，但她特别喜欢辩论队的活动。

　　帕特明年就要上高中了。他仍然对科学和科技很感兴趣，今年他还志愿参加了本地天文台的活动。

　　丹尼今年十一岁，正在上五年级，他开始弹吉他了，而且喜欢得很。他很快就要长成家里个头最高的孩子了。

> 关于孩子的段落变短了，细节减少了，语气也更轻松了。每个人的分量差不多，孩子们不是炫耀的资本，他们让人感觉更真实了。

　　除了搬家之外，我们今年另一项重大的活动是八月时去了迪斯尼乐园。九天的时间里我们玩得累极了，

> 旅行显得更朴实、更有趣，这样我们也就能理解为什么家庭集体出游对他们都如此重要了。

但每个人都很尽兴，回来之后大家可以愉快地迎接新学期了。

真想念大家，希望你和你的家人过一个美好的圣诞节以及一个最愉快的新年！

爱你的汤姆、安妮、麦克、珍妮、帕特以及丹尼

12. 情书

写情书最理想的境界：始于不知所云，也止于不知所云。

——让－雅克·卢梭，哲学家

情书是你所写的最私人化的信件之一，你对信件的内容拥有无可质疑的权威。然而无论你的情感有多强烈，下笔可能都很困难。你可能会感到尴尬，可能会找不到那个合适的"声音"来代表真实的自己。但如果你能得到一些小小的指导，就完全能写出一封真心实意的情书。

你可以通过电子邮件寄送情书，但这能有多浪漫呢？情书还是应当手写。想象一下，你的爱人会将你的信妥善地保存在一个安全的地方，这是多美好的场景啊。要使用一些比较好的书写材料，让你的情书值得珍藏。

基本情况

写情书的**目的**很简单，就是分享你的感受。不要抹杀这种自然而然的感觉，但也要考虑一下**读者**可能出现的反应。你有多了解他？这是你第一次示爱吗？还是说你们正热恋得"飘飘然"？对内容进行**头脑风暴**是写情书的过程中很有趣的一个环节。"在情书里写点什么"栏目为你提供了一些建议。**打初稿**的时候可以百无禁忌，不要去删改自己写的东西。把初稿放上一两天，之后再去读。不要太沉溺其中，当然也不要退缩，对信件进行一些修改。对拼写错误和丢字漏字进行校对，这些小错都会将对方的注意力从信件上转移开。

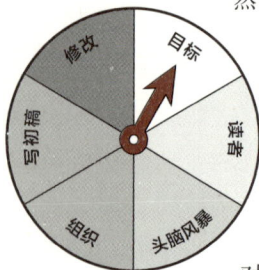

在情书里写点什么

说起来很好笑，你的感情如此充沛，却不知道应该写点什么。写情书可能会让你略感尴尬。虽然开头很困难，但这并不是你不去写的理由！这里有些关于写点什么的建议：

分享一段对你来说十分特别的回忆。

对方说的一些很贴心的或是很能反映自身个性的话。

发现自己爱上对方的那一个瞬间。

相遇或相恋之后，你的生活发生了怎样的变化。

爱上对方你发生了怎样的变化。

对方做了哪些事让你更爱他。

爱上对方之后，你有了怎样的感悟。

对方身上你最爱的一些体态特征。

对方做了哪些事让你感受到他真的关心你。

对方做了哪些事让你深表感激。

对方离开后，你有多想念他。

你看，情书并不需要写得像史诗一样宏大，只要你是真心的，任何的小事都可以写进去。

这样做	不要做
● 慢慢来，不要着急。给自己思考和写作的时间。 ● 分享你真实的感受。 ● 用自己的语言。不要勉强自己使用诗意或华丽的辞藻。你的爱人更想在信中看到你，而不是你装扮出来的样子。	● 不要错误地认为自己必须使用诗意的、高级的词汇。不是每个人都擅长写诗。你的爱人欣赏的是你发自内心的、真实的文字，而不是一张模仿别人的问候卡。 ● 不要错误地认为自己必须写花、写月亮，或是写任何这种老套的东西。

这样做	不要做
• 引用要保守。如果你想引用自己最喜欢的作家的话，没问题。但要记住在爱人的眼里，你自己的话胜过千千万万的至理名言。 • 写一些细节：比如你想他的次数、能让你想起他的东西、他做的一件让你难忘的事、你最欣赏他的地方等等。	• 不要担心自己"写不好"。你可以写得足够好！ • 不要说那些并非真心的话。情书的语气很容易显得过于"浪漫"或感性。 • 不要怕说傻话。如果你就是喜欢他打开车门或是切菜时的模样，如实写下来。 • 不要显得很变态。如果对方完全不知道你的所思所想，不要太热情地去描述自己的感受或是爱慕之情。 • 不要忘记说"我爱你"。可能这是你的潜台词，但说出来更好。

...正确的例子

> 亲爱的艾利森：
>
> 　　那天我走进办公室，看到了一个年轻的女人。那就是你。当然我也知道那不是你，但看到她的一瞬间，我的心跳加速了。她有着黑色的长发，身高也与你相仿。她转过身来，当然那并不是你，我感到无比失望。就是在那一刻我才明白，我爱你。
>
> 　　　　　　　　　　　　　　　　　　　　　爱你的史蒂文

> 邦妮：
>
> 　　我花了很长的时间才终于找到了你。有时我甚至觉得这是不可能的事。我觉得自己已经错失了机会。别人说，机会总在不经意间溜走，所以我当时真的已经放弃了。简直不敢相信，我的生活会发生这么大的变化。你改变了我看待世界的方式。我是这样爱你。若说你值得等待，也只是轻描淡写。
>
> 　　你是我的奇迹。
>
> 　　　　　　　　　　　　　　　　　　　　　爱你的大卫

> 亲爱的乔恩：
>
> 　　昨天凯尔准备去上学，你也准备去上班。我看到你走到车边打开门，将公文包丢在后面，这时我突然意识到自己有多爱你。当然，这件事我已经知道了很多年，但昨天早晨，我比从前更深刻地感受到了这件事。你是我的爱人，我的灵魂伴侣，命中注定我爱你。
>
> 　　　　　　　　　　　　　　　　　　　　　　　爱你的朱恩

13. 崇拜者的信

　　为你最爱的演员、运动员、作家或其他名人寄送粉丝信能很好地表达你的仰慕之情。这里有一些建议能帮助你通过信件达成最理想的结果……也能够避免尴尬的情况发生。

基本情况

　　在写作之前，思考一下你的**目的**。你是想只表达一下自己的仰慕之情呢，还是希望得到一张亲笔签名呢？如果是后者，一定要写得简洁明了，否则你很可能会失望。当然，你肯定会幻想着信的**读者**是你仰慕的那个人。但你也要知道，大多数名人的经纪公司都有专人为他们看信。因此要记住，你的信件可能并不是私密的。用**头脑风暴**总结粉丝信的内容是一件很有趣的事，一封有创意的信可以让你从大把的信件中脱颖而出。如果你能用一个特别的故事，抓住读者的注意力，你的信就更有希望被人注意到。**组织**信件时要注意它的可读性。如果有要求，在信的开头就提出来，不要将索取签名照或是照片的要求放在信的中间。**打初稿**时注意自己的语气，热情没有问题，但尽量显得理智一些。如果你看起来就像个疯子，是肯定得不到你所期望的东西的。初稿写完之后，信件寄出之前停顿一下，之后再读一次，做适当的**修改**。

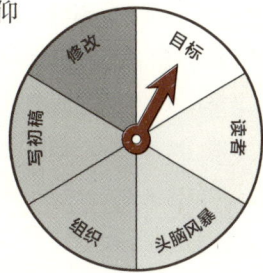

这样做	不要做
• 确定自己想要什么。你只是想表达仰慕之情，还是想要别的东西？如果你希望得到签名照或对方的照片，一定要说出来。	• 不要显得很变态。不要写你已经跟踪了对方很久，或是有跟踪的打算。不要说你"知道"自己和对方有某种精神上的沟通。不要试图将对方拉进你的幻想世界里。世界上已经有太多这样奇怪的人了，不要变成他们中的一员。
• 把信写得有趣，写得值得一读。名人们已经读了太多仰慕他们或是想和他们结婚的信。如果你能讲一个自己的故事，或是分享一些真正有价值的东西，你的信就很可能引起别人的注意。你可以具体写一写对方是如何激励了你，或是在某方面怎样影响了你的生活。一定要好好想一想，读者看到你在信中对他的评价之后会作何感想，然后进行适当的调整。	• 即便你深爱对方，也不要在两性方面做出不适宜的举动。不要以性话题或是情感话题骚扰对方。无论你对这个人多喜爱，都要记住你从没遇见过他，因此要保持尊重。
• 简洁明了。要记住，他们的时间是很宝贵的。比起长信，短信会更引人注目。	• 不要询问带有侵略性的私人问题。信不信由你，名人也是有感情的，带有侵略性的问题会对他们产生伤害。
• 如果你想要签名照，记得提供一个写好自己地址，贴好邮票的空信封。这样能够增加对方回复你的概率。	• 不要寄奇怪的礼物给他们。不要寄自己的性感照片，不要寄食物，不要寄对你来说没什么价值的东西给对方。
• 在结尾祝对方一切顺利。	• 不要撒谎。不要说你们之前见过面（除非你们真的见过），不要说你们是远亲，不要说自己是他妹妹高中时最好的朋友，不要说自己得了不治之症，在死之前一定要见到他。这些话对方都听过，最终这些只能为你自己减分。
• 尊重名人关于收信地址的偏好。如果你找到的是对方事务所或经纪公司的地址，就不要用从网上搜到的私人地址，或是从人家的花园门口把信塞进去。对于这些寄到私人地址的信件，大部分都会被销毁。	

错误的例子...

即便这是真的，也不要写进信里，有点吓人。虽然影迷是无害的，但也不要试图将对方拉进你的幻想世界里。

别逗了，他压根不想听到这样的评价。你真的要好好想想自己是要写给谁，对方会作何反应。

亲爱的蒂姆：

我只想让你知道，我觉得你是世界上最好的演员！我看了三十七次《洛基恐怖秀》，依然觉得你超级性感！在电影里你真是太太太性感了！真希望我的腿穿渔网袜也能那么好看！

虽然我知道你还演过很多别的作品，但我还没有去看。即便除了《洛基恐怖秀》之外你什么都没演过，我也依然觉得你是世上最好的演员。

别做梦了，去实现吧！！！！

非常爱你的艾希礼·马奎特

认真想一想对方会作何反应。如果你觉得他看了会局促不安，或是想把自己的脑袋扎进烤箱里，你就不要写出来。你可以换一种方式表达自己的仰慕之情，不要让对方感到不舒服。

这里看起来艾希礼更像是福特博士的粉丝，而并非蒂姆·克里（Tim Curry）的粉丝。当然这是艾希礼的自由，但这样的评论演员听了可能并不会太高兴。

...正确的例子

对于蒂姆的演艺事业，艾希礼表达了兴趣。她严肃地将蒂姆当作一个演员来对待，并没有将他和角色混为一谈。

亲爱的克里先生：

昨晚我去看了《洛基恐怖秀》，这并不是我第一次看，但我依然非常喜欢你的表演，每次去看我都能有新的发现。这实在是太棒了。

可能这样说有些奇怪，但我认为这部电影让我变成了一个更好的人。第一次看的时候，我觉得电影很怪，角色很吓人。但之后我又和朋友们一起看了几次，我感觉自己能更好地理解这部电影了，它让我变得更加能够包容不同的人。不知道这是不是电影的本意，但我认为是这样的。

真是等不及要去找你演的其他电影和电视剧来看了，我希望能更多地了解你的演艺事业。

希望能很快看到你的新作品，我十分期待。

祝未来一切顺利！

艾希礼·马奎特

艾希礼还是看了三十七遍《洛基恐怖秀》，但她没有向蒂姆展现这些细节，而是赞扬了对方的表演。

这是一句很高明的赞扬，其中包含了一些严肃的思考，这也是名人们最喜欢看到的：他们的作品是不同的。

艾希礼祝福蒂姆未来一切顺利。

14. 个人日记

该不该写个人日记并没有一定的规矩。你的日记应当为自己达成某种目的，而要达成怎样的目的完全由你决定。如果你想要写个人日记，这些注意事项和小提示能帮助你开动起来，并保持下去。

这样做	不要做
• 搞清为什么要写日记。虽然说没有一定之规，但如果你有一个明确的目标，养成或保持这个写日记的习惯就会容易得多。写日记是为了个人反思吗？还是为了记录生活，或是去实现某个目标？做周记还是做日记？你觉得自己之后会看日记吗？还是只为了当下写日记的这种感受？	• 不要进行自我审查。你的日记是给自己的，可以随意地写自己想写的东西。不要觉得自己每天都必须写一样的东西。如果你突然想写一首歌或是一首诗，写出来！
• 选择媒介。写在电脑上还是写在纸上？在网上记录？在邮件里记录？还是在文档里记录？如果你想写在纸上，就要去买个一笔记本。最好能够有一个固定的写日记的地方，不要零散地写在纸片上。想想哪种方式更方便，哪种方式你更满意。	• 不要自我批评。返回头去修改日记中的语法错误是一种拖后腿的行为，不要让写日记变成一种折磨。
• 做好安排。如果能在每天的同一时刻写日记，那么这个习惯会更容易延续下去。有些人会早起一点记日记，有些人会在睡前记日记。孩子小睡的时候也是安静的日记时间。观察一下自己最想在什么时候做这件事。	• 不要放弃。漏掉一两天，甚至一个礼拜都是很正常的事，但不要让它打击你的积极性。毕竟漏掉几天之后再重新写起来，比彻底放弃要强得多。
• 找个写日记的好地方。最好能找一个可以独处的地方。你不用每天都在同一个地方写，但这样做可以帮助你强化这个习惯。	• 除非自己已经准备充分了，不要把日记展示给别人看。分享日记会侵害到你的隐私，也会伤害到其他人。虽然自己的日记自己做主，但在四处展示之前，一定要仔细想清楚。
• 尽量坚持。可能有时候你就是找不到记日记的时间，但尽量保持连贯，在生活中为它腾出时间。	
• 如果你是为了记录你的生活，可以制作一个模板。	

15. 习惯日记

有些人会通过写日记来记录自己的习惯，比如吃了些什么、吃了多少、多长时间运动一次、花了多少钱等等。你也可以通过写日记培养新习惯，当然最好是培养一个好习惯。为了确保有好的效果，习惯日记要尽量常写。写日记本身可能也会变成一个不错的习惯。

梦境日记

在床边摆放上一个笔记本和一支笔，哪怕是在半夜醒来，也将梦境记录下来。要趁着关于梦的记忆还清晰的时候把它记下来。

宝宝日记

制作自己的"宝宝之书"，记录下他人生中的重要事件、有趣的故事以及愉快的瞬间。你也可以用日记记录下他的用药史、成长过程和其他重要的信息。

体验日记

有些人觉得在经历人生中最困难的阶段时，将自己的感受记录下来会非常有帮助，比如挚爱的人离世、返回学校、离婚、搬去异国他乡等。将当时的感情记录下来可以帮助你更好地理解它们，之后返回去再看、再细想也是一件很有趣的事。

生日日记

可以相隔一整年，在生日的时候写日记，并添加照片。你可以写一写生日是如何庆祝的，是和谁一起庆祝的。你同样可以用日记来回顾过去的一年，为来年制订计划。

16. 慰问卡

示范提纲

慰问卡可以十分简短。
开头：对读者身体不适表示遗憾。
中间：简要地表达自己希望对方尽快康复的愿望。如果你愿意，也可以提出帮助对方的意愿。
结尾：友好地祝愿对方尽快康复。

如果有人生了病，或是正在进行术后恢复，一张慰问卡能帮助他们振作起来。在这种情况下，一张摸得到的慰问卡会比电子邮件好得多。如果慰问卡是手写后通过邮政系统寄送的，意义就会更加深远。你可以买一张慰问卡然后将它个人化，也可以在一张质量上乘的纸上自己书写。

基本情况

写慰问卡的**目的**是祝愿读者身体康复，并且让对方知道你在关心他。写作的时候要自然，想一想如果你是在和**读者**通电话，你会说些什么，将那些话迁移到这里来。慰问卡应当简短，因此不需要进行太多的**头脑风暴**。花些时间站在读者的角度想一想。他会作何感想？说些什么能让他振作起来？示范提纲中的内容可以帮助你将内容**组织**好。在正式誊写之前，先打一个**初稿**是个不错的主意，最起码也要写个简要的提纲。**打初稿**的时候语气要乐观向上，要鼓舞人心。检查时也要从读者的角度来看，如果是你收到这样一张卡片，你会有怎样的感受？**修改**之后将内容誊写在卡片或纸张上，然后寄出。对方会十分感激。

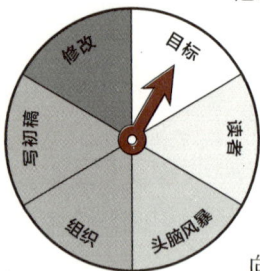

这样做	不要做
• 及时寄出你的卡片。如果慰问卡能在合适的时间送到，对方会更加感激。 • 花些时间，用自己的内容把买来的慰问卡个性化。不需要写得太多，但一定不要只签一个名就寄走了。	• 除非收到了正式的通知，否则不要提和诊断相关的事。一些人会将这些医疗问题视为隐私。如果你听到的是小道消息，只说"手术""住院"或是"身体不好"就可以了。

这样做	不要做
• 简单明了地表达自己的关切与美好的祝福。 • 如果情况允许，同时你也确实乐意这样做，可以以某种方式提出前去探望或是提出愿意提供帮助。 • 自然。用自己的话来表达自己的感情。对读者来说你说你自己的话更有意义。 • 要提到这场疾病、事故或是手术，但不要深究。	• 不要显得太过乐观，以至于让读者觉得你没有拿他的病当回事。有些人刚刚经历了一场大手术，再也回不到正常的状态了。你可以鼓励对方，但不要将对方遭遇的困难完全掩盖掉。 • 不要长篇大论自己相似的经历。如果你曾经患过相似的疾病，或是经历过同样的手术，那么你的确有立场来鼓励你的读者，但是要记住，这件事的重点并不是你，而且对方的经历也未必完全和你相同。 • 不要提供偏方。可能你刚读完一篇十分令人信服的文章，上面说银杏、维生素 D、或是海藻萃取物有奇效，但不要向读者提供这类冒失的医疗建议。 • 如果你提到想要帮忙，不要说得很模糊，一定要是发自真心。像"如果有什么需要帮忙，一定要告诉我"这样的话听起来不错，但如此模糊的提议对方是没办法接受的。最好能花时间想想读者真正需要的是什么，比如帮忙买东西、给花园浇水或是其他跑腿的杂事。提供的帮助要具体，这样才能显示你的体贴。 • 如果不想去探访，就不要提。 • 不要谈论上帝或是类似的宗教问题，除非你十分了解对方对此的看法。

错误的例子...

杰姬说了太多关于自己的事。她的本意是好的，但她确实应当将注意力放在凯伦身上。

亲爱的凯伦：

　　罗尼告诉我你得了卵巢囊肿，我想让你知道我十分关心你。前些年我做了阑尾切除手术，所以我能理解你现在的感受。当时我阑尾炎发作，在床上躺了六个礼拜。从没这么无聊过！我理解你正在经历的情形，真是无比同情你。

　　希望你能好好照顾自己，每天都能恢复得更好。别太拿它当回事，不知不觉中你就好了！如果有我能帮忙的事，请告诉我。

亲爱的杰姬

最好不要提具体的病症，除非这个消息已经公开了，或是读者直接告诉了你。

杰姬可能并不太清楚凯伦正在经历什么。她的本意是让对方振作起来，但她对凯伦的病确实表现得有点不屑一顾。

说得不错，但是是真心的吗？如果杰姬能将帮助说得更具体一些，凯伦也会更加受用。

在不清楚凯伦的具体状况的情况下，杰姬显得太乐观了。她的语气应该更低调一些。

...正确的例子

杰姬用自己的经历表达了对凯伦的关切，但没有说自己完全能理解对方的感受。这是一种好方法。

亲爱的凯伦：

　　罗尼告诉我你做了手术，我想让你知道我十分关心你。前些年我也做了手术，至今我都还记得有多么痛苦。希望你能好好照顾自己，每天都能恢复得更好。一定要好好休息，这样才能够痊愈。

　　不知道你在家有什么需要帮忙的事吗？我记得自己做手术时，有一段时间举不起东西来。如果你有家务要做，或是有东西要买，我都非常乐意帮忙，告诉我一声就行！

亲爱的杰姬

从始至终，杰姬的注意力都放在凯伦身上。

这种提供帮助的建议真诚而实用。杰姬根据自己的经历设想了一下凯伦可能会需要哪些帮助。如果你能将帮助提得比较具体，读者会更相信你是真心的，也就更有可能会寻求你的帮助。

17. 重病的慰问信

如果对方突然生了重病，在写作时还要额外注意。

这样做	不要做
• 让读者明白你为他的病感到遗憾，同时你也很关心他。如果你知道对方是个信教的人，可以提及你正在为他祈祷。	• 不要寄滑稽搞笑的卡片。有些慰问卡上会印着丰满的护士，有些慰问卡上会印着戴圆锥帽子的小狗，这些卡片对于重病患者来说都是不合时宜的。让人发笑的卡片固然很好，但寄出的卡片不要显得对疾病过于轻视。
• 要将注意力放在读者身上，不要放在自己的感受上。虽然你写这张卡片是为了表达自己的关怀，但内容的重心应当放在读者身上，自己难过的心情不要说太多。	• 不要提供医学建议，不要提供偏方。当人们无法接受现实时就会这样做。虽然我们都要期盼对方能奇迹般地好转起来，但给予对方不切实际的希望是一种极端自私的行为。
• 对读者的疾病多做了解。更多地了解对方的状况会对你的写作很有帮助。（不要直接去讨论，这些调查只是为了让你能更好地理解对方。）	• 不要谈论上帝或是类似的宗教问题，除非你知道对方是信教的人。要尊重对方的信仰。
• 如果你愿意，而情况也允许，让读者知道你想去看他。	
• 保持长期的联系。	

亲爱的艾伦：

　　听说你病了，真是太遗憾了。希望你好好照顾自己，保持积极的情绪。如果你愿意，我希望能在某天下班之后去看看你。你觉得可以吗？我会再给你打电话确定一下的。

　　同时要知道我一直都在惦记着你，请接受我衷心的祝福。一定要好好照顾你自己。

　　　　　　　　　　　　　　　　　　亲爱的斯蒂芬妮

18. 不治之症的慰问信

如果对方得了绝症，慰问卡就要特别注重感受和关怀。卡片怎么写取决于你和读者的关系如何，以及病症的公开程度。如果对方和你的关系非常亲密，病症也已经完全公开了，你就可以说得更直接一些。如果你们之间的关系一般，你需要更谨慎一些。

如果在对方离世之前你并没有再去探望的打算，那么这基本上就是一封道别信了。虽说要写些什么是个人的自由，但与其直接道别，不如试着表达一下对方对你有怎样的意义，说一说你有多珍视这段关系。回忆一下你们之间快乐的时光，说一说你从哪件事当中学到了东西。这是一个很好的机会，你可以说出自己想说的话。

不要做

- 不要犯拖延症。在得知某人身患绝症之后，立即将慰问卡寄出去。

- 不要寄康复卡。如果你知道读者不会再康复了，就找空白的卡片或信纸来写。如果一定要用买的卡片，尽量选择"谢谢你"的卡片，而不要选"祝你康复"的卡片。

- 如果不是读者自己先前提过，或是你能够确定对方不会在意，不要提及死亡的话题。

- 除非你在之前和读者讨论过死亡、讨论过生命的本质，否则不要谈及这类问题。

亲爱的海伦：

听说你病了，我深感遗憾。希望你好好照顾自己，并得到妥善的照顾。

我回忆了很多关于你的事，尤其是你和妈妈之间多年的友谊。我仍然记得有很多次下午放学回家，看到你和妈妈正在喝茶聊天。（我还记得随着时间的推移，盘子里的饼干都没了！）我想让你知道，妈妈视你为她最好的朋友之一，尤其是你在爸爸生病时对我们不离不弃，照顾有加，对此她十分感激。不知道她有没有向你这样表达过，但我想让你知道，我们整个家庭都非常感激你。

周末我想给你打个电话，不知道你方不方便讲话，我仍十分关心你和你的家人。

深爱你的戴安娜

19. 讣告

挚爱的人去世了，我们仍然有很多事要做，写讣告是所有事当中比较艰巨的一件事。我们可以在当地的报纸上刊登讣告，以这种方式通知更多的熟人，邀请他们来参加葬礼或是追悼仪式。虽然写讣告很艰难，但人们都希望能收到通知，都有机会来进行最后的道别。

基本情况

写讣告的**目的**是公布一个人去世的消息，提供葬礼或追悼仪式的计划和信息。同时，这也是一种向逝者致敬的方式。你的**读者**可能是逝者的故友或熟人。一份讣告可以包含大量不同种类的信息，你可以借助示范提纲来帮助你对内容进行**头脑风暴**，对文字进行**组织**。除非只是简单地公布一下某人去世，没有其他额外的消息，否则不要只打一份**初稿**。可以考虑让你信赖的一个或多个同伴看一看初稿，他人的意见会很有帮助，他们会提醒你遗漏了一些事。之后可以根据这些问题进行**修改**和编辑。

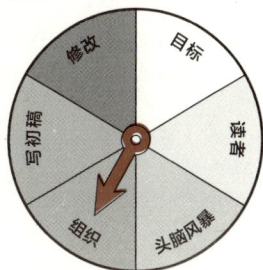

示范提纲

———————

讣告包含的内容可多可少。你可以从以下类别中进行选择：

姓名／通告

逝者的全名，居住地

去世日期，享年

娘家姓（如果有的话，写进来），去世地点

去世原因

生平

出生日期，工作情况

出生地点，居住地点

父母姓名，习惯、兴趣

婚姻／爱人，结婚时间、政治信仰以及其他组织关系

教育情况与成就

所获奖励及荣誉

家庭

健在的家庭成员以及居住地

配偶／爱人

子女（按出生顺序）、祖父母

兄弟姐妹（按出生顺序）

其他亲戚，例如侄子、侄女（按出生顺序）

朋友兄弟姐妹（按出生顺序）

宠物

追悼仪式
时间、地点
探望的相关信息
牧师、扶柩人
招待会的相关信息，入葬地点
殡仪馆的地点

结语
向医院、护理员以及其他
人表达感谢

这样做	不要做
• 尽量按逝者的遗愿行事。逝者的愿望要比你当下的意愿更为重要。履行逝者的遗愿能够为你消除许多意见分歧。	• 不要着急，也不要图省事。身后事可能很复杂，但讣告绝对是非常重要的。一份马马虎虎的讣告信息可能会不准确，发布的时间可能会延迟，人们可能已经来不及赶来参加悼念活动了，这都是十分伤人的。
• 讣告要准确、完整。有没有漏掉哪位家庭成员或是某条重要的信息？找人来读一读你的初稿，看看有没有无意间落下什么东西。	• 讣告里不要牵扯新仇旧怨。可能你会因为某些原因对某些家族成员心怀怨气，但不要在讣告里显现出来。
• 传达出逝者的人生观与人格精神。除列出家族名单以及其他事实之外，回顾一下他的志愿者经历和闲暇活动。	• 不要将逝者不希望出现的内容写进讣告里。比如会有一些人不希望公布自己的死亡原因。
• 考虑多写几个版本的讣告。在报纸上刊登的讣告可能比较短小，但在其他位置刊登的讣告可能就会比较长，比如在家庭剪贴簿上，或是网站上。	• 不要向太多人展示你的初稿。能让他人参与进来固然很好，尤其在你十分悲伤、思路不是很清晰的时候。但是要记住，每个人都有自己的意见，因此要注意不同意见的数量。

这样做	不要做
• 考虑给自己写讣告。这样你就能为你爱的人省下不少时间，省去了不少痛苦，也省去了自己要不要提前写讣告的这种不确定性。写好后确保他们手里能有一份，或者他们知道能在哪里找到。	• 不要在公开的讣告上写家庭地址。这样做很可能会为空下来的房间或是孤单的配偶招来窃贼，同时也会有逝者身份被盗取的风险。

为自己写讣告

在考虑死亡这个问题的时候，有的人会选择给自己写讣告。这样一来，在死亡真正到来的时候，他们就能为自己的爱人省去了很多的麻烦。提前为自己的葬礼付清费用也能为你的家人减轻不少压力。虽然有人觉得给自己写讣告很难接受，但它确实有很多好处。可能你的家人并不能确切地记清所有具体的时间（比如生日、工作时间、退休时间、其他家人去世的时间等等）。他们可能也不大能记起有哪些相关的人物、地点、员工或是组织，即便记得可能也拼不准确。除此之外，他们可能也没有意识到你与志愿者组织，或是其他社区组织仍有联系。最后，如果你是自己写讣告，你可以将葬礼的钱捐献给慈善组织，这一点可能是你的家人想不到的。如果你决定自己写讣告，记得留一份给你的爱人，或者让他们知道到时候可以在哪里找到。

有些人觉得写自己的讣告就像是写一部个人回忆录。回忆录可以成为一笔很好的遗产，同时对你自己也是个享受的过程。

...正确的例子

萨曼莎·B. 瓦斯克斯去世的讣告

布鲁克斯农场的萨曼莎·B. 瓦斯克斯于 2012 年 5 月 30 日逝于圣玛丽医院，享年 66 岁。1946 年 5 月 20 日，萨曼莎在沃克市出生。1969 年，她从伊利诺斯大学药理学专业毕业。在辉瑞公司工作时，她遇到了丈夫利奥。近段时间以来，她很喜欢自己新得的英国良种马祖特。此外，她参与了援救良种马的活动，负责培育她最爱的这种动物。

萨曼莎仍健在的家人还有：她的丈夫利奥·瓦斯克斯，他们于 1973 年 6 月 4 日结婚；她的孩子们：詹妮弗·麦考密克和约翰·瓦斯克斯；她的母亲：菲莉丝·莱德贝德；她的姻亲：路易斯·瓦斯克斯和伊丽莎白·瓦斯克斯。

探望时间将从 6 月 5 日上午 10 点开始，下午 1 点结束。追悼会将于 1 点钟在布鲁克斯农场山毛榉路 659 号的托马森殡仪馆举行。

请将追思逝者的纪念品送至伊利诺斯州莫斯科市伦诺克斯路 209 号良种马救援所，邮编 60010。

获取更多信息，请致电殡仪馆：800-800-1111。在线唁函请登录 www.thomasson.org。

20. 唁函

写唁函是一件很困难的事。当有人去世时，我们实在不知道自己该说些什么，有时还会觉得无论自己说什么都不可能减轻失去挚爱之人的悲痛。

虽然看起来微不足道，但对于刚刚失去挚爱的人来讲，体贴的唁函也是一种极大的安慰。一封感性而贴心的唁函可以让丧亲之人知道，仍然有人深情地怀念着他的爱人，而通过这种方式你也能够让对方知道，你十分关心他的情况。虽然有些费事，但一封妥帖的唁函可能是你所写过的最重要的东西之一。

表达吊唁需要通过卡片和信件。即便你的初衷是善意的，在这种情形下电子邮件也都不够正式。

基本情况

写唁函的**目的**有三个：一是对丧亲之人表达自己的同情；二是向大家诉说自己对逝者的感情和敬意；三是让丧亲之人明白自己仍关心着他，并且愿意提供帮助。除以上这三点之外，其他任何内容都会使你陷入窘境，因此请确保唁函中的内容都与这三点相关。

要考虑你与**读者**的关系，适当调整唁函的内容。若想让唁函发挥它应有的功效，最好能**头脑风暴**一下信件的内容。回忆一下你与逝者之间的关系，在信中添加一些你们之间特殊的回忆或感悟。你可以借助示范提纲来**组织**自己的思维。

打初稿的时候尽量简短，尽量直奔主题。写唁函的时候真诚比什么都重要，所以不要太担心自己写得不好，只要内容是发自真心的，对方都能感受得到，同时也会十分感激。

保险起见，唁函的语气要尽量庄重。即便你在信里讲了一件和逝者有关的趣事，整封信的语气也要尽量庄重，在这种时候尽量不要对文体进行创新。

这类信很难写，所以初稿完成后你要给自己多留出一些时间来进行**修改**。在理想的情况下，你最好能将初稿放上一夜，等第二天精神充足的时候再回来读，这样既能确保说清了想说的话，也不会在无意中冒犯了别人。

示范提纲

对唁函来说，三段比较理想。这个简单的提纲能给你一些帮助：
第一段：表达自己对丧亲之人的同情。
第二段：通过回忆轶事以及讲述逝者的特别之处，来表达自己对他的敬意。
第三段：表达自己对丧亲之人的关心，如果你愿意，也可以提供帮助。

这样做	不要做
● 表达自己对噩耗的悲痛之情，以及对读者由衷的同情。	● 不要拖延。写唁函是有难度的，要开始写也是件颇为困难的事，但及时表达自己的同情才能达到最好的效果。当然，即便是迟到的唁函也聊胜于无，如果你已经开始拖延了，尽快写起来。

这样做	不要做
• 努力回忆一下这些内容：与逝者相关的轶事（没准会很有趣）、一些能反映逝者个性的事件、你们在一起的愉快时光，以及逝者对你的帮助。说些什么完全取决于你和读者之间与你和逝者之间的关系，但尽量选取一些个性化的细节，这样读者才能感受到他人对逝者的赞赏。即便人已经去世了，仍有一些人会怀念他。读者最有可能记住的就是这些内容，他们会非常感激。 • 让读者明白自己并不孤单，告诉他你还在关心着他。如果你愿意、也有能力提供一些帮助，就直接说出来。比如你可以告诉对方，他随时都可以给你打电话，或者是你会在这周给他打电话等等。悲伤是一个漫长的过程，在一轮唁函过后，还能有人在那里关心你，着实是一件让人高兴的事。 • 唁函需要手写，这样信件才能显得更加私人化。	• 不要发送电子邮件。有些内容并不适合通过电子邮件发送，唁函就是其中之一，你必须寄送纸质的唁函。但也有特例，如果丧亲之人正在旅途中，收不到信件，那么电子邮件也聊胜于无。只是你要确保当对方回到家中后，能收到你另外寄送的纸质唁函。 • 不要指望商业化的慰问卡能替你表达出你的情感。购买这样的卡片是没有问题的，但为了显示你真的在乎对方，你需要附上一封手写的短信，使它私人化一些。 • 对于自己有多难过不要讲太多。可能你觉得这是一种分担读者痛苦的方法，但要记住这封信的目的是向读者表达同情与支持，而不是展示你自己的痛苦。 • 除非你确定读者能够接受，否则不要提及与死亡相关的宗教及哲学观点。比如，如果你谈论上帝的意志，可能就会冒犯到不信教的读者。要记住，你的关注点应该始终集中在读者的需求上。 • 不要提建议。现在并不是劝读者"放下"或是寻求"解脱"的时候。悲伤需要时间来消化，这个过程对每个人都不尽相同。你写信的目的只是表示自己已经得知了这个噩耗，同时针对当下的状况表达哀悼与支持，不要勉强读者继续向前。如果你想要表达这个意思，可以温和地劝慰读者注意身体，这样做也是一种表达关心的方式。

小贴士

已故的杰奎琳·肯尼迪·奥纳西斯（Jacqueline Kennedy Onassis）是一把写信的好手，她经常会在唁函中引用一些名句。

如果你还在为用词而伤脑筋，可以试着去参考一些有关名言警句的书籍或网络资源。不要将查找范围限定在"死亡"这一项上，试着找找"忠诚""友善"或其他能够用来描述逝者的特征。

不要做

- 不要说任何关于"死是一种幸运""死是一种解脱"这类的话。即便逝者在生前承受了长时间的病痛，现在也不能说"他现在可以解脱了"或是"至少他现在不用再受折磨了"这类话。你的唁函应当将死亡视作一种需要哀悼的损失。如果读者长时间以来都在面临亲人死亡的威胁，必然会有很多痛苦而复杂的情绪。与其勾起这些情绪，不如只大略地表达一下自己的同情与悼念之情即可。

- 如果你还没有准备好，不要申请提供帮助。虽然大部分人都不会当真，但要注意对方有可能会真的要求你帮忙。

错误的例子...

尽管你的感觉很糟糕，但卡罗尔的感觉肯定更糟糕。不要去写自己的感受，也不要自己写这封信是多么地困难，要将注意力放在卡罗尔的感受上。

与其简单地列出逝者的优秀品质，为什么不试着说一些具体的回忆呢？对此读者也会很欣赏很珍惜。

除非你非常了解卡罗尔的宗教信仰，否则不要将这些观点说出来。卡罗尔可能并不信奉上帝，或者正对上帝十分恼怒。要记住，你写信的目的是要表达同情与支持，所以尽量在不冒风险的前提下集中注意力，写出一封感性贴心的唁函。

亲爱的卡罗尔：

对于贾斯汀的离世，我简直说不清自己有多难过。自从听说了这个消息，无论白天黑夜，这件事就一直在我的脑海中挥之不去，我很难表达自己对失去他有多难受。他是个好人，我们都会非常想念他。

贾斯汀一直是那样愉快友好的一个人，他乐于助人，心肠也很好。他还是个特别好的邻居，脾气好，也愿意帮助别人。

我知道你现在的日子一定很难熬。但对于世间万物，上帝自有他的用意，只是我们不甚清楚，在理解这一点之后希望你能够好过一些。日子一长，相信我们都能够接受这个不幸的现实。

这是一段艰难的时光，请允许我和马克献上深深的爱与支持。

爱你的路易丝

...正确的例子

亲爱的卡罗尔：

我和马克听说了贾斯汀去世的消息，请允许我们献上最诚挚的慰问。

关于贾斯汀，我最深刻的记忆是在一个寒冷多雨的圣诞夜。那时我和马克刚刚搬进来，我们给家里买了一棵特别大的圣诞树。但是树太大了，在屋里根本站不起来。当我们跑过来借锯的时候，贾斯汀和我们一起过来帮忙。经过一个小时的努力，他帮我们锯掉了一大块树节，圣诞树这才站了起来。我敢肯定在来之前，他绝不想到自己在圣诞夜的时候会在又冷又潮的环境中和邻居家的圣诞树搏斗，我们都已经丧失了耐心，但他依然保持着幽默乐观的精神。多亏有了他，我们搬过来的第一年就有了圣诞树。贾斯汀是一个和善而慷慨的邻居，我们都非常想念他。

希望你知道我们都非常关心你，同时也在为你祈祷。在这样艰难的时刻，希望你能照顾好自己。下周我想给你打个电话，或者过来看看你。如果有任何能做的事，请一定告诉我们，我们就在你左右。

爱你的路易丝

> 比起辞藻华丽的开头，简单直接的开头通常会更动人、更有说服力。要发自内心地写作。

> 与卡罗尔分享这段关于贾斯汀热心肠的回忆，能够对她产生一定的慰藉，同时能让她知道别人也关心了解自己的丈夫。

> 结尾段表达了对卡罗尔的关心，在不打扰对方的基础上，承诺了要在这段艰难的时光中相互保持联系。

小贴士

私人唁函一定要手写，但对于商务唁函，尤其是代表一个公司或是代表逝者所有同事的唁函则需要打印出来。

21. 自杀的慰问信

如果一个人自己结束了生命，那么写唁函这件事就变得非常棘手了。通常这种情况下亲朋好友们都毫无防备，他们都处于巨大的震惊之中。如果逝者在生前就明显陷入了某种困境之中，那么最稳妥的方法就是承认逝者当时的处境非常艰难。如果你对死亡的情况绝口不提，丧亲之人可能会觉得自己被拒之门外，认为这是一件见不得人的事。

> 亲爱的史蒂夫：
>
> 听说你的儿子维克多去世了，对此我深表遗憾。维克多一直都是个善良有活力的小伙子，我们都会非常想念他。希望你和家人能找到你们追寻的答案。要知道你并不孤单，我和保罗一直都在惦记着你。
>
> 永远祝福你！
>
> 莉萨

22. 意外死亡的慰问信

同样适用于遭到谋杀或死于非命的情形。

> 亲爱的珍妮丝：
>
> 韦斯顿公司同仁皆为约翰的死讯感到悲痛与震惊。他是一名模范员工，永远乐于与团队成员分享见解，为他人提供帮助。此外人人皆知他是一名忠诚的丈夫，一名优秀的父亲。谈起皮特的足球比赛和塔尼娅的芭蕾舞，他是如此骄傲。如此突然的离世必定让人难以接受，但我们希望能向他献上最崇高的敬意。这样好的一个人，我们永难忘怀，望此能为你带来些许慰藉。值此艰难之时，全体同仁深致哀悼。
>
> 西蒙及技术支持部同仁

23. 流产的慰问信

在针对流产写慰问信的时候需要特别注意，你很有可能会写出"时间会安抚一切"这类的句子，但记住不要这样做。信只要简单地表达同情与支持即可。

这样做	不要做
• 表示自己非常遗憾。	• 不要说"至少以后你还有机会再生个孩子"。
• 集中注意力给对方以支持。	• 不要说"至少还没有怀很长时间"。
• 想让对方感觉"好受一些",其实你能够说的话非常有限,这并不是你应该追求的目标。	• 除非你很了解读者的信仰问题,否则不要提及上帝或信仰问题。
• 简单明了。其实除了"我很抱歉"之外,你能说的话非常有限。不要逼迫自己必须写一封长信。	• 不要说"万事皆有因"。
• 如果你愿意且条件允许,你可以提供帮助、前去拜访或是去陪对方一段时间。	• 不要让读者认为流产是她的错。有很多女性都会毫无根由地将流产的责任揽到自己身上。因此要注意对方的情绪,向她提供支持。
	• 不要探究流产的原因,只要表达出这是不幸的即可。

亲爱的雪莉:

　　对于你遭遇的不幸我深表遗憾。我这些天一直都惦记着你,如果你需要帮忙,我可以立刻赶到你身边。希望你好好照顾自己。如果你愿意,我非常希望能去看看你。周末的时候我会给你打电话。

　　　　　　　　　　　　　　　　　　　　　爱你的罗达

24. 动物去世的慰问信

　　如今家养动物已经从"家庭宠物"晋升为"伴侣"了,与之朝夕相处的人们也很容易会对它们产生感情。动物的去世可能会让人非常伤心,在这种时候寄一封安慰的信件是对的。

亲爱的艾丽卡：

听说咪咪去世了，我很难过。她是那么漂亮可爱的猫咪，造访你家的客人都能感受到她是那样快乐，那样有活力。你已经给了她最好的照顾，希望这样说你能好受一些。能有这样一个温暖的家，她是幸运的。

照顾好自己！

姬儿

25. 悼词

"悼词"（eulogy）一词来源于希腊语，"eu"，意为"美好的"，"logos"意为"词语"。悼词即是为赞美逝者的话。悼词可能会成为你生命中最难写的文章之一，但同时也可能是你生命中最重要、最有价值的文章。悼词是献给逝者与生者共同的礼物。

基本情况

写悼词的**目的**是向逝者表达敬意，向生者表达安慰。除了**读者**之外，你还会有其他的听众，他们都是与逝者亲近的人，在写作的时候你也要考虑他们的感受。你需要对多年的记忆与思考进行一次**头脑风暴**，选出那些你觉得最好的部分写成悼词。可以拉一张单子，在上面列出与逝者相关的最生动的画面、最突出的特质或是生前最大的成就。花些时间慎重地考虑一下，精选出最想表达的内容。因为很容易写跑题，所以你最好能列一个比较正式的提纲。在**组织**悼词的时候，要记住人们是听而不是读，因此要写得通俗易懂一些。你应当多写几稿，并考虑将**初稿**交给信任的人以征求他们的意见。有没有落下什么东西？有没有哪里说得不对？既然这是一篇演讲稿，那么大声念出来看看效果也是不错的。**修改**不通顺的地方。在排练的时候，你可能会文思如泉涌，要留心这些冒出来的记忆和想法。大声朗读你的最终稿，并为自己计时，这样能确保不会讲得太长。这种排练也能帮助你在正式朗读时控制自己的情绪。

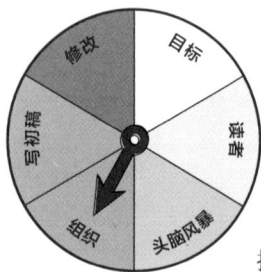

这样做	不要做
• 留给自己充分思考的时间。如果能利用好这些时间，你不仅会做得更好，也会更有成就感，毕竟你只有这一次机会。 • 将注意力集中在逝者身上，不要集中在自己身上，每个人都知道你很难过。 • 如果大家都不了解，可以简单叙述一下自己是如何与逝者相识的。有些告别仪式会欢迎自告奋勇式的悼词。除非在场的所有人都知道你是谁，知道你和逝者的关系，否则需要向听众阐明一下。 • 悼词内容要与你和读者的关系相适应。 • 描述的内容要能反映出逝者的性格特点，也许某个小故事、某个善意的举动或是他做出的某个决定都可以展现出他的人生价值。 • 说说自己知道的事。如果你是在工作中结识逝者的，那就谈一谈他的工作。你们之间的关系能为听众展现出一个完整的逝者形象。 • 幽默要谨慎。如果你们之间的关系以及现场的环境允许你这样做，就可以讲一个和逝者相关的滑稽的故事。但一定要确保这个故事没有恶意，确保观众听后会开怀大笑。一个恰如其分的笑话能帮助大家释放情绪，人们可以在欢笑中怀念逝者。 • 考虑添加一句适当的引言。它可以是一首诗，也可以是圣经中的一段话，引用的诗句、段落或作者可以是逝者生前的最爱。 • 要特别注意听众的感受，因为这个时候大家都很脆弱，要认真思考一下你的话会造成怎样的潜在影响。	• 不要沉溺在自己的感受当中。参加仪式的所有人都很难过，你的注意力应该集中在逝者身上，而不是自己身上。 • 风格不要与仪式的基调相违背。的确有些仪式很轻松，但你需要感受一下现场的氛围。可能你很想讲一个滑稽的故事，但如果这会让你妈妈的朋友感到不悦，那就不要讲。要体谅他人。 • 不要讲得太长。尤其是有若干人发言的时候，尽量让自己的内容简单精练。如果你不确定多长算是长，可以和其他演讲者或是组织人员交流一下。

小贴士

如果有好几个人都要在葬礼或追悼会上致悼词，最好能事先和其他人简单讨论一下，看看大家都打算说什么。这样就不会突然发现自己的故事被别人抢走了，同时也能更全面地回顾逝者的一生。

错误的例子...

焦点过多地放在了演讲人身上。

对我来说这是十分伤感的一天，对在座的诸位来说这一天都很不好过。三十五年间，艾伦·威尔逊在我的职业生涯中扮演了重要的角色。他的辞世令我在震惊之余十分悲痛。他是一名模范医生，也是一位好丈夫、好父亲，他的离去使这个世界黯然失色。

情绪不错，但句子含糊，多些具体细节会更好。

艾伦是我在圣路克斯的资深同事。他行事正直，待人友善，并且颇有耐心。我视他为导师，他对我从医产生了深远的影响。艾伦会特别关照年轻的同事。除了自己的学生之外，他十分关注我们这些刚刚开始职业生涯的人。他曾帮助我顺利度过了调入圣路克斯的过渡期，并且为我树立了一个关怀体贴、尽职尽责的模范形象，对此我深表感激。

这里也是，虽然情绪不错，但说得太泛泛，这种说法可以适用于任何一个人。其实在这里可以更深入地剖析逝者的性格、生活和人生价值。这里给人的感觉是演讲者并不了解这家人。

艾伦肩负着重要的工作职责，但他更重视自己的家庭生活。他是一个好丈夫、好父亲。对他来说，家庭就是一切。伊莱恩，他非常爱你，葛斯、特里，他为你们深感骄傲。他将你们挂在嘴边，夸耀你们取得的成绩。

无论是家人、朋友还是同事，艾伦的离世对每个人都是打击。与他相识、共事是我的荣幸。我们都会十分怀念他。

...正确的例子

史蒂文进行了自我介绍。因为在参加追悼会的人当中，肯定会有人不认识艾伦的同事。

可能有些人并不认识我，我是史蒂文·凯利，非常荣幸能与艾伦·威尔逊在圣路克斯医院共事了三十五年。和许多医生一样，我曾视他为导师，他的离世对每个人都是打击。

我还记得自己工作的第一年，还记得艾伦对我的帮助，这就像是昨天的事。那时我刚结束住院实习，成为了一个年轻的医生。当然了，那时候我觉得自己无所不知，但这种态度也只是为了掩盖自己内心的恐惧。这是一所大城市的医院，随之而来的是大量的医疗需求。能得到这份工作我很自豪，但私下里我也感到有些力不从心。艾伦一下就看清了，但他并没有试图改变我，也没有逼我承认自己的不安。他只是向我展示了友好的一面，并且安静沉着地站在那里。之后我遇到了第一场危机——我的一位病人去世了，这完全出乎了我的预料。当时是艾伦帮助了我。那时向他寻求帮助对我来说并非易事，但艾伦让这件事变得很简单。他与我分享了自己的生死观，这些观点在之后的岁月里深深影响了我。他让我明白了无论我们是谁，无论我们自认掌握了多少知识，在生死这个问题上我们都是新手，时光流转，如今我依然在不断领悟。

> 史蒂文讲了件私人化的轶事，这可以很好地表现出艾伦的性格、特点以及他的为人处世之道。史蒂文精准地描绘出了艾伦对他个人的意义。

我们的私人生活并没有太多交集。我们一家住在埃文斯顿，周末一般都在湖区附近。但伊莱恩、葛斯和特里，我感觉已经认识你们很多年了。艾伦特别为你们骄傲。在他的办公室里，每年都会有你们的新照片。只要你们有重要的新闻，他都会告诉我们。葛斯，我还记得他和我们说你做过轻木模型飞机，和我们说你的动手操作能力特别强。特里，他曾和我们描述过你得到了自己的第一匹马时有多高兴，每次你有了新进步，我们都会第一时间知道。伊莱恩，他总是说起你，而且每次脸上都闪着喜悦的光彩。当我的第一个孩子出生时，艾伦笑着向我祝贺，并悄悄和我说："对每个人而言，这都是人生中最好的时刻。"他早就了解这一点了，而且他是对的。

> 史蒂文承认自己并不十分了解这家人，但他提到了自己知道的几件事，展现了艾伦对于家庭的贡献。回忆的事件很私人化，也很具体，这些都将为家人所铭记。

艾伦并非教徒，但我知道他相信爱。因此我想他不会介意我引用保罗在《哥林多前书》中的话："我若有先知讲道之能，也明白各样的奥秘、各样的知识，而且有全备的信，叫我能够移山，却没有爱，我就算不得什么。"[1]艾伦心中有爱，我们所有人都因此而受益。

> 在这里史蒂文把握得很棒。他提到了艾伦并不信教，但这段话与艾伦的人生、信仰有关，因此在此引用也十分妥当。

艾伦是一位好医生，他既博学多才，又能洞悉难题。但他更知道如何去爱，正是这一点使他成为了一个卓越的人。

---

1 《哥林多前书》，又译《格林多前书》，圣经全书第 46 本书，也是使徒保罗为哥林多人所写的第二封书信。此处引用第十三章，其中对"爱"的解释被奉为经典，因此常被引用。——译注

第二节 婚礼与出生启事

1. 订婚启事

（一般启事另见第 43 页）

　　传统上，订婚的消息会由新娘的父母宣布。但现如今社会正在变化，礼节也在变化，各种不同形式的订婚启事也都能为人们所接受了。通常订婚启事都在确定结婚日期前发布，只是标明婚礼大致的月份或季节，没有具体日期。订婚启事可以在当地的报纸上发布，或是通过卡片或信件寄送，两种方式也可以同时进行。

...正确的例子

父母发布的启事

> 　　南达科塔州威尔敦市托马斯·彼得斯夫妇在此宣布，他们的女儿玛丽娜·安将与明尼苏达州红翼镇詹姆士·莫里森和菲莉丝·莫里森夫妇之子大卫·埃文·莫里森缔结婚约。
>
> 　　新娘毕业于明尼苏达州立大学，获得文学学士学位，现正受雇于琼斯创意公司，担任市场分析专员。
>
> 　　新郎毕业于明尼苏达州立大学，获得了文学学士学位和理学硕士学位，现正受雇于圣保罗市格林伍德学校，担任教师。
>
> 　　婚礼计划将于十一月举行，新婚夫妇将定居于圣保罗市。

新娘母亲发布的启事

> 　　俄克拉荷马州诺曼市的朱恩·史蒂文斯女士在此宣布，她的女儿卡琳·李·墨菲将与德克萨斯州奥斯汀市布拉德利·哈里森夫妇之子西蒙·哈里森缔结婚约。史蒂文斯小姐同时也是德克萨斯州奥斯汀市威廉·墨菲博士之女。婚礼将于十二月举行。

朱恩·史蒂文斯、德里克·史蒂文斯夫妇与威廉·墨菲、科莱特·墨菲博士夫妇在此宣布，他们的女儿卡琳·李·墨菲将与德克萨斯州布拉德利·哈里森和盖尔·哈里森夫妇之子西蒙·哈里森缔结婚约。

二人在他们的母校——奥斯汀市德克萨斯州立大学相遇。

不久的将来，新娘将在德克萨斯州立大学获得生物测定学硕士学位。她的未婚夫将在河滨分校获得化学硕士学位。二人都从事着教育工作。

婚礼计划将于十二月于圣母大教堂举行。

亲生父母与继父继母共同发布的启事

托马斯·彼得斯夫人在此宣布，她与已故先夫彼得斯先生的女儿玛丽娜·安·彼得斯，将与明尼苏达州红翼镇詹姆士·莫里森夫妇之子大卫·埃文·莫里森缔结婚约。婚礼计划于七月举行。

丧偶父母发布的启事

罗伯特·彼得斯夫妇在此宣布，他们的侄女玛丽娜·安·彼得斯将与明尼苏达州红翼镇詹姆士·莫里森夫妇之子大卫·埃文·莫里森缔结婚约。彼得斯小姐是已故托马斯·彼得斯夫妇的女儿。婚礼计划于七月举行。

双亲已故（由近亲代为）发布的启事

琼斯创意公司的市场分析专员玛丽娜·彼得斯将与格林伍德学校的教师大卫·莫里森缔结婚约，婚礼计划将在来年秋季举行。彼得斯小姐是明尼苏达州红翼镇洛丽·彼得斯与汤姆·彼得斯的女儿。吉尔森先生是明尼苏达州红翼镇詹姆士·莫里森和菲莉丝·莫里森夫妇之子。

宣布订婚解除

如果很不幸你的任务是要宣布解除订婚，那么应当言简意赅。不要去谈论解除婚约的原因。你并不欠大家一个解释。

> 根据双方的意愿，维多利亚·西蒙与迈克尔·塔索的婚约现已解除。

> 克里斯多佛·西蒙夫妇在此宣布，他们的女儿维多利亚与迈克尔·塔索的婚礼将取消。

2. 婚礼请柬

传统上，新娘的父母会为婚礼支付费用，并发送请柬。如今社会正在变化，婚礼请柬的发送形式也发生了改变，请柬的种类也越来越多。

说到请柬本身，你的请柬里应当包含一张答复卡和一个贴好邮票、写好自己地址的信封，以便宾客尽早答复。还有些人会在里面加一张家庭联络卡，更新自己的联络信息。具体例子请见"返家卡：旧貌换新颜"部分。

...正确的例子

结婚请柬的形式多种多样，这里有些例子。

托马斯·彼得斯先生及其夫人

诚邀您参加

女儿玛丽娜·安与大卫·埃文·莫里森先生的婚礼

二零一二年，六月九日，周六

下午四时整

地点：比奇洛之家

南达科塔州，威尔敦市

斯密特路 57 号

随后的招待会将在瓦利斯特里姆乡村俱乐部举办

正式的样式

简·彼得斯与托马斯·彼得斯夫妇

诚邀您参加

他们的女儿

玛丽娜·彼得斯

与

大卫·莫里森的婚礼

2012 年 6 月 9 日，周六

下午 4：00

地点：比奇洛之家

南达科塔州，威尔敦市

斯密特路 57 号

随后的招待会将在瓦利斯特里姆乡村俱乐部举办

不太正式的样式

**由双方父母共同
承办的婚礼**

史蒂文·渡边夫妇与凯文·霍尔德夫妇

有幸邀请您参加

他们的孩子

戴纳·爱丽丝与皮特·肖恩的婚礼

2012 年 11 月 17 日，周六

下午 3：00

地点：伯里克博物馆

佛蒙特州，弗顿市

恩迪科特路 2856 号

随后另有招待会举行

**由夫妻双方承办
的婚礼**

玛丽娜·彼得斯与大卫·莫里森

及其家人

诚挚邀请您前来庆祝他们的婚礼

2012 年 6 月 9 日，周六

下午 4：00

地点：比奇洛之家

南达科塔州，威尔敦市

斯密特路 57 号

随后的招待会将在瓦利斯特里姆乡村俱乐部举办

请您与我们一同见证

麦迪逊·克里斯蒂娜·刘易斯与布赖恩·卡洛斯·汤普森

神圣的爱之庆典

2013 年 6 月 28 日，周五

晚 8：00

地点：诺克斯长老会教堂

佐治亚州，萨凡纳市

随后的招待会有香槟和甜点提供

	回复卡
六月一日前 敬赐复函	

或者

请于六月一日前回复 是否能够出席

乔治俱乐部 南卡罗莱纳州，格林维尔

克里斯特尔莱克路 957 号

收回邀请

如果你需要将婚礼推迟，但请柬已经发出了，就需要用下面这样
的一则短信息收回之前的邀请。你不需要解释为什么要收回邀请。

托马斯·彼得斯夫妇遗憾地通知您

他们需收回

玛丽娜·彼得斯小姐与大卫·莫里森先生的

婚礼邀请

2012 年 6 月 9 日

设计完美的婚礼请柬

对客人来讲，请柬会让他们对婚礼产生第一印象，因此一定要好好制作。看起来它只是简单的一张小纸片，但实际上它会向你的朋友和家人展示婚礼的品味、礼节与个人品格。人们这才能知道自己应该穿什么，应该送什么礼物，对这个仪式应该有什么期待。因此在遣词造句的时候，你需要将邀请与整个婚礼的风格融为一体。

一场传统的、不过时的婚礼应当由主持人发送请柬。这种情况下，并不需要对请柬的措辞做太多改动，而细微的改动也需要视结婚场所而定：是在教堂举行（可以说"敬请出席"）还是非教堂场所（可以说"欢迎参加"）举行。婚礼日期和时间的信息要完整地写出来，地址也一样。传统的请柬一般不会对礼物和着装做要求，但一般都要求着晚礼服出席。这里是我自用的一份正式婚礼请柬措辞：

威廉·麦克卢卡斯夫妇

敬请您出席

他们的女儿

艾比盖·迪伊

与

泰特·埃利奥特·拉森先生的婚礼

二零零五年

八月二十七日，周六晚五点整

老南教堂

马萨诸塞州，波士顿

通常我们会将回复卡放在婚礼请柬当中，另外还可以放入接待卡，附上招待会的地址信息。

有些仪式没那么正式，很多新娘都会选择打破常规，把请柬写得很好玩。有些人会以一种搞笑、幽默或十分甜蜜的方式作为开头：

小伙子遇见了姑娘。姑娘爱上了小伙子。那么接下来的事大家都知道了。
请和我们一同在婚礼中
祝福艾比·麦克卢卡斯与泰特·拉森
8 月 27 日，周六五点整
老南教堂
马萨诸塞州，波士顿
晚餐、舞蹈和夜宵
将在帕克之家供应

有些请柬只是将传统的请柬稍作精简：
艾比·麦克卢卡斯与泰特·拉森
邀请您一同庆祝他们的婚礼
8 月 27 日，周六五点整
老南教堂
马萨诸塞州，波士顿
招待会随后将在帕克之家举行

如果你打算尝试这种随意的、搞笑的、调皮的措辞，请确保所有客人需要知晓的重要细节信息都已经囊括在内了！在写提纲的时候想一想"人物、事件、地点、时间"，之后再自由发挥。

作者：艾比·拉森，热门婚礼博客"我的美丽风格"（www.stylemepretty.com）的创始人。

返家卡：旧貌换新颜

克兰公司

最初，发送返家卡的目的是通知亲朋好友，新婚夫妇已经度蜜月回来了，今后这就将是他们居住的地址。

如今大家还是会这样用，但现在大家还会添上新的电话号码和电子邮件地址。此外，这也是展示女方新名字的好方法。

返家卡会与婚礼请柬或婚礼启事一同发送，它只是一张附属卡，因此需要与请柬的材质、体例和字体颜色相匹配。除了返家日期和新地址之外，不少人还会添上他们的电话号码和电子邮件地址。

在措辞方面，随婚礼启事一同发送的返家卡，与随婚礼请柬发送的返家卡应有所区别。随启事发送的返家卡可署名"夫妇"，因为此时你们已经结婚了。而随请柬发送的返家卡需各自署名，因为此时你们还没有结婚，不能使用"夫妇"一词。

既然发送返家卡的首要目的是通知他人新地址，那么如果你打算保留自己婚前的姓名，也可以在寄送启事的时候让对方知道。你可以将自己的姓名放在第一行，将丈夫的姓名放在第二行，其他内容照旧。在此处本应署名"某某夫人"，但你没有这样写，那么大家就会明白你保留了自己的婚前姓名。

返家卡并不是一张礼物索要卡，请不要这样想。

返家卡应当是一张地址变更卡，只因为你搬了家，所以才寄了出去。这张卡只是为了通知大家新地址，是为了方便大家与你保持联系。

3. 婚礼敬酒词

敬酒词通常会出现在彩排晚餐以及婚礼接待会上，一般会由伴郎和伴娘致敬酒词，但也有很多婚礼欢迎自由发言。一想到要发表敬酒词，很多人都会被吓倒。但其实只要稍作准备，致敬酒词是一件很有意义，也很好玩的致敬方式。

这样做	不要做
• 花些时间提前写好敬酒词。对新郎和新娘来说，这件事意义重大，所以不要赶时间。	• 准备环节不要拖延。要留给自己充分打初稿、排练、修改的时间。你的朋友值得你这样付出。
• 有必要的话，带上提示卡。不要逐字逐句地念，但使用关键词能够让你保持专注。	• 不要说会让人不舒服的话。可以有些小幽默，但太过就不好了。
• 有必要的话，进行自我介绍。如果现场有很多人都不认识你，可以来一个简单的自我介绍。	• 如果喝醉了，就不要致辞了。你会给自己丢人，会给宾主丢人，也会给客人们丢人，而且你的丑态还会被录在带子上，供所有人永远地反复观看。
• 用自己的语言讲述。引用诗句或是其他文字固然很好，但如果你能用自己自然、真挚的语言讲述，对朋友来说会更有意义。	• 不要去念。可以带着提示卡给自己提个醒，但你要多加练习。记得要保持清醒，这样你就不会逐字逐句地去念了。
• 简单扼要。如果你打算讲故事，一定要开门见山。如果你能把故事讲得生动有力，大家会听得更开心，也更容易记住。	
• 要确保你的语气与现场气氛相符，与宾主的个人性格相契合。	
• 开玩笑要慎重。讲件过去发生的事让大家笑一笑固然是好的，但别做得太过火，不要使人蒙羞。	
• 将注意力放在宾主身上，不要放在自己身上。	
• 注意排练。给自己留几次排练的机会，排练能让你辨别出自己的表达是否自然得体，这样在正式的致辞中你会有更好的表现。	
• 记得在最后提议向宾主敬酒。	

4. 婚礼誓言

有些新婚夫妻认为，传统的誓词不能在婚礼上完全表达出自己的意思。他们想说一些更个人化的东西，这样能展现出他们自身的个性，表达出他们的感受，因此他们选择自己撰写誓言。有些人将传统的誓词进行了改良，有些人完全自己创新。以下的建议可以帮助你写出自己的誓言。

这样做	不要做
• 保证你的证婚人或牧师同意你使用自己的誓言。有些教堂会要求使用传统的誓词。根据惯例，你需要在婚礼前发一份誓词给你的牧师。	• 不要赶时间。给自己留下充足的时间思考想说些什么，在定稿前反复修改，多加练习，这样在婚礼上你才能比较自如。
• 两个人一起写，确保双方都认同对方想要表达的意思。	• 不要写得太长。对客人来说，过长的誓词会很乏味。誓词最长也要在一分钟以内结束。
• 将传统的誓词通读一番，寻找灵感。传统的誓词是很好的创作起点，你会发现一些很合意的用词。	• 不要太过个人化。要记住你是要在众目睽睽之下宣誓，因此不要夹杂任何内部笑话，也不要提及太过私人化的问题。
• 浏览诗集、名言警句、网页以及歌词以寻找灵感。不要担心，你可以将各处收集来的东西组合在一起。	
• 忠于自己。誓言不必非常严肃、非常老套，你可以说一些能表达自己情感的东西，说一些自己真的想说的东西。	
• 彩排。没人想在宣誓的时候突然结巴，或者是说到一半忘了词。在婚礼前花些时间背下来，练一练。	
• 给自己计时。你要考虑观众的感受，誓词不要太长，人们会觉得很乏味。	

...正确的例子

浏览传统誓词是撰写个人誓词的一个很好的开端。以下有一些例子供你参考。

我，_____，愿意成为_____的法定妻子 / 丈夫，从今天开始相互拥有、相互扶持，无论是好是坏、富裕或贫穷、疾病还是健康，直到死亡才能将我们分开。

传统的誓词

• • •

我，_____，愿意成为_____的丈夫 / 妻子。无论环境顺逆，疾病健康，我永远爱慕你，尊重你，终生不渝。

• • •

以上帝之名，我，_____，愿意成为_____的丈夫 / 妻子，无论富裕还是贫穷、疾病还是健康都彼此相爱、珍惜，直到死亡才能将我们分开。这是我庄重的誓言。

• • •

上帝与我们的亲友为证，我愿你成为我的丈夫 / 妻子，在上帝的帮助下，我承诺将成为永远爱你、对你忠诚的丈夫 / 妻子。

_____，我爱你，希望你能以我丈夫 / 妻子的名义与我共度一生。我承诺永远关心你、接纳你。我将友善、无私且值得信赖。我会为我们共同的美好生活而努力。

• • •

_____，和你一样，我想永远与你在一起。在千万人中，我选择与你结合，共度一生。我爱你本来的模样，也希望你可以成为一个你想成为的人。我发誓一生都将遵守这个誓言。

• • •

_____，从今天起，我愿成为你的丈夫 / 妻子。我们将一起建立家庭，相互扶持。我承诺将与你展开一段共同珍惜、彼此深爱的人生。我发誓忠诚、关爱、值得信赖。我爱你本来的模样，而非我臆想的模样。作为你的爱人，你最好的朋友，我愿在你身边与你一起变老。

· · ·

我，_____，愿意成为，你，_____的伴侣、你生活的伙伴。我愿尽我所能维护我们的爱情。我愿去交流，我愿去倾听。我愿与你分享，也愿与你一同承担。你的成功与快乐，我也将感同身受。

· · ·

我承诺将成为你永远的伴侣、永远的朋友。我承诺将永远陪伴在你身边，照顾你，爱你，无论我们相距多么遥远。我们将彼此心意相通。你开心时，我会分享你的快乐；你难过时，我会让你欢笑。作为你的朋友，你的丈夫／妻子，我会鼓励你，陪着你。我发誓会爱你、对你忠诚、值得信赖、有所担当，我会让你的生活变得有趣，我们会相守到老。

婚礼诗歌

很多人都会在婚礼上朗读或背诵一首诗歌。无论诗的基调是浪漫、严肃、有趣，还是以上几项的混合体，都能表达出这对夫妇彼此的爱意，并传达给在场的每位宾客。这里有一些婚礼中比较流行的诗歌。

《天使在人间》，玛娅·安杰洛（Maya Angelou）

《我是怎样的爱你》，伊丽莎白·巴雷特·勃朗宁（Elizabeth Barrett Browning）

《早安》，约翰·邓恩（John Donne）

《爱的邀请》，保罗·劳伦斯·邓巴（Paul Laurence Dunbar）

《顺从》，尼基·乔凡尼（Nikki Giovanni）

《你是我的丈夫，你是我的妻子》，因纽特传统情歌

《美丽不曾老去》，詹姆斯·韦尔登·约翰逊（James Weldon Johnson）

《忠诚》，D. H. 劳伦斯（D. H. Lawrence）

《牧羊恋歌》，克里斯托弗·马洛（Christopher Marlowe）

《超越》，奥格登·纳什（Ogden Nash）

《爱将来临》，约翰·肖·尼尔森（John Shaw Neilson）

《我爱你非因你似蔷薇绯红》，巴勃罗·聂鲁达（Pablo Neruda）

《婚礼爱人》，考文垂·巴特摩尔（Coventry Patmore）

《当快乐插上激情的翅膀》，赖内·马利亚·里尔克（Rainer Maria Rilke）

《生日》，克里斯蒂娜·吉奥尔吉娜·罗塞蒂（Christina Georgina Rossetti）

《从我听到自己的初恋故事那一刻起》，鲁米（Rumi）

《我绝不承认两颗真心的结合》，威廉·莎士比亚（William Shakespeare）

《爱的哲学》，珀西·比希·雪莱（Percy Bysshe Shelley）

《婚礼祈祷》，罗伯特·路易斯·史蒂文森（Robert Louis Stevenson）

《我能够承诺的事》，马克·吐温（Mark Twain）

若希望查看这些诗歌的完整版，或希望得到更多建议，请访问 www.howtowriteanything.com。

5. 婚礼启事

一般而言，婚礼启事都会在报纸上刊登，同时也会打印后邮寄给没能参加婚礼的客人。

有的报社会根据你提供的内容为你撰写婚礼启事，还有一些报社只负责印刷你所写的内容。

在美国，传统来讲都是新娘的父母负责发布启事，但现如今社会正在变化，各种不同形式的婚礼启事也都能为人们所接受了。若希望查看更多现代家庭的婚礼启事样式，请见订婚启示部分（第108页）。

父母发布的启事

> 巴顿·M.卡弗夫妇荣幸地宣布，他们的女儿安德烈娅·路易斯将与丹尼尔·雅各布·刘易斯先生成婚。婚礼将于二零一零年七月十日周六，在蒙大拿州普莱森特维尔，圣安德鲁教堂举行。

夫妻发布的启事

> 安德烈娅·路易斯·卡弗小姐与丹尼尔·雅各布·刘易斯先生欣喜地宣布，他们的婚礼将于二零一零年七月十日周六，在蒙大拿州普莱森特维尔，圣安德鲁教堂举行。

夫妻发布的启事

> 安德烈娅·路易斯·卡弗与丹尼尔·雅各布·刘易斯在此宣布，我们的婚礼将于二零一零年七月十日周六，在蒙大拿州普莱森特维尔，圣安德鲁教堂举行。

6. 婚礼贺词

当你参加婚礼或是收到婚礼启事时，应当写一封婚礼贺词向这对新人表达祝贺。即便你只是买了一张贺卡，也需要动手写几句个人化的话。

婚礼对一个人的一生来说具有里程碑式的意义，比起电子邮件，你需要更能表达你心情的媒介。你可以买一张贺卡，也可以用质量上乘的信纸进行书写。

这样做	不要做
● 表达真情实意。比起诗意的句子，你的真情实感更加重要。 ● 表达你对新人结合的欣喜之情。 ● 表达出对新人的喜爱与关怀。 ● 表达对未来的积极看法。 ● 选择合适的名人名言。虽然这些名言不能替代你的真实感情，但如果你真的找到了合适的句子，就用起来吧。 ● 评论要适当，要视你和读者间的关系而定。如果你并不了解他们，就不要写得太过私人化。	● 不要提建议。这是件很私人化的事，建议最好还是由近亲来提，或是在面对面的交流中提出更妥当。

> 亲爱的米歇尔和亚历克斯：
>
> 　　恭喜你们结婚！我真为你们感到高兴。看到你们在一起，我知道没有人会比你们更幸福，也没有别人能配得上这份快乐。
>
> 　　祝你们百年好合，同心永结。
>
> 　　衷心祝福你们！
>
> 弗兰克

7. 婚礼答谢卡

　　你在婚礼上、派对上或是婚礼之后都会收到礼物。现在是时候向大家致谢了。对婚礼贺礼来说，答谢卡可以写得很简单，但一定要热情、真挚、带有感情色彩。

　　婚礼答谢卡一定要手写并通过邮局寄出。像这类重要的沟通，用电子邮件会显得太没有人情味。

这样做	不要做
• 仔细记清谁送给了你什么。在派对里请朋友帮你列一个清单。在婚礼结束后，将礼物分别贴上标记，做好记录。办婚礼的这段时间会非常忙碌，贺礼也会在随后的一年中源源不断地寄过来。因此最好能用文件夹或是特殊的笔记本进行记录，这样也能搞清哪些发了答谢卡，哪些还没有发。	• 不要通过电子邮件发送答谢卡。致谢可以很简短，但一定要用手写。
• 及时将答谢卡寄出。把这个环节纳入你的日程当中。	• 不要预先准备答谢卡。你致谢是为了回应这份贺礼，回应送礼人的这份心意。虽然答谢可以很简短，但一个人如此费心费力地送给你一份礼物，你就应当向他送上一份体贴的、饱含感情的答谢卡。
• 保证人名正确。可能会有你不太认识的人送来贺礼，比如你父母的朋友们。在写答谢卡的时候，要保证他们的名字都拼写正确了。	• 即便你有一大堆答谢卡要写，也不要以公式化的、流水线式的方式写作。尽量不要写得千篇一律，人们是能够分辨出来的。要针对每个你关心的人写一份答谢卡。
• 一次只写几封。如果你有大量的答谢卡要写，可以分批进行。如果你每晚都能写五到七封，那么这会比计划一次写完，并且不断拖延要快得多。	• 别提钱，太俗了，但你可以感谢对方的慷慨。你可以让对方知道自己打算拿礼金做些什么，打算买些什么特殊的东西。
• 记得说"谢谢"。尽量写得清晰明了。	
• 这件礼物对你有什么意义，要写得具体一些。你可以描述一下为什么你特别需要它，或者用起来感觉如何。这样个性化的答谢卡能让你与读者间建立起真正的联系。	
• 用自己的话来答谢。答谢卡并不用写得很正式，如果能友好一些、有人情味一些，效果会更好。	

...正确的例子

　　传统上，新娘会负责为贺礼撰写答谢卡，并且在致谢中会提到新郎，最后由她自己署名。如今社会环境更宽松，因此任何一方都可以来做这件事，也可以由二人一同撰写署名。

亲爱的爸爸妈妈：

　　我和阿维亚想向你们为我们所做的一切表达感谢。你们的礼物太慷慨了，我们有些不知所措，同时也非常感激。

　　虽然过去的几个月异常忙碌，但你们一直陪着我们。在这一片混乱中能听到你们的建议，能了解到一些社会常识和风俗，我们真是感动得无以言表。没有你们的支持与关爱，我们真不知要如何走到今天。

　　感谢你们所做的一切。

爱你们的玛丽娜

写给父母

亲爱的帕蒂阿姨和戴夫叔叔：

　　非常感谢你们送给我们这么漂亮的白镴水具。你们能信任我们，把传家宝送给我们，真是太感动了，我们保证一定会好好爱护它们，今后传给下一代。能在婚礼上看到你们真是太好了，之前我还很期待，但实在没有时间在一起多待一会儿，真是太遗憾了。下周我们就将搬走了，到时再给你们打电话。

　　再次感谢你们所做的一切。

非常爱你们的柯罗

写给亲属

**写给亲属对于
支票和礼金**

> 亲爱的卡尔和英格里德：
>
> 　　我和艾伦都很感谢你们送来支票作为婚礼的贺礼。我俩正在为新车攒首付，有了这笔钱我们就离这个目标更近了。说不定哪天我们就能开车前去拜访，顺便接你们去兜风了！
>
> 　　再次感谢。
>
> 爱你们的玛丽娜

**写给没来参加
婚礼的人**

> 亲爱的齐格勒先生及夫人：
>
> 　　非常感谢你们送来古董钟作为婚礼的贺礼，太漂亮了，我俩都特别喜欢，放在钢琴上可真好看。你们没能赶来参加婚礼真是太遗憾了，我们在这里非常想见到你们。下周我们就要回家了，到时候再联系。
>
> 　　再次感谢你们的好意。
>
> 爱你们的玛丽娜

> 亲爱的格罗斯先生及夫人：
>
> 　　非常感谢你们送来的咖啡器具。你们想得真周到，我和玛丽娜都很喜欢用它。能在婚礼上看到你们真是太好了。感谢你们能前来与我们一同庆祝。
>
> 　　祝好！
>
> 大卫·莫里森

8. 其他类型的婚礼答谢卡

亲爱的安德烈娅：

要是没有你我可怎么办？谢谢你，你是世上最好的首席伴娘！

在整个婚礼上你四处救场。在试婚纱的时候，是你让我保持理智，当时我多次流下了眼泪，是你让我冷静了下来，在婚礼当天，你把每件事都处理得很好。真不知道该怎样感谢你。

安德烈娅，有你这样的朋友是我的幸运。谢谢你一直陪在我身边。

非常爱你的玛丽娜

写给首席伴娘

亲爱的罗布：

谢谢你在婚礼上所做的一切。单身派对真是太棒了，玛丽娜也托我谢谢你帮助我在婚礼当天正常发挥。每个细节你都掌控得特别好，我完全信赖你，这真是太棒了。你给了我巨大的支持。

婚礼当天有你在身边是我的幸运。你是我非常好的朋友，真不知道该怎样感谢你。

爱你的大卫

写给首席伴郎

亲爱的金伯利：

谢谢你能担任我的伴娘。经历了选婚纱、试婚纱、彩排以及安抚紧张的新娘这个漫长的过程之后，我想感谢你所有的耐心与关怀。你的支持让这一切都变得简单了。你穿礼服的样子真美，有你在我身边，我既骄傲又感动。

你是我的好朋友，谢谢你。

爱你的玛丽娜

写给伴娘

写给伴郎或是引座员

> 亲爱的罗恩：
>
> 谢谢你能在婚礼上陪着我。你把每件事都安排得非常好，还帮忙照看了很多宾客。顺便一提，我妈妈觉得你很迷人呢。
>
> 我和玛丽娜都十分感激你的帮助，能和你成为朋友我很骄傲，再次感谢。
>
> 希望很快再见！
>
> 大卫

9. 出生启事

一般来说宝宝一出生，父母就会立即刊登出生启事，当然，只要在未来六个月内刊登都是可以接受的。提前准备出生启事是个好主意，启事最好在宝宝出生前就准备妥当。

传统的出生启事会包括宝宝的出生日期、体重和身长。还有些父母会把出生时间也加进来。大多数父母都会附上一张宝宝的照片。

> 格雷琴·哈德曼与大卫·哈德曼在此宣布
> 爱子马克斯·亨利
> 于 2013 年 8 月 12 日出生
> 体重 7.3 斤
> 身长 50 厘米

> 卡莉丝塔·蒙哥马利与约翰·希恩在此愉快地宣布
> 艾米丽·乔伊·蒙哥马利·希恩盖尔
> 于 2013 年 6 月 6 日
> 下午 6：09 出生
> 体重 6.5 斤
> 身长 46 厘米

这种简单的、没有重要数据的出生启事也是可以的：

欢迎伊丽莎白·凯瑟琳·亨特来到我们身边

——玛丽和利奥

有些父母会把大孩子们也加到启事中：

帕克家的莱娜、雅各布、劳伦和山姆

愉快地欢迎

奥利弗·查尔斯于 2013 年 2 月 27 日

凌晨 1：22 降临

体重 6.2 斤

身长 47 厘米

克劳迪娅·科恩与乔丹·科恩隆重欢迎

大卫的小妹妹

露丝·伊莱恩·科恩的到来

她出生于 2012 年 12 月 7 日

体重 7.1 斤

身长 46 厘米

---

10. 领养启事

领养启事的写作与出生启事十分类似，但如果你愿意，领养六个月之后再发也未尝不可。只是在法律程序完成前，不要提前将启事发布出来。

一般领养启事中会将"接回日期"写出来，"接回日期"就是带孩子回到新家的日期。如果孩子是在国外出生的，你还可以将出生国家写出来。

> 诺拉·罗斯与马特·罗斯激动地宣布
>
> 玛拉·路易莎到家了
>
> 她出生于 2011 年 7 月 12 日，危地马拉
>
> 欢迎她在 2012 年 11 月 1 日来到新家

> 提姆·波斯纳与史蒂芬·霍尔特骄傲并快乐地宣布
>
> 劳拉·朱恩到家了
>
> 她出生于 2013 年 1 月 29 日
>
> 欢迎她在 2013 年 5 月 1 日来到新家

11. 宝宝派对邀请函

传统的宝宝派对邀请函会包含主办人的姓名、准妈妈的姓名以及派对的时间和地点。

> 请参加
>
> 塔利亚·克里斯滕森的
>
> 宝宝欢迎派对
>
> 时间：5 月 18 日下午 2 点
>
> 地点：詹妮弗家，蒙大拿州福里斯特城霍姆伍德路 507 号
>
> 主宾
>
> 詹妮弗·弗兰岑与翠西·诺林
>
> 请于 5 月 15 日前回复至翠西处
>
> 电话：888-222-1111

欢迎参加宝宝欢迎派对

日期：2013 年 6 月 27 日，周日

时间：下午两点钟

地点：珍妮特·李家中，霍瑟街 266 号

主宾：乔安娜·王

如不能出席，请回复至米里亚姆·格林处

电话：888-222-1111

如果派对是在宝宝出生之后办的，那么可以把他的名字也写进来，甚至可以让宝宝成为主宾。

为苏菲举办的派对！

为了向妈妈

爱斯梅·马丁进行祝贺

请来参加宝宝派对

时间：4 月 23 日下午 1 点

怀俄明州拉勒米市

格伦科大道 1887 号

莎拉和珍

请于 4 月 19 日前回复至莎拉处

800-111-2222

有时宝宝派对需要携带一些特殊的礼物。有的妈妈希望给孩子预备一个图书馆，因此会希望宾客能带来他们最爱的童书。而比起实际的礼物来，有的妈妈更想收到礼品卡。但将这些要求写进邀请里是不合适的。你可以随邀请附一张纸条，简单而有礼貌地进行说明，也可以给宾客打电话说明。

12. 宝宝礼物答谢卡

你可能会在宝宝欢迎派对上收到礼物，也可能会在宝贝降生后收到礼物。现在，是时候开始道谢了。宝宝礼物的答谢卡可以写得很简单，但一定要热情、真挚、带有感情色彩。

宝宝礼物答谢卡一定要手写并通过邮局寄出。像这类重要的沟通，用电子邮件会显得太没有人情味。

这样做	不要做
• 仔细记清谁送给了你什么。在派对里请个朋友帮你列一个清单。回到家后，随着礼物的陆续寄到，不断更新清单。这段时间会非常忙碌，不要只靠脑子去记谁送了什么。	• 不要通过电子邮件发送答谢卡。致谢可以很简短，但一定要用手写。
• 及时将答谢卡寄出。这样做既显得有礼貌，也很方便。一旦宝宝降生，你就没有太多其他时间来做这件事了。	• 即便你有一大堆答谢卡要写，也不要以公式化的、流水线式的法写作。尽量不要写得千篇一律，人们是能够分辨出来的。要针对每个你关心的人写一份答谢卡。
• 一次只写几封。如果你有大量的答谢卡要写，可以分批进行。如果你每晚都能写上一个小时，那么这会比计划一次写完，但却不断拖延要快得多。	• 不要提礼品卡或礼券的数额。你可以感谢对方的慷慨。如果你已经打算好了要拿礼品卡买些什么，可以和对方分享一下这件事。
• 记得说"谢谢"。尽量写得清晰明了。	
• 这件礼物对你有什么意义，要写得具体一些。你可以描述一下为什么你特别需要这件礼物，或者用起来感觉如何。这样个性化的答谢卡能让你与读者间建立起真正的联系。	
• 用自己的话来答谢。答谢卡并不用写得很正式，如果能友好一些、有人情味一些，效果会更好。	

...正确的例子

亲爱的莎拉：

　　谢谢你送来这么漂亮的婴儿棉被，我太喜欢了，颜色真好看，被子也很柔软。我立刻就把它放进了婴儿床里，简直等不及想把孩子裹进去了。

　　这次也很高兴能见到你。谢谢你帮我把派对办得这么特别。

爱你的凯特琳

亲爱的朱迪思·安妮：

　　谢谢你送来的图书。这份礼物真贴心，感谢你礼物中包含的所有关怀。我已经很开心地把它们都读完了，相信帕特里克也会喜欢它们的，我们每次读一定都会想起你的。

　　在派对上能见到你真是太好了。谢谢你能来！你总是能给周围带来欢笑。

爱你的蕾娜特

亲爱的温蒂：

　　谢谢你送来这些天然的婴儿用品。在怀孕的这段时间里，我吃的用的都十分谨慎，而你已经为未出生的宝宝准备好这样天然安全的用品了，这真是太棒了。希望我能在这方面多向你学习一些。再次感谢你送来这样贴心又实用的礼物。

　　另外在派对上能见到你真是太好了。和你在一起总是那么愉快！

爱你的阿兰娜

亲爱的邵燕：

豪华足部护理！多么贴心的礼物啊！我已经好几个月看都没看过脚一眼了，能让可怜的脚按摩放松一下真是太好了。非常感谢你。你不知道我有多期待它。

另外谢谢你能来派对。你见到了我的姐妹们，我真高兴。你能在这里对我来说意义重大。

爱你的嘉蒂

亲爱的艾琳：

多漂亮的裙子啊！太谢谢你了。当她长大一点后就能穿了，这个主意真棒。宝宝会长得很快，估计我还没意识到的时候，裙子就派上用场了。这份礼物真贴心。我盼望着能用这些漂亮的东西打扮她。

另外谢谢你能来派对。能再见到你真好。希望我们能保持密切的联系。

爱你的菲奥纳

亲爱的斯蒂芬妮、蕾妮、玛丽琳和珍妮特：

谢谢你们送给我的礼品卡。我们既不知所措又很激动。我们需要买的东西太多了，有了你们这份慷慨的礼物，我们可以开始置办婴儿室了。我们非常感动，谢谢你们。

这份礼物太贴心了，对我们而言意义重大。有你们这样的朋友真是太好了。

爱你们！

伊丽莎白

第三节　个人事务

1. 投诉

好像我们总是有很多事需要抱怨：散架的东西、延迟的航班、粗鲁的收银员，这个单子可以一直列下去。投诉信可以把问题放到明面上来，从而找到适当的解决方法。

但发泄和投诉是有差别的，理解这一点很重要。在投诉信里，这是完全不同的。发泄是为了表达问题引发的不满，而投诉则是以一种有技巧的、冷静的的方式让对方知道，发生了什么、需要怎样解决。无论如何，在投诉信中发泄是不会起到作用的。

投诉信可以是一封信，也可以是一封电子邮件。比起邮件，信件显得更正式，也更有可能会引起关注，但这也与对方是什么机构有关。一些公司在网站上有反馈单，顾客可以前去留言。

基本情况

写投诉信的**目的**是让对方了解你的不满。你也可以要求对方解决问题，比如要求退款、换货或是道歉。投诉信的**读者**有可能是惹出问题的人，如果是在一个大公司中，更有可能是其他不相干的人。你需要考虑一下读者身份的问题，投诉时尽量清晰、冷静，心平气和地把问题叙述清楚，其实只要保持礼貌就足够了。如果你在信中大发脾气，羞辱读者，问题很可能得不到解决。如果事情很重要，你需要将所有内容**头脑风暴**一下。如果你对某件事非常不满，很可能就会漏掉一些内容。即便你只是打个初稿，也需要花些时间理一下想说的事情。

组织好投诉的内容，这样能方便读者阅读。示范提纲能帮助你整理好信的结构。你应当将打**初稿**这一步纳入计划之中，并且至少要**修改**一次。第一次写得很有可能会不太好，可能会写得过长，会有太多与读者不相干的细节。你可以请一位朋友或同事帮助你读一

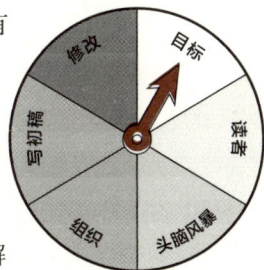

示范提纲

投诉信应当简洁明了、重点明晰。

开头：一开头就向对方说明，你是在对某件产品或某种服务进行投诉，说明你的诉求。

中间：冷静地描述情况以及对你造成的后果。

结尾：重申自己的诉求，提出一个双方都能接受的解决方案。感谢你的读者，告诉他尽快联系你的方式，给出最后期限。

读，看看语气是否妥当，描述是否简明，诉求是否清晰，是否有笔误或拼写错误。

这样做	不要做
• 如果你能找到负责人，直接将投诉信寄给他。一旦有了确定的目标，问题能够得到回复和妥善解决的概率也就增大了。 • 目标明确，将关注点放在希望解决的事上。 • 加入具体的细节，发生了什么？是何时发生的？ • 阐明事件造成的后果。有没有因为最终没有露面的服务人员而耽误了半天时间的工作？女儿是否被设计不合理的烤箱门割伤？是否因为背包丢失而耽误了用药的时间？如果有，写出来。	• 不要在气头上写作。虽然应该趁着记忆清晰的时候来写，但在动笔前一定要冷静下来。 • 不要表现出不必要的愤怒。一旦你在投诉时失去了冷静，对方就很容易会将你视为怪人。要保持冷静，并表现出专业素养，将目标牢记在心。你可以向家人或朋友抱怨，但不要在信里抱怨。 • 即便你很冲动，也永远不要使用侮辱性的语言。无论你有多愤怒、多失望，都没有理由表现得那么粗鲁。

错误的例子...

您好！

今年七月，我在店内申请了杰克逊信用卡，申请已经通过了，在正式的信用卡邮寄到家前我拿到了一张临时卡。这张卡我用过几次，但我的正式卡一直都没有寄到，也没有收到任何结算单。

上周二，我收到了一条来自杰克逊公司的自动语音信息，有账户问题要我回电。我把电话打了过去，和我通话的工作人员却说找不到我的账户。来回几次后，他告诉我他是破产部门的！他拿不到我的记录。之后他给了我另一个号码。

我给这个号码打了电话，直接就进入了语音菜单，对方一直问我的账户号码，我当然没有了，因为**我从没收到过卡，也没收到过结算单**。在这个过程中，我根本找不到一个可以直接联系的人。最后我终于找到了一名工作人员。他接起我的电话后说："请问您的账户号码？"我告诉了他我的姓名，也解释了一下发生了什么。之后他**又问我的名字**，可我刚刚告诉过他。我又和他说了一遍，最后他终于找到了我的账户档案。他要我确认我的账单地址，我告诉他我的地址是"明尼苏达州谢尔顿市威尔逊街 1437 号"。他告诉我这不是我档案上的地址，问我有没有别的地址。我说没有了，我都在这儿住了二十多年了。之后他又说，这不是我档案上的地址。我问他档案上的地址是什么，他说他不能告诉我。我要求和高级主管通话，他去了一会儿，最后告诉我说档案上的地址只是"明尼苏达州谢尔顿市威尔逊街"，这太荒谬了！难道这条街上只住我一个人吗？谁会认为那是真的地址啊？你们录入数据的人是白痴吗？我给了他我正确的地址，他录入进了系统。之后他说结算单已经寄到之前的地址了，当然了，那个地址**根本就不存在**。

之后我问可不可以在他这里还款，他说不可以，这是另外一个部门的工作，之后他给了我一个电话号码，**这个号码就是我刚才拨打的那个**。我跟他说了那个让人抓狂的电子菜单，他说我得按下"#"，之后就会有人工接听了。

好吧，我这样试过了，你猜怎么着？根本**没有**人工接听。我又从头到尾听了一遍那个倒霉的菜单。之后我还了款，祈祷一切能走上正轨，我实在不想再花一个小时给你们打电话了。

真诚地希望这件事能够解决。一想到是由这样不专业的人来管理我的信用等级，我就觉得很恐怖。如果事情完全解决后能够通知我，我将十分感激。

艾琳·利维叶

> 小心点，虽然他们犯了个低级错误，但侮辱对方既并不能带来任何好处，也有失身份。

> 可怜的艾琳。我们都遇到过糟糕的客服，所以很能理解她的愤怒。但她讲得太长太细了，根本看不清她想从读者那里得到什么，看起来她只是在抱怨。

> 最后艾琳提出了自己的要求，但提得并不明确，也没有给出最后日期。她没能很明白地向读者解释清自己为什么要写这封信。

...正确的例子

敬启者：

今年七月，我在店内申请了杰克逊信用卡，申请已经通过了，在正式的信用卡邮寄到家前我拿到了一张临时卡。这张卡我用过几次，但这个新账户的记录存在几处严重的错误。现在，我希望可以得到以下的书面答复：

1. 已收到我的最后一笔还款（10月3日），并已入账。

2. 我的信用状况良好。

3. 我的账户地址正确。

10月3日，我收到了一条来自杰克逊公司的自动语音信息。我回拨后与服务人员通话，对方说我的账户档案地址不完整，并且已经有结算单寄到这个不存在的地址去了。因此，我的账户错过了还款日期。

鉴于数据录入时的愚蠢错误，我的地址也输错了。每每想到我的信用等级会被这样潦草敷衍地对待，我就感到深深的不安。

此外由于贵公司的电话菜单既烦琐又难用，我花了整整一个小时的时间来解决这个问题。更糟的是，与我通话的客服人员虽然很有礼貌，但缺乏训练，效率低下。

成为贵公司的信用卡会员仅有四个月，但我对您的客户服务水平极其失望。

请您于10月30日前将以上3项的书面答复寄送给我，谢谢。

艾琳·利维叶

> 艾琳将自己的愤怒控制得很好，她将自己的诉求向对方表达得十分清晰明了。

> 艾琳删去了大量的细节。这样做很不容易，她将注意力集中在达到目标上，从而放弃了抱怨自己糟糕的经历。

> 艾琳放弃了详尽的描写，而是对内容进行了压缩。

> 艾琳找到了一种不羞辱对方，同时能表达自己不满的方法。

> 艾琳给出了最后日期，同时感谢了对方的帮助。

更多例子

第一航空公司客服人员：

我写这封信是想对贵公司糟糕的行李服务进行投诉，并要求获得1000公里的飞行里程作为赔偿。

7月8日，我乘坐了拉瓜迪亚飞往堪萨斯城国际机场的航班。由于天气原因，我和我的行李搭乘了不同的班次，行李比我更晚到达堪萨斯城国际机场。

到达堪萨斯城国际机场后，别人给了我一个电话号码进行行李查询。从 4 点到晚上 11 点半，我打了 8 次电话，没有任何回音。第二天早晨 8 点我又打了一次，这次告诉我说行李已经交付运输了。最后在下午 3 点，行李终于到了，司机告诉我他 2 点就拿到行李了。很显然，我的行李在前一天的下午 4 点半就到了。

如果我知道行李到了，自己回机场取会更方便。结果呢，贵公司的服务台明显无人值守，之后又给了我不准确的信息。结果害得我整整 24 个小时没有干净衣服换，也不能按时服药。

鉴于这件事对我造成的伤害，我认为 1000 公里的飞行里程补偿是很合理的要求。请于 8 月 9 日周五前回复我，谢谢。

莫莉·莱克

爱普里斯公司客服人员：

我写这封信是想对贵公司一款产品的质量部门进行投诉，并要求获得全部退款以及进一步的赔偿。

3 月 3 日，我打开了贵公司生产的一袋冻干混合蔬菜，发现了一只薯虫，就埋在蔬菜里。这里我附上了照片。虽然只是一只虫子，但你也觉得它很恶心吧，真是很吓人，让人心神不宁。

我希望可以得到全部退款（收据已附上），还希望得到一些优惠券作为对我的补偿。（请**不要**寄给我混合蔬菜的优惠券了，我觉得自己承受不住。）

谢谢。

玛丽卡·约翰逊

写好投诉信的三个要点

商家都希望顾客能够满意，因此对于大多数好好说话的投诉信，他们都会认真回复。这里的三点建议可以帮助你除去情绪，写出一封有效的投诉信。

- 简明。在向对方叙述事件的时候，不要抱怨，描述清楚即可。
- 保持礼貌。要以商业语气来写，不要显得粗鲁，也不要羞辱对方。
- 明确提出自己的诉求。不要去假设对方知道你想要怎样补偿，直接对他说出来。

2. 给邻居的信

笔杆子比剑有杀伤力。

——爱德华·乔治·厄尔·布尔沃－利顿（Edward George Earle Bulwer-Lytton），英国作家、政治家

有好的篱笆，才有好的邻居，但有良好的沟通对邻里关系更重要。有时候你也想向邻居投诉一些问题，比如噪声啦，院子里碍事的树枝啦，闯祸的宠物啦，等等，这样可以解决一些潜在的纷争。不管什么原因，一封周到婉转的信都有助于保持邻里间长期和睦相处。

基本情况

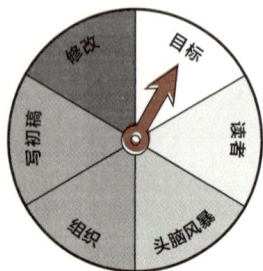

示范提纲

写给邻居的信应当清晰明了，温和有礼。

开头：如果你的邻居还不认识你，要进行自我介绍，说明自己所住的位置。简要地陈述自己为何要写这封信。

中间：简单而有礼貌地将问题解释清楚。如果你想要抱怨某件事，让对方知道这件事对你造成了怎样的影响。并且提出一个合理的解决方案。

结尾：以友好的方式结束，对方会来解决这个问题，你可以对此表示感谢。

给邻居写信的**目的**可能是商讨噪声一类的问题，也可能是告知对方即将举办的活动。其次，写信也是为了维护你们之间的关系。在写信的时候，你要将这个目的牢记在心。无论你的邻居有多难缠，都没有必要与他为敌，这样你也会损失惨重。

在写信的时候要考虑**读者**。尽量从对方的角度思考。收到这封信他会有什么反应呢？怎么写才最有可能给对方留下好印象呢？即便你是在抱怨，也要记住你是来解决问题的，而不是来告诉邻居他是个混蛋的。**头脑风暴**的时候，想想写什么才能劝说邻居与你合作。示范提纲提出了一种**组织**信件的方式。打**初稿**不要只打一遍，尤其是当你十分愤怒或失望的时候。书写的时候注意语气礼貌。在将信发出前最好能拿给别人看一看。对信件进行修改，确保其清晰明了，温和有礼。

这样做	不要做
• 抱有期望。可能你觉得邻居是世界上最不讲理的人，但没准对方根本不知道自己的行为妨碍到了你，知道后感到非常惊讶。如果你能相信他们一次，也许结果会更好。	• 不要责备或攻击你的邻居。你的投诉信应当冷静、尊重事实并展现出合作精神。如果你做得太过，很可能就会将他们推向对立面，最终导致他们变得十分顽固。
• 下笔前查阅一下现行的法律法规。修剪树枝到底是谁的责任？分界线真的是在这里吗？这样做并不是为了抓着对方的小辫子不放，而是在下笔前确保自己是在理的一方。	• 不要夸张。将问题描述清楚，仅此而已。
• 阐明自己的看法，摆出事实。如果你受到了某些事的困扰，一定要让邻居明白他的行为妨碍到了你。他们夜里发出的噪声把你的孩子吵醒了吗？还是对方院子里掉落的松针把你的番茄弄死了？冷静地告诉对方他们是怎样影响你的。	• 不要过分戏剧化。如果对方只是妨碍了你，就不要说人家毁了你的生活。在我们抱怨的时候很容易会变得太过激动。
• 表现出合作精神。可以提出一些解决问题的方法，面对面地与对方进行协商。	• 不要一上来就威胁对方。不要在第一次和对方沟通时就说要叫警察来，要状告对方等等。第一次接触时可以友善地要求对方予以改正，给对方一个机会。当然了，我们永远都不能使用非法的手段威胁对方。
	• 如果你不是真的想采取行动，就不要进行口头威胁。开空头支票只能让对方觉得你并没当真，因此就理所当然地将你忽略掉。

头脑风暴记录

写作前可以先对信的内容进行头脑风暴。你可以先都写在纸上，之后再挑选想用的内容。

亚历克斯的鼓点要把我们逼疯了！

等到他们都出了门，他才偷偷开始敲。

他大敞着窗户。

我在家办公。因为要听电话，所以用不了耳机。而且凭什么我在自己家还要用耳机啊？

塔莉娅晚上睡不着觉——她上床的时间是 8：30。

晚上 8：00 之后制造噪声是违法的——我查了噪音条例。

有时候你就得对孩子说个"不"，不然他会在青春期变得非常可怕。

错误的例子...

这个开头带着抱怨，带着情绪，琼和马丁很可能会反感。霍莉需要在写信前好好控制自己的情绪。

"震耳欲聋"可能有点太夸张了。

亲爱的琼和马丁：

亚历克斯敲鼓已经快敲疯了。我不清楚你们知不知道他敲的时间有多长，声音有多大，很多时候你们都还在上班。他把鼓敲得支离破碎，还大开着窗户，把声音全都放了出去。

你们知道，我在家办公，这些噪声真是震耳欲聋，我根本没法集中精力。我试着戴耳塞工作，但这样就打不了电话了。塔莉娅的卧室在屋子的西边，他晚上 8：30 之后还在敲鼓，塔莉娅根本睡不着。亚历克斯必须得马上停止敲鼓。

如果你们不能很好地解决这个问题，我就必须给警察打电话了。下次他再敲起来，就会被法庭传唤。我实在忍受不了了。

谢谢你们！

霍莉

霍莉在暗示琼和马丁父母做得很差，或者是在暗示亚历克斯不是个好孩子，或者两者都有。可能这些都是真的，但她这样做是没有任何好处的。

听起来霍莉认为亚历克斯是在故意惹人讨厌。

...正确的例子

亲爱的琼和马丁：

亚历克斯敲鼓的噪声给我们造成了一些困

扰，希望我们可以商量解决这个问题。

我相信他并不知道这声音有多大。在下午放学后，鼓声响了起来，我没有办法集中精力工作。塔莉娅的卧室在屋子的西边，亚历克斯 8：30 之后敲鼓时，那噪声让她根本睡不着。

我们可以一起想想怎么解决这个问题吗？如果他能在敲的时候关上窗户应该会好很多。我的电话是 626-888-1111，请给我打电话，我们一起来解决这个问题。

谢谢你们！

霍莉

霍莉挑明了亚历克斯趁父母不在家时敲鼓的事，但并没有对此控诉。

与其说是亚历克斯吵得塔莉娅睡不着，不如说噪声让她睡不着。虽然区别很微妙，但显现出来的敌意会更少。

霍莉轻描淡写地开头，之后渐入主题。在一开头她就提出了一个建议，表现出了合作解决问题的态度。

霍莉提出了一个具体的解决问题的建议，但没有去责怪任何人。她随时欢迎对方来讨论解决这个问题。

更多例子

鲍勃：

每周三早晨会有人来收垃圾，可不可以请你周二晚上再把垃圾拿出来？如果周日就拿出来，会有浣熊跑过来把垃圾翻得到处都是。昨天我还看见一只丛林狼光天化日之下跑来找吃的。

我知道你特别忙，但我真的很担心垃圾会引来野生动物。

谢谢！

艾伦

卡伦和约书亚：

希望你们一切都好。

可能你们没有意识到，露西在你们早晨上班后就会开始狂吠，中间几乎不怎么停，一直叫一天。好像她是被关在了日光室，而我和我的双胞胎一整天都在家，怎么都躲不开，这个声音快把我逼疯了。

我们肯定有解决的办法。也许露西需要一个同伴陪着她，也许她需要更大的活动空间。请给我打个电话，我们一起来解决这个问题。

非常感谢！

希瑟

3. 提前和邻居打好招呼

如果你正在筹划一个派对或是其他活动，而这个活动会给邻居造成困扰，那么最好能有礼貌地提前告诉他们。很多人会邀请他们的邻居前来参加，这样可以"先发制人"，避免邻居抱怨。无论你打算怎么做，都要有礼貌，要提供完整的信息，还要感谢对方的理解。

亲爱的邻居们：

我们想告诉大家，6 月 23 日周六下午 2 点，我们会在后院为女儿安德烈娅举办婚礼招待会，有五十位宾客受到了邀请。

我们有一支伴奏乐队，演奏时间不会超过两个小时。派对将会在 7 点前结束。希望我们不会打扰到你们。如果有打扰也请告诉我们。

非常感谢！

琼·朱和史蒂夫·朱

---

4. 停车罚单应诉信

回到车旁，你发现了一张令人恼火的、昂贵无比的停车罚单正在等着你。如果是"罪有应得"也就罢了，如果是"无妄之灾"可就真是让人恼火。有时你是按照规定停车的，有时根本没有停车的标志可循，也许寄一封应诉信就可以为你免去这张罚单。如今很多地区的违禁停车的罚款相当高，花些时间写信说服对方是很划算的一件事。一些地区有网上窗口供你填写，一些地区会提供专门的电子邮件地址，还有一些地区则需要你通过邮政系统寄送信件。

基本情况

　　停车罚单应诉信是一封劝说性的信件。你的**目的**是说服对方撤销罚单，**读者**是一名公务员，他整天都在读类似的申请。如果你能提供清晰的证据，合理地进行解释，那么不但能令他的工作更加轻松愉快，也能增加自己成功的概率。对内容进行**头脑风暴**时，要确保信息完整，为了给出足够的理由撤销传讯，你需要将所有发生的细节都囊括进来。沮丧的时候，你很有可能会遗漏掉重要的信息。根据逻辑高效地对信件进行**组织**。示范提纲为你提供了一种适用的信件结构，最好能多打几次**初稿**。可以拿给家人朋友看一看，要他们尽量客观地来看这封信。你的内容是否完整？语气是否合适？根据他们的反馈进行**修改**。

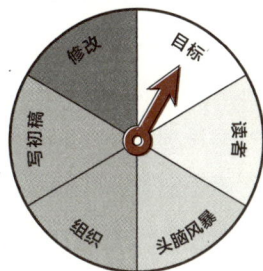

示范提纲

停车罚单的应诉信应当简洁明了，易于阅读。

开头：陈述自己写信的目的：对停车罚单进行抗辩，请求抹去这条罚款记录。提供各种细节，其中包括传讯编号以及事件发生的时间、地点。

中间：简明有礼地解释自己为什么认为给自己开罚单是个错误。摆出事实，提供照片。

结尾：重申撤销罚单的请求。提供其他的信息。在结尾处感谢读者。

这样做	不要做
● 及时寄出。查明申请的最后期限，确保申请在截止日期前寄达。	● 不要将情绪发泄在读者身上。无论你有多沮丧，发泄在信里都不会有什么帮助，不仅会害了自己，还会毁了别人的好心情。
● 保持礼貌。读信的人并不是开罚单的人，可能他已经收到许多粗鲁又愤怒的申请信了。如果你能尊重他，并且礼貌相待，使用"请"和"谢谢"，很可能会得到好的结果。	● 不要对巡警的智力或视力水平大发牢骚，也不要提对方每月的罚单指标。
● 让信变得更易读。用词简单，句子简短。让对方看得更轻松，也能为你加分。	● 不要过于傲慢。你的语气应当商务化，不应当傲慢化。

这样做	不要做
● 写得尽量简短。 ● 提供完整的信息，包括罚单编号、日期、开具罚单的地点等。 ● 要求明晰。 ● 解释为什么不应开具罚单。不要指望读者去揣摩这次罚款有多荒谬，直接说出来。 ● 提供证据。最有力的武器就是现场的照片，尤其是能证明附近根本没有标示，或者标示能表明你停得没有问题的照片。将照片放入信中。 ● 对照片进行解释。不要让读者自己去猜。	● 不要无缘无故地引用法律法规。如果你的问题触及了法律的模糊地带，可以提及法规，否则，如果尽是法律语言，只能让你显得既多事又愚蠢。

错误的例子...

特蕾莎最好能直接描述出照片证明的问题。

完全没必要提及每月的罚单指标。想想吧，这些内容对方看了多少遍。如果能修改一下，对方读起来也会更开心。

敬启者：

　　2012 年 12 月 15 日，我收到了一张有误的停车罚单，理由是我将车停在了红色区域内，而实际我根本**没有**停在红色区域内。我附上了两张照片。这么明显的情况，这又不是月底，不知道警官是怎么搞的，我根本**没有停在红色区域内**。非常感激您的帮助，谢谢。

特蕾莎·莫伊

可能你很想着辱警官，但这毫无用处。

现在已经很显而易见了，但特蕾莎还是应该直截了当地说出来，自己希望罚单能被撤销。

...正确的例子

特蕾莎把问题描述得很清楚，在信的一开头就明确提出了自己的要求。

敬启者：

我收到了一张编号为 2Y00987027PT 的罚单，理由是我将车停在了红色区域内。但实际上，我根本**没有**停在红色区域内，是这张罚单开错了。如果罚单能够撤销，我将十分感激。

附上两张照片，这是我在发现罚单时拍下的。

特蕾莎把每张照片都解释得很清楚。将它们列成条目，标出重点来，方便读者扫读。

- 照片 1 显示的是我的车停在格林路上，玻璃上贴着罚单。
- 照片 2 显示的是后轮的近照。

你可以看到车轮并不在红色区域内。

要求对方在撤销后予以回复。

请注意，拍摄照片的日期和时间与罚单开具的日期和事件吻合。

照片能够证明我的车并没有违法停靠，不应开具罚单。如果您能够将其撤销，我将十分感激。希望能在 30 天内收到撤销的答复。

特蕾莎的信很有礼貌，读者也很好理解她想要什么，以及为什么想要这样。

非常感谢您的协助。

如有问题请与我联系。

特蕾莎·莫伊

如果对方只是略作浏览，就可以用这种方式提供关键信息。

附我的信息：

姓名：特蕾莎·莫伊

地址：加利福尼亚州圣加百利市莱夫奥克街 5666 号

邮箱：smoy434@mmail.com

罚单编号：ZY00987027PT

罚单日期：2012 年 12 月 15 日

驾照号码：NNU 838

5. 给孩子老师的信

　　给孩子的老师写信，原因有很多：给对方回复、解释孩子不上课的原因、确认家庭作业或是请老师帮助解决孩子学业或生活中的问题。如果交流具有建设性，多数老师都很愿意听到家长的声音。建立联系就意味着你有兴趣也愿意参与孩子的教育，这会让老师的工作更加轻松。

　　老师与家长间的沟通多数是通过电子邮件，毕竟这种方式快捷又方便。

基本情况

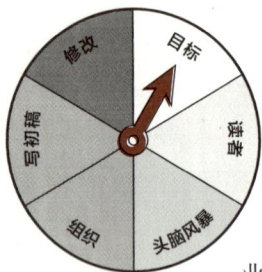

　　给老师写信的**目的**一般是传递信息或解决问题。如果信不是特别简单，最好能花些时间搞清楚自己写信的目的。如果孩子因为某件事感到不高兴，弄清写信的目的就更加重要了。如果目的不明，最后写出来的可能就只是抱怨或是些欠考虑的话。

　　若想解决问题，与**读者**建立良好的联系是关键。无论为什么而写信，都应当向对方展现出你的合作精神，要认可老师的专业水平。你和老师是一个团队，都希望孩子能学好。在沟通中就要把这种理解展现出来。

　　头脑风暴的程度取决于目的的复杂程度。发生了一件事，最好的方法就是把所有问题列成单子，和孩子确认信息是否完整，然后将信息**组织**起来。你可以参考示范提纲。

　　如果因为某件不愉快的事，你需要给老师写一封信，那么最好能先打一份**初稿**，**修改**后再寄出，不要立刻着急发出去。在理想的情况下，你应该把稿子拿给别人看一看，检查一下语气，看看有没有在不经意间羞辱了对方，或是将责任全部推卸给了对方。要解决问题，关键是要培养合作精神，尤其是在情绪非常激动的时候。

示范提纲

信的结构要根据内容来安排。

开头：如果你之前没有和老师联系过，请先介绍一下自己。简要地说明你写信的原因。

中间：解释一下你理解孩子存在的问题，你最好多提供一些相关的信息。

结尾：要加上你的联系方式，方便老师与你联系。

这样做	不要做
• 如果你不常和老师联系，要先介绍自己。不要想当然地以为老师会知道你是谁，尤其是当你和孩子的姓氏不同的时候。	• 脾气不能失控。保护孩子是本能，但发脾气并不是解决问题的好方法，也不能起到合作的效果。如果你非常生气，在写信前让自己冷静一下。
• 热情有礼。即便你对某件事感到不满，也要尊重老师，礼貌相待，这样才有可能得到一个好结果。	• 不要追究责任。信的重点应当是与老师一起合作解决发生的问题。如果你责怪了老师，对方自然会产生抵触心理，这时再解决问题就更困难了。
• 简单明了地说明你的担忧，不要做出任何判断。	如果在课堂里或在孩子身上发生了什么，我们很自然地会去相信孩子的说辞。但要试着打开思路，消除误解，无论如何你也有了个机会和老师进行沟通。
• 表达出希望了解老师的看法，而不仅仅是陈述自己的观点。	
• 表现出合作的态度。你是为了孩子好，姑且认为老师也有同样的目标。无论有什么问题，都要表明自己希望能够和对方一起解决。	• 不要说老师不关心孩子的感受之类的话，也不要说问题源于老师对孩子缺乏理解。
• 将关注点放在解决问题的方法上，而不要放在相互责备上。	• 不要摆出不尊重或蔑视对方的态度。老师都是专业人员，理应受到尊重。
• 向老师提供他不知道的信息。例如家里有亲人或宠物过世、有新生儿出生或其他影响孩子的在校行为、给他造成压力的事。孩子有没有被诊断出学习障碍？是否需要进行治疗？都要让老师知道。	• 不要显出居高临下的样子。即便你是纳税人，是交学费的人，老师也不是在"给你打工"。这种态度只能导致糟糕的结果。
• 提供一些对孩子性格的看法。尤其是在刚上学的时候，老师对孩子还不太了解。这样可以帮助老师了解孩子。	
• 告诉老师孩子的感受。	
• 信越简单越好。在课堂之外，老师还有大量的工作要做，要尊重他们的时间。	
• 如果可能，可以赞扬一下老师，或是写一写孩子在课堂中的感受。这样做可以培养双方间相互的好感和合作精神。	

错误的例子...

很多老师都喜欢被直呼名字，但如果你不太确定，还是稳妥为好。

这里的评论很明显是在暗示杰森的问题都是老师引起的。这并不是弄清问题、解决问题的好方法。

亲爱的安德烈娅：

昨天杰森回家后特别沮丧。他不明白数学作业是什么，对于他这个年纪的孩子，这作业量实在太大了。我实在不明白，您为什么要在班里布置这么多作业。

杰森在学校一直很努力，学得也很好。之前我们从未遇到过这样的状况。

辛西娅·卡特

在这样批评老师之前，考虑一下有没有可能是孩子误解了老师的要求。你首先应当确认的是作业，而不是直接责怪老师的要求不合理。

信戛然而止，而且是停在了谴责的地方，没有表现出合作的态度。最好能让老师与你沟通一下，这样你们就可以一起讨论这个问题了。

...正确的例子

如果之前没有和老师联系过，最好能礼貌而正式地称呼对方，不要直呼其名。

这是与杰森相关的一条很有价值的信息，这能有助于老师对他进行帮助。误会是如何产生的，这样就能讲通，也不掺杂对任何人的责怪。

信的结尾很积极，邀请老师一同协作，并留下了自己的联络方式。

亲爱的泰勒小姐：

我是杰森·卡特-布林克曼的妈妈。希望您能帮我解答一些困惑。昨天杰森回家后特别沮丧。他不明白数学作业是什么，需要完成多少，什么时间交。他把作业给我看，好像很多的样子，我也不太确定。您可以帮我解释一下吗？我也好帮助他。

杰森对自己的要求很高，他希望把所有事都做好。一旦不能完成，他就会感到挫败。我们正一起努力解决这个问题。我猜如果他确认了作业的内容，也就不会这样了。他是个很认真的孩子，也很喜欢这个班级。

还请您给我打个电话，我们一起解决。您可以随时和我联系：212-555-1234。期待与您的沟通。

非常感谢！

辛西娅·卡特

开头是一段友好的介绍，对问题也进行了不加评论的叙述，同时也表明了与老师合作的愿望。

更多例子

米里亚姆：

你好！

莉莉今天没有去学校，她的手被面包刀割伤了，我赶紧把她送进了医院。对不起没能早点通知你，希望你没有太担心，今天早晨让人有些抓狂。

她缝了三针，但现在很好，明天就可以去学校。

谢谢！

朱恩·纽曼

亲爱的斯图尔特：

希望你一切都好。

我们希望下个月能给明华请四天假，也就是 4 月 25 到 4 月 28 号。他的外祖父会从台湾来看他，我们计划全家去华盛顿旅行。

我们希望他不会落下太多的功课，如有时间你可以给我打个电话吗？（我的电话是：609-555-111。）

非常感谢！

李美凤与史蒂文·李

6. 挡风玻璃上的便条

有的人会把车停得离你很近，以至于你从停车位里根本出不来，还有人会停得离驾驶员的一侧非常近，搞得你必须得从乘客那一侧爬过去。和不文明的驾驶习惯一样，不文明的停车习惯也让人很是恼火，而且这样的人不在少数。但和驾驶中的问题不同，在这里你可以给不文明的停车人留一张便条，纠正他的行为。

基本情况

如果车被堵在了里面，或是自己的停车位被别人抢了会让人非常

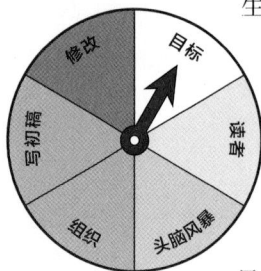

生气，你会很想破口大骂发泄一下。但我们还有更重要的**目的**，那就是提出建设性的意见，让车主知道他的行为造成了什么后果，走运的话还可以防止他下次再这样做。

花些时间思考一下你的**读者**会是谁。如果你是那个没有停好车的人，你希望别人怎么称呼你？

像这样的便条不用在**头脑风暴**和**组织**上花太多时间。然而，如果你能让对方明白自己给别人造成了多大的不便，明白为什么他不应该这样停车，也许他就能更容易接受你的话。

在打**初稿**的时候，要记住无论自己有多不高兴多生气，语气都要文明。自私的停车习惯与其说是品行不端，倒不如说是有欠考虑。把你堵在里面的这个人可能是开会迟到，也可能是被其他乱停车的司机气到了。如果你在写的时候没控制住脾气，可以过一会儿**修改**一下，或是重写。

这样做	不要做
• 让对方知道自己做了什么：他的行为给你造成了麻烦。	• 不要骂人，没有建设性。可能骂人时你感觉很好，但骂人最终只会有损你的身份。无论你有多生气多不高兴，都要保持高姿态。
• 告诉对方这样做的后果。不要指望他自己知道他的行为有多妨碍别人，要冷静而理性地向他解释清楚。	• 不要挖苦讽刺。可能这个人做了很蠢的事，冲他撒气的感觉很爽，但这样做必然不会有好结果。
• 要求他停止这种行为。	• 不要上升到个人攻击或谩骂。
• 与其发泄怒气，不如集中精力解决问题。	• 除非你打算采取适当的合法举措，否则不要威胁对方。比如说如果有人一直在你的车位上停车，你就有权告诉他下次如果再犯，你就要把他的车拖走。

错误的例子...

开马自达的蠢货：

这种侮辱人格的方法只能痛快一时，但对方肯定也气疯了，不会轻易与你合作。

　　停车的时候你肯定没过脑子，你停在这里我都开不出去了。如果有下次，我会拱着你的车门出去，这样你才能得到点教训。难道把车停在离我十英尺的地方，让我能出得来就这么难吗？

这类讽刺的言语并不能使对方甘愿合作。

这是一封明显毫无建设价值的恐吓信，你真的打算故意去撞对方的车吗？这种威胁只会惹怒对方，让他产生抵触心理。如果有别人撞了他的车或是搞了什么破坏怎么办？你正好给对方提供了书面证据，让自己成了第一嫌疑人。

...正确的例子

你好！

淡定又有礼貌地告诉对方，他的行为对你产生了负面的影响。

　　我住在街道正对面，你也能看得到我的车道和你停车的位置是平行的。你肯定没考虑到这点，但你停在这里的话，我要想不撞到你就开出去实在很困难。以后你停车的时候，可不可以退后3米呢？我实在不想撞到你的车。

　　谢谢。

　　　　　　　　　　　　　　史蒂夫·坦纳

署名就相当于向对方现出了真身（至少是真名），这就让抱怨本身变得光明磊落了起来。读者也会更严肃地看待你抱怨的问题。

7. 寻物启事

你觉得自己把手表落在了健身房……从自助洗衣店回来后发现少了个枕套……最喜欢的钢笔在工作时找不到了……自己很在意的东西丢了确实很难受，最好的办法就是写个启事，动员大家帮你一起找，把丢了的东西送回来。

基本情况

写寻物启事的**目的**一目了然：你想让大家知道自己丢了东西，动员大家帮你找回来。无论多难过伤心，都要将重点放在寻物上，不要埋怨别人把它拿走了。

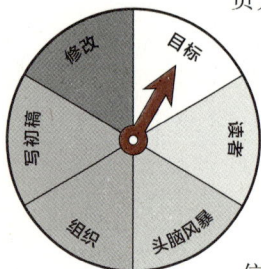

写作的时候要考虑**读者**，别人阅读的时候会作何感想，怎样写才能动员他们帮助你。在**打初稿**的时候要注意自己的语气。不要显得很生气，不要让别人产生抵触心理。真诚地请他们来帮助你。请其他人帮你看一看，提一提意见。修改时确保自己的信息完整，语气友善，展现出合作精神。

错误的例子...

致顺走我红色文件夹的人：

> 冷静，不要咆哮。

昨天晚上我离开办公室时，文件柜上头有一沓红色的文件夹。那是我特意放上去的，**是为了给今晚的董事会分材料！** 文件是按照吊式文件夹的顺序排列的，我不可能跑出去再买夹子回来了。今天早晨我来了之后，夹子都不见了，吉尔也不知道发生了什么。

> 无论是谁写的，都写得太长了。他需要喘一口气，组织一下文字，不要光是抱怨。

如果是你顺走了我的文件夹，请立即送回到我的办公室。今后与其偷拿别人的文具，不如学着自己去买。

> 哎呀，使用"偷"这个词可不能鼓动大家来帮你找东西。

> 这份启事很愤怒，很令人不快。没人会愿意帮助他。再说这个人到底是谁？他忘了签自己的名字。

这样做	不要做
• 具体写清丢了什么，在哪里丢的，以及你自己觉得是什么时候丢的。	• 不要认定东西就是被偷走的。要带着合作的精神去写启事，就当作是别人误拿的。如果确实是被偷走的，那么无论如何都要不回来了。
• 写一写这件物品对你有什么特殊的重要性。	
• 将注意力集中在寻物上，不要在这里斥责或惩戒物品的保管人。	• 不要在启事中表现出愤怒或责怪的感情。丢了东西你可能很难过，但一条令人不快的启事能最快地令大家产生抵触心理。
• 有效利用版式设计。给启事或传单加一个大标题，把重要信息加粗。	• 不要写得太长。从读者的角度进行考虑：要想帮助你，他们需要知道哪些事？启事要尽量简短、精准。
• 如有能力，提供悬赏。	
• 如情况允许，记得在启事上签名，并留下必要的联系方式。	
• 感谢大家的帮助。	

...正确的例子

使用了黑体字，这样不用咆哮也能让读者注意到重要的信息。

吉姆对读者表达了感谢，以一种令人愉快的方式结束了这则启事。人们会产生帮助他的动力。

吉姆的标题很不错。不用读内容你也知道出了什么问题。

遗失红色文件夹

昨晚或今晨的时候，我的办公室里遗失了一沓红色的文件夹。我需要用这些文件夹为**今晚的董事会**分材料！有谁看到它们了吗？也许是为了安全起见放到别处去了？请一定告诉我。

谢谢帮助！

吉姆…

吉姆签上了名，读者也就知道该把东西还给谁了。

8. 寻找走失的动物

宠物走失了，你非常伤心，最好的办法就是写一些启事贴在邻近的区域，或是挨家挨户地分发。你需要尽可能准确地对宠物进行描述，在启事上贴一张它的照片，注明最后一次看到它的时间和地点。一定要写清宠物对自己的名字有没有反应，并列出它所有的特点。如果你能承担得起悬赏，一定要写出来，也不要忘了自己的电话号码或电子邮件地址。

更多寻宠启事范例，请参见 www.howtowriteanything.com。

9. 分类广告与线上拍卖

广告的类别多种多样，既有传统报纸上的广告，也有线上分类拍卖。打印出来的广告通常都会受到资金的限制，需要控制文字数量。而线上广告同样会受到受众的关注时长的限制。无论哪种情况，你都希望能写出有力有效的文案，抓住潜在顾客的注意力。

基本情况

写分类广告或拍卖清单的**目的**是在人们浏览报纸、网页的时候抓住他们的兴趣点，鼓动他们与你联系。广告是一种销售工具，所以要记住你的目的是去诱导，而不是对即将出售或出租的商品无穷无尽地进行描述。你的**读者**可能正急迫地寻找着你提供的商品，但更明智的方法是假设对方有许多的选择，而我们就是要将他们的注意力吸引到这里来。**头脑风暴**时要从读者的角度思考。先列出商品的所有属性，之后进行压缩，保留能让潜在读者前来购买的内容。**组织**分类广告及拍卖清单的方式有很多，示范提纲为你提供了一种方式。**初稿**可能会比较长，休息一下换换脑子再来修改，这时可以更轻松地浓缩文案。要确保广告尽量简洁有力，没有拼写或其他错误。

示范提纲

分类广告与拍卖清单要在很小的空间内说清很多问题。
标题：一个有力的标题能抓住读者的注意力。
基本信息：提供商品的详细信息：种类、大小、颜色、新旧等等。
特点：描述商品不同于其他商品的特点。是全新？是珍藏版？是海景房？
提供联络信息：告诉读者如何联系到你。

这样做	不要做
● 取一个引人注目的标题。一个标题可能吸引潜在客户前来阅读，也可能不会引人注意。	● 不要过度使用缩写。虽然有些缩写是标准的，但如果满篇都是，很可能会令读者分心，并且感到困惑。

这样做	不要做
• 用关键词吸引读者的眼球。在阅读前，读者会先扫视一遍广告。要注意浏览时什么词能抓住对方的注意力，鉴别出能够对产品、服务或交易进行描述的关键词。	• 不要写得平淡乏味。既然你写的是广告，就要努力去吸引读者。不要指望只写出东西的基本属性，读者就会追着你来买。
• 保持广告的简短。要记住读者的注意力是有限的，他可能在大量浏览同类广告。你可以在电话或电子邮件中提供更多的细节。简短的广告还能制造出一种紧迫感，诱使读者采取行动。	• 不要写得太长。印刷广告及一些网络广告对字数有所限制。广告越长读者越少，对此要谨慎。
• 提供适当的联系信息。确保所提供的手机号随时能拨通。如果你并不是一直有空，标明联系你的最佳时间。	• 不要未经检查就将广告发布到网上。如果在报纸上发现广告有误，立即进行修改。
• 写明地点。潜在顾客更倾向于选择离自己位置较近的广告。	
• 将商品妥善分类。如果放在了错误的种类中，没人会找得到它。	
• 即便广告已经印出，或是已经张贴到了网上，也要对广告进行校对。如果电话号码或是其他重要的信息打错了，那么广告将毫无意义，因此错误需要尽快改正。	

...正确的例子

多户联合庭院摊市，从厨房用品到电脑配件

　　厨房用品、成人和婴儿衣物、玩具和游戏、DVD、书籍、玻璃器具、笔记本电脑、汽车配件、宠物用品……还有更多物品！6月9日周六，早9点至晚5点，威尔伯街1870号。

美丽的西班牙风格住宅，现已全部翻新，79.9 万美元

面积，4 卧 3 卫。佛莫路，可观赏山景市景。硬木地板，整套西班牙式装修风格。厨房浴室已全部翻新，配有全新电力系统、管道系统及瓦面屋顶，直接入住吧！大卫的联系方式：310-800-1111。

1967 年大众甲壳虫——1 万美元

全部修复，从上到下重新组装。新发动机已运行 2000 英里。重新喷漆、新换轮胎、全部更换，铮亮如新，不容错过。可考虑交换。杰夫的电话：434-800-1111。

哥伦比亚帆船——1500 美元

全新 1998 年哥伦比亚 22 英尺固定龙骨帆船，附约翰逊外悬马达以及三套全新设备：主帆、热那亚卷帆器、大三角帆船岸通信无线电台。船底于 2012 年 10 月粉刷。帆船位于加尔维斯顿湾中，设备齐全，准备起航。罗伯特的电话：409-999-0000（仅限夜晚）。

房间出租，安静宽敞

3 卧 2 卫，市内住宅，月租 2100 美元，配有车库。街区优美，景观整洁，包含水电。需房主推荐信，可养宠物。卡丽的电话：777-800-1111。

10. 分类广告网

分类广告网站上的竞争十分激烈，做一个列表能使你脱颖而出。

- 起一个诱人的标题。一个引人入胜的标题是列表中最重要的部分。想要买家点进来可不是件容易的事，标题的内容要能够诱使人点进来仔细看一看。
- 全面准确地对物品进行描述。发布前让其他人帮你看一看，检查有没有遗漏。

- 用罗列重点的方式布局，使列表更容易浏览。人们不愿意去读大段文字。
- 放上优质的照片。在列表网上，照片其实比文字更重要。描述得很好但没有照片，或是照片很烂都不会有很好的结果。
- 记得标明自己的地理位置。看上去很显而易见的事，很多人都会忘记。
- 字母不要全都使用大写。这样写出来的东西很难阅读。

11. 线上拍卖列表

很多网站都能进行线上拍卖，eBay 就是最热门的一个。eBay 上的买家都很识货，他们会很认真地阅读拍卖列表，因此写作时一定要加倍注意。

这样做	不要做
标题要抓人。标题中的每个字都要对应一定的检索词，如品牌名、尺寸、颜色以及其他引人注目的信息（"古着""古董""全新"等）。	不要乱七八糟写一大堆。用太多的颜色、太多的字体、太多的字号会让人反感，也会转移人们的注意力。
仔细考虑描述的文字。如果漏掉了重要的信息，买家会径直忽略而去看看别家的列表。	不要逐字逐句复制别人的文字。参考别人的页面固然很好，但其他卖家并不愿意别人抄袭自己的文案。
诚实地标明瑕疵和缺陷。	描述要准确。比如现在有多件同类的商品正在销售，就不能说自己的产品"稀有"。这样只能让自己显得很傻，更糟的是，变得不可信。
浏览同类商品的拍卖页面，看看怎样写有效，怎样写无效。	与之前的买家产生了不快，也不要宣泄在这里。简单明晰地写清自己的支付和运输方式，仅此而已。没什么能比一个生气、委屈、愤慨的卖家更吓人的了。
排版会使你的文字更易读。没人喜欢读大块的文字，线上的买家也不愿这样做，他们会直接点击下一个页面。你可以使用分段或罗列要点的方式对文字进行分割，使拍卖更易于浏览。	

12. 收据

通常在销售、出租某种物品，或提供某种服务之后，你需要写一张收据。收据表示交易已经完成，双方互不相欠。你可以用收据证明付过押金，也可以具体写明再需要支付的余款。如果你在庭院摊市上卖出了一辆机车，或是租出了一间屋子、一栋房子，就需要为这些交易提供收据证明。

基本情况

收据是一种简单的商务交流，用来证明某种销售或交易已经完成。写收据的**目的**是证明已经为某件物品、某种服务支付了费用，说明尚留有余款还是已经付清。写收据既可以避免误解，也能确保双方今后不会产生纠纷。除了要写清交易的完整信息，我们还需要做一些**头脑风暴**。这里有一个组织好的范例供你参考。在为一次性交易写收据时，最好能让你的**读者**，也就是你的买家看一看，确认信息准确。如有问题，再进行修改。

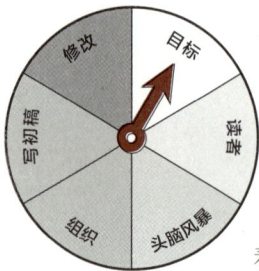

这样做	不要做
• 在收据上写好日期。	• 不要在收据上写你的完整的信用卡卡号。
• 在收据上写好你的名字和联系信息。	• 不要认为什么都是理所应当的。写收据的意义就是为交易提供一份准确完整的记录，从而保护双方的利益。不要想当然地认为所有人都会"记得"细节，请把它们都写下来。
• 在收据上写好买家的名字。	
• 写清付款的内容。按种类将收款分成若干类：商品价格、劳务费用、税金以及提供的折扣。	
• 如有余款要记清楚。有款项已经付清也要在收据上注明。	
• 如余款支付有截止日期，也要将日期写在收据上。	

这样做

- 写清付款的事项。要逐项描述清楚，如情况允许，可以用序号标明。如存在任何特例，也要标注清楚。

- 如果有必要，可以注明开票日期（比如房租的收据）。

- 写清付款的方式：现金、支票、汇票还是信用卡。注明支票、汇票的号码，记清信用卡的后四位数字。如果是用现金结账，收据就是唯一的交易凭证，因此双方都要对它的准确性予以确认。

...正确的例子

售车账单：无担保

我，德维恩·拉斐特，家住帕克赛德路 5978 号，本人合法拥有一辆红色 2009 大众新甲壳虫，2.5 排量，车辆识别代码 I38oK9LL572，并有权对其进行销售。在此我以收据的形式确认，汤姆·古铁雷斯为这辆车支付了全款，支票支付，支票编码 776，金额 9995 美金。在售出时我确认汽车的里程数为 81443 千米。

我确认这笔交易，并将汽车的所有权转让给买家。除标题上注明的和以下列出的以外，车辆不存在负债、税金、酬金、抵押等问题，如有以上情况发生，我将全权承担起法律索赔诉讼的责任。

自销售之日起，买家将全权承担车辆的损耗及任何由汽车使用而引发的第三方责任。

德维恩·拉斐特　　　　汤姆·古铁雷斯（签名）

2013 年 4 月 3 日　　　　2013 年 4 月 3 日

租金收据

本人，史蒂夫·欧汉尼森，确认收到承租人朱丽安·蒋的房屋租金 1250 美金，现金支付，全额付清。房屋位于安布罗斯街 315 单元，租赁日期为 2013 年 9 月 1 日至 10 月 1 日。

2012 年 8 月 25 日

第四节　社会生活中的写作

1. 评论

　　评论有两种，一种是针对某一问题代刊物发表观点，反映出编辑部大多数人的声音。另一种是客座评论，撰写的人并非刊物内部的成员。许多刊物都会请特约撰稿人来写评论，这些人对某些问题有着特殊的经验，还有一些刊物会向公众征集投稿。

基本情况

　　写评论的**目的**有很多：突出某一问题、批评目前对某一问题的处理方式或是声援某种潜在的解决方案。此外，还有些评论会对政府或其他组织的工作表示赞扬。写作时，可以幻想出一位聪明且对此感兴趣的**读者**，设想这个话题他还在摇摆不定。尊重你的读者，从他的角度设想一下，什么样的信息和观点最有说服力。尽量**头脑风暴**出更多的内容，从中选出最有力的观点。有意无意中，评论都有一套读者习惯的标准组织格式。示范提纲能帮你**组织**好你的内容。可以多打几次**初稿**，你可以把稿件给别人看一看，问问他们文章能否讲通，有没有说服力。尤其是当你写得情绪高昂的时候，最好能拉开些距离看一看。在寄出之前，根据读者的评价进行修改。

示范提纲

对评论而言，文章长短格外重要，因此你应当尽量简短。

开头：陈述观点，并描述近期发生的事件，比如最近出现了哪些政治决策，或是最近发生了哪些事把问题带回到了人们的视线中。陈述你在这个问题上的立场。

中间：公正地陈述反对方的意见，列出自己对这些意见的抗辩。

结尾：以有力的结尾结束文章，重申自己的立场，呼吁采取行动。

这样做	不要做
• 对投稿刊物有所了解。读一读他们的评论板块，看看登了哪些文章，找找撰稿人指南。	• 不要谩骂对方或进行人身攻击。这是一种低级的争论，是对读者智商的侮辱。使用人身攻击或其他肮脏的手段只会让读者排斥你的观点。
• 开宗明义。开篇恰当地对现实情况进行陈述，确保你的评价准确公正。不要因为对自己有利就歪曲事实。	• 不要指望读者会理解你的简称和首字母缩写，你需要将它们解释清楚。
• 恰当公正地陈述对方的观点。	• 不要跑题。立论的空间十分有限，因此你需要挑选一个主题，就事论事。
• 选择一个有力的论据进行反驳，挑选对方最有力的观点进行驳斥。虽然找出对方薄弱的论据进行碾压看起来很有吸引力，但这种策略只能贬低自己的立场。	• 不要使用"我"。我们都知道这是你的观点，但刊物成员有时会使用"我们"代替。如果能避免使用"我认为"来冲淡评论，你的观点会更加有力。
• 承认对方也拥有能站住脚的论点，承认对方也有正确的地方，这样能够增加自己的可信度。要确保自己的主论点没有被削弱。	
• 确保论点可以一句话说清。对一篇评论而言，论点清晰简洁是很重要的，要绝对地简短、凝练。	
• 坚定清晰地陈述自己的观点，不要带有攻击性。	
• 摆出能够支持观点的事实和证据。	
• 结尾有力。花些时间设计结尾，清晰地重述自己的观点，并劝说他人接受你的观点。	
• 尽量简短。评论可能会有字数限制，即便没有限制，较短的评论也会让你获得更多的读者，令内容更容易阅读。	
• 为评论选择一个吸引人的标题。即便刊物会重换一个题目，也要想一个好题目吸引观众的注意力。	
• 写一些和自己有关的事，如果你在这个话题上有特殊的经验，这样做能增强你的可信度。	

错误的例子...

这是亨特斯维尔市的倒退，愚不可及的市议会再次证明他们站到了历史的对立面上，站到了常识的对立面上，他们废止了广受欢迎的街头废弃物回收工程。

> 这有些侮辱人。立场坚定是好事，但在事情悬而未决之际这样做并不能击败任何人，也会令自己成为笑柄。

> "废止"听起来有些夸大其词。

回收工程广受欢迎，确切地说，这一工程大有可能增加城市收入来源。经过了四年的有力推动，工程受到了亨特斯维尔市市民的广泛支持，参与度远高于国内其他同规模社区。专家预测回收工程即将扭转局势，为亨特斯维尔市带来收益。市议会声称是为了节约资金，但显然是受到了其他的干预。撤销一项颇有收益的工程绝不能够节约资金。

珍·H. 霍尔德

> 可以用一些数据来支持这一观点。

> 会在多久之后开始？

> 珍想表达什么？是想说市议会收受了贿赂吗？如果她想提出这样的指控，就要直说，并且提供证据，不要这样旁敲侧击。

> 听起来有些不公平。这项工程现在已经开始有收益了吗？珍说的是工程"即将"带来收益。这样就让人很难赞同，支支吾吾只能让读者质疑她的可信性。

...正确的例子

废弃回收工程：代价高昂的决定

> 标题既有吸引力又不同寻常，能够引起读者的兴趣。

市议会做出了一项毫无远见且收益匮乏的决定，上周的投票结果显示，亨特斯维尔市广受欢迎的回收工程即将终止。

> 珍在开头就清晰准确地陈述了自己的观点。

我们都知道，由于预算不足，市议会需要艰难地进行一定的支出削减。议员赫南德兹称回收工程没有产生收益，这点并没有错。但不幸的是他忽略了一点，回收工程广受欢迎，且即将真正成为城市的收入来源。经过了四年的有力推动，亨特斯维尔市有 67% 的家庭都参与到了工程当中，远高于国内其他同规模社区 38% 的平均水

> 珍承认了城市削减开支的必要性。

> 珍既承认了对方的观点，也没有妥协。这样做增加了她的可信度。

平。有专家预测回收工程即将在一到两年内扭转局势，为亨特斯维尔市带来收益。这笔微薄的资金能带来收益，城市也能通过回收工程获得利润。但就现在来看，如果工程停滞，再开动起来会花费若干年的时间。与此同时，无数的再生纸、再生塑料和再生金属将会被倾倒进填埋厂，再也无法供后代使用……城市实则是损失了大量的资金。

现在改变这一决定还为时不晚。如果市民都能够向议会成员致电或发邮件，我们就能挽救这一回收工程。让我们一起与市政府沟通，促使恢复街头回收工程。这既是为了我们当下的财政收入，也是为了孩子们的未来。

珍·H. 霍尔德

> 这里的数据和预测对珍的观点进行了支撑。

> 评论强烈地号召大家行动起来。

2. 给编辑的信

为了对某篇评论、某篇文章进行回应，或是为了就时政提出某些意见，你可以给刊物编辑写信。读者来信板块是报纸上人们最常阅读的部分，因此这也是你分享自己观点的好地方。信件通常通过电子邮件寄给编辑，你需要向刊物确认一下最佳的寄送方式。

> 我们决不会被恐惧驱回无理性的年代……要记得我们并不是容易恐惧的人的后代，哪怕时下还不为人所接受，我们也不会不敢写作、不敢发声、不敢结社、不敢申辩。
>
> ——爱德华·R. 默罗，记者

这样做	不要做
• 如果你是要就某篇评论或文章发表意见，就要尽快写作。这类文章编辑给出的截止日期一般都很紧张，机会通常一闪即过。	• 不要感情用事。即便这是一个特别能激起你热情的话题，以理服人也总是比以情动人更加受人尊重。
• 查看刊物的来信须知。如果你能遵照要求写作，刊发的概率会有所增加，对于不按照要求写作的文章，有些刊物根本不会予以考虑。	• 不要恶言恶语，讽刺刻薄。也许在你所有读过的文章中，这一篇是最愚蠢的，但恶语相向并不能说服任何人。

这样做	不要做
● 查看刊物内其他的来信样例，考虑哪种风格和内容更为适当。	● 不要出言攻击文章或评论的作者。
● 保持简洁。鉴于字数的限制，刊物很可能会对文章进行缩减。你的信最多只能有三段，每段两到三句话。	● 不要写得太频繁。会连续去信的一般都是些怪人，如果你并不常去信，刊登的概率会有所增加：三个月一封比较合适。
● 如果你是对近期的文章或评论发表意见，记得标明日期和文章标题。	
● 观点的阐述要尽量往前提，尽量清晰，最好放在信的第一句。	
● 坚持单一论点。要记住你的信很可能会遭到大幅度删减，因此就需要将注意力集中在最想表达的最重要的观点上。	
● 如可能的话，用事实和数据支撑你的观点。	
● 对于某一话题如果你有某种特殊的专业资质，可以提出来。	
● 在信上署名，写清联系方式，刊物很少会发表匿名信件。	

...正确的例子

《论坛》的评论文章《是时候重新考虑死刑》（1 月 17 日）完全忽略了反对方的一个观点：死刑并不能抑制犯罪。并没有任何可信的迹象表明死刑能对犯罪起到威慑作用，虽然死刑的支持方一直都在重复这一点，但它并不是真的。

评论喋喋不休地回顾了盖纳先生和奥尔森先生关于犯罪严重程度的论述。想必我们没有人赞成犯罪，也没有人会认为罪犯做得对，沉溺在对犯罪的恐慌中并不能为消除犯罪提供任何有建设性的论据。

对社会中关注死刑的人们来说，量刑的智慧与道德仍然是具有争议的话题。但如果死刑的支持者们希望得到他人认真的对待，就需要提出更符合事实和法律的论据。

史蒂文·J. 欣茨

我不同意维克多·蒂尔登关于城市管制糖分的观点（保姆政府卷土重来，6 月 24 日）。"保姆政府"一词通过对政府的丑化，回避了一个重要的问题：政府是否应当关注公众健康问题？如果答案是肯定的——大部分讲道理的人应该都这样想——那么就要解决这一问题：含糖饮料损害公众健康，我们要如何制止这种危害。如果只顾着跳脚骂人，也许说明你真的需要找个保姆来照顾你。

丹妮丝·陈

如何写评论

如果你想在地方报纸、博客或其他网站上发表意见，首先有个好消息，评论板块的编辑正需要这些你一吐为快的文章。即便在电话或电子邮件中听起来很实际，但这毕竟是一个沉痛的事实，我们有版面要填，我们的任务是无论观点自己赞同与否，都要完成工作。

首先，如果你能用 200 字表达清楚自己的想法，只管写信给编辑，不要不好意思。只要你不是嫌疑惯犯，小纸片通常都能从 20 到 30 人之中脱颖而出，你的观点会很受重视。如果文章的主题与即将到来的选举相关，就不要指望在之前的两三天寄出还能获得刊登机会。周二的投票多数都以周六为截止日期，否则反对的观点就没有时间发表了。如果我们就一个不常见的话题向你写信约稿，你写出来的文章多半会被刊登出来。

如果你确实需要更多的空间，可以给评论版编辑写封信，电子邮件比打电话更好些，你可以说："哎呀，我试过精简了，但确实需要 400 字左右，不知道你能不能多腾出些版面来？对大家来说这是个很重要的话题。"此外，我们需要的是精心创作的文章，尤其是与本土现实相关的文章，而不是对那些早已听过的对国内外话题的夸夸其谈。

文章要精练，避免使用陈词滥调。要知道"评论"就是发表"批评性言论"，而不是"评价性言论"，不要把同样的内容再重复一次，只有这样你才能给编辑留下印象。要再三检查自己的语法和拼写，这样才能在复制粘贴的过程中尽量少给编辑找麻烦。并非硬性要求，我建议你加一个提要，但不要称其为标题。把内容都放到邮件当中，不要另加附件，有可能我们无法打开附件，同时也不要通过普通邮件寄送，这样只会延迟时间。对于自己的观点，既要坚定也要公正。保持轻松，也可以幽默一下，但不要太过浮夸。要记得署上自己的真实姓名、地址和电话号码。

你会成为评论版面的宠儿，不久后你的想法就会刊登见报了。

本篇作者：劳伦斯·威尔逊。每周他都会为帕萨迪纳市《星新闻日报》撰写三次评论，同时也是洛杉矶新闻集团编委会成员。

3. 筹款信

在任何社区、学校、宗教团体及其他组织的竞选当中，筹款信都扮演着重要的角色。我们可以将筹款信视为一种推销信，越能很好地向读者"推销"你的理由，筹款结果也就越好。

基本情况

写筹款信的**目的**是促使读者为你要做的事捐款。你的**读者**可能有些之前捐过款，有些从未受到过这样的鼓动，还有些介于两者之间。无论读者是谁，都很少有想要迫切掏钱的人，所以你需要给出一个令人信服的理由，促使对方帮助你。要从读者的角度对内容进行**头脑风暴**。怎样才能让他们乐于付出呢？他们能获得怎样的好处？对信件进行**组织**，尽早抓住读者的注意力，使他们保持兴趣。示范提纲中为你

示范提纲

筹款信需要抓住并始终吸引读者的注意力。

开头：用一个精彩的故事抓住读者。对某种迫切的需求进行描述，或对某项引人注目的筹款活动进行解释。写明你的需求，邀请读者捐助。

中间：描述你的理由、你要组织的活动、以及提供支持你能获得的好处。标出金额或是列出总金额。

结尾：在结尾处呼吁大家行动起来，鼓励读者提供捐款，并且感谢他们的支持。

提供了一种参考结构。在**打初稿**的时候尽量保持语气热情，但不要写成天花乱坠的宣传广告。如果初稿显得略长也不必担心，与其他类型的写作不同，较长的筹款信有它的好处。如果你能长时间抓住读者的注意力，筹到款的可能性就更大。写完初稿后可以休息一下，换换脑子之后再来回顾，并据此进行**修改**。你自己会对这封信感兴趣吗？如果信中有哪里让你的热情衰减了，再加强一些。补充漏掉的信息，让其他人看一看，请他们给出意见。

这样做	不要做
• 去了解读者。他们过去捐过款吗？很多组织者会根据过去的捐款记录对邮件进行分类，再根据捐款的金额进行进一步分类。	• 不要害羞，你有正当的理由，不然也不会来寻求帮助。为你的理由注入自信之光。
• 对过去的捐款表示感谢。对捐过款的人，表达出你的谢意。对没捐过款的人，展现出过去的捐款所做出的贡献。	• 不要指望读者能明白捐助带来的潜在好处。要让他们知道捐款的去向，能起到多大的作用。
• 一上来就要抓住注意力，你可以讲一个精彩的故事，或是一个鼓舞人心的成功故事。	• 不要踟蹰于信的长度。读者不可能逐字阅读，因此大可不必费心去写得太过精练。认真排版能方便读者浏览，利于多次阅读。
• 直呼读者为"您"，这种直接的称呼可将读者带入到你的求助语境之中。	• 不要夸张宣传。诚然筹款信要有鼓动性，但你不能像个二手车推销员一样，真诚的热情能打动读者，但别太过火。
• 使用日常短句以及口语化的句子，读者会产生一种你在与他们对话的感受。	• 不要过多使用首字母缩写和简称，信件应当尽量易读。
• 明确提出自己需要资金。很多人都觉得直接要钱非常尴尬，从而转向使用委婉语，比如"支持"。提出来你需要资金，你有正当的理由，而成功是需要花钱的，提出自己的需求并不会冒犯到任何人。	
• 写明具体的金额，不要害羞。当你需要大数额捐款时会惊讶地发现人们通常都能接受。即便捐款少于建议数额，他们也会持续提供捐助。	

这样做

- 告诉读者捐款能获得怎样的好处。要清晰地描绘出资金的去向，如果能看到明显的好处，人们会更乐于捐助。

- 营造紧迫感。人们在捐助时会拖延，因此要给出一个截止时间。通常会将年度结算截止时间、税收减免提交截止时间或是配合拨款的财政补贴截止时间考虑在内。同时还要考虑节假日以及其他特殊事件。

- 好的排版会使你的信更易阅读。读者并没有读信的义务，所以你只能让信显得更有吸引力。使用列表及小段落都能增加信件的易读性，也能延长读者的注意力。你可以用小标题把一封长信打散。

- 在签名之下使用附言。很多读者对读信并没有兴趣，但附言却能抓住他们的注意力。在当中你可以呼吁大家行动起来。

- 仔细地指导读者捐款。根据寄送方式的不同向对方提供捐助的反馈信或是网站链接。

...正确的例子

亲爱的史密斯先生：

我想向您介绍塔玛拉·苏利文，她是波特兰独立学校三年级的学生，今年六月即将毕业。**但如果没有助学金，塔玛拉不可能有机会在波特兰读书，这笔助学金主要出自波特兰独立年度基金，该资金得到了大家的慷慨支持。**

塔玛拉读了六年公立学校，她十分聪慧，对科学抱有浓厚的兴趣，对动物充满爱心。去海湾水族馆的参观促使她开始接触海洋生物学，她的理想就此诞生。"我热爱海洋，"塔玛拉说，"同时也对海洋中的所有生物着迷。"塔玛拉的父亲在她8岁时去世，她的母亲海蒂·苏利文十分辛苦地工作照顾她和她的两个妹妹。"我希望塔玛拉能有机会好好为大学做准备。无论她去哪里念书，我都知道她会非常努力。申请波特兰的机会微乎其微，当我们领到助学金时，那简直就像是个奇迹。"

塔玛拉在波特兰得到了很好的发展，她每年都参加罗斯先生的滨海考察，今年她还为低年级准备了一个小型讲座，题目是《海洋与其中的生命》。明年，塔玛拉将在南加州大学开始学习海洋生物专业。"正因为有了波特兰独立学校的奖学金，我才有机会申请到第一志愿的大学，追逐我的梦想。"

我的故事和塔玛拉很相似，也许您也是一样。

如果当初没有助学金，我不会获得求学波特兰独立学校的机会。这笔助学金为我打开了求学之门，对塔玛拉和其他许多的学生也是一样。

如今通过每年向年度基金捐款，我能为新一代波特兰独立学校的学生打开一扇相同的大门，这让我无比激动。我与您的资助都将直接汇入助学金中。**资助年度基金能保证学校继续招收和资助塔玛拉这样的学生。请向我们捐助 100 美元来表达您的支持。**

先行感谢您对波特兰独立年度基金的捐助。对您的支持我们深表谢意。

丽莎·门罗·威尔逊

波特兰独立学校校友会主席

附：您可以使用随信附上的信封向波特兰独立年度基金提供捐款，也可以访问我们安全的捐助网站 www.giving.portlandindependent.org。

4. 志愿者招募信

各种各样的社会组织都会招募志愿者，同时也有很多人愿意为正当的志愿活动贡献出自己的时间。一封有效的信函或电子邮件都能鼓励志愿者们行动起来，提供帮助。

基本情况

　　招募志愿者就像是一种推销，它的**目的**是将读者鼓动起来，在一个非强制性的情景中贡献他们的时间和精力，因此你的招募信需要具备鼓动性和吸引力。根据目的的不同，**读者**可能会感兴趣，也可能会不感兴趣。如果你是第一次给对方写信，对方也不了解你的目的，那你就更需要加把劲游说他们。另一方面，如果你给一个已成立的志愿群体写信，对方也许以为你已经找到了足够的志愿者。努力从读者的角度思考，找到一种合适的语气来激励大家。你可以**头脑风暴**一下所有的益处，不仅仅是这件事带来的益处，还有今后能带给志愿者们怎样的益处。你要为学校募集资金吗？太好了！志愿者们可以从中获得快乐吗？可以在这个过程中结识新朋友吗？这就更棒了！示范提纲中为你提供了一种参考的**组织**结构。在**打初稿**的时候语气要友好。初稿可能会比较长，要记住读者并没有读信的义务，所以尽量精简。初稿完成后休息一下，拿给别人听听反馈。修改时尽量让信件显得有吸引力、有说服力。

这样做	不要做
• 进行自我介绍。你是在鼓动陌生人与你建立合作关系，因此要进行一下自我介绍。	• 不要想当然地以为这件事是对的，人们就肯定会来帮忙。你的信需要激励他们主动提供帮助。
• 如果你是要写给一群人，而他们过去有当志愿者的经历，首先感谢他们的付出，让他们知道自己的付出有所回报。	• 不要将志愿服务当作理所当然的事。你应当对他们的关注和努力表达感激之情。
• 语气友好而积极，对方并没有帮助你的义务，你需要激励他们，因此你的招募信需要尽量有说服力，尽量讨人喜欢。	• 不要用负罪感刺激读者。也许唤起罪恶感和呼吁承担责任只有一线之隔，一旦跨过这条线，你就会拉大与读者间的距离。
• 明确志愿者的付出能为什么人、什么事带来好处。学生们会用上更系统化的图书馆吗？运动队需要新器材吗？邻里们能拥有一座粉刷一新的公园吗？要向志愿者明确为什么需要他们的帮助。	• 在没有想好需要怎样的帮助之前不要动笔。模糊的请求不会得到回应，如果你仍在考虑需要做些什么，可以召集志愿者举办探讨会。

这样做	不要做
• 简单明了地说出你需要什么。是义卖所需的糕点？需要人看摊位或是打电话？需要照看花园、打扫卫生或是做其他重体力劳动？或者是你需要大家帮忙一起出点子，一起工作？	不要写得太长。你的潜在志愿者也很忙，冗长而庞杂的信他们是不可能读完的。即便这封信来自于自己孩子的学校，大家也会将它视为垃圾邮件，不会从头到尾地读完。你的第一个字就要激起读者的兴趣，鼓励他们进行更多的了解。

- 简单明了地说出你需要什么。是义卖所需的糕点？需要人看摊位或是打电话？需要照看花园、打扫卫生或是做其他重体力劳动？或者是你需要大家帮忙一起出点子，一起工作？

- 表明你需要占用大家多少时间。如果你正在组织一个活动，要多留出一些时间，说明你在什么时间需要志愿者们在场。如果你要组织一个工作组，告诉潜在的志愿者们打算多长时间见一次面，会议时间有多长，除此以外还有什么其他的活动。

- 向志愿者们说明活动是否有趣，有没有回报。整顿社区花园有利于净化空气，一同工作可以遇到志趣相同的人，并与他们建立起联系。在"游说"的时候，用个人利益吸引对方也未尝不可。

- 让志愿者们知道你是否提供茶点。只要一点免费的食物你就能吸引到一大批人。在更正式的招募信中，如果你在工作时会提供午餐或其他食物，也可以帮助读者在信中筹划一下他们的时间。

- 列出志愿帮助的多种可能性。

- 考虑将之前志愿者的感言囊括进来，可以说一说志愿活动多么有趣、多么有意义、以及多么富有成效。

- 一定要对潜在的志愿者表达感谢，甚至可以在他们同意之前就对所提供的支持表达感谢。

- 排版能使信件更易于浏览和理解。将大段落"打碎"成小段落，并在适当的地方添加数字或条目。

不要做

- 不要写得太长。你的潜在志愿者也很忙，冗长而庞杂的信他们是不可能读完的。即便这封信来自于自己孩子的学校，大家也会将它视为垃圾邮件，不会从头到尾地读完。你的第一个字就要激起读者的兴趣，鼓励他们进行更多的了解。

- 不要使用长段落，人们是不会去读的。

- 版面不要有过多的设计，不要使用过多不同的字体、加粗和倾斜。毕竟排版只是为了让文章更易读，而不是显得更乱。

> ### 这样做
>
> ● 确保自己说明了下一步的行动。如果你需要潜
>   在的志愿者与你联系，一定要将电话号码或电
>   子邮件地址放在显眼的位置。

...正确的例子

亲爱的邻居们：

　　我叫菲奥纳·戈尔曼，我和丈夫麦克住在福斯塔夫路 1564 号（就是那栋前面带玫瑰园的西班牙风格的房子）。今天写这封信是想组织大家在这个周六一起来清理麦迪逊公园。

> 菲奥纳进行了自我介绍，并为读者提供了了解自己的背景信息。

　　大家都知道，最近的风暴对公园造成了很大的破坏，市政府已经挪走了掉落的电线和大树枝，但仍有许多清理工作要做，由政府来做可能要等待数个月。我想如果我们都行动起来，几个小时内就可以让公园恢复使用。

> 菲奥纳在一开始就向大家表明了自己写信的缘由。

> 菲奥纳解释了为何需要志愿者的帮助。

　　让我们周六下午 12：30 在公园集合，我和麦克会带一些修剪草坪用的袋子。请大家自己携带工具，我们要做的事有这些：

- 将小树枝和树叶扫拢在一起。
- 沿着麦迪逊大街修缮破损的栅栏。
- 尽可能地修缮滑梯。
- 为迎接即将到来的季节清理戏水池。

> 将志愿者的工作明确列出来会有很大的帮助，这样人们就知道自己要做什么了。

　　如果我们都能来帮忙，公园在春夏时就可以重新使用了！

　　我和麦克希望邀请大家 5：30 的时候来家中做客，我们准备了一些玛格丽特酒[1]和零食。

　　如果你有意参加，请拨打 555-123-4567（我们好知道该买多少龙舌兰酒）。期待周六与你相见！

> 菲奥纳的招募信既友好又具有鼓动性。她既将活动讲得很有意思，又能让大家了解了参与的好处。

　　祝好！

菲奥纳·戈尔曼

1　一种传统鸡尾酒，多由龙舌兰酒、酸橙或柠檬汁以及橙味酒混合调制而成。——译注

第五节　说明

1. 写给房屋看管人、保姆或宠物照看人的注意事项

你马上就要出发了，你心爱的人或物——比如家、孩子或是宠物就要交由他人代为照看了。无论你只是出门一个晚上还是打好包裹准备离家一个月，给房屋看管人、保姆或宠物照看人留一份翔实的说明能让你更加放心。

基本情况

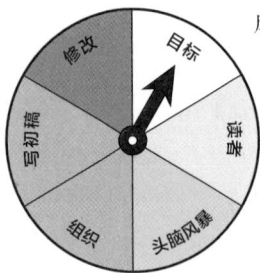

给看管人写说明的**目的**是确保对方能获得所有需要的信息，完成好照看房屋、孩子或宠物的工作。写一份说明也能让你卸下心理负担，如果能确保一切都井井有条，你也能在离开的过程中获得更多的快乐。要写好说明，就需要对内容进行**头脑风暴**，并从**读者**的角度思考问题。不要自认为对方会知道你的事，比如多余的电池放在了哪里，孩子睡前要吃什么小点心，或是空了的宠物罐头要怎么办。你需要以一种对方能够理解的方式对内容进行**组织**。例如写给保姆的说明就应当按时间顺序进行，从傍晚开始一直到照看工作结束。而写给宠物照看人的说明就应当进行分类：喂食、垃圾、玩具、紧急情况等等。如果说明写得太长太复杂，你应当多打几次**初稿**，确保说明清晰、完整、准确。**修改**时也要站在读者的角度思考。

这样做	不要做
- 给自己留出充足的写作时间。到临走前最后一刻再写，只会增加自己遗忘重要事件的概率。对于篇幅比较长的说明，你最好能提前几天开始写，这样才能有足够的时间对内容进行思考。 - 考虑周全。你需要从读者的角度考虑，不要想当然地认为对方和你一样了解你的家、你的孩子或你的宠物，信息多总好过于信息不足。 - 提供联系方式。如有条件，最好能提供两个电话号码，这样对方才更容易联系到你。 - 为突发情况提供简明的指示。一旦状况发生，你最不想看到保姆前后犹豫，不知该做什么。如果你需要他给你打电话，在你的指引下展开行动，一定要提前让他知道。把情况说明白，大家都能轻松一些。 - 记得说"谢谢"。 - 可以使用模板。如果你经常外出，可以为保姆准备一个说明模板，将主要信息都放在模板上，并根据情况对信息进行适当的更新。 - 准备多份说明。最好能提前通过电子邮件发送一份，再在对方容易找到的地方放一份打印版。	- 不要认为一切都是理所应当的。一定要从一个陌生人的角度来看自己写的说明，这样才不会遗漏掉重要的信息。 - 除非你能承担这些后果，否则不要留给对方太多选择。长篇幅、细节明晰总好过将问题留着、悬而未决。

错误的例子…

该拿什么给小姑娘们当睡前零食呢？别让她们自己来决定，否则等你回家后床上会全是巧克力冰激凌和扭纹糖。

是完全不许上网？还是睡觉前不许上网？

黛博拉：

你好！谢谢你能照看杰西和克洛伊！

她们已经吃过了晚餐，睡觉前还可以再吃一点零食。睡觉时间是晚 8 点整。她们可能会要求你给她们读一小会儿书。

睡觉前可以看个电影，但请不要让她们上网。

克洛伊有些怕黑，所以请给她留一盏夜灯。

我们会在 10 点钟回来，如有问题请打我的手机和我联系。

再次感谢！

霍莉

读书什么有具体要求吗？要读多久？不要让孩子们来决定这些。你应当告诉保姆应该读些什么，这样即便父母不在，故事也能有一定的连续性。

夜灯在哪里？

即便保姆已经有你的电话了，也最好将号码留在说明上。如果能写下来，她就能更快地找到你。

…正确的例子

信件是按照时间顺序排列的，这样黛博拉就知道晚上的每一个步骤都要做什么了（至少这对七岁的双胞胎，了解得和你一样多）。在电影选择上霍莉给出了指导，这样自己也不会陷入尴尬之境。

黛博拉：

你好！谢谢你能照看杰西和克洛伊！

她们已经吃过了晚餐，睡觉前可以再看个电影。最近她们很迷《小小芭蕾女孩》，我们还有《黑骏马》。但**不许**她们看昆虫的电影！同时也严禁上网，整个晚上都不可以，无论她们说什么都不可以上网。

7∶15 的时候就要准备睡觉了，上床时间是 8 点整。在睡觉前可以吃一点零食，有香草味酸奶和纤麸消化饼可选（在柜子上），请让她们在吃完后一定刷牙。

她们可能会要求你给她们读一小会儿书。我正在给她们读《梅溪河岸》，书就在克洛伊的床头柜上，每晚读一章。

对上床睡觉前的事给予了指导，其中还囊括了对零食的限制。

现在黛博拉知道该给孩子们读些什么了，孩子们也能听到常规的睡前读物了，同时她也知道了自己要给孩子们读多少。

克洛伊有些怕黑，所以请在窗户下给她留一盏粉色的夜灯。⋯⋯⋯⋯⋯⋯⋯⋯⋯⋯⋯

> 夜灯在这里！

我们会在 10 点钟回来，如有问题请打我的手机和我联系：212-555-1212。⋯⋯⋯⋯

再次感谢！

> 如果黛博拉需要，霍莉的电话号码就在这里。

霍莉

错误的例子...

乔：

你好！

感谢你能在这里照看房子！

我们不在时请自便，别拘束。⋯⋯⋯⋯⋯⋯⋯⋯

> 乔知道水龙头在哪里吗？

> 有什么具体内容吗？

后面的洒水器需要定期打开，除非下雨，通常一周开两次。

台灯上有定时器，请不要调乱它们。⋯⋯⋯⋯

> 如果有事发生，乔应该怎么做？

> 有多少个？都在哪里？

警报系统的密码是 3329，出门时请将系统开启。

如果有事，请不要犹豫地给我们打电话吧。

我们 20 号回来，祝你玩得开心，再次感谢！⋯⋯

> 如果能知道具体时间会更好。

米歇尔和鲍勃

...正确的例子

乔：

你好！

感谢你能在这里照看房子。

> 信件是按照话题排列的，这样乔就知道该从哪部分寻找信息了。

房屋

警报系统的密码是 3329，出门时请将系统开启，并且记得将玻璃门关上锁好，不然系统是不会生效的。如果系统出了问题，请致电安保公司，电话是 626-777-1111。

> 理想情况下你应当展示一下警报系统的使用方法，但再写一次也是个好办法。

> 这些细节很有用。

冰箱里的东西请随意取用，冰箱门上还有一包牛肉馅，如果你用不到的话请立即冻起来。啤酒在食物储存室里。

两个台灯上都有定时器，一个在客厅，一个在我们的卧室，请不要调乱它们。

> 台灯上有定时器，这点最好能告诉乔，这样他就不会误以为屋子在闹鬼了。

庭院

前院的洒水器是自动的，后院的则需要手动开启，除非下雨，通常一周开两次。水龙头就在台子下面，就挨在木槿花旁边，开 20 分钟左右就可以了。

请一定要把垃圾桶的盖子紧紧盖住，这样浣熊就不会把它打翻了。如果半夜你听到后院传来奇怪的叫声，不要怕，那是浣熊。收垃圾的人会在周二早晨过来。

> 浣熊会在半夜翻垃圾桶，也算是个令人不大愉快的意外。让乔知道就好，他也就知道了该如何防备。

树上的果子你可以随意摘。

旅行计划

9 号到 20 号期间我们都会待在蒙特雷，20 号晚上 10 点的时候到家。

鲍勃的电话是 626-555-4444，米歇尔的电话是 626-555-9000。

再次感谢！

米歇尔和鲍勃

2. 菜谱

当你烤出了完美的巧克力蛋糕，煮出了美味的炖菜，或是研究出了诱人的芒果沙拉，你或许已经准备好与这个世界分享你的创意了。写菜谱看起来容易，其实不然。但如果你能认真按照以下原则行事，读者绝对可以在厨房中再现你的佳肴。

基本情况

写菜谱的**目的**是让自己和其他人都能尽量容易地再制作出佳肴。假设**读者**只有最基本的厨艺常识。如果菜谱中有任何生僻的术语，一定要和读者解释清楚。**头脑风暴**时需要确保各部分信息完整：食材、必要的厨具、做菜的步骤。如果你对这道菜很熟悉，可能过程会比看上去更复杂。要从读者的角度考虑，把所有内容囊括在内。菜谱有一个标准的**组织**格式，"菜谱格式"中为你提供了一种参考格式。如果你是第一次写菜谱，最好能按步骤试一试。如果能有别人遵照菜谱进行尝试，看看能做出什么东西来，就更好了。根据反馈对菜谱进行**修改**，这样每个人都能分享你的成功经验了。

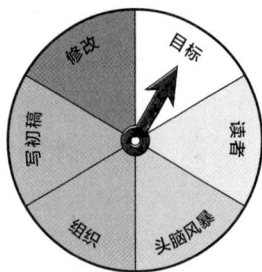

菜谱格式

菜谱通常都有一个传统格式，主要分为两大部分。

食材清单

将所有需要的食材都列出来，并标出各自所需的分量。描述每种食材要如何处理，切片、碾压还是切碎？标清烹饪所需要的所有厨具。

制作方法

按步骤写清制作过程：
- 准备食材
- 混合食材
- 烹饪指南，其中包括厨具、温度和烹调时间。

烹饪术语

以下是一些菜谱中常用的烹饪术语。

烘烤：使用烤箱烹饪。

抹油：以油脂或其他液体使食物保持湿润。

搅打：大力搅拌。

勾芡：加入面粉等增稠剂使液体变得黏稠。

焯：放入沸水中数秒，再放入冷水中，之后滤干。

搅拌：将食材完全混合。

煮：在一定量煮沸的液体中烹饪。

炖：以少量油脂翻炒，之后以放入盛有少量液体的带盖锅中慢慢烹调，锅既可以放入烤箱，也可以放在炉子上。

烤：直接在火上烹饪。

炒糖色：小火使糖色变棕。

切片：将食材处理成片状。

切块：将食材处理成小块。

澄清：以加热、撇浮、过滤的方式去除液体或油脂中的杂质。

打发：用勺子或叉子猛力搅拌至蓬松状。

分离：小心倾倒出液体，使之与沉淀物分离。

炸：以高温油脂充分浸没食物。

撒：将东西撒在食物上（通常是面粉或糖）。

造型：烹调前将肉类、家禽或鱼类摆出形状。

淋：缓慢地将液体倒在食物上。

干炒：不使用油脂在锅中快速翻炒。

乳化：混合两种不相溶的液体（如油脂和醋）。

压榨：通过挤压的方式使水果或蔬菜中的固体与液体物质分离。

去皮去骨：去除生肉的肉皮和骨头。

浇：上桌前，将少量高温的含酒精液体倒在食物上。

搅拌：以轻柔挤压、翻转的方式将轻型和重型的混合物搅在一起。

煎：在平底锅中加油脂烹饪。

点缀：装饰。

糖渍：涂上薄薄的糖浆。

包浆：包裹食物，使之具有光泽感，常用的有蛋液、蛋白、牛奶、糖浆、糖衣或食材研磨液。

擦丝：在带有锯齿的平面上摩擦，将食物擦成细丝。

烧烤：在热源上方烹饪。

揉：用掌根以折叠、拉伸及按压的方式处理面食。

腌：烹饪前将食材浸泡于调料之中，使其变嫩并入味。

平底锅烧烤：不使用油脂，在加热平底锅或浅锅中烹饪。

煮半熟：将食物煮或煨至半熟。

去皮：去除蔬菜或水果的外皮。

卤制：将食材保存在卤汁、醋、油或调味料中。

过水：在冷水或碎冰中浸泡以快速冷却。

煮：在沸点下使用液体烹饪。

打糊：将蔬菜水果捣碎、过滤或研磨成细腻浓稠的糊状物。

收汁：以快速加热的方式减少液体，浓缩使其变得黏稠。

熬油：将切碎的食材加热提取油脂。

烘焙：在烤箱中烹饪。

炒面糊：以化开的黄油或油脂与等量的面粉混合，给肉收汁。

嫩煎：以少量高温油脂烹调。

烫：将液体加热到沸点之下。

打花刀：在食物表面切出浅浅的刀痕。

焦烤：在平底锅中加入少量油脂，烹饪食物至两面金黄，从而锁住汤汁。

筛：用细孔筛过滤干燥食材。

煨：在沸点之下烹调。

撇：去除煮后表面的浮渣。

蒸：以水蒸气烹调。

焖：在带盖的容器中放入足量的水，长时间慢火烹调。

拌：使食材相互附着（如搅动油脂、面粉或沙拉酱）。

片：去除肉皮、肉筋或其他不想要的部分。

取皮：剥下柑橘类水果的外皮，去除白色内瓤。

这样做	不要做
• 标明菜量。 • 按使用顺序将食材列出。 • 在不违背使用顺序的基础上，优先列出重要的食材。 • 列出所有需要的食材。 • 对食材进行逐一说明，反复检查不要遗漏。 • 用副标题分割不同关联元素，如"馅饼皮"和"馅料"。 • 在配料表中说明每种食材的处理方法。例如"8 盎司马苏里拉奶酪，磨碎"或"1 茶杯核桃仁，切碎"。 • 描述时要谨慎。例如"1 茶杯核桃仁，切碎"的意思是切碎一杯核桃仁。但"1 茶杯切碎的核桃仁"的意思是读者需要盛一杯碎核桃仁。 • 按时间顺序叙述烹饪过程。 • 以必要的动词做开头，例如"切碎""切片""涂油"。直接将读者引向每一个步骤。 • 对使用的碗和厨具的大小进行具体描述。 • 列出多种烹调时间，这道菜可否被烹饪至不同的熟度，烹调时间是否精确等等。 • 对上菜给出建议，包括装饰物。 • 对储存给出建议，包括可保存的时间。 • 禁得住推敲。尤其当你在网络上分享菜谱时，一定要确保其中囊括了所有人需要注意的所有信息。	• 不要使用缩略词，全称可以避免误解。如果你一定要使用缩略词，那么一定要确保它是约定俗成的词，通俗易懂。 • 不要指望读者会理解生僻的烹饪术语，如有这方面疑虑，一定要解释清楚。 • 不要使用不常用的计量单位，例如通常用杯来衡量的，不要用盎司。 • 不要不加标点，连续使用两组数字。你可以将第二组数字放在括号中，例如"2 包（12 盎司）磨碎的马苏里拉奶酪"。

错误的例子...

如果能按步骤分别列出会更有帮助，这样更易于理解。

在顶部添加一个食材清单会更好，读者也就不用再从菜谱中梳理自己需要买什么了。

芝士蛋糕

饼底： 将 20 块全麦饼干在蜡纸上碾平，加入一块化开的黄油充分混合。压入 6 寸的盘子中，放入冰箱。

芝士糊： 将 300 克的软奶油干酪、2 只打发的鸡蛋，半杯砂糖、1t 柠檬香精、3t 淡奶油搅拌，打发至顺滑，倒入模具中，@350 烘焙 20 分钟。

装饰： 2 杯酸奶油、1t 柠檬香精，2t 砂糖，搅拌后洒在芝士蛋糕上，475 5 分钟出炉。

一"块"黄油并不是标准的计量单位，最好能以汤匙计算，这样能避免潜在的悲剧发生。

"t" 是茶匙？还是汤匙？如果要缩写，一定要确保表意清晰。

另一处让人困惑的缩写。

最好能多写些细节，包括预热烤箱的步骤。

在冰箱里放多久？有经验的厨师知道什么时候能冻好，但无论水平如何，你也应该为其他使用者着想。

"475 5 分钟"令人十分不解，还有更清楚的表达方式。

...正确的例子

芝士蛋糕

20 块全麦饼干
2 汤匙黄油，化开
300 克软奶油干酪
2 只鸡蛋，打发
半杯加 2 汤匙白砂糖
2 茶匙柠檬香精
3 汤匙淡奶油
2 杯酸奶油

缩略词换成了全称，避免了困惑。

现在我们知道黄油要放多少了。

饼底： 将 20 块全麦饼干在蜡纸上碾平。加入化开的黄油充分混合。压入 9 英尺的盘子中，放入冰箱冷却 20 分钟。

格式更加清晰了，每个步骤都另起一行。

注明了在冰箱中要放多久，这会很有帮助。

烤箱 194℃ 预热。

这样就不用等着烤箱预热了。

芝士糊: 取一个大碗,将奶油干酪、鸡蛋、半杯砂糖、1 茶匙柠檬香精、淡奶油搅拌。

打发至顺滑。

从冰箱中取出饼底,将芝士糊倒入模具中,烘焙 20 分钟。

从烤箱中取出芝士糊,将温度升至 250℃。

装饰: 将酸奶油、剩余的柠檬香精以及剩余的 2 汤匙砂糖搅拌在一起。

这样表达烘焙时间更清晰。

洒在芝士蛋糕上。

放入烤箱,烘焙 5 分钟。

写菜谱

———

据我所知,世上最好的厨师做菜时都是不看菜谱的。他们可能会去看菜谱找灵感、学方法,而一旦实际拿起菜刀架起锅铲,他们会放下菜谱,凭借自己的经验行事。但更多下厨的新手会紧紧握着菜谱逐步对照,谨慎地遵循指示,努力做出一道像样的菜肴。因此,菜谱就适用于能做饭和会做饭这两种人。我认为,菜谱可以帮助人们从前一种人"飞跃"到后一种人的行列中。

我写菜谱的时候,会在行文中加入一些有用的小贴士和建议,这样第一次做菜的人除了能做好这一道菜,也能学到更多基本的烹饪知识。我写菜谱的时候,会想象自己正在逐步教别人做菜,这样一来我就会尽可能将一切有帮助的信息都囊括在内。我会鼓励他人调动所有的感官,去观察、聆听、品尝、触摸。我也会将所有想到的可变因素、常见错误囊括进来,如果有机会,也会解释每个操作步骤背后的原因。例如,在讲解一道用羊乳酪做装饰的菜时，我写道："烹饪至羊乳酪变软（即使经过烹饪，羊乳酪也还是会保持它的形状，因此不必等待它融化）。"

真正的好菜谱是人们照着成功做几次之后，可以不再逐步参照。换句话说，菜谱已经教会了他们如何做菜，而不是仅仅告诉他们要如何做。

作者：莫莉·史蒂文斯（Molly Stevens），著有《烘烤炖煮全书》一书。

第六节　社交媒体写作

1. 个人博客

博客的应用为世界上成千上万的人创造了与其他人分享观点、经验、意见的机会。无论你写博客是为了兴趣还是为了工作，都能在网上争取读者。如果你能花些时间和精力，写博客就能带给你自己和读者更好的体验，一步一步建立起读者群。

基本情况

写博客需要一个**目的**。如果你能找到一个话题或主题坚持写下去，就可以吸引到更多的稳定读者群。要了解你的**读者**，写作时必须考虑他们的感受。有很多博客看似是即兴写作，实际上不经意的语气需要花很多心思。认真对待你的文章，**头脑风暴**一下哪些内容对读者有价值。在组织文章时，留住读者的关键是抓住他们的注意力，并将其保持下去。网上的新鲜事太多了，读者

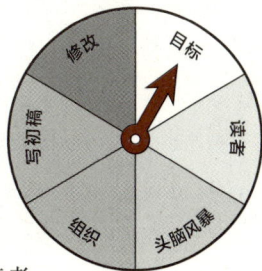

所谓习惯写作，就是持续不断地写，永远不要放弃，它终究会教会你如何写作。

——加布里埃尔·菲尔丁，小说家

很容易会离开你的页面。你可以尝试一下，在文章一开始就抓住读者的注意力。在刚开始写作的时候，可以多打几次**初稿**。写的时间长了，你就会对自己想写什么，对读者有什么期待有更清晰的认识，这样初稿就会越来越接近成品。之后重读一下你的初稿，检查一下拼写，**修改**后再发布。

这样做	不要做
• 读一读他人的博客。给博客找点子、聚焦注意力最好的方法就是浏览大量网页。你要知道什么样的博客有人气，要看看其他人都在做什么。	• 不要害怕。有成千上万的人都开了博客，你也可以！
• 决定博客写什么。当然了，你想写什么都可以，但如果你能找到一个主题坚持写下去，就可以吸引更多的稳定读者群。你想写个人日志吗？还是评论集，或是对时事的看法？写博客是因为你对某个话题特别感兴趣吗？还是你对某个问题特别有研究？无论你选择什么主题，都要努力持续写下去。	• 不要漫谈。虽说你什么都可以写，但如果你失去了焦点，很可能会丢失读者。要让文章尽量简明。
• 文章要对读者有价值。一旦你知道了自己想写什么，就要向读者提供他们需要的内容了：有用的信息、真知灼见、笑料等等。	• 不要让读者觉得无聊。确保所有的文章都有一定的价值，让人们对它们感兴趣，不要只是自娱自乐。
• 确定语气，坚持下去。你的内容和读者群都会帮助你确定自己的语气，是严肃一些，随意一些，古灵精怪一些，还是别的。	• 如果不想将个人生活广而告之，就不要放在博客里。避免一切过于私人化的问题、会冒犯他人的问题以及任何愤怒时写下的文字。如果你拿不准，可以先写下初稿，发布前再看一看。博客文章都可以通过搜索引擎找到，因此所有放上去的内容都是公之于众的。
• 给博客起名字。	• 不要剽窃。如果文章中引用了他人的话，一定要标明出处。
• 认真排版，使文章更易于阅读。大段落会令人望而却步，你可以用大量的空格或句点将文章分成小段落。如果你的文章很长，可以考虑将其分割成两条或更多条发布。	• 如果想获得稳定的读者群，更新频率不要有波动。

这样做

- 经常更新。如果你定期更新，就会有更忠实的读者群。至少要一周更新一回。可能在开博客前你想积攒一些"库存"，没时间写作时也有存货可以使用。

- 给文章起个好标题。好标题会让读者更感兴趣。

- 添加图片。照片或图片可以让博客看起来更加美观，也更能吸引访问量。

- 决定是否允许评论。两种选择各有优势，如果你允许评论，就有可能在读者间点燃讨论的火花。但允许评论也有弊端，你要注意有所节制，不要消耗太多的时间。

如果你想开个博客……

如今想开博客非常简单，只需要有一台连上网的计算机就可以了，只是在真正发布文章前，有几件重要的事你需要考虑一下。第一，你说过的话会被你的雇主、家人、高中时瞧不起你的女孩、你孩子的老师等人用来反对你。文章一旦发布，就会被网站永久地保存下来，文章保存的时间也会比你活着的时间要长。你可以道歉，可以送上鲜花表达歉意，但原始的文字会永远留在那里。因此，在点击发布前一定要再三考虑。

第二，即便这是一个私人博客，或是你只打算和几个朋友一起分享，也要经常问自己这样一个问题：有没有我格外想屏蔽的人？互联网是一个神秘而邪恶的地方，即便是最坚实的防火墙也无法抵挡刻意的攻击。一定要记住，别人想看我们写的东西并不难。

第三，互联网的匿名性能让最怯懦的人化身成无耻混蛋。你写的东西可能会引起他人激烈的言辞回应。这会发生在任何一个在网上写字的人身上，对此要有心理准备，也要时刻防备着这种情况再次发生。再次强调一下，这与你个人无关，那些留下恶毒评论的人很可能只有十三岁，还住在妈妈家的地下室里，吃着薯条当晚餐。

作者：海瑟·B.阿姆斯特朗，她是热门博客"堵死网"（www.dooce.com）的创始人和写手。

2. 网络评论

每个人在网上都是评论家。在网上写评论能让你有机会与他人分享经验，帮助他们决定该住在哪里、吃些什么、读什么书、看什么电影和戏剧。同样你也可以评论当地的商业和服务业供应商。遵照以下的指导，你就能在网络社区中为大家提供实用的评论了。

基本情况

写网络评论的**目的**是通过分享经验和看法向他人提供帮助。要记住**读者**希望看到的是你的意见，从而做出自己的决定。不要只是抱怨，你的评论要确实有用。要从读者的角度进行**头脑风暴**，哪些信息会有所帮助？他们希望看到什么？如何以自己的经验满足他们的愿望？评论要围绕两三个关键点进行**组织**，而不要全盘复述自己的经历。在最终完成前多打几次**初稿**。在**修改**时将读者的需要牢记在心。审视自己的评论是否真的有用，是否足够简洁，如果错误太多会损害你的信誉。

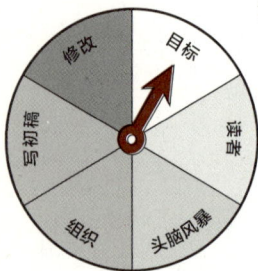

这样做	不要做
• 尽量保证评论简洁有重点。你不必回忆餐厅或电影的所有细节，这些你可以留到博客里写。一定要提供一些对读者有所帮助的细节。	• 不要写任何不实的内容。你的评论会严重损害他人的网络声誉，因此即便经历不算愉快，也一定要实事求是。
• 提供细节。你喜欢什么？不喜欢什么？服务有什么问题？食物好在哪里？价格合理吗？你的体验超出预期了吗？为什么？具体描述比泛泛而谈更有价值。	• 生气时不要动笔。不高兴的时候可以大略写一个初稿，但写完后休息一下，之后再进行修改，这样你才能确保自己比较公正。
• 掌握平衡。大力推崇或完全否定的评论都会令读者生疑。尤其是当你写负面评论的时候，（如果有可能）找些积极的方面来写一写，这样评论会更加可信。	• 不要夸大其词。这家餐厅真的是你吃过最差的餐厅吗？真的吗？如果读者察觉到你写得很夸张，他们是不会认真对待你的。
• 写一写自己使用过的产品、接受过的服务，不要只绕着自己打转。要写自己的看法肯定会提到自己，但人们一看到大篇幅都在谈论你的晚间生活、你的朋友、你去的地方、你去过多少韩式餐厅、为什么你喜欢韩餐胜于中餐等等，肯定会关闭页面。	• 不要将注意力放在个人身上。无论是积极的评论还是消极的评论，最好都能将注意力放在整体的生意上，除非你遇到的是店主，否则不要针对某个个体。读者再去这家店的时候，可能这名服务员或酒保已经离开了。
• 给评论起一个实用且具有说明性的标题。	• 不要显得粗鲁。表达意见时不要夹带侮辱性的言辞。
	• 不要讲脏话。即便他人有同样的经历，爆粗口也会降低你的可信度。
	• 不要毁掉他人享受的过程。如果你是在对某本书或电影进行评论，注意不要剧透。如果你非剧透不可，一定要在一开始就提醒读者文章中包含了剧透内容。
	• 不要在评论中出现拼写错误或其他错误。

错误的例子...

美味的中餐！

把"过"错写成了"多"，一开始就降低了自己的可信度。

很高兴知道这点，但描述太过模糊了。如果有人正在决定要不要去这家店，他会希望看到更多的细节。

顺利餐厅绝对是我吃过最好的中餐馆，要知道我已经**吃多**很多家了，估计有不下 100 家。实际上我有个习惯，无论我**哪里**旅行，哪怕是伦敦、佛罗伦萨、巴黎这种国外的城市，都喜欢去尝一尝当地的中餐馆，每家都有不同的风格，这样来观察地域差异是件很有意思的事。但顺利餐厅能拿下第一名，它毁掉了我对其他餐厅的胃口。食物非常出彩，服务相当专业。

又是一处手误，评论人显然很匆忙，没有太上心。可这样的评论你又会有多在意呢？

评论的大部分内容都是在讲作者对中餐馆很感兴趣，而没有讲这家餐厅的情况。

...正确的例子

出色的高端中餐馆

很高兴知道这点，他们可能已经尝了很多菜单上的佳肴。

小小的细节凸显出餐厅的与众不同。

如果你准备好了品尝特别的中餐，就来顺利餐厅吧。中餐是我的最爱，而在我所有吃过的中餐里，顺利餐厅能拿下第一名。

我们一行四人，每个人都赞不绝口。食物非常出彩，即便是猪肉饺子这样普通的菜都做得精致美味。蒜香茄子既入味又不油腻，北京烤鸭很脆很好吃。

能听到关于具体菜肴的评价，很不错。

顺利是一家高档餐厅，用餐要好好打扮一番，因为你周围坐的都是准备去看戏剧的人。服务人员很专业，都穿着黑西服，服务周到。比起街角的中餐馆，顺利餐厅的价格符合高端餐厅的定价，每道菜大约 20 美金，但食物的品质和整体的用餐感受，都让你觉得多花的钱很值。

这点对他人很有帮助。现在读者了解了餐厅的氛围、着装要求以及花销。

错误的例子...

再也不会去了！！！！！！

乱七八糟。八月的时候我们在谢尔顿酒店住了两个晚上，真是灾难般的经历。从前台几乎不可能找到你的房间，酒店里也没有人会说英语。这里根本**没有**代客泊车服务，停车场很黑。酒店里没有餐厅，你倒是可以开车去别的地方，但停车场烂透了，你还得交钱。退房的时候前台的蠢货没准备账单，我们还得等着。住宿费倒是非常便宜，但估计他们也不亏，反正不值这个价钱，我们是不会再去了。

> 评论人已经彻底失去了大家的同情。

> "烂透了"一词很粗鲁，也不会为你赢得读者的支持。

> 这里听起来已经开始夸张了。

> 一个都没有？真的？

> 这种人身攻击很失态，会有损你的可信度。

...正确的例子

失望

八月的时候我们在谢尔顿酒店住了两个晚上，经历并不愉快。酒店整体缺乏秩序，房间标识模糊且很难找到。虽然之前我听说过这种情况，但退房的时候我们的账单还没有准备好，为此造成了延迟。在申请加床的时候我们遇到了麻烦，因为找不到会说英语的员工。这里的人很好，但他们没有秩序，也听不明白我们在说什么。

在洛杉矶西部，停车是个问题，这里也没有任何改善。车库很黑，也没有人照看。酒店里没有餐厅，当地有餐厅的停车场都很贵。

住宿费很便宜，酒店很干净，功能齐全。如果你只是想找个地方睡一觉，这里还不错。但我是来度假的，这里就不是个很好的选择。我们不会再去了。

> 评论人以一个观点来总结了他遇到的问题——这个地方没有秩序。对这一点他表现出了理解，而不是单纯的抱怨。

> 车库无人照看是个问题，但没人代客泊车并不是问题。

> 显然评论人对这里并不满意，但他在尽量保持公正。

3. 社交媒体状态更新

社交媒体在各年龄层都十分流行，这类网站强调的是友情，你既能通过它联系到老朋友，也能结识新伙伴。

在社交媒体上书写的内容称为"状态更新"，其初衷是让你与朋友分享最近的动态。随着网站的发展，人们开始用状态更新做各种各样的事，比如发照片、分享网站链接、发布政治声明、转发笑话等等。除了一些非常重要的事以外，你几乎可以在社交网站上发布任何内容。

这类网站的使用也很容易，大多数人用着用着就会了。以下这些小贴士可以帮助你使用社交媒体，同时获得更好的使用体验。

这样做	不要做
• 更新的状态尽量简短。每个人都很忙，没时间读很长的状态。	• 不要在社交媒体上发布任何秘密。记住朋友的朋友也能看到你的状态，他们也会转发分享，你的状态很可能会被大范围地传开。基本上，网站所有的内容都是公开的，你要保护好自己的隐私。
• 要记住你的状态所有朋友都会看到，而且你朋友的朋友也会看到。这可是一大批观众，要确保你更新的状态适于公开发布。	• 如果家人朋友不想被公之于众，就不要更新与他们相关的内容。就像保护自己的隐私一样，你也有责任保护他们的隐私。
• 如果你想让大家都看到你的状态，可以每天都更新。这类网站的算法是你越经常更新，得到的"赞"越多，收到的评论越多，就越有可能经常出现在朋友们的动态消息当中。如果你想变得受欢迎，想和大家保持联系，就要积极地更新。	• 不要在网站上发布任何淫秽或无礼的内容。你的这种行为会冒犯到别人，此外你的账户也可能因其他用户的举报而被注销。大部分社交网站的管理员对于淫秽内容的审查十分严格。可能你认为裸体照片是艺术，但网站并不会同意你的观点，他们会要求你将照片撤下。
• 给朋友的状态点"赞"留言，提升对方的受关注度。	• 不要显得很刻薄。不友好的评论会使社交网站变成一个令人不快的地方，我们要文明一些。
• 可以使用"消息"功能与单个人或一小群人相互交流。社交网站的朋友未必都会对你的私人话题感兴趣。但一定要记住，不要在网上发布任何秘密。无论在哪个网站上发布，都会产生记录，因此需要谨慎行事。	

这样做	不要做
• 向朋友提出问题。这样才够能引起讨论，增强人际互动。 • 关注社交网站的功能变更。摸清社交网站的运行方式，这样才能保证朋友们能看到你的更新。 • 经常查看自己的隐私设置，调整账户的隐私级别。为了保护自己的隐私，你有责任经常查看自己的账户。	• 更新不要过于频繁。为了让朋友看到你的状态，你需要经常更新，但一天中多次刷屏会让人感到厌烦，他们很可能对你取消关注。你需要有所节制，有选择性地进行更新。

第六章

校园生活写作

本章既针对高中生，也针对大学生。对大部分学生来说，写作都是校园生活中不可或缺的一部分。无论你是在念人文科学、社会科学、还是自然科学，拥有良好的写作能力都是你学术生涯的一笔无价财富。在本章中，你会看到针对所有课程作业的写作指南，还有一些对实验报告、话题作文、论文等特殊格式文章的写作指导。

身为一个学生，你可能还会遇到大量的非学术写作问题，如各类申请、电子邮件、信件，甚至还有简历。在这里你也能找到课堂之外写作的实用指导。

当你从学校过渡到"真实世界"中的时候，写作技巧会变得更加重要。英国英语教师委员会曾将好文笔称为"21世纪的基本技能"，而招聘人员也一再声称，写作技能是求职者身上最为稀有的技能。在校园中锻炼自己的写作技巧，会给你未来的工作生活带来很大帮助。

第一节 常用文体

1. 记笔记

如果能养成好的记笔记习惯，在各门课程的学习中你都会受益。课堂笔记是十分宝贵的学习工具，它能反映出老师教授的重点知识。在工作生活中，笔记技巧也十分实用，让我们现在就来养成这个好习惯吧！

基本情况

记课堂笔记有以下几个**目的**：它能让你保持清醒，集中注意力；能帮助你积极地学习；未来它还能成为你的学习指南。除非有人会来借笔记，否则你只需考虑自己这一个**读者**。但同时你也不能掉以轻心，因为你需要一份清晰完整的笔记来准备考试。就算是帮自己的忙，也应把笔记尽量记清楚。记录时认真观察一下，看看是否能从中列出提纲。有些老师的提纲十分清晰，他们会在幻灯片或黑板上写出来，但有些老师的提纲并不明晰。笔记要有一定的**组织**，这样才能有助于你理解老师的看法。有些人喜欢下课后抄别人的笔记，将抄写的笔记视为**初稿**，之后再进行**修改**补充。即便你不打算重写一遍，最好也能课后立刻复习，这样能帮助你记住要点，并将不太明白的地方挑出来。

这样做	不要做
• 课前有所准备。如果你能完成课前布置的阅读任务或其他作业，课堂上的笔记就能记得更好，学到的也会更多。	• 不要将老师的话一字不漏地记下来。这样做既不现实也没有必要，你应当关注课堂中的重点内容。如果你愿意，也可以之后再将细节补充进去。
• 选择最优的记笔记方式。是手写还是打字，取决于你的个人偏好和课堂内容。数学课和化学课可能手写更容易，人文学科的课堂上可能用笔记本电脑更合适。选择最适合自己，同时也能被老师所接受的记笔记方式。	• 不要以为有了录音设备就万事大吉。如果你觉得有个备份录音比较安全（要得到老师的许可），确实可以这样做。但要记住的是，回放录音需要耗费时间。你最好能更多地将注意力放在课堂上，而不要指望着录音。

这样做	不要做
• 仔细听讲。仔细听讲是指要去关注核心概念，思考观点间的联系，标注出事件变化的过程，思考内容与整个课程的联系。如果你只是坐在那里不动脑子，老师说什么就写什么，那么你就浪费了珍贵的学习机会。无论如何你都要经过这个过程，如果你还想通过考试，不如现在就开始吧。	• 不要太在意标点和拼写。没人会给你的笔记打分，只要你还能看得懂，笔记就有价值。
• 将最重要的概念写下来，而不是把老师说的每个字都写下来，跳过"这个""那个"这类无关紧要的词。	• 不要总是靠在座椅上，认为所有东西你都会了。老师确实会讲一些你已经知道的事，但不要认为再也没有新东西可学了。要注意老师是怎样讲解的，比起课本来，这些与考试的关联度更高。
• 标注出不理解的内容。如果有地方不明白，就在旁边打上一个大大的问号，课后向老师请教。根据老师的不同风格和不同偏好，你也可以在课堂上提出问题。	
• 使用缩写。如果你能研究出一套缩写符号，那么记录的速度就会大幅度提高，其中有些符号可以是某堂课专用的。例如你可以将"莎士比亚"缩写成"莎"，将"宗教改革"缩写成"改革"，将"催化作用"缩写成"催"，将"演化"缩写成"演"，等等。一定要保持缩写使用的连续性，这样才不会和其他词搞混。有些缩写还可以在不同科目间通用，你可以在"笔记缩写与符号"框中看到更多内容。	
• 标记出作业要求。作业要求很容易淹没在大量的笔记之中。你可以想个办法，用一种方式把作业内容标记出来，这样就不会丢了。比如你可以画个方框，或是画条横线，哪种好用就用哪种。	

这样做

- 课后立即复习笔记。如果在上课的同一天复习笔记，学习的速度会加快。有些人喜欢再抄一份笔记，同时从课本或课堂上找一些东西补充进去。还有一些人会用不同颜色的钢笔、马克笔或是文档中不同的字体格式标出重点内容。无论如何你都要仔细整理笔记。

- 如果有缺课，一定要在笔记中标出来。如果你是用笔记本记录，记得留出几页空白页，之后抄一下同学的笔记。

笔记缩写与符号

以下是一些最常见的英文笔记中的缩写和符号，在各类课程中都可以广泛使用。为了节省记笔记的时间，你可以灵活运用这些内容。

>	大于	¶	段落
<	小于	re	关于
&	和	yr	年
w/	与	c	大约（与日期连用）
w/o	无	vs	对战
@	在	e.g.	例如
b/c	因为	i.e.	即是
b/4	在……之前	NB	注意（强调重点）
esp	尤其	/	每（6～8个零食／天）

ect	等等	→	导致
sth	某事	~	大约，大概
nth	没事	Ψ	心理，心理学
v	非常	♀	女性，女人
∴	所以	♂	男性，男人
p/pp	页数		

读书笔记

阅读的时候最好能记一些笔记。这里有些帮助你高效记读书笔记的小窍门。

首先扫读一下整篇内容。首次阅读时很难抓住重点，先扫读一下，你就知道要如何组织笔记了。

只记录文章的主要内容。如果你记得特别详尽，那不过就是将文章重写了一次而已，并没有将重点标出来。

对文章进行总结。最多用五句话归纳文章的主要内容，这个过程会迫使你对文章进行消化。如需帮助，请参见总结部分。

如果你是在为学术论文做准备，可以考虑使用索引卡记录。在列提纲的时候，这类笔记卡片能帮助你更轻松地安排信息位置。这一内容分可参见学术论文部分。

2. 提纲

提纲是用来在写文件的时候规划内容的，其中既包含主题和观点，也包含这些观点的排列顺序。在动笔前最好能写一份提纲，它对写作过程具有指导意义。

基本情况

写提纲的**目的**是丰富内容和组织内容，它能帮助你对内容进行排列，理清内容之间的关系，同时它也能帮助你展开和完善你的论点、检查出不足、鉴别出不属于文章中的内容。**头脑风暴**是列提纲的关键步骤，可以将所有观点和研究汇总在一起进行**组合**。在范例中有一些提纲格式可供你参考，你可以选择一个最合适自己的格式。除非你的提纲非常简短，否则一定要在展开提纲时多用头脑风暴、多组织、多**修改**。

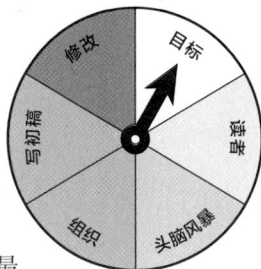

这样做	不要做
● 为提纲写作选择一个合适的格式。如果文章本身很短，就不需要完整的格式。 ● 保持标题平衡。大部分提纲格式都会以若干等级的子标题显示相关的重要内容，你需要保证同一级别内容的重要性相同。 ● 学会分级。在一个大主题之下，以次要级别标题的形式展现其组成部分。要保证这些次级标题间的平衡。 ● 灵活变通。在完善内容和提纲的过程中，可能你会中途改变自己的想法。为了适应这个新想法，你就需要对整体论据或论点进行修改。	● 不要着急。列提纲看起来好像多此一举，添了新工作，但从长远来看，列提纲是为了让你节省时间，避免麻烦。如果你急匆匆地略过了这个步骤，在之后的写作中也许就不得不翻回来进行大面积改动。 ● 不要被文字处理软件所"劫持"。有时套用格式会将你的提纲自动排好版，但在这个过程中你需要注意，要确保生成的结果是你想要的。

...正确的例子

这里有许多种不同的提纲格式，根据文章长短、复杂程度、思考和写作的个人风格，你可以选择最适合自己的一种。

要点概括

有些写作非常简短，比如短论文和测验问答题，都不需要太多的文字，简单的要点概括就可以了。

> 论点：莎士比亚经常通过女性角色质疑传统观念和习俗。
>
> 喜剧：女扮男装。
>
> 历史剧：妇女成为战争受害者，直言反战。
>
> 悲剧：女性颠覆父权。

字母式提纲

听到"提纲"二字时，大多数人直接想到的都是字母式提纲。这种提纲由罗马数字、阿拉伯数字以及大小写字母组成，它能够展示出话题和观点之间的联系。如果将内容抽去就是这个样子：

> I.
>   A.
>   B.
>   1.
>   2.
>   a.
>   b.
> II.
>   A.
>   B.

要注意的是，每个标题和子标题下面至少都要有两条内容。如果某个标题下面只有一条内容，只能说明用来论证的内容不足。

字母式提纲既可以是论据，也可以是论题（短语或词组）。无论你选择哪种都要保持一致性。你可以在句子和短语之间选择，但不要两种都用。

字母式论题提纲

> I. 越南战争
>
> A. 国内的战争阻力
>
> 1. 校园
>
> 2. 大规模反战运动
>
> B. 军事胜利的阻碍
>
> 1. 征兵
>
> 2. 游击战的艰难
>
> a. 未经准备的丛林战
>
> b. 未曾预料的平民参与
>
> II. 海湾战争
>
> A. 对战争的广泛支持
>
> 1. 限制战争报道
>
> 2. 认同科威特的主权
>
> 3. "自动化"战争概念
>
> B. 军事胜利
>
> 1. 目标问题
>
> 2. 美军 / 盟军的压倒性胜利

字母式论据提纲

> I. 越南战争是美国有史以来最艰难的战争，它既面临着国内的政治阻力，也面临着军事上的阻碍。
>
> A. 国内持续增长的反战势力动摇了战争的根基。
>
> B. 军事胜利遇到了前所未有的阻碍。
>
> 1. 随着时间的推移，大规模征兵所获得的支持越来越少。
>
> 2. 游击战的艰难使军事胜利异常艰难。
>
> a. 从根本上看，美国没有做好丛林战的准备。
>
> b. 战前未曾预料越南平民会参与战争，对战略和部队都造成了影响。

II. 第一次海湾战争享有不同的社会条件和军事环境。

　A. 在战争中，美国军队获得了广泛的支持。

　　1. 对战争报道进行限制，意味着美国民众很少能看到战争"肮脏"的一面。

　　2. 多数美国民众认同科威特为争取主权而进行的抗争。

　　3. 多数美国民众相信这是一次"自动化"战争，美方伤亡很少。

　B. 军事胜利来得太过容易。

　　1. 许多人质疑战争的最终目的，这让胜利的言论显得有些武断。

　　2. 美军和盟军迅速击溃了伊拉克军队。

数字式提纲

数字式提纲使用连续的数列和空格展现论点间的关系。

1.0 亨利八世

　1.1 阿拉贡的凯瑟琳

　　1.1.1 玛丽

　1.2 安妮·博林

　　1.2.1 伊丽莎白

　1.3 珍·西摩

　　1.3.1 爱德华

　1.4 克莱沃的安妮

　1.5 凯瑟琳·霍华德

　1.6 凯瑟琳·帕尔

2.0 爱德华六世

3.0 玛丽一世

4.0 伊丽莎白一世

5.0 詹姆斯一世

　5.1 安妮

　　5.1.1 查尔斯

6.0 查尔斯一世

  6.1 亨利埃塔·玛丽亚

    6.1.1 詹姆斯

7.0 詹姆斯一世

  7.1 安妮·海德

    7.1.1 玛丽（玛丽二世）

  7.2 摩德纳的玛丽

8.0 威廉三世和玛丽二世

五段式论文提纲

五段式论文在高中和大学中都很流行，你可以用这种方式进行内容组织。

I. 总起段落

  A. 主题句或主旨句

    1. 引入分论点 1（在第 2 段中完全展开）

    2. 引入分论点 2（在第 3 段中完全展开）

    3. 引入分论点 3（在第 4 段中完全展开）

  B. 过渡到下一段

II. 第 2 段

  A. 再次论述分论点 1

    1. 支撑信息

    2. 支撑信息

  B. 过渡到下一段

III. 第 3 段

  A. 再次论述分论点 2

    1. 支撑信息

    2. 支撑信息

  B. 过渡到下一段

IV. 第 4 段

  A. 再次论述分论点 3

    1. 支撑信息

    2. 支撑信息

  B. 过渡到下一段

V. 结束段

  A. 总结论点

  B. 重述主论点和分论点

实际操作中的提纲

在本书第 262 页有一篇议论文，这里是一个简单的数字式提纲：

《〈了不起的盖茨比〉与爵士时代的阴暗面》

I. 描述两次世界大战间的美国社会——爵士时代

  A. 炫耀财富

  B. 社会溃败——腐败与颓废

  C. 美国梦破灭，未来的不确定性

II. 盖茨比的华而不实

  A. 盖茨比的花销过于随意，挥霍无度

  B. 盖茨比并没有所谓的殷实家境

  C. 盖茨比并非白手起家，他的财富源于犯罪

  D. 盖茨比废弃的豪宅象征着空虚

III. 菲茨杰拉德同样对"有祖传财产的人"进行了批判

  A. 汤姆对黛西不忠

  B. 汤姆和黛西将默特尔的死推给了盖茨比

  C. 汤姆在纽约和尼克的谈话

  D. 汤姆和黛西都是"粗率冷漠的人"，只会让别人为自己收拾残局

IV. 描绘社会溃败的意象

    A. 尼克坐火车时看到的"灰烬谷"

    B. 默特尔与"灰烬谷"间的联系

V. 极端富裕与完全溃败——爵士时代的阴暗面

    A. 尼克对圣诞期间来来往往青年人的回忆

    B. 逝去的纯真

    C. 美国（和美国人）所追寻的过去已一去不复返

3. 总结

总结是对其他文章的浓缩，在比原始文章篇幅更短的同时，还要传达出主要观点。一般来说，总结需要将篇幅控制在原文长度的 25% 之内。

基本情况

写总结的**目的**是给一篇文章或作品制作一个浓缩版本。试想一下，你的**读者**需要文章中的关键信息，但没有时间读完所有内容，而你的任务就是将信息提供给对方。**头脑风暴**时你需要仔细阅读材料，不止读一遍，然后将关键部分记下来。你需要记一些笔记，然后根据它列出一份提纲，这份提纲需要与原始材料的提纲相符。根据原始材料的组织形式对总结进行**组织**。**初稿**要根据提纲来写，可能你会觉得初稿很长，但对长文章来说，压缩内容本身就不是件容易的事。初稿写好后休息一下，之后再来读一读。其中有没有可以删除的内容？有没有不清楚，需要解释的部分？再返回头读一读原始材料，一边读一边**修改**，直到总结完整而清晰。要仔细检查有无拼写错误和其他错误。

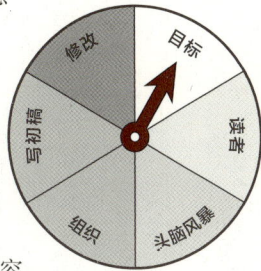

这样做	不要做
• 仔细阅读材料，记好笔记。材料不能只读一遍，你需要完全熟悉它。	• 不要在总结中添加自己的想法和观点。写总结比较古板，不需要太多的创造力。你需要将作者的内容用自己的话转述出来。
• 了解原始材料的结构。如果你了解了文章的结构方式，总结起来也会更容易。	• 不要解释。你的工作仅仅是将原始材料压缩重述出来，不需要进行解释，也不需要表达自己的看法。如果你的老师希望你对原文表达观点，那么一定要注明这是你自己的看法。
• 关注原始材料中的主旨句和中心句。	
• 在总结的开头写出原文的题目和作者名。有些老师会要求你写出完整的书目引用来源。如果你不清楚老师的要求，一定要问清楚。	• 不要复制原文中的短语句子，要使用自己的语言。如果一定要复制，标清引用符号。
• 时常以"作者认为……"或"根据文章……"这样的短语提示读者这是一份总结。（注意：如果你是在写摘要这种特殊的总结，就不要提文章或作者了。）	• 不要在总结里举例子。总结是为了将原文的主要观点集合在一起，不要把作者用来解释的例子加进来。
• 用自己的语言总结。你应当将原始内容转述出来。	
• 保持简洁。一般来说，除非老师有特别的要求，总结需要将篇幅控制在原文长度的 25% 之内。	

常用论文引用格式

在论文中标注引用的目的是要让读者清楚，文章中有哪些观点是向别人借鉴的，有哪些内容是直接引用的。（如果你不清楚哪些内容需要标注，可参见第 252 页的"如何避免抄袭"。如果还是不清楚，可向导师或助教求助。引文如果没有标注清，你会付出巨大的代价，因此一定要知道自己该怎么做。）

不同学科领域的引用规则有所区别，本指南是关于参考书目、脚注、尾注以及其他类型的引用格式指南，同时这里还对时态、标点、选词、拼写以及其他内容提供了基本指导。

以下是一些当下常用的文献著录体例：

现代语言协会体例（MLA）。常见于多数英语和文学论文。可参见《现代语言协会论文写作手册》（*MLA Handbook for Writers of Research Papers*）第七版（纽约：现代语言协会，2009），或访问 www.mlahandbook.org/fragment/public_index。

芝加哥论文格式体例（通常称其为芝加哥体例）。常见于历史类及其他社会科学论文。可参见《芝加哥论文格式手册》（*The Chicago Manualof Style*）第16版（芝加哥：芝加哥大学出版社，2010），或访问 www.chicagomanualofstyle.org/16/contents.html。

美国心理学会体例（APA）。常见于自然科学与社会科学论文。可参见《美国心理学会出版手册》（*Publication Manual of the American Psychological-Association*）第6版（华盛顿：美国心理学会，2009），或访问 www.apastyle.org/。

图拉宾体例（Turabian）。常见于高中课堂，也为一些历史学家所用。可参见凯特·L. 图拉宾（Kate L. Turabian）撰写的《学术论文、毕业论文与学位论文写作手册：适用于学生与研究人员的芝加哥论文格式体例》（*A Manual for Writers of Research Papers,Theses, and Dissertations: Chicago Style for Students and Researchers*）第7版，由维恩·C. 布斯（Wayne C. Booth）、乔治·C. 科洛姆（Gregory C. Colomb）、约瑟夫·M. 威廉姆斯（Joseph M. Williams）修订（芝加哥：芝加哥大学出版社，2007），或访问 www.press.uchicago.edu/books/turabian/turabian_citationguide.html。

在以上广泛使用的体例之外，你的学校或学院可能还会有一张论文引用格式表，向大家解释要用哪种方式进行文献著录的引用，此外还会指导你如何将文章呈交给导师。如果你还不确定自己的学校或学院是否有这样一张样式表，就去问一问吧。

4. 参考文献

参考文献是一份资料清单，包括书籍、文章、报告、视频和音频资料、网页信息，也包含了作者和出版信息，一般列在报告或论文最后。参考文献中还会包含一段简短的总结，可能还会有一段对资料的分析评估。参考文献可以成为报告或论文的一部分，也可以单独作为一份资料。

基本情况

在研究性论文中，写参考文献的**目的**是列出资料来源，对未来的研究人员进行指引。在一般的课堂作业中，它只是为了证明你读完并理解了这些资料，同时也为"真正的"研究提供帮助。假设你的**读者**是其他领域的研究人员，那么在**头脑风暴**中的重心就是要确定注释的范围和侧重点。你打算简单地对资料进行描述，还是想写一段分析评估？"参考文献分类"会给你一些建议。参考文献要按作者姓氏字母排列**组织**，看起来很容易，实际要考虑很多细节。在完成**初稿**和进行**修改**之间多留一些时间。逐条仔细检查格式，保证注释的一致性。

参考文献分类

注释可以是描述性的，也可以是分析性的。描述性注释会对引用内容进行客观总结，而分析性注释则会对引用内容进行评价，评价主要从以下几个方面展开：

目标读者：这些内容是写给谁看的？对读者有何用处？

功用：为什么要写这些内容？

重要性：为什么这些内容在业内重要？

方法论：这些内容用了什么研究方法？

价值：这些内容在业内有什么特殊的价值？

作者背景：作者有什么背景和成绩？

理论派系：文章是否运用了某一特殊理论？是否受到了某一理论派系的影响？

对研究的助益：假设你在为打算研究的项目撰写参考文献，这些内容会对研究有何帮助？

在对参考文献进行规划时，选择自己的侧重点。

这样做	不要做
• 尽早着手。你需要保证自己有足够的时间将文献从头到尾阅读完。	• 如果还没读就不要下笔写。这样会违背练习的目的，也很容易被发现。
• 选择合适的体例。不同学科对参考文献有不同的格式要求，其中最常用的有美国心理学会体例、现代语言协会体例、芝加哥体例和图拉宾体例。如果你不知道该用哪一种，可以询问老师。比起自己瞎猜，或是自认为"这没什么大不了的"，最好能问清楚，体例十分重要。	• 不要写得太长。无论文献的关注点在哪里，都应当保持简洁，每条最长不要超过六行。
• 每条的长短都要保持一致。不要上一条只写一句，下一条写六句。每条的字数都应当差不多相同。	
• 每条的风格要统一。写作风格可以是句子，也可以是短语，一旦确定了一种风格就要保持下去。	
• 每条的信息点都要保持一致。一旦确定了文献的关注点就要保持下去。	

...正确的例子

功用

> 詹姆士·L. 夏皮罗（James L. Shapiro）.《百年争议下的莎士比亚》(*Contested Will: Who Wrote Shakespeare?*)纽约：西蒙与舒斯特公司，2010。
>
> 夏皮罗没有对著作权纷争本身进行讨论，而是追根溯源，探索莎翁作品归属纷争的起因。

目标读者

> 威廉·莎士比亚.《哈姆雷特》. 赛勒斯·霍伊编辑，诺顿评论版. 纽约：诺顿图书出版公司，1963。
>
> 本版注释翔实，尤其适合高中学生阅读。

重要性

> 斯蒂芬·杰·格林布拉特（Stephen Jay Greenblatt）《莎士比亚式谈判：英国文艺复兴中社会能量循环》(*Shakespearean Negotiations: The Circulation of Social Energy in Renaissance England*). 伯克利：加利福尼亚大学出版社，1988。
>
> 格林布拉特是首个提出"新历史主义"概念的学者。书中引用了其具有开拓性价值的论文《隐形的子弹》(*Invisible Bullets*)，该文拓展了历史研究的层次与基础。

对研究的助益

> 特里·伊格尔顿（Terry Eagleton）《莎士比亚与社会：莎士比亚戏剧批评研究》(*Shakespeare and Society: Critical Studies in Shakespearean Drama*). 伦敦：查特与温达斯出版公司，1967。
>
> 虽然研究的年代久远，但对莎士比亚和文艺复兴戏剧的马克思主义文学批评发展具有重要意义。

5. 研究性论文

在高中和一些大学课堂中研究性论文十分常见。升入大学高年级后，你应该已经掌握写作的技巧了。第一次写研究性论文就像经历某种仪式，一旦熟悉了过程，这种技巧能在各门课程中适用。

尽早着手。这一点怎么强调也不为过，作业一布置下来你就应当着手写作。论文不能赶在最后一刻才停手。许多学生写论文都会感到很焦虑，因此不断向后拖延，但拖得越久越焦虑，而治疗焦虑最好的方法就是提笔开写。

以下章节和资料框将帮助你对一篇论文进行拆分：

基本情况

步骤一：理解任务

撰写研究性论文的**目的**是对某一问题进行深入调查。

而布置一篇研究性论文作为作业的目的通常是给你一个调查演练的机会，对问题进行研究，对其他研究人员的观点做出回应，并由此展开讨论，这种练习很能锻炼人。

当然了，论文的第一位**读者**会是你的导师。无论写什么你都要了解读者的需求和期待，因此一定要了解导师想要的是什么。

研究性论文主要分两类：

- 议论文会针对某个问题选择立场，并为其提供论据支撑。这类文章需要有一个强有力的论点和一个精准的主旨句，这样读者才能了解你的观点。

- 分析研究论文会提出一个观点并对其展开研究，而不是去证明它的正确性。针对某个主题，作者需要对其各类研究展开批评分析。

为了搞清论文写作的类型，你还需要了解导师对论文长度、参考文献数量、引用体例的要求。如果有任何不明白的地方，一定要问清楚。

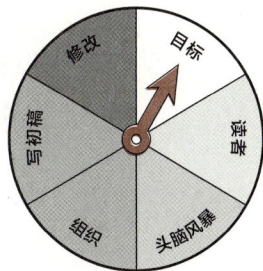

步骤二：确定主题

可能你的导师已经给了你一张单子，上面有许多主题可选，也可能你拥有自主选择主题的自由。

在正式确定主题前你需要留给自己充足的研究时间。要选择一个自己感兴趣的主题，你要在上面花费大量的时间，如果这个主题足够吸引人，你也会感到更加愉快。你需要大量阅读，其中正式出版物也要占有一定分量，这样文章才能有一定的支撑力。

即便你有自己选择主题的自由，也务必和导师讨论一下，获得对方的许可后再开始写作。写论文是个很大的工程，如果一开始就走上了岔路，之后免不了要重头再来。

步骤三：开始研究

头脑风暴需要和研究过程结合起来。论文的内容不仅仅是你一个人的思考结果，而是你与其他研究这个主题的人"沟通"之后的产物。不要将阅读和思考分开，它们是一个整体。

你需要根据主题展开广泛的资料收集：书籍、期刊、报纸，如果情况允许，还要加上网络。不要将研究局限在网络上，有许多纸质资料是在网络上查不到的。

研究中就要开始录入参考文献和引用信息了，同时还要制作提纲卡片。在制作卡片时要公正坦诚，描述文献要准确，同时也要将反对方的意见囊括进来。

在资料收集阶段你就可以对内容进行**组织**了。文章越长越复杂，提纲的作用就越明显。研究性论文一般都会比较长，可能比你之前写过的任何文章都要长。提纲列得越早越好，一旦观点发生了变化或研究方向出现了转折，你也要足够灵活地对提纲做出修改（参见第200页提纲部分）。

在这一步中，你可以从较为宽泛的主题中提炼出主旨。将主题凝练成具体的观点，这样才能在文章中进行有力的支撑。如需帮助，请参见第237页的资料框"怎样写出有力度的段落"。

步骤四：打初稿

研究工作结束后就该开始打初稿了。你需要对主旨和提纲进行修改，然后定稿。在打初稿的时候你会用到提纲，要给自己留出些时间多打几次**初稿**。虽然在正式写作前有很多研究的步骤，但也不要将写稿拖到最后一刻。在写作的过程中你可能会发现自己在内容上有所遗漏，因此还需要做一些额外的研究，或是还要重新考虑某些观点。如果开始得太晚，可能你就没有时间对文稿进行润色了。

在写作时需要将参考文献（有时也称参考或引用文献）一并列进来。这些参考文献的体例要得当。多数研究性论文都会使用规范的格式和体例。如果你还不确定需要用哪一种，可以向导师询问。

步骤五：修改

你需要给自己留出大量的修改时间。修改可以分阶段进行，逐条问问自己以下这些问题：

- 论文符合作业要求吗？
- 主题或研究的问题足够清晰吗？
- 行文流畅吗？有没有不恰当的内容？
- 还有哪些内容需要进行更深入的研究？还有哪些地方需要详细解释一下？每条观点都有相应的内容支撑吗？
- 段落组织得怎样？是否每段都有明确的主旨句？
- 引用的每条文献都注明出处了吗？
- 论文中有没有错字、语法错误或其他笔误？

仔细校对。写论文已经花去了很长时间，你也不想因为一些能够避免的错误丢掉分数。

...正确的例子

样本记录卡

在研究、计划和撰写论文的时候，记录卡是很重要的工具。你可以用不同颜色的卡片记录这三项主要内容：

- 参考文献记录卡
- 注释记录卡
- 提纲记录卡

虽然现在有了一些电子记录的应用（比如 NoodleTools 这样的 APP），但多数导师还是会建议你使用纸质卡片，由于纸质卡片比较便捷，多数学生也会选择使用它。

参考文献记录卡

你可以为每条文献都制作一张记录卡。即便还没最终确定论文里是否会用到这篇文献，最好也能记在卡片上。记了下来却没用上也没关系，这总比还要返回头再翻文献资料要好。

在记录文献信息时要使用正确的引用格式，这样你才能将其比较容易地纳入论文之中。如果你养成了正确书写的习惯，最终定稿也会变得更加容易。

> 梅丽·E. 威斯纳（Merry E. Wiesner）.《早期现代欧洲的女性与性别》（*Women and Gender in Early Modern Europe*）. 剑桥：剑桥大学出版社，1993。

注释记录卡

你可以使用卡片将文献中的观点、证据和引语记录下来。对引文的记录要与文献中的内容完全相同，这样才能避免返工。一定要记清每一条内容的来源，这里有三种记录的方法：

- 引用：逐字逐句复制下来，包括所有的标点符号，将所有内容放置于引号之内。
- 复述：用自己的话将原内容表述出来。
- 总结：记下段落大意。

文章的注释和脚注都可以用这些卡片进行记录。如果你还不清楚哪些是引用内容，参见第 252 页的"如何避免抄袭"。

> 威斯纳，《女性》，第 104 页
> 英格兰寡妇经常会强调自己十分贫穷，以此唤起市议员和行业代表的关注。

提纲记录卡

你可以使用提纲记录卡将研究中的想法记下来，最后将这些卡整合起来，提纲就完成了。很多学生会将卡片摊在地上或是用针别在墙上，这样能够看到整体的全貌。一旦排好了顺序，你就可以将注释记录卡往提纲里插了。注释卡片上的内容可以对提纲卡上的观点起到支撑作用。如果提纲方面你还需要更多帮助，请参见第 200 页提纲部分。

> 欧洲信仰天主教的寡妇与英格兰信仰新教的寡妇有着截然不同的生活选择。

> 西班牙信仰天主教的寡妇可定居修道院。

> 英格兰的新教不允许寡妇入住修道院，她们只能在社会中游荡。

封面范例

先向你的导师询问，这个封面的模板是否合适。

早期现代英格兰和西班牙的寡妇生活研究

艾拉·吉莱斯皮（Ella Gillespie）

历史系 201

辛普森教授

2013 年 12 月 7 日

首页范例

早期现代英格兰和西班牙的寡妇生活研究

英格兰与西班牙曾是早期现代欧洲最强大的国家，那么女性在这两个国家中分别有怎样的待遇呢？这里有个有趣的探索角度，我们可以观察两种文化中对待寡妇的不同之处。寡妇是很特别的研究对象，因为她们代表着当时最自由的女性：既不受制于父亲，也不受制于丈夫。尽管一些历史学家指出宗教改革是欧洲女权运动的关键点，仍有一些证据表明相对于英格兰的寡妇，西班牙的寡妇可以享受到更好的法律保障和社会认可度。

在西班牙，天主教是一种由国家资助的、高度集权的正统教派，教会对寡妇的行为举止做出了严格的规定。她们需要静默祈祷，且不可再婚。在天主教国家寡妇可以进入修道院，她们可以选择成为修女，大部分人选择只是住在院内。[1]

而基督教会的教化更多是通过"行为准则"进行传播的。根据 P. 蕾妮·博恩斯坦（P. Renée Baerstein）的观点，"自古代基督教时代起，安布罗斯（Ambrose）、耶柔米（Jerome）、奥古斯丁（Augustine）等人就针对寡妇这类虔诚的化身撰写过文章。而到了中世纪晚期，女教徒的种类陡增，出现了针对女性教徒的三种生活的行为准则。"[2]

1　关于在中世纪后期的意大利修道院成为寡妇避难所一事，如需更多内容请参见 P. 蕾妮·博恩斯坦（P. Renée Baerstein），《女性的居所：十六世纪米兰修道院与家庭中的女性》，十六世纪研究期刊 25，第 4 期（1994）：787-807 页。

2　出处同上，789 页。

参考文献范例

玛丽·艾博特（Mary Abbott）.《家族关系：英格兰家族 1540—1920》.纽约：劳特里奇出版社，1993。

邦妮·S. 安德森（Bonnie S. Anderson），朱迪思，P. 津泽（Judith P. Zinsser）.《她们的历史：史前时代到现代的欧洲女性》.第一卷.纽约：哈珀罗出版社，1988。

戴安娜·瓦列里·贝恩.《论基督教女性的教育》：理查德·海德（Richard Hyrde）与托马斯·摩尔（Thomas More）.《摩尔志：托马斯·摩尔研究期刊》45（1975）：5-15。

约翰·波赛（John Bossy）.《英格兰的天主教社会 1570—1850》.纽约：牛津大学出版社，1976。

卡罗尔·卡姆登（Carroll Camden）.《伊丽莎白时期的女性》.马马罗内克，纽约州：保罗·阿佩尔出版社，1975。

埃里克·约瑟夫·卡尔森（Eric Josef Carlson）.《婚姻与英格兰宗教改革》.剑桥，马萨诸塞州：巴兹尔·布莱克维尔出版社，1994。

帕特里克·科林森（Patrick Collinson）.《英格兰新教的阵痛》.贝辛斯托克，英国：麦克米伦出版社，1988。

埃蒙·达菲（Eamon Duffy）.《拆掉神坛：英格兰传统宗教 1400—1580》.纽黑文，康涅狄格州：耶鲁大学出版社，1992。

克里斯托弗·德斯顿（Christopher Durston）.《英国革命中的家庭》.牛津：巴兹尔·布莱克维尔出版社，1989。

艾米·路易斯·埃里克森（Amy Louise Erickson）.《早期近代英格兰的女性与财产》.伦敦：劳特里奇出版社，1993。

杰克·古迪（Jack Goody）.《欧洲家庭与婚姻的演进》.剑桥：剑桥大学出版社，1983。

克里斯托弗·黑格（Christopher Haigh）.《英格兰宗教改革：宗教、政治与都铎王朝统治下的社会》.牛津：克拉伦登出版社，1993。

琼·拉尔森·克莱因（Joan Larsen Klein）编校.《女儿、妻子和寡妇：英格兰男性笔下的女性与婚姻 1500—1640》.厄巴纳，伊利诺伊州：伊利诺伊大学出版社，1992。

埃德蒙·莱茨（Edmund Leites）.《欲望的义务：清教徒婚姻中的情感与性》. 社会历史期刊 15（1982）：383-408。

艾伦·麦克法兰（Alan Macfarlane）.《英格兰的婚姻与爱情：生育的方式 1300—1840》. 牛津：巴兹尔·布莱克维尔出版社，1986。

莉娜·柯文·奥伦（Lena Cowen Orlen）.《后英格兰宗教改革时期的隐私与公众文化》. 伊萨卡，纽约州：康乃尔大学出版社，1994。

R. B. 乌思怀特（R. B. Outhwaite）.《婚姻与社会：婚姻的社会历史研究》. 纽约：圣马丁出版社，1981。

奇尔顿·鲍威尔（Chilton Powell）.《英格兰家庭关系 1487-1653》. 纽约：哥伦比亚大学出版社，1917。

巴里·雷伊（Barry Reay）.《英格兰十七世纪的流行文化》. 伦敦：克鲁姆海尔姆出版社，1985。

多丽丝·玛丽·斯坦顿（Doris Mary Stenton）.《历史中的英格兰女性》. 纽约：斯科肯图书公司，1977。

劳伦斯·斯通（Stone, Lawrence）.《家庭、性与婚姻 1500—1800》. 伦敦：费尔德和尼科尔森出版社，1977。

马戈·托德（Margo Todd）.《基督教人文主义与清教徒的社会秩序》. 剑桥：剑桥大学出版社，1987。

贝蒂·S. 泰特斯基（Betty S. Travitsky）、阿黛尔·F. 西弗（Adele F. Seeff）编校.《早期近代的英格兰妇女》. 纽瓦克，新泽西州：特拉华大学出版社，1994。

梅丽·E. 威斯纳（Merry E. Wiesner）.《延续的资本：早期近代经济中的女性工作》.《显露头角：欧洲历史中的女性》，蕾娜特·布雷塔尔（Renate Bridenthal）、克劳迪娅·克努兹（Claudia Koonz）、苏珊·斯图尔特（Susan Stuard）编校，221-50. 波士顿：霍顿米夫林出版公司，1987。

6.演讲幻灯片

幻灯片演讲是校园生活的重要组成部分。幻灯片的使用很容易学会，但若想做出一个吸引观众，不让观众感到无聊的幻灯片就需要费些功夫了。

基本情况

制作幻灯片的**目的**是向班里的同学或其他的观众在演讲中提供视觉上的辅助。不要将所有内容都放上去，幻灯片是为了辅助你进行演说的。要注意你的**读者**是听众，他们只会浏览，不会认真阅读。大致浏览一下，他们就能很快了解你的观点。在进行**头脑风暴**之前，一定要做好大量的研究和计划。幻灯片中只应保留演讲中的精华，保留那些帮助听众理解的重点内容。幻灯片的**提纲**就应当是演讲的高度凝缩版。给自己留出一些打**初稿**的时间，如果你把幻灯片拖到最后一刻做，那么很可能内容会过长，抓不住重点。如果有条件的话，写完初稿后休息一下，换一换脑子后再回来。要试着从听众的角度审视自己的幻灯片。修改后要保证不出现拼写等错误。

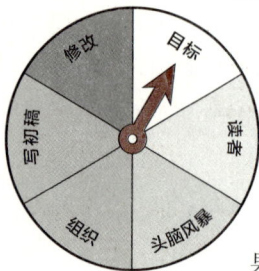

这样做	不要做
● 设计尽量简单。你的目标应当是做出一份易于浏览的幻灯片。	● 文字和图片不要排得太满。大量留白的幻灯片会更吸引人，也更易于阅读。
● 选择适于阅读的字体，控制字体大小。你需要选择一种看起来干净清楚的字体。一般来说一页不要使用超过两种字体。如果字体太多，你的页面会显得十分混乱，会让观众分心。	● 不要把演讲稿都写进幻灯片里。记住，页面上只应当保留主要观点。如果全部内容都在幻灯片上了，大家为什么还要听你说呢？

这样做	不要做
• 减少文字数量，文字只要表述清你的主要观点即可。如果一页上文字太多，人们会做以下两件事：开始发呆，或是开始阅读。让观众开始发呆无疑是种灾难，但让观众忙着阅读无心倾听也不行。	• 不要放太小的图片或文字，听众是看不清的。如果你的图表特别复杂，可以在页面上放一个简易版本，再将完整版以打印件的形式分发给大家，这样才能看得更清楚。
• 背景浅色，文字深色。白色或浅色的文字很难阅读。	• 不要让花哨的背景分了观众的心。幻灯片会为你提供各式各样的背景图片，但并不是说你必须要用它们。
• 动画效果少而精，这样才能强化你所展示的信息。这里有一条黄金定律：如果动画能突出主旨并让展示更加清晰，那就用吧。如果会与内容抢风头并让观众分心，就不要用了。	• 不要无目的地使用动画效果。还是同样的道理，你确实可以使用这些炫酷的动画，但并不是说用得越多越好。如果它们能帮你更明确地表达出观点，那就用吧，只是不要为了用而用。如果观众全坐在那里想"这动画做得真酷"，那他们肯定没有注意你讲的内容。
• 在列举要点的时候尽量用同类的句式，这样能帮助观众更好地理解。	
• 合理运用加粗和斜体等格式。如果不能使信息更加清晰就不要使用，它们都会使观众分心。	
• 仔细检查幻灯片。理想情况下你可以找一个对内容不熟悉的人来帮忙检查。如果幻灯片里全是拼写错误和标点错误，你也会感到很尴尬。	

错误的例子...

废除最低饮酒年龄法案

- 1984 年，英国国会通过了《全国最低饮酒年龄法案》
- 在全国 50 个州内将饮酒年龄提高至 21 岁
- 法案的目的是防止 18 岁到 21 岁的年轻人因接触酒精而死亡
- 然而美国年满 18 岁的年轻人已经有了一定的社会责任和社会期许，该法案与之相冲突
- 此外，虽然声称法案有效，但实际并未达到预期降低死亡率的效果
- 因为它侵害了美国青年人的正当利益，同时也未能达到预期的目标
- 全国最低饮酒年龄法案应当被废止！！！！

...正确的例子

废除最低饮酒年龄法案

○ **英国最低饮酒年龄法案**
- 英国国会于 1984 年通过
- 在 50 个州内将饮酒年龄提高至 21 岁
- 为了防止酒精类死亡

○ **对法案的批判**
- 18 岁的年轻人已经有了一定的责任和权利，该法案与之相冲突
- 未能降低酒驾死亡率

○ **法令应当被废止**

---

7. 测验问答题

对很多勤奋努力的学生来说，回答测验问答题是挺吓人的事情。与量化测试题不同，问答题的答案是以文章的形式出现的，你很难判断自己有没有答出"正确的"部分。

所幸准备这类考试我们有一些技巧，这些技巧能保证你发挥出最好的水平。当然这里给出的建议并不能完全替代你的学习过程，但它能在当堂测验中有效地帮助你。

基本情况

出问答题的**目的**有四个：一是针对某一问题给你一个展示自己所掌握的知识的机会；二是证明你能将知识融会贯通；三是证明你有独立思考的能力；四是展示你的写作能力。你的**读者**是你的老师，考试前他们应该已经向你说过他们想看到什么样的答案了，如果完全忽视他们的指导是很危险的。他们认为哪些内容更重要呢？上课的时候他们反复强调了哪些内容呢？在正式下笔前就要对这些内容进行**头脑风暴**和**组织**调整，否则你就再没有时间了。拿到题目后在审题上花些时间，在确定内容前不要下笔。你可以列一个简单的大纲，根据大纲打出**初稿**。哪怕之后再想出新内容，你也没有时间推倒重来了。当然在答题时新念头会不断涌现出来，你一定要仔细地将它们归入提纲之中，不要被带着跑了题。答完后要检查**修改**一下。恐怕这是你最不乐意做的事，但通读一遍能帮你找出不少错字漏字来。如果你还有时间可以再写一点，将观点表达得更加明晰，但这些内容一定要清晰易懂。

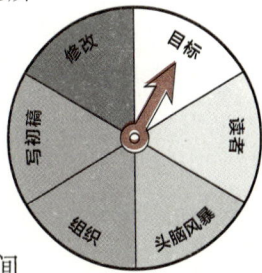

这样做	不要做
● 一开始就做问答题。如果卷子上还有些简答题，可以先挑一道来热热身，这样你也会更有信心。	● 即便题目有些出乎意料也不要惊慌失措。再去看看卷子上的其他题目，选一道最有把握的回答，这样能帮助你放松下来，然后再思考之前那道问题。

这样做	不要做
• 专注思考，不要慌张。正式下笔前让答案在脑子里多转一转。	• 不要在没想清楚前就落笔。考试也不是每时每刻都要写字的。与其盲目地回答，不如花些时间进行思考，对答案进行组织之后再进行回答。
• 确保自己理解了题目。如果你看不懂题目，可以向导师寻求解答。	
• 看明白一道题里隐藏着多少问题，搞清要做多少回答。	• 不要认为答案越长越好。简短准确的答案比冗长漫谈式的答案要好得多。谁也不会按字数给分，老师们喜欢看那些经过仔细思考的简明答案。
• 仔细审题，针对问题进行回答。其他答得再好也比不上直指题眼的那一句答案。在列提纲答题前一定要审清题目，注意不要跑题，回答可以从重复问题的原话开始。	
• 开头、中间和结尾要清晰明了，换种说法就可以清晰地写出引言、主题和结论。	

错误的例子…

导致美国独立战争的主要原因是什么？

可能很多人都不会赞同这一点，其实这句话与题目本身也没什么联系。开头不一定非要写宏大、笼统、概括的东西，你的注意力应当集中在回答问题上。这位同学第一句就给自己惹了麻烦，他抛出了一个有争议的话题，同时也没回答到问题的点上。

美国独立战争始于 1775 年，战争催生了有史以来最伟大的民主国家。最初英国人建立了十三块殖民地，并将其归为自己的财产，以为可以为所欲为。久而久之拓荒者们逐渐产生了国家的概念，他们希望脱离英国国王的统治进行自治。为了推翻英国的专制，战争是无法避免的选择。

这里太笼统了，应该在一开始就尽量详细。这样写的话，总给人一种他也不知道要说什么的感觉。

导致美国独立战争的因素有很多。英国的殖民政府对美国殖民者强征苛捐杂税，其中包括了印花税。这一税种覆盖十分广泛，甚至领取结婚证也要交税。此外出台的还有《唐森德税法》[1] 和

很好，简明且直指题目。这位同学完全可以甩掉第一段从这里开始。

---

1 对殖民地的日常用品进行征税。——译者注

这段中包含了大量的信息。很显然这位同学看书了，但一大堆东西都混在了一起，几乎看不出组织的痕迹。作者明显在赶时间，他显然想把自己脑子里的所有东西都倒在纸上。内容没有问题，但却没有一个完整的结构来统领。最终也没有回答出题目中独立战争的"主要"原因是什么。

《糖税法案》，后者要求对西印度群岛进口的糖进行征税。英国政府禁止美国殖民者私印货币。1773年出台的《茶税法》更是赋予了英属东印度公司垄断美国茶叶进口的权利。此举直接导致了波士顿倾茶事件，一批假扮成印第安人的殖民者将英国船只上的茶叶倒入了大海。作为回应，英国政府出台了《不可容忍法案》，关闭了波士顿港口，同时禁止聚众集会。此外英国军队还可进入民居"驻营"（1765年《驻营条例》）。1775年，英国驻军前往搜查殖民者的军火仓库，莱克星顿与康科德的枪声震惊世界，吹响了独立战争的号角。战争已经发动，美国殖民者不达胜利誓不罢休。

美国独立战争催生了史上最伟大的民主国家，对于那些英勇的殖民者，对于这段为我们的利益进行抗争的历史，我们应当深表敬意。

...正确的例子

导致美国独立战争的主要原因是什么？

这位同学在首段第一句就直指了主题。

导致美国独立战争的因素有很多，殖民者对英国的统治积怨已久。这些怨愤可分为三大类：首先，英国统治者通过苛捐杂税对殖民者实行了经济压制；其次，英国统治者控制了殖民者的人身自由；再次，一些意外的冲突使得殖民者下定决心推翻英国统治，建立自己的政府。

很明显能看出他在下笔前花了些时间梳理思路。这样将信息分类能使内容更加连贯。

每段第一句都是主旨句，这样就能清楚地看出论述的方向。

英国统治者强征苛捐杂税，使得殖民者深感愤怒与不公。《糖税法案》要求对西印度群岛进口的糖进行征税。1765年出台的《印花税法案》强制殖民者在购买商品和服务的同时购买印花，购买范围包括了报纸、扑克牌，甚至还包括结婚证。另一项出台的法案是《唐森德税法》，要求对玻璃、纸张和茶叶进行征税。1773 年，英国政府赋予了英属东印度公司垄断美国茶叶进口的权利，该举直接导致了波士顿倾茶事件。经过了一系列的苛捐杂税，殖民者既沮丧又愤怒。

> 每段最后一句都对事件的效果进行了总结。

英国政府还对美国殖民者的人身自由进行了限制。法案将殖民者的居住范围划定在阿巴拉契亚山脉以东。根据《驻营条例》规定，被殖民者还需在自己家中供养英国士兵。在波士顿倾茶事件后，英国政府通过了《不可容忍法案》，该法案关闭了波士顿港口，同时禁止聚众集会。美国人民感到自由受到了侵犯。

> 最后的总结与开头呼应，圆满地完成了论述。总体来看，这份答案并不是很出彩，但它清晰、准确、易于理解。与其写一份花哨难懂的答案，不如写这样一份语言平淡，但十分清晰的答案。

再次，美国的独立先锋与英国军队进行了几次计划外的对抗。其中 1770 年的波士顿惨案使多数殖民者站到了英国政府的对立面。1775 年，发生了震惊世界的莱克星顿与康科德交火战争，且一般认为是英方首先开火，有八位殖民者在战役中丧生。这一事件点燃了独立战争的导火索。

美国独立战争历经数年，其间经历了许多决定性的瞬间。最终由于实力与机遇的双重作用，美国才获得了独立。

8. 一些重要的写作任务

高中与大学校园成功写作的五个关键点

无论是在人文学科、社会学科，还是在自然学科中，写作技巧都十分关键。以下这五个步骤可以帮助你提高写作成绩。

1. 理解任务

你有没有这样的经历：已经开始写了，才发现自己理解错了？在动笔前一定要完全理解写作任务的要求。在开始前一定要仔细阅读作业要求，对其中具体的要求进行记录，看清作业是要求你进行描述、分析、辩论、讨论还是比较，此外还要确认文章的长度。如果你对作业要求有任何疑问，千万别猜！去询问你的老师。

2. 早下手

在高年级班级中，"开夜车"可以算是最常见的现象了，但这可不好玩。你完全可以避免这样的，给自己腾出更多的时间更好地完成任务。一定要仔细阅读作业要求，之后理性规划时间。要给自己留出必要的查资料时间，好好思考一下要怎么写。好主意是花时间来想的，对最终的成稿有把握后就开始动笔。早动手就能避免拖到紧张的最后一分钟。

3. 多打初稿

如果你动手动得比较早，就有时间多打几次初稿，这是打磨稿子最有效的办法。打初稿可以暴露出论文的薄弱环节，你需要对此再做更多的调查和更多的思考。很多老师都喜欢在收到终稿前先看看初稿，给你提出一些反馈意见，多听他们的意见是件好事。要多打草稿，你需要写很多版本，而不是去一再打磨一个版本。想法会随着时间不断深化发展，最终你会为自己的成品感到骄傲的。

4. 知道自己在说什么

在写作的过程中，你的想法会一直变化发展，因此写初稿很可能会不太连贯，最开始的想法可能和写完时的想法不一样。与其"破罐破摔"地交工，不如回头来再仔细重读一遍。你可以试着提炼一下提纲，分析一下文章里都有些什么。查看一下文章是否够清晰，文章主体是否从头到尾都在对论点进行阐释，看一看结论是否与全篇相符。如果有必要的话，可以花些时间将文章中的所有元素都列在一起。一篇文章连续改上几回，很可能早已面目全非。但修改的过程会帮助你厘清思路，最终你也会得到一份更有力度的文章。

5. 校对

对终稿进行仔细校对是关键的最后一步。到了这个时候,自己来校对可能有些困难,但不要偷工减料。你写文章已经这么努力了,如果因为马虎丢了分数实在太可惜。可以找个朋友来帮你校对一下,你漏掉的错误他们很可能会帮你挑出来。一定要留心拼写检查程序,它很可能会把错误漏掉。在最后提交之前,一定要仔细地检查一遍。

说明文写作

写说明文的目的是对某件物品或事件进行解释或描述。文章是基于事实展开写作的,最终可能会被用于支持某一观点或论断。而非说明性写作则包括了创意写作和新闻写作。

大多数的中学和大学都会有写说明文的课堂任务。写作说明文的技巧同样适用于深层解析、论证性文章、比较类文章、演讲、调查报告、科技论文、历史文章等等。这些技巧可能囊括了以下的一种或多种:

描述:阐述事物的性质和特征,并且按顺序举例进行描述。这一技能适用于多种不同的写作任务。

排序:按数值或时间将不同的项目或事件进行排序。这一技能也适用于流程描述、历史文章、科技论文的写作。

比较:解释相似的两种或多种事物有何不同,最常用于类比分析文章的写作。此外也适用于论证性文章、深层解析以及历史性文章的写作。

提问与解答:提出一个问题来,并且提供多种解决方法。它还有一个变种,就是提问与回答体。这一技能最常用于论证性文章、社会科学类文章、历史文章和科技论文的写作。

如何写论点

论点是很短的陈述句，一般用一句话来表达文章的大意。你可以通过这句话来表达后文中的想法和观点。论点相当于某种写文章的指引图，同时它还能帮助读者厘清文章的整体思路，这样理解后文就会更容易一些。

在所有议论文当中，论点都是必要的部分。如果你想证明某种观点，就需要将论点写出来。但要注意，导师可能并不会明确提出你需要写出一个明确的论点，他们认为这是你本来就该写的。如果你不太清楚导师的要求，一定要问清楚。

论点和主题还不完全一样。主题的范围更宽泛，论点则会具体将注意力集中在主题的某一个点上。关于如何从主题中提炼出论点，可以参见下面的内容。

一个优秀的论点要有以下几个特征：

提出自己的观点。论点需要表达出鲜明的观点，之后根据观点展开文章，这样才能向读者说明你是正确的。在文章中，论点是具备说服作用的。

具有讨论的意义。你需要在论点中说明，对这个问题其他人有不同的看法，这样才有讨论的价值。如果论点太显而易见，每个人都同意，那人们也没有必要继续读下去，你也没有必要据此展开论述了。

表述单一的观点。如果想让文章更易读、易懂，你就需要在论点中概括出一个观点。比起多个观点的文章，只围绕一个观点展开论述，文章也会更好写。

怎样写论点

想写出一个有力的论点可能需要花些时间。那种突然在脑中灵光一闪的现象其实并不常见。要写好一个论点，你可以从感兴趣的主题开始挖掘，将它不断细化。看一看自己有没有足够的证据对这个论述进行支撑。在找到真正的论点前，可能你需要修改好几次。

主题	备选论点	论点
莎翁剧中的女性	女性角色有时会与男性角色意见相左。	莎翁剧中的女性因对战争的荣誉观发起挑战而广受欢迎。
水门事件	水门事件改变了美国人民对总统的看法。	水门丑闻导致人们对美国总统和总统竞选人的欺骗行为有了更高的忍耐度。
运动	运动有助于控制体重。	在减肥的过程中，如能合理地运动，会得到更好的效果。

要写出具体的、经得起推敲的论点，你需要在真正动笔写论文前认真下一番功夫。如果在这个阶段能对论点有明确的思路，就能节约出大量的时间。但在写作的过程中也要有变通的能力。打好初稿后，返回头来看看论点能不能代表文意。如果与文意有偏差，一定要敢于对论点进行修改，让它与文章能够融为一体。过程可能要经历多次，其实这是一个修改润色论文的过程。

9. 个人陈述

（校园奖学金申请书请参见第 295 页）

在个人陈述中，你需要回忆一下对自己比较重要的某件事、某个人、某堂课。在申请大学或奖学金的时候都需要用到个人陈述，评委希望通过文章看到你是怎样一个人，什么事对你而言更加重要，此外也可以看看你的写作水平怎么样。个人陈述有很多种写法，以下内容能帮你开个好头。

基本情况

写个人陈述的**目的**是与他人分享自己的个人经历、人际关系或是人生信仰。通过文章，读者会更加了解你，也许还会对你叙述的内容感同身受。在写之前想想**读者**的感受。在读这篇文章的时候，你想让他们产生怎样的感受呢？读完之后你想让他们了解什么呢？设想自己是在为对方设计一段旅程，注意他们在这段旅程中的想法。"个人陈述的主题"框中为你提供了一些关于开头的好点子。要给自己留出充足的**头脑风暴**的时间，想想哪些细节能更生动地将故事展现出来。在这个过程中可能你才会发现某件事对你来说有多重要。文章有篇幅的限制，你要将内容浓缩在一定字数内，同时还要把事情讲清楚。一开始松散的**组织**结构会更好写，修改时更紧凑一些就是了。开头、中间、结尾的部分都不宜贪多，在结尾处对开头进行呼应。**打初稿**的时候可以天马行空，但在编辑修改的时候则要更加谨慎。在写作的时候跟着感觉走很重要。一般来说初稿都比较长，但这不是问题，之后你可以再修改。但最关键的是你要将观点充分表达出来。打好初稿后先放一段时间，最好能让朋友帮你看看，提些意见出来。有没有写得不清楚的地方？是不是太啰嗦了？有没有需要删掉的地方？在**修改**时对文章进行浓缩。

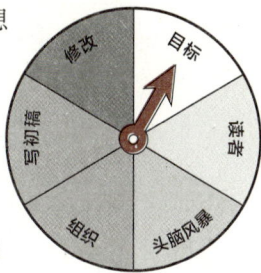

个人陈述的主题

如果个人陈述的主题可以自己决定，你就可以在以下内容中寻找灵感。这些内容能唤起你的记忆，让你搞清自己想写的是什么。

- 生命中的转折点
- 一段重要的关系
- 失去的东西
- 艰难的选择
- 一件出乎意料的事
- 让你生气的事
- 让你开心的事

- 永远不会再做的事
- 让你更了解自己的事
- 与食物相关的事
- 与动物相关的事
- 你做错的事
- 影响了你的人
- 儿时的记忆
- 回忆一段旅行
- 最喜欢的娱乐方式
- 最喜欢的地方
- 生命中的一个"第一次"
- 不经意间发生的事
- 你是如何克服恐惧或偏见的

这样做	不要做
• 确保自己充分理解了写作的要求。写个人陈述的方法有很多，一定要搞清楚对方想要哪一种。	• 不要误认为必须从头开始叙述。你可以从一段经历中最离奇、最危险、最惊人的部分开始写起。没必要严格按照时间顺序，以最引人入胜的部分为开头能抓住读者的注意力。
• 将注意力集中在一个主题上。最好能根据一件事或是一个观点展开，之后再调整几次。	• 不要在一篇陈述中塞进太多的主题或观点。回忆的时候思维很可能是发散的，你可能从一堂课中学到了很多东西，但将注意力集中在一点上会更有吸引力。无论主题是什么，一定要确保内容都集中在一点上。
• 开头要有力度。要在开头就吸引住读者，让他们想继续看下去。与其写"这个夏天我决定克服自己的恐高症"，不如试试以"离地面 100 米高的地方是我最不想待的地方"作为开头。	
• 可以用"我"为主语。可能在写作课里老师会告诉你不要用"我"，但在个人陈述里这并不是个问题，你可以用第一人称来写，而且确实也应该这么写。	• 不要误认为一定要写得很华丽，用很多"文学化"的语言。文章写的是你自己，大可以用自己的语言来表达。

这样做	不要做
• 要属实。不可以美化自己的经历，不可以伪造事情的结果，文章会因为真实变得更有力度。 • 不要说，要展示。你会在很多写作课上听到这句话，这样做的目的是让读者有一种鲜活的感受。如果你的情绪很激动，千万不要直接说出来，要替读者想想。比如你写自己最爱的狗去世了，与其说"我很难过"，不如将更细致的感受向读者表达出来："当我看到麦克斯的空床时才意识到，我再也见不到他了。" • 如果情况允许，可以考虑使用对话的形式，这会让文章更有趣。 • 给个人陈述起一个既切合主题又具有吸引力的标题。与其写"乘船冒险"，不如改成"我尝过沼泽水的味道"，与其写"我的祖母的一生"，不如改成"铆工萝丝的一生"。	• 可以适当地幽默一下。有很多吸引人的故事，哪怕当时不觉得好笑，事后也会觉得很有趣，个人陈述不必一直是"一本正经"的样子。

...正确的例子

做得再晚也比不做强

我知道，所有小姑娘都喜欢马，但我不喜欢。在小学的时候，我的朋友都喜欢马，她们会在卧室的墙上贴满马的海报，但我从来都不感兴趣。说实话，我一直特别害怕马。我有个闺蜜叫亚历克丝，她在十八岁生日派对上骑着马出现，但我不想骑。在女童子军团里的时候，一旦需要骑马我就在家待着。虽然我这么害怕，但完全想不起之前有过什么糟糕的经历。对我来说马一直都很大很蠢，两相结合总觉得要惹出什么祸端来。

今年夏天我们全家去英格兰探望表亲，在那里发生了一些事改变了我。我们的表亲住在乡间，虽然他们没有农场，但周围都是农场。有个邻居引起了我的注意：每天早晨都有一个女人骑着马出来，后面还跟着个骑小马的小姑娘。那个小姑娘最多也就六岁，她戴着一顶头盔，看起来像个甲壳虫一样，但在那头盔底下总是挂着大大的笑脸。每天她们路过时，我们都会挥手相互问候。

这个女人名叫瑞秋，有一天早晨她问我要不要一起骑马出门。之前我的表亲曾告诉过她我们是从美国来的，她说很希望我一起去。我当然是拒绝了。瑞秋看起来好像有些惊讶，她的女儿凯瑟琳完全是一副震惊的模样。凯瑟琳看着我，就好像从没见过疯成我这样的人似的。瑞秋说："亲爱的如果你改了主意，也知道到哪里能找到我们吧。"

那天晚上我开始回想，然后觉得很不好。我是不是冒犯到她们了呢？我真的有那么害怕吗？我想啊想，想到了瑞秋，想到了凯瑟琳，又想到了她的眼神。突然我不明白自己为什么会拒绝她们了。身处异国他乡，面对全然不同的邻居，我看待事物的方式也不同了，最终我决定和她们一起去骑马。

第二天早晨我起得很早，瑞秋很热情地招呼我，凯瑟琳也在盯着我看。她们牵给我一匹名叫格利佛的很高大的灰马。其实我很想告诉瑞秋我害怕，但这样显得太傻了，尤其还当着凯特琳的面。

我们出发了，离地面那么高我有些害怕。马很高大，但几分钟后我就开始适应了。我们路过了一些很漂亮的村庄，绿意爬满了山丘，点染了岩石。我们骑到一块平地上，瑞秋问："跑几步吗？"我点了点头，也没有多糟嘛。

对不了解马的人来说，小跑简直就是大跳，搞得我在马鞍上上下颠簸。我试图悬在马鞍上方，但也没什么效果。我觉得自己马上就要掉下去了，马上就要从格利佛身上滑下去了。那一瞬间我突然觉得以前的想法是对的，马就是又大又蠢的危险动物，我肯定是要掉下去被踩死了，还是死在这异国他乡。这时马突然就停下来了。瑞秋返回头来，凯特琳依然在盯着我看。我抓着马鞍，突然就像个小孩子一样变成了话痨："我觉得我马上就要掉下去了。我真的觉得自己马上就要掉下去了。我都滑到一边去了，然后它忽然就停住了。""它当然会停住了，"瑞秋很淡定地说，"它们都受过训练，如果你要掉下来了，它们就会停的，你不知道？"“真的吗？"我尖叫了起来。瑞秋笑了：
"当然了，它们感觉你要掉下来了，就会停下的，这是训练的一部分。"

突然之间，马好像没那么蠢了，这匹马简直救了我的命。之后我
们步调从容地骑完全程，返回了马厩。我对瑞秋表达了感谢，还学习
了怎样解扣下马。它们回到舒适的窝里开始吃草，这时凯特琳笑着看
我："你现在好些了吗？"她问道。我冲她回笑："是的，我好多了。"

之后的日子，包括回到国内之后，我就变成了爱骑马的姑娘了
吗？没有。不过之后我确实又和瑞秋、凯瑟琳出去骑过两次，我们还
跑了起来，这次我没有再掉下来，完全没有问题，可能我比之前的自
己又变强了一点。

怎样写出有力度的段落

对任何一篇论文来说，段落都是基础。段落能将大篇幅的文字分解成小
段，既易于理解消化，又能帮助读者跟上你论证或是叙述的节奏。学着写一
些有力的段落，可以帮助你对文章进行组织，更有逻辑、更有说服性地表达
出自己的观点。有力的段落一般有以下四个元素：

主旨句

主旨句主要用来说明该段的内容，一般来说位于段落的第一句，但也不
能一概而论。主旨句能帮助读者理解整段的大意，跟着你的论述一段一段往
下看。

统一性

有力的段落都是统一的，也就是说一段一般只有一个中心观点。如果你
想再写一个观点，就另起一段。

连贯性

一个段落要有内在的连贯性。段中所有的句子都应对主旨句进行支持，
按照逻辑句句相连。

论述

段落要进行充分的论述。要通过细节和证据对每段的主要观点进行充分的解释。

需要注意的是文章中的每一段都需要在逻辑上有一定的关联性，直指首段的论点。

在对文章进行规划时要牢牢记住段落的内容。在打初稿的时候，注意不要跑题。初稿一旦完成，返回头来逐段阅读，确保每段都有足够的力度。主旨句清不清楚？具不具体？每段都只论述了一个观点吗？观点有没有充分论述？论据是否恰当？段落中的句子逻辑顺畅吗？是否有内在的连贯性？

段落举例

① 似乎天空中所有行星的运行轨迹都很贴近一根虚拟的线，而远离这根虚拟线的物体就不是行星了。这根线就叫黄道，贴近它（有的近有的远）运行的不光有行星，还有月亮。（实际上黄道是一年中太阳在群星中移动的轨迹。）地球是一颗行星，基本所有的行星都在同一个平面上围绕太阳盘旋，因此从我们的视角来看，行星和太阳基本都是沿相同的轨迹划过天空的。月亮绕地旋转的角度微微与其他行星不同，因此它也十分接近黄道面。

唐纳德·H. 门泽尔（Donald H. Menzel）、杰伊·M. 帕斯卡乔夫（Jay M. Pascachoff），《星星与行星指南》（波士顿：霍顿·米夫林出版公司，1983），第 6 页。

② 18 世纪 80 年代时，芬斯伯里（Frindsbury）[1] 几乎空无一人，这里还是块低洼的沼泽。教堂附近也没什么房子，船坞前有座风车，但除了牧牛外也看不见什么别的东西。在河的另一岸，古老的罗切斯特与诺曼城堡和大教堂比肩，灰色的石塔的塔尖为泰晤士河口驶来的船只指明了方向。在下游一英里的地方，在河流的弯道处，红砖垒成的查塔姆造船厂环抱着码头，周围是海风吹拂的牧场和孤零零的农庄。再向东越过皇家船坞后，河流蜿蜒着穿过荒凉的沼泽，只有海鸥和水鸟会经常光顾，渔民也很少来这里。

大卫·柯丁力（David Cordingly），《恶棍比利：柏勒罗丰与拿破仑帝国的覆灭》（纽约：布伦斯贝瑞，2003），第 7-8 页。

1　位于英国伦敦泰晤士河畔。

③ 可能我们对芭蕾没有连续性的记载，但并不是说它没有历史。正相反，人们排练表演芭蕾已经有至少四百年的历史了。古典芭蕾起源于欧洲宫廷，最初它是艺术，也是一种贵族礼仪，一种政治活动。与其他表演艺术相比，芭蕾的发展与宫廷、国家的命运联系得更为紧密。文艺复兴对欧洲贵族产生了影响，同时也以更复杂的方式对芭蕾产生了影响。芭蕾舞步从来都不仅仅是舞步，而是一种信念，对应着贵族阶级的个人形象。在我看来，这些更大范围的联系才是理解艺术的关键：在过去的三百年中，芭蕾是怎样兴起的，又是怎样受到政界和文化圈赏识的。芭蕾受到了文艺复兴和法国古典主义的影响，受到了革命和浪漫主义的影响，受到了表现主义和布尔什维主义的影响，受到了现代主义和冷战的影响。这确实是个很长的故事。

詹妮弗·霍曼斯（Jennifer Homans），《阿波罗的天使们：芭蕾史》（纽约：兰登书屋，2010），第 xxiv 页。

10. 流程描述类文章

在高中和大学课堂中流程描述类文章都十分常见，这种写作技能在不同的领域中都能派上用场，其中既包括了科学类、社会学类的文章，也包括各类指南性的文章。

基本情况

写流程描述类文章的**目的**是向读者一步步展示整个过程。在执行某一过程的时候我们会用到这类文章。在写作时，一定要对**读者**知道多少心中有数。针对专家和新手，要写的内容大有不同。在**头脑风暴**时，将步骤逐一列出来，按照时间顺序**组织**文章，前后各有一段简要介绍和简要总结。在**打初稿**的时候可能会遗漏一些步骤，也可能将两步合成了一步。在**修改**的时候可以进行调整。最好

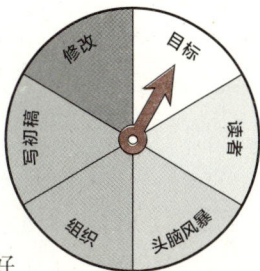

能将文章拿给对内容不熟悉的人看一看，他会告诉你文章的好坏，告诉你有没有需要再次说明的东西，根据相应的意见进行修改。

这样做	不要做
• 确保自己在下笔前对整个写作过程了然于胸。头脑风暴时要将步骤列出来，这样才会发现遗漏。 • 确保每个步骤在体量和内容上相似。不要将两步合为一步。 • 利用过渡词标明步骤顺序，标注出两个步骤间相隔的时间（参见下文"实用的过渡词"）。 • 标题要让读者一下能看明白文章的内容。	• 不要指望普通读者会熟悉那些专业词汇。举例来说，如果是化学老师留的作业，你就不必详细解释化学过程是什么了，但如果读者是普通人，你就需要对专业术语进行定义。 • 不要将两步合成一步。修改时要注意看一下，是不是每一步里只有一项操作或一种变化。 • 不要在流程中添加无关的评论。 • 不要让文字变得过于复杂，描述要简洁直接。

科学类流程描述文章

科学类流程描述文章与其他指南性的文章不同，在这类学科中，"流程描述"不会有读者参与的部分。在这类文章中，"流程"可能指的是氧化、蒸发或是光合作用，这一系列变化都不是由读者的行为引起的。在动笔写这类文章前，一定要搞清老师想要你写的是什么。

实用的过渡词

流程类文章一般都是根据时间顺序排列步骤的。为了让读者能一步步跟上，你可以用一些过渡词来表达步骤间的时间关系，比如：

首先	其次	再次
在……之前	在……期间	在……之后
开始	下一步	最终
在……前面	当……之时	最后
紧接着	同时	一齐

错误的例子...

怎样做花生酱三明治

花生酱三明治是美国孩子们最常吃的食物。很多人都是吃这个长大的，还有很多人现在还在拿它当零食或简餐。

花生酱三明治的做法很简单。首先拿两片面包，任何种类的面包都可以。将花生酱涂在一片上，将果酱涂在另一片上，把两片面包合在一起，你看！花生酱三明治就做好了。

这种简单的三明治还有很多不同的做法。首先，花生酱就有很多种选择：有的吃起来嘎吱嘎吱的，有的口感就比较顺滑。果酱的口味也很多，可以改变整个三明治的味道。很多人都会再加一些"配料"做点缀，有加泡菜的、加辣酱的、加薯片的、加糖屑的、加棉花糖的。还有人会把花生酱三明治油炸一下（不推荐）。选择哪种全看你的个人喜好。

内容完全没问题，但作者一上来就写了些不相干的事，没有对流程进行任何描述。简介不是做整体评价，而是对即将展开的内容进行介绍。

作者写到结尾处有种意犹未尽的感觉，所以他加了一段，写了些关于花生酱和其他配料的内容。其实这些内容与做花生酱三明治没有太大关系。

...正确的例子

怎样做花生酱三明治

> 为后文开了个好头。

做花生酱三明治需要三步：准备工具和材料、将酱涂在面包上、将面包合在一起。

> 作者显然在动笔前进行了思考，对整个过程进行了充分的考虑。文章显得简洁有条理，所有内容都在对题目进行回答。

第一步，你需要把做三明治的工具和材料找齐。在工具方面，你需要一把刀、一个盘子或是案板。在材料方面，需要一罐花生酱和两片面包。

第二步，将花生酱涂在面包上，可以用刀从罐子里挖出酱，均匀地涂在两片面包上。

> 作者使用了过渡词，引导读者一步步往下走。

最后，把两片面包合在一起，花生酱会起到黏合的效果。如果你愿意，之后也可以用刀将三明治切成两半，这样比较方便食用。

11. 比较与对比类文章

很多课上都会用到比较和对比类文章，例如文学课、历史课、社会科学课和艺术课等。无论文章的主题是什么，比较和对比都是分析思考的基本功。

基本情况

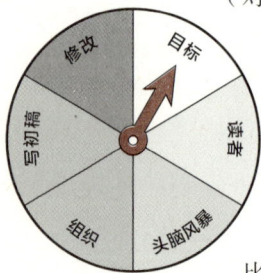

写比较和对比类文章的**目的**是分析相似之处（比较）和不同之处（对比），一般是在两种或三种以上的事物间展开。**读者**关注的是你能不能将内容清晰有条理地列出来，有力的过渡句能帮你更清楚地将关系交待清楚。**头脑风暴**可以从列单子开始：一张单子列相同之处，一张单子列不同之处。这两张单子能帮助你集中精力，确定接下来深挖的方向。举例来说，如果要比较的是两座雕塑，那么你会关注雕塑的材质、雕刻时间、大小、主题等。比较和对比类文章一般有两种**组织**方式：分块式和交错式。具体方法可参见

"比较与对比类文章的组织结构"。在**打初稿**的时候，你会时常冒出新点子来。没关系，先记下来，等到改下一稿时再决定要不要加进去。最好在写完初稿后放上一两天，之后再回头重读。相似之处和不同之处都表述清楚了吗？对比的这两样东西在文章中所占的份额都差不多吗？有没有漏掉什么？修改后要确保文章简明完整，没有错误。

比较与对比类文章的组织结构

比较和对比类文章有两种组织方式：交错式和分块式。它们各有各的格式。

交错式

如果 A 和 B 的关系很密切，可以点对点逐一比较，那么交错式的组织方法就很合适。

- 引言段
- 举例对 A 和 B 的第一点进行比较
- 举例对 A 和 B 的第二点进行比较
- 举例对 A 和 B 的第三点进行比较
- 结论

分块式

如果 A 和 B 不能进行点对点的逐一比较，那么就可以使用分块式的组织方法。如果 B 的内容是基于 A 提出的，分块式的结构也会很合适。如果你想对三种以上的事物进行对比和比较，分块也是种不错的结构。可以用平行对比的方法将内容展示得更加清晰。

- 引言段
- 对 A 展开论述
  - 第一点

- 第二点
- 第三点
- 对 B 展开论述
  - 第一点
  - 第二点
  - 第三点
- 结论

这样做	不要做
• 选择比较的内容。多数主题都需要界定讨论的范围。从距离来看，下面的例子中是对猫和狗的对比，作者选择的角度是动物与人的关系。要是想对猫和狗所有的相似和不同之处进行对比，那就太庞杂了。	• 不要选不好做对比的东西。如果由你自己决定文章的内容，一定要选容易比较的东西。比如说，比较两幅画可能比较容易，比较一幅画和一本小说就比较困难。
• 为文章选择主题。仅仅列出相似和不同之处还不够，文章需要有一个点，这个点能将所有信息串在一起。主题的选择可以从相似大于不同，或是不同大于相似开始挖掘。	• 不要忽略引言。引言不仅要阐述主题，也要阐述所比较的内容。主题只是一个待发掘的观点，如果没有适当的引言，文章很可能看起来就是一条一条的，说明不了问题。
• 要列提纲。不是所有人都喜欢列提纲，但对于这类文章而言，列提纲是必须的，这样你才能有效地组织信息。提纲不必很正式，即便已经动笔了，再列个提纲进行检查也是可以的。你可以在写到某个阶段的时候，列个提纲看看文章有没有跑偏，有没有遗漏。	• 不要试图将两种组织方式合成一种。在分块式和交错式间选择一种，文章才会更容易理解。
	• 不要分配不均，只写一方面，忽略另一方面是不行的，要对两个对比事物给予同样的关注。

这样做

- 多用过渡词，增强文章的统一性和说服力度。这类词有："像""类似""都""相同""同样地""共同""有相似之处""也""不像""不同""然而""虽然""对比来看""而""另一方面"等。

- 写主旨句。每段开头写一句主旨句可以让读者跟上你的节奏。关于主旨句的更多内容可参见"怎样写出有力度的段落"（第237页）。

- 两个对比事物的文字和关注度要类似。

例子

标题：猫还是狗？

主旨：猫和狗都是广受欢迎的宠物，但在收养前你需要了解它们不同的特性。

例 1

训练

　　相似之处：都能接受一定程度的训练

　　猫：难以训练，成果寥寥

　　狗：易于训练，甚至喜爱训练

家庭训练

　　相似之处：都能进行家庭训练

　　猫：自己会用猫砂盒

　　狗：需要去室外方便

行为

　　相似之处：都能成为人类的好伴侣

　　猫：更偏向于独居动物

　　狗：群居动物

交错式

分块式　　　　　猫

训练：能接受一定程度的训练，但比较困难，成果寥寥

家庭训练：自己会用猫砂盒

行为：能成为人类的好伴侣，但更偏向于独居动物

狗

训练：易于训练，甚至喜爱训练

家庭训练：需要去室外方便

行为：能成为人类的好伴侣，群居动物

例 2　　　　　进食障碍包括了暴食症和厌食症，二者有时十分相似。病症对女性的影响要高于男性，会产生严重的后果，甚至会导致死亡。但是两种病症也有不同的症状、表现和危害，女孩的家长以及年轻的女性应注意区分。

交错式　　　　　I. 症状

厌食症：萎靡不振，疲劳，体重下降

暴食症：萎靡不振，疲劳，但体重稳定

II. 表现

都十分注意体形，锻炼过量

厌食症：不吃东西，拒绝增重，经常计算热量

暴食症：暴食后吐泻

III. 危害

都十分萎靡不振

厌食症：骨密度流失，肾损伤，闭经

暴食症：损伤消化道，胃痛，牙齿脱落，器官损伤

都会：导致死亡

分块式　　　　　I. 厌食症

症状：萎靡不振，疲劳，体重下降

表现：不吃东西，拒绝增重，经常计算热量

危害：萎靡不振，骨密度流失，肾损伤，闭经，死亡

II. 暴食症

　　症状：萎靡不振，疲劳

　　表现：暴食后吐泻

　　危害：损伤消化道，胃痛，牙齿脱落，器官损伤，死亡

12. 议论文

　　在议论文写作中，你需要针对一个有争议性的话题选一个角度进行论证，驳斥反对意见。这样的文章需要你进行调研，然后将大量的外部资料融汇成论据展示在文章之中。

基本情况

　　写议论文的**目的**是锻炼你辩证思考的能力。在写作时，可以将**读者**视为立场中立，对你将要探讨的这个问题没有太主观的看法。你的任务就是列出背景信息，然后说服对方同意你的观点。**头脑风暴**的范围要发散一些，对问题要正反两方面都考虑。在对信息进行**组织**时可以列一个提纲。列得太简略是不会有效果的，首先因为你的资料会有很多，其次因为在你笃信某件事的时候，是很难理出头绪的。将论据按照逻辑顺序平心静气地摆出来，文章才会有说服力。如果你在动笔前不愿意列提纲，也可以在打完初稿后列一个检查式提纲，这样也能将结构看得更清楚。在**打初稿**的时候不要自我批评，之后倒是可以**修改**几次。初稿要再读，看看论证有没有力度，有没有足够的论据，看完后你可能需要回过头重新头脑风暴或是做些调查研究，修改能让你的论证更扎实。记得要仔细校对，笔误会削弱你的可信度。

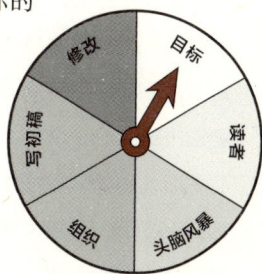

（轮盘图：目标、调查、头脑风暴、组织、写初稿、修改）

示范提纲

议论文的常用结构是五段式。虽然结构并不是绝对的，但这种五段式真的很好用。

第1段：列出主题。

第2~4段：用几条论据对主旨句进行支撑。论据的形式有事件、数据，还有其他作者与你相类似的意见。要将反对方的观点列出来进行驳斥。

第5段：对文章进行总结。与其简单地重复主旨句，不如对它进行再发掘。你可以根据文章中的论据，将主旨句换一种方式说出来。

这样做	不要做

这样做

- 认真选择主题。如果主题可以由自己来选，一定要选两方面都有足够信息量的题目。如果能在一定范围内自己选，就选个自己真正感兴趣的。要知道你会在这上面花大量的时间，所以一定要找一个能研究得开心的题目。

- 调查研究。要充分理解主题的各个方面，不要把目光只集中在自己认同的那一部分内容上。

- 下笔前先动脑。决定好选择什么论点了吗？勇敢地引用反方的观点，如果你真的能理解对方的观点，文章会变得更有力度。

- 主旨句要清晰有理。毕竟整篇文章都是基于这句话展开的，因此一定要把它理顺。来看看这两句主旨句："大麻应合法化"和"酒精比大麻好不了多少"。虽然观点相似，但就此展开的论述是完全不同的，因此一定要想清楚自己要说什么。

- 你的论点为什么是对的，要想出几点关键的原因。原因可能有很多，但要找出两三条最有说服力的，太多了也用不上。

- 为论点寻找依据，然后在文中展示出来。这些依据有可能是专家的意见，有可能是数据，有可能是事实，也有可能是研究成果。

- 将反对方的意见公正地展示出来，然后逐一驳斥。故意削弱对方的论证对你自己也没有好处。直截了当地说出来，然后展开辩论，用证据来支持自己的观点。

- 每个段落只围绕一个问题展开。

- 段落间用过渡词进行衔接。

不要做

- 不要在文中过多使用"我认为"、"我相信"这种话。你当然可以表达自己的观点，但这些话只会削弱你的论证过程。

- 道德规范和宗教观点不能当证据来用。论据要以事实为基础，需要经得起推敲。

- 不要指望读者会对你的观点全盘接受。每一个论断都要有论据支撑。

- 不要故意忽视反方的观点。你应该承认它，回应它，不然问题是不会解决的。

- 论据不能瞎编，会被抓住的。

- 不要贬低或是羞辱反对你的人。

- 在总结段中不要再添加新内容或是展开新一轮的论证。

只有井底之蛙才只了解自己这一方的东西。

——约翰·斯图亚特·穆勒，
英国哲学家

这样做

- 标注来源。如果你引用了他人的文献，一定要以适当的形式表现出来，并对他人的研究表示赞同。

- 结尾要有力。在最后一段对论证进行总结，将文章中重要的内容再重申一次，对主旨句进行再发掘，根据文章中的论据，将主旨句换一种方式说出来。

...正确的例子

1984 年，美国国会通过了《全国最低饮酒年龄法案》，成功地在 50 个州内将法定饮酒年龄提高到了 21 岁。此举是为了避免 18 岁到 21 岁间的年轻人因接触酒精而意外死亡。然而美国年满 18 岁的年轻人已经有了一定的社会责任和社会期许，该法案与之相冲突。更何况法案并没能如预期般降低酒驾死亡率。这一法案既损害了美国青年人的正当权益，也未能达到预期的效果，因此应当废除《全国最低饮酒年龄法案》。

> 主旨句很有力度。

在美国，我们认为 18 岁以上的公民就有选举权，这项权利是由美国宪法赋予的。选举是十分重要的责任，尤其在美国大选这样的选举中，结果带来的影响可能是非常深远的，它影响的不仅仅是美国，还有整个世界。如果建国之父都相信 18 岁的公民能行使这样的权利，那为什么他们在餐厅里就不能喝一杯酒呢？

> 第二段列出了第一条论据。

年满 18 岁的公民不仅拥有选举权，同样有权进入军队服役。在历史上，男性年满 18 岁后都要进入美国军队为国家战斗。虽然征召令 1973 年才正式生效，但美国的年轻人在 18 岁时都会进行注册，没注册的还会被判重罪。如果一个人在 18 岁就能够参军，能为国家冒生命危险了，那为什么在吃比萨饼的时候不能喝瓶啤酒呢？

> 第三段列出了第二条论据。

最后一点，支持《全国最低饮酒年龄法案》的人认为，该法

第四段又列出了一条
论据。作者列出了反
对方的观点，并引用
调研内容对其进行了
驳斥。研究的方式得
当，如果读者愿意查
询也能找得到。

案已经成功挽救了两万名 21 岁以下美国青年人的生命，但这种观点并不准确。研究人员皮特·阿施和戴维·李维发现："设置最低饮酒年龄并不能有效降低年轻司机酒驾的死亡率。"[1] 阿施和李维指出提高饮酒年龄并不能降低死亡率，法案只是将死亡者的年龄阶段从 18 到 21 岁提高到了 21 岁到 24 岁。换句话来说，还是有同样多的人因酒驾死亡，只不过死亡时间稍晚了一些。很显然问题是应该限制驾驶年龄，而不是限制饮酒的年龄。我们需要解决酒驾问题，但提高饮酒年龄并不是解决方法。法案声称要对年轻人进行保护，但结果是它既没能增加青年人的安全系数，也没能降低他们的死亡率。

结论中又提到了之前
的论述，以文中的论
据为依据再次强调了
主旨。

美国青年人的成长速度越来越快，受到的伤害也越来越沉重。能够开始承担责任，大部分人都深感骄傲。但一方面限制他们饮酒，另一方面又希望他们承担起成年人的全部责任，这本身就不甚公平。《全国最低饮酒年龄法案》没能达成目标，减少酒驾引发的死亡率，只是限制了美国 18 岁到 21 岁年轻人的正当权利。这一法案自 1984 年就开始生效，但早已失去了存在的价值。

1　皮特·阿施和戴维·李维，"饮酒年龄与交通安全"，加图研究所（Cato Institute），访问时间 2013 年 4 月 19 日，http://www.cato.org/pubs/regulation/regv11n2/v11n2-8.pdf。

他们说，我说：标注引用和来源的方法

无论是在什么课上，无论是写什么主题，大部分议论文都要对引用的学者、评论家和研究人员做标注。《他们说，我说：学术写作那些事》（They Say / I Say: The Moves That Matter in Academic Writing）就是一本很实用的书，它会告诉你如何在文章中妥善引用他人的观点。

我从书里挑出了一些模板：

"他们说"的模板

如今美国人相信_____。

说到这里，有一个问题需要讨论。一方认为_____。但另一方坚持_____。还有人认为_____。我个人的看法是_____。

引言的模板

某人认为："_____。"

在_____一书中，他认为："_____。"

解释引言的模板

换句话来说，某人认为_____。

为得出这样的结论，某人认为_____。

不赞同，并且给出原因的模板

我认为某人的观点是错的，因为他忽视了_____。

我不同意某人的看法，根据最近的调查显示，_____。

赞同的模板

某人的观点是正确的，根据最近的调查显示，_____。

我同意，需要强调的是多数人都认为_____。

既赞同又反对的模板

某人的观点是正确的，但在＿＿＿＿＿＿＿＿的时候又出现了一些疑问。

如需查看更多模板，进一步学习如何在学术文章中进行"对话"，可参见杰拉尔德·格拉夫（Gerald Graff）、凯西·布莱克斯登（Cathy Birkenstein）和拉塞尔·德斯特（Russel Durst）的《他们说，我说：学术写作那些事儿》（纽约：诺顿出版公司，2009）。

如何避免抄袭

抄袭指的是在论文、考试或其他作品中不用自己的语言、想法、观点或设计。可能各个学校、学院或大学对抄袭这件事的定义会有细微的差别，但总体来讲大家都承认一点：抄袭就是将别人的语言、想法或成果假装成自己的。

在任何学校中抄袭都是一条重罪，后果非常严重，轻则挂科，重则留校观察，或是直接被踢出校门。所以你一定要了解抄袭是什么，同时还要知道如何避免它。

其实我们不仅在学术文章中会遇到抄袭，在工作领域中同样存在剽窃他人原创文章、书籍、新闻报道、调查报告、各类设计作品、提案的问题。总之，工作领域中的抄袭比学术抄袭还要严重，你一定要充分了解其严重性，避免卷进这样的麻烦之中。

常见的抄袭形式

抄袭的形式有很多种，这里有一些在学术领域内常见的形式：

· 从书籍、报道、杂志等印刷物上将他人的语言和想法复制下来，且没有注明来源。

· 从网络上将他人的语言和想法复制下来，且没有注明来源。

· 全部或部分剽窃其他同学的作业，复制到自己的文章当中。

· 从他人手中购买文章，冒充成自己的文章。

哪些内容在引用时需要注明？

以下内容适用于任何课程中的规定：

· 在文章中使用他人的词语、句子、段落时，需要标出引用标记，这样才能表达出对原作者的尊重。

· 在文章中使用他人的观点时，需要标明出处。

· 在文章中引用他人原创的研究时，需要标明出处。

所有内容都需要标注吗？

不是的。只需要对他人的脑力成果进行标注。如果你引用的信息属于常识，就不必标注。如果你不确定某条信息在本领域中是不是常识，可以向导师咨询。这里有一些例子：

常识

酒后上路很危险。

非常识

2010 年，超过 141 万人因摄入酒精或麻醉药品后驾车被拘。（来自美国联邦调查局 2010 年的调查，网址来源：www.fbi.gov/about-us/cjis/ucr/crime-in-the-u.s/2010/crime-in-the-u.s.-2010/tables/10tbl29.xls）

常识

洛杉矶聚集了大量中美地区的人口。

非常识

2009 年，每五个中美移民就有一人定居在了洛杉矶地区。（信息来自美国移民局，网址：www.migrationinformation.org/usfocus/display.cfm?ID=821）

常识

艾德华·蒙克的《呐喊》是世界上最被世人认可的画作之一。

非常识

艾德华·蒙克的《呐喊》日前将以 1.199 亿的价格卖出。（乔瑞·芬克尔来自洛杉矶的报道，网址：http://articles.latimes.com/2012/sep/18/entertainment/lat-et-cm-edvard-munchs-recordsetting-scream-set-togo-on-view-at-moma-20120918）

常识

青少年比小孩子更喜欢冒险。

非常识

青春期少年的意外受伤和死亡率远比儿童高出 200 倍。（《科学大众》2012年 10 月 15 日，刊载信息，网址：www.popsci.com/science/article/2012-10/science-confirms-obvious-teenagers-do-more-risky-things-adults）

这样做	不要做
• 阅读并理解学校关于抄袭的政策。如果你不知道去哪里看，问一问。如果你不理解其中的内容，可向导师咨询。	• 不要以为在参考文献里列出来就能安全过关。如果你在文章中提到了某个想法或是引用了某段话，就必须按照本领域的格式在文章中进行标注。

这样做	不要做
• 研究调研时做好记录。在读了大量文章之后，你会很容易忘记某个观点出自何处。有时候也会分不清哪些观点是读来的，哪些观点是自己想出来的。一定要小心，尤其是在做研究性阅读的时候。 • 可参考本领域的书籍或文章，看看他们是如何进行引用的。凡是正规的出版物都会以正确的方式标出其他学者、评论家和研究人员的成果。 • 想在自己的文章中引用他人的文字也是可以的，做引言就好了。有时这些文字可以对文章进行强有力的支撑。但引用一定要注意准确誊写，用引号标注清楚，而且还要标清楚来源出处。 • 学会改述。要在借鉴他人观点的同时对原作者表达认可，就可以使用改述这种方式。你需要用自己的话将他人的观点表达出来，因为话是自己的，观点是别人的，所以还是要注意做好来源标注。 • 熟悉相应学科、领域的引用规范。不同的学科对引用格式会有不同的偏好。你可以问问导师需要用哪种格式，然后找一份参考模板。如果你对这部分还有疑问，或是找不到合适的参考范本，可以向导师寻求帮助。	• 不要以为自己不会被抓，这几乎是不可能的。导师能很轻易地看出你文体上的不同。此外，导师对你参考的内容也非常熟悉，你抄了什么他都会知道。便捷的网络为资料查找提供了便利，也为审查提供了便利，导师可以精确地查到你到底抄了哪个点子，剽窃了哪句话。 • 不要以为自己聪明绝顶神机妙算，绝对躲得过去。告诉你吧，人家什么都见过，你想到的主意别人也都想过了。与其把时间都花在想歪点子上，不如花些时间认真调查研究避免抄袭。 • 不要以为这个险值得一冒。无论在学习中遇到了什么困难，抄袭都不是解决的办法。如果写得太慢或是有别的什么问题，最好向导师申请延长时间，不要走上邪路。

抄袭是件很严重的事吗?

抄袭是件很严重的事,原因有以下几个方面。首先这是一个法律问题:偷就是偷。作者对自己写下的内容拥有版权,而抄袭则是对这种权利的侵害。设想一下,你花了很多年写了一本书或是一篇文章,这时突然跑过来一个人说这些东西是自己写的,你会作何感想呢?此外,抄袭这件事事关道德,难道你是个骗子吗?难道你不诚实吗?不,你也不想这样。最后一点,抄袭会破坏整个学习的过程。说到底,你来这里为的是学着自己解决问题的,你需要有自己的想法,然后用自己的语言表达出来。如果去剽窃,侵害的就不仅仅是他人的权利,你也侵害了自己学习的权利。

13. 深层解析

深层解析可以用来分析文学作品或其他文章。在文学及写作课上,深层解析都是常见的作业形式。虽然这种文章的主体部分是你对文本的理解,但也需要你有自己的想法。就像字面意思表述的那样,你需要在阅读后发表自己的感想。

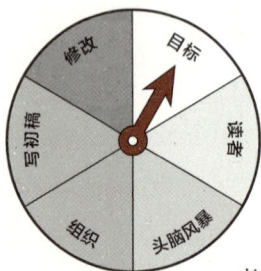

基本情况

写深层解析的**目的**是对作品的含义进行解释,哪怕解释得不全,也可以对某方面的含义进行解释。你的**读者**不是专家,他们只是对这个问题感兴趣。你需要将自己的感受以一种普通读者能够理解的方式表达出来。因此作品需要认真读,尽量不要只读一遍,看看自己会冒出什么样的想法。边读边记笔记,决定主旨后用**头脑风暴**总结出具有支撑价值的内容。没有找到足够的论据前先不要对主旨太过苛责,再读一读作品,主旨还能再完善,甚至彻底改头换面都是有可能的。要接受这样的过程,不要急躁。一旦凑齐了主旨和论据,就可以

示范提纲

开头:在主旨句中说明自己要分析的作品,亮出自己的主旨。

中间:若干段,每段都有一个清晰的主旨句。各段既对主旨进行延展,又要从作品中找到支撑的论据。

结尾:总结文中的论据和观点是如何说明主旨的。

开始**组织**文章了。示范提纲为你提供了一种实用的组织结构。**初稿**可能需要打多次，第一稿完成后先放一放，之后再回来重读一遍。重读的时候问问自己通不通顺，够不够有说服力。这时你可能会发现需要回到作品里再头脑风暴一下，也可能会发现文章里有不相关的内容。没关系，在彻底完工前再花些时间进行**修改**，直至文章足够清晰顺畅。

怎样进行解析？

我们要如何对文学作品或其他作品进行解析呢？解析的定义是什么呢？

解析指的是跨越作品的表面含义，对其深层次的含义进行分析。深层解析并不是只看表面意思，而是要"读懂文章的潜在含义"，看看文章到底在说什么。

很多学生都会犯这个错误，将解析误认为是写情节概要。可能你确实需要一个简短的情节概要来对分析进行铺垫，但概要是不能替代解析的。如果有其他人读了你写的文章，情节概要也只能帮助他们了解文章的走向。

这里有几个深层解析的例子：

表层理解：莎士比亚的《理查二世》讲述了一个国王在选择时一错再错，对属下刻薄寡恩，最终自尝苦果的故事。

深层解析：莎士比亚的《理查二世》探讨了王权与明君的素养。

表层理解：托妮·莫里森的《最蓝的眼睛》讲述了一个黑人小女孩想成为白人的故事。

深层解析：托妮·莫里森的《最蓝的眼睛》探讨了社会对女性的刻板标准所带来的危害，这种危害尤其体现在白人与有色人种之间。

表层理解：约翰·斯坦贝克的《愤怒的葡萄》讲述了一个家庭被尘暴驱赶，追寻新生活的故事。

深层解析：约翰·斯坦贝克的《愤怒的葡萄》谴责了现代资本主义的不平等经济制度。

怎样解析？

解析首先要从仔细阅读文本开始。在发掘深层含义之前，你可以问自己一些问题。故事走向是如何影响文章含义的？不同的走向会改变故事的意义吗？写的是哪段时期的事？哪个细节对你有所触动？地理环境是什么？气候环境是什么？年代？主人公是谁？他们在说什么？他们想要什么？他们之间有什么联系？人物间有矛盾吗？是什么矛盾？人物有变化吗？是怎么改变的？全篇最主要的矛盾是什么？矛盾是怎样激化和怎样解决的？是谁叙述的这个故事：叙述者也是主人公，还是以画外音的形式出现的？思考一下文章中的用语。作者经常会用象征和隐喻的手法引导读者发掘更深层次的内容。一般来说，标题总是指向文章的深层含义的。你觉得这个标题是什么意思？这些问题都能帮助你脱离表层的情节，发掘文章的内在含义。

解析必须是对的吗？

解析都是可以进行讨论的，一部内涵丰富的文学作品会有多种多样的含义。比如说，对《白鲸》这部作品你就可以有多种解析方法，既可以关注其情感，也可以关注它内部的社会阶级关系，还可以关注其中的宗教问题，等等。但也不是所有的都能说到点子上。虽然说解析是一种个人化的行为，但也有可能是完全在胡扯。《白鲸》写于 1851 年，所以里面就不可能出现互联网或是飞机之类的内容。

要想把解析说到点子上，你需要从文本中找出能支持自己观点的证据。你可以引用一些文中的内容，或是对文意进行总结以支持自己的观点。当然你也可以引用第三方的内容（比如评论文章）来对解析进行支持。具体的引用方法可参见"他们说，我说：标注引用和来源的方法"（第 251 页）。

这样做	不要做
• 早下手。整理思路写下来是需要时间的，时间很赶只会更加困难。一定要给自己留出充足的时间。	• 不要以为写一篇长长的概要就完成任务了。你可以对文中的部分内容进行归纳，目的是对它进行分析，不要对全文进行概述。
• 选一个自己感兴趣的问题展开解析。在动笔前一定要确定自己有足够的论据。如果数量不够，可以换个主题。主题站不住脚会是件很痛苦的事，最后的结果也好不到哪儿去。你需要花些时间准备一个可操作性强的主题。	• 不要想到什么和作者、作品相关的东西都写进来。文中只能出现与解析相关的内容。
• 在描述文中内容的时候用现在进行时，可以写"哈姆雷特看到了父亲的幽灵"，不要写"在那时哈姆雷特看到了父亲的幽灵"。	• 除非作者的生平和作品解析直接相关，否则不要涉及这方面的信息。
• 每段都有一个主旨句，句中只包含一个主要观点。	• 不要做不必要的引用。引用不要贪多，只求有效。
• 用过渡句将观点勾连起来，增强文章的说服力。	• 从书中、文章中、网站上引用的内容都要做适当的标注。如果你不清楚什么需要标注、怎么标注，可以让老师或导师给你讲解一下，或者去学校的教导中心咨询一下也可以。不恰当的引用会构成抄袭，后果会很严重。
• 用文中的内容支持自己的观点。	
• 引用文字的长度要与文章的长度相符。如果文章一共就五段，那么引用就不能占掉一整段。可以将文字缩减一下，只将最重要最相关的部分展现出来。	
• 文章的结尾要有力。结尾句要呼应之前的内容，呼应之前提到的论据，不要与前文脱节。	
• 可以考虑引用其他方面的内容来支持自己的观点，比如文学批评中的观点。	
• 给文章起个好名字。标题代表了文章的内容，不要只把解析作品的名称放上去。	

错误的例子...

了不起的盖茨比

弗·司各特·菲茨杰拉德（F. Scott Fitzgerald）的小说《了不起的盖茨比》于1925年首次出版，之后重印过无数次。出生于明尼苏达州圣保罗市的菲茨杰拉德被誉为美国最杰出的的作家之一，而《了不起的盖茨比》无疑是他的代表作。本书的写作时间介于第一次世界大战和1929年经济大萧条之间。这时的美国经济繁荣，社会也在发生巨大的变革，正是奢华的爵士时代。《了不起的盖茨比》就对这一时期的诸多现象进行了反映。

在《了不起的盖茨比》的开篇，我们认识了本书的叙述者尼克（Nick），他从中西部地区来到纽约做债券生意，在长岛租下了房子，他的表妹黛西（Daisy）和表妹夫也住在附近。他去豪华别墅拜访黛西和汤姆（Tom），发现汤姆虽然富有，却骄横跋扈，并且外遇缠身，黛西对此很不高兴。随着剧情的发展，尼克认识了汤姆的情妇默特尔（Myrtle），发现她不过是个浅薄做作的女人，和汤姆也不是一个阶层的人。

尼克家的隔壁住着一位神秘的富翁名叫杰·盖茨比（Jay Gatsby）。关于盖茨比的财富从何而来，尼克听到了一些谣言：有些人说他的钱都是通过违法活动赚来的，有些人说他的钱是从有钱人家继承过来的，还有人说盖茨比曾是一战中的英雄。而尼克看到的是盖茨比永远都在办奢华的派对。后来他受邀参加了派对，并且做了这样的描述：

到了周末，他的那辆劳斯莱斯就变成了公

标题不太好，你需要给读者更具体的信息。

确实如此，但爵士时代的特点是什么呢？文章又要对哪种特点展开讨论呢？任何文章，尤其像是这种比较短的文章一定要有一个明确的主旨。作者是不可能面面俱到的。

信息都是正确的，但太过笼统，对阐述本书的内容也没有帮助。从这里感觉作者还没决定自己想要写什么，好像是在边写边想。如果你的文章也是这样开头的，一定要回去修改一下，摆出文章的主要观点。

情节概要写得太多了，分析的内容明显不足。作者确实展示出了一些很有意思的内容，比如汤姆和默特尔之间不平等的社会阶层，但文章并没有越过概要真正展开解析。

共摆渡车，从上午九点到深夜不停往返接送宾客……到了周一，八个仆人外加一个园丁举着拖把、扫帚、锤子和修枝钳苦干一天，才能将前一天晚上狼藉的房间打扫干净。每逢周五，城里的水果店会运来五箱橙子和柠檬，而到了周一，果皮会在后门外堆成小山。他的厨房里有一台机器，半个小时就能将两百个橙子榨成果汁，只需管家用拇指按上二百次就可以了。（第44页）

> 这段引用太长了。若想说明自己的观点，只截取其中的一段就可以了。

最终尼克终于知道了盖茨比的身家背景。他真名叫盖茨（Gatz），出身寻常人家，而并非所谓的贵族家庭。他的钱是和犹太人梅耶尔·沃夫谢姆（Meyer Wolfsheim）一起贩酒的灰色收入。尼克得知真相后十分震惊，但仍对盖茨比感到同情和敬畏。

> 既然已经说了沃夫谢姆是个犹太人，就大可在这里对该故事发生时的社会阶层展开分析，但作者没能抓住这个机会。

随着情节的发展，我们得知了盖茨比和黛西曾经相恋，如今也仍然爱着对方。盖茨比之所以举办豪华派对也仅仅是为了将黛西吸引到自己身边。盖茨比和黛西变得愈发亲密，此举也为盖茨比招来了杀身之祸。在一系列事件后，汤姆的情妇默特尔被盖茨比的车撞死了，虽然开车的人是黛西，却要盖茨比来顶罪。默特尔的丈夫为复仇杀死了盖茨比，汤姆和黛西拒绝承认自己的过错，双双离开了小镇。

> 文章少了主旨句，段落也缺少主题句。这样导致的结果就是文章更像是一篇漫无目的的概述，并没有太多的分析。

《了不起的盖茨比》反映了美国爵士时代浮华表面下的幻灭和腐朽。在那时，人们的道德开始沦丧，也预示着随后大萧条带来的经济崩塌。在小说的结尾，尼克挥别了盖茨比那已经荒凉了的别墅，离开纽约回到了中西部，永远珍视这段回忆。

> 通篇都更像是情节概述，缺少有效的分析。这一稿中有些很不错的闪光点，其实可以挑出来进一步解析，但作者没能抓住这些机会。

...正确的例子

《了不起的盖茨比》与爵士时代的阴暗面

弗·司各特·菲茨杰拉德的小说《了不起的盖茨比》出版于 20 世纪 20 年代的美国，此时正值第一次世界大战之后，经济大萧条之前。虽然作者描绘了奢华光鲜的派对场景，但也展示了当时美国的"另一面"。《了不起的盖茨比》一书最终讲述的是浮华的爵士时代如何瓦解了旧式的美国梦，使人们的未来处于不确定的状态之中。

> 第一段结尾的主旨句很有力。

在故事的最初，盖茨比是个魅力非凡的人，但最终他的生活和所拥有的一切都转瞬成空。故事的叙述者尼克是这样描述盖茨比家的派对的："他的厨房里有一台机器，半个小时就能将两百个橙子榨成果汁，只需管家用拇指按上二百次就可以了。"关于盖茨比的身世和财富来源有很多谣言，他告诉尼克自己来自一个富有的家庭，有着光鲜亮丽的过去。但在故事的结尾我们了解到他最初不过是无名小卒，并非他口中的美国贵族。他也不是靠个人奋斗白手起家的，而是通过违法活动来赚钱。盖茨比对自己进行了彻底的改造，为了满足对财富的渴望舍弃了正直诚实的品质。小说最后废弃的别墅也象征着他的假身份有多么的空洞虚假——"到处都是灰尘，整座房子都泛着霉味"。

> 作者没有为我们做全书概述，而是仔细挑选出一些细节来支撑自己的观点，对全书展开解析。

> 作者精简了引用段落，用来支持自己的观点。

如果说菲茨杰拉德有意批判盖茨比"暴发户"式的赚钱方式，那么东埃格村里"有祖传财产"的人在道德上也同样腐朽。尼克的表妹黛西有社会地位，也有贵族式"自然"的行为举止，这些都让盖茨比崇拜不已。但她嫁给了汤姆·布

> 引用内容恰到好处地为这一段画了句号。

坎南，这是个笨拙又满不在乎的人，手中握着大把继承来的财产。在全书的开篇我们就知道汤姆出轨了，并且还带着尼克去见了自己的情妇，那是个浅薄做作的女人。在全书接近尾声的部分，汤姆和黛西却让盖茨比成了杀死情妇默特尔的替罪羊（实际是黛西杀的人），最终导致盖茨比惨遭谋杀，随后汤姆和黛西就立即离开了。之后尼克在纽约街头又遇到了汤姆，后者还在为自己的行为争辩。尼克将汤姆和黛西定位为"满不在乎的人"，他们"搞砸了事情、伤害了别人后就退缩到自己的钱堆里去，退缩回麻木不仁中去……让别人出来给他们擦屁股"。

> 第二段以过渡句开头。第一段主要讲述了"暴发户"的肤浅，这一段开始对"有祖传财产"的人进行批判。

　　菲茨杰拉德用意象贯穿全篇，揭示了光鲜富有的人背后的腐化与堕落。故事在开头有一段令人印象深刻的描述，尼克称这个地区为"灰烬谷"，每个人搭火车去纽约城时都会路过："灰沙像麦子一样疯长……沙子堆成了房屋、烟囱……灰色的人影缓慢地移动着，像是要被布满尘灰的空气压塌了。"尼克说火车开到这个工业垃圾场一般都要停上一分钟，"正是因为如此，我才见到了汤姆·布坎南的情妇"（第28页）。这令人惊悚的场景萦绕在整本书之中，暗示着"物质财富"最终的归宿，也暗示了财富带给人类的影响。

> 总结段的开头将前文的所有内容串在了一起。

　　《了不起的盖茨比》既极力描绘了野心与财富，也极力刻画了腐朽和衰败。菲茨杰拉德为我们展现了爵士时代阴暗的一面。在全书接近尾声时，尼克开始怀念中西部的家，开始追忆过去的时光，对他来说人与人之间真挚的情感才是最重要的。他回忆起年轻人从预备学校回家过圣诞节的场景，大家会在火车站会合："女孩们都穿着裘皮大衣……即便冻得要命也还是叽叽喳喳地说着话，看到熟人时手挥舞着举过头顶。"（第183～184页）这样温暖的场景似乎已经远去了。尼克再没能回到这样纯真的年代，对他而言永远不会有这样的纯真年代了。在全书的最后，作者说我们再也回不到过去，这也暗示着我们的国家再也回不到从前："我们奋力搏击，逆流前行，被无尽的水流裹挟着前进。"

> 最后一段回到了文章主旨上，同时也回顾了文章中提到的内容。

第二节　自然科学与社会科学写作

1. 科研项目日志

科研项目日志是为科研实验或科研项目撰写的文字记录，按一定时间间隔对项目进行详细记录。日志既能记录每一步方法、工序，也可以记录研究中的发现，这样其他研究人员也能去证实你的发现。大家都应当养成记实验笔记的习惯。在某些研究领域，实验笔记相当于"法律文件"。

你的导师可能已经给了你详细的记录要求，一定要弄清自己需要写些什么。

基本情况

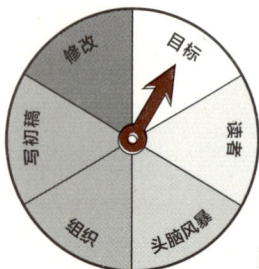

记录科研日志的**目的**是对整个实验或项目过程进行完整的记录。如实记录能为将来的项目或实验报告提供有力的支撑。而记录日志的过程也能帮助你对项目进行规划。最后，进行逐步的记录也能方便其他科学家和研究人员将你的实验再现出来。

你的**读者**当然就是你的导师。但在记录时需要将自己当成科学家，告诉自己这份记录是为其他科学家的研究而写的。别人需要参照这份日志再现你的实验，如果始终能牢记这件事，记录也会更加全面、更加专业。关于项目日志的内容，与其说需要**头脑风暴**，不如说需要一丝不苟的详细记录。你需要有规律地对实验数据进行记录。日志都是根据项目或实验的进程按照时间顺序书写的。它和其他类型的写作不同，不需要打很多次**初稿**，之后不需要修改。你可以对拼写错误或是书写不清等错误进行**修改**，但主体内容一定不要轻易改动，否则会影响记录的权威性。

这样做	不要做
<ul><li>找出一个笔记本来专门做记录。最好能找个线装的笔记本，每一页都是固定的。这样可靠程度就大大提升了，因为写在这样的本子上是很难窜改的。你可以在每页的右上角标上页码。</li><li>记录要使用不可擦除的笔，不要用铅笔或可擦笔。如果你要画掉什么东西，画横线删掉就可以了。不要涂抹，也不要使用修正液，这样显得你好像在隐藏什么似的。记录要能够保存，清晰明了。</li><li>开篇时简要描述一下实验或项目的内容，其中要包含具体的目标。</li><li>当天的内容当天记录，不要等实验已经做了大半才开始着手写。</li><li>记录要清晰。我们写日志的目的就是要他人能看懂、能理解你在做什么。</li><li>对过程进行逐步记录。如果你还不清楚要具体到什么程度，可向导师咨询。</li><li>做完一个步骤后立刻进行记录。不要指望着之后还能回忆起所有的细节。一旦出现新发现或新点子就立刻记录下来。</li></ul>	<ul><li>不要忽略掉细节。宁可记录得过分详细也不要漏掉任何环节。</li><li>即便是之后发现记录内容和实验不相关，或是自己犯了一些错误，也不要删去任何内容。做详细的记录才是重中之重，并不一定要每一步都做得尽善尽美。</li><li>记录并不是非要使用正式语言。你也可以使用非正式的、交谈式的语言。</li><li>结果不要四舍五入。每一个数据都要保留到小数点后最后一位。</li></ul>

这样做

- 如实地进行记录。记录的频率时高时低很容易遗失掉重要的信息。

- 记录下所有的数据运算。这样即便计算失误也能很快找出来。

- 保留小数点后尽可能多的数位。

- 以主动语态和第一人称逐条记录。可以省略"我"这样的代词，因为大家也都知道是你在做实验。可能很多句子都不是完整句，比如："用刻度尺测量每一株幼苗。"

- 每条都标上日期并签字。

- 给图表、表格和图片都标上题目和日期。

- 将计算机打印出的文件照片订或粘贴在日志合适的位置上。

- 在实验或项目的结尾处简单写一写自己的看法。实验有没有达到预期的效果？中间发生的问题是否对结果造成了影响？

日志范例

2013 年 3 月 9 日，星期五，温度 16℃，湿度 70%。手工混合堆肥，没有发生可见变化。

2013 年 3 月 19 日，星期一，温度 19℃，湿度 72%。开始分解，依然可见一些食物残渣。

2013 年 3 月 30 日，星期五，温度 20℃，湿度 61%。继续分解，没有搅拌，新增 125 克食物残渣。

2011 年 10 月 21 日，星期五。给了 A 株植物浓度 6.0% 的生理盐水，叶子已经开始变黄。

2011 年 10 月 24 日，星期一。A 株植物落下一朵花，给了 B 株植物浓度 3.0% 的氯水，叶子已经开始变黄。

2011 年 10 月 27 日，星期四。C 株植物只浇了水，植物发蔫。

修改日志

滴入 ~~5 滴~~ 4 滴催化剂后，混合物变成红色。

称 ~~0.76~~ 0.77 克柠檬酸钙（目标为 0.80 克）。

称 0.33 克硝酸铁（氯化物），放入烧杯中，加入 7 毫升酒精搅拌。

测试棒和（轮缘）都已安在了棒框仪上，忘了用密封剂，使用密封剂重复了该步骤。

2013 年 3 月 9 日，报告称样本量为 33，但实际为 31。实验开始前有部分零件发生了分离。

9 月 10 日，记录称样本均为男性。而实际 11 名样本为男性，2 名为女性。

2. 实验报告

在理科和工科的课堂中，实验报告是一种很常见的作业形式。不同学科的报告格式体例不同，比如生物学报告就和化学报告、物理学报告有着很大的区别。此外导师在报告的内容上也会有自己的偏好。以下是所有实验报告都要遵守的一般规则。你一定要搞清导师的要求是什么。

基本情况

撰写实验报告的**目的**是将实验的发现和过程记录下来，与他人交流这些新发现的重要意义，同时也能够证明你已经了解了实验的原理。你的**读者**当然就是导师。但为了更好地完成这项作业，你应当将自己视作一名真正的研究人员，为公众和其他科学家来写这篇文章。为了保证科学有效，这项实验必须具有可重复性。因此实验的每个步骤你都需要认真记录，这样其他研究人员才能参照你的做法得出同样的结果。关于报告的内容，与其说需要**头脑风暴**，不如说需要一丝不苟地对整个实验做详细的记录。在示范提纲中可以看到如何**组织**实验报告

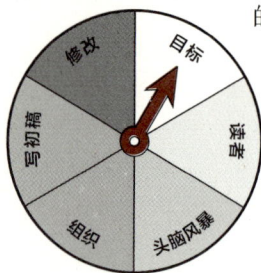

的结构，但就像前文提到的，不同的学科偏好不同的实验报告格式，你要向导师确定一下，搞清自己到底应该用哪一种。实验报告要打**初稿**，注意语法正确与否，这点和其他正式的文章相同。写作时要不断与笔记相对照，不要有内容遗漏。报告初稿完成后可以休息一下，换一下脑子后再回来看。看的时候要站在导师的角度上，看看内容是否完整，是否清晰，有无遗漏。为了更完整、清晰、准确，你可以动手进行**修改**。

示范提纲

根据专业的不同、导师的不同，实验报告的格式和内容会有很大差别。这份示范提纲包含了大多数报告都要有的内容。动笔前你需要向导师确认一下，搞清自己究竟要写些什么。

扉页：扉页上要有实验的名称、你的姓名、搭档的姓名以及日期。

摘要：摘要要对实验的目的、效果、重要性和结论做高度的概括。其中也可以将实验所用的方法论，或是理论依据加进来。摘要一般只有一段，最多两百字。

引言：用一两句话概括自己的实验目的。在这一部分中你可以向读者描述一下实验的背景和理论，也可以描述一下所用的具体器材，并阐述一下为什么要使用它们。

方法和材料：（有些实验报告会用"器材"一词代替"材料"。也有些报告会将这一块分为两个部分。）简要描述一下实验中用了哪些材料、是怎么用的。这一部分的内容要尽量翔实，这样其他研究人员才能比较轻松地将实验再现出来。如果你的步骤参考了某种操作指南或是其他书籍，也要将来源标注出来。有些学科还会要求写出实验是在何时何地完成的。

过程：有些学科会要求你按时间顺序一步一步写出实验的具体过程。每一步都要写出来，这样其他研究人员才能再现这个过程。

结果： 在这一部分中要写明实验的结果，不要掺杂任何分析或感言。经常用于展示实验数据的方式有方程式、表格、图片，有时还会有照片。要记住每张表格和图片都要能自行解释。

探讨： 在这一部分中你可以对实验的结果进行分析和解释。你还坚持最初的假设吗？你可以将自己的实验结果和已知的知识理论相结合。如果结果和最初的设想不同，分析一下可能出了什么问题，可能发生了什么错误，探讨一下实验设计上有什么优势，存在什么局限。同时也可以讨论一下未来的研究方向。

结论： 有些学科会要求实验者写出一个结论，阐述实验完成后我们又增长了哪些新知识。根据要求不同，还可以对未来的研究进行展望。

参考与引用： 在报告中列出所有的引用来源，包括操作指南，确保引用格式正确。如果你还不清楚格式，可向导师进行咨询。

附录： 如有必要的话，可以在报告的最后加上附录。其中可能有文章中没有出现过的原始数据、表格和图片。但至少你应该在文章中提到过这些附录。注意给每条附录都取一个合适具体的名字。

这样做	不要做
● 给报告取一个清晰具体的标题。举例来说，与其叫"2 号实验"，不如叫"2 号实验：蒸腾作用"或是"2 号实验：测量熔点"。	● 不要把操作指南改写成实验报告的背景，要根据项目阐述出自己的理解。
● 报告中的语法要正确，不要使用速记，也不要只写一半句子。	● 方法部分要写的是你做了什么，而不是你应该做什么。
● 记录的步骤一定要真实，不要直接从操作指南上复制。如果导师明确要求你根据指南上的步骤进行操作，也一定要把发生的偏差记录下来。	

这样做	不要做
● 当数字大于 10，或是紧接度量单位时请写罗马数字。每句开头的数字也要改过来。 ● 如果使用代词，一定要指代清晰。 ● 给所有的方程式编号，并对其中的符号进行解释。	● 用词要准确，不要用"相对接近""非常类似"或"高一些"这样的词，用更准确的词进行代替。

项目申请格式

　　自然科学和社会科学类的研究在最初都需要进行申请。这部分主要是为你提供一个基本的申请模式。根据学科和主审人要求的不同，申请的格式和专有名词也会不同。如果你不知道应该怎样写，可以向导师、教授或指导员进行咨询。

学生姓名
学院指导员或教授姓名
　　引言 / 主题。首先简要介绍一下申请的项目，叙述项目的主题。解释一下为什么觉得这个项目非常重要，也可以解释一下该项目与自己的专业领域有何联系，会怎样影响自己未来的职业发展。
　　背景信息 / 阐述问题。回顾一下该项目的研究历史，该项目有没有涉及本领域中的研究难点？如果有，阐明问题所在，提供背景信息。
　　研究的形式或方法。详细描述准备怎样展开研究。你打算以哪种方式收集信息？是出版物、访谈、调查、实验还是别的方式？介绍一下具体如何应用。
　　所需资料。是否需要用数据、特殊软件等资料来进行展示？有的话可以写在这里。

> **目标/预期效果。**解释一下自己为什么要做这个项目，你希望得到怎样的收获和结果，列出自己具体的目标。这一部分会是整篇申请中篇幅最长的部分。
>
> **最终呈现方式。**描述一下你最后打算以何种方式将研究结果呈现出来。要写论文还是做报告？要向谁做报告？报告的内容有什么？是否会对未来的研究起到指引作用？

3. 文献综述

文献综述可以单独作为作业布置，可以作为自然科学或社会科学论文中的一部分，可以成为毕业论文中的一个独立的章节，也可以通过参考书目的形式出现。文献综述既要将与该话题相关的出版物列出来，还要对这些内容进行批判性探讨。其来源既包括书籍和论文，也包括之前其他人写的文献综述。如果能获得作者的允许，未出版的内容也可以列进来。根据专业的不同，文献综述的格式也有所不同，因此要向导师确认一下要写些什么内容。

基本情况

撰写文献综述的**目的**是对已出版的文献进行批判性探讨，这些文献都与你的研究领域相关。综述需要对这些相关的研究进行归类，展示出该领域知识的发展过程，进行分类比较，并将自己的研究归入其中。你的**读者**就是导师。但为了达到更好的效果，你要把自己当作专业的研究人员，写出来的内容是要拿给同行来看的。**头脑风暴**时需要进行全面的研究，了解引用文献中不同的观点和看法，然后将自己的想法放在合适的位置上。需要特别注意的是要认真分辨文献的不同流派。根据研究领域的不同，你可以将文献按照理论研究、方法研究、课题研究、抽样调查或其

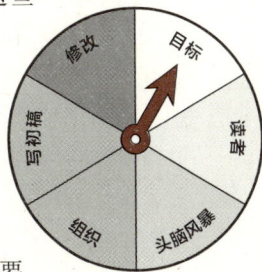

他类别进行归类。如果能列个单子，或是画个流程图表明观点、流派之间的关系会对你很有帮助。如在后续写作的过程中又遇到了其他资料，记得返回头来调整分类。你可以用示范提纲来帮助自己**组织综述**。**初稿**的语言要客观，要带有学术气息。表达个人观点固然是你的自由，你确实也应当这样做，但要记住自己是个专业人士，你的读者也是专业人士。打完初稿后可以休息一下，之后再回来重读，**修改**得更加完整准确。

示范提纲

文献综述的长度短则几段，长则几页，它主要与文献相关流派的数量、研究的数量以及与本文的相关度有关。综述应当尽量丰富。

引言：介绍一下主题或研究领域。紧接着是一段对本领域的当前研究，或对该研究领域影响较大的内容进行高度概括。你需要对前人的研究进行分类，并将自己的研究内容纳入其中。阐明文献选择的标准，划定综述的范围（哪些文献在范围之内，哪些要忽略，为什么要忽略）。

主体：将研究按照不同的时间、研究问题、方法论、处理方式、目标、新发现以及结论等进行归类。要注意有些研究的归类不止一个，如果分属于不同的类别，重复提及也是可以接受的。可以给你认为比较重要的研究内容多留出一些空间。你的研究与其他研究的相似之处和不同之处要写清楚。

结论：总结文献的意义，此时要注意引言段中为文献选择划定的标准。对当前本领域的研究进行整体评价，可以指出研究的空白、理论方法的缺陷以及研究中的矛盾，为未来的研究指明方向。

这样做	不要做
● 确定综述的学科范围。 ● 确保分类标题和副标题在逻辑上讲得通。 ● 将相似的内容进行归类。我们写文献综述是因为它能追溯出流派发展的过程。因此你需要对相似的研究进行归纳讨论，探究是什么对这些研究产生了影响。 ● 真实完整地写出每份文献的特点和价值。 ● 文献综述要尽可能地翔实。尽全力去找所有与研究相关的各流派文献。 ● 主题句要有力，多用过渡词，这样读者才能比较容易地跟上你的节奏。文献综述读起来应当像散文一样顺畅。	● 不要用他人的文献综述进行拼凑。你可以参考别人的综述，但不能替代阅读和评价文献的过程。 ● 不要把没读过的文献加进来。 ● 不要把文献不加分析地列上来。文献综述不光是要描述，还要分析。 ● 不要加入与主题无关的内容。有些领域的文献是海量的，只关注和自己的项目相关的内容就好。如果这个领域的研究成果很少，可以在综述里进行说明。 ● 即便不同意他人的结论，认为对方做得很不好，也不要蔑视他人的研究。你可以批评，但一定要保持专业的态度。 ● 不要因为某项研究的结果与你的研究结果相反，就在文献综述时刻意忽略它。

4. 历史论文

写历史论文不仅仅是陈述史实和标明日期。写作的关键在于汇总历史事件，得出一个暂时的结论，然后用论据支持这个结论。写历史论文能让你在探索感兴趣的问题的同时锻炼这些技能。

基本情况

写历史论文的**目的**是对历史问题进行探索，给出自己的答案。你的**读者**当然还是导师，但如果你能将自己想象成专业的历史学家，写的文章是为了展示给对该问题感兴趣，对文章有更高学术期待的人来阅读，自己写起来也会更有意思。你就是在对

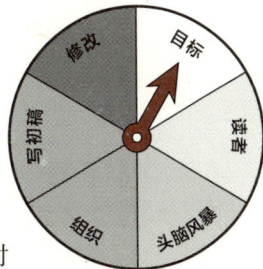

某个历史事件进行探索，文章就是对探索的结果进行探讨。**头脑风暴**要从选择好问题开始（参见第 276 页的资料框"面对历史问题"）。选择会受到课程的限制，但你可以尽量选择一个自己真正感兴趣的问题。毕竟要花大量的时间来探索这个问题，不如就选一个自己想要研究的问题。基本上历史论文就是议论文，也就是说你需要证明一个观点，文章要围绕一个主旨句展开**组织**。（如需更多帮助，可参见第 237 页的议论文部分，或是第 247 页的"怎样写出有力度的段落"。）主旨句是反复头脑风暴和研究之后的结论。要给自己留出充足的研究思考的时间：很可能你提出了一个很有趣的问题，但是找不到足够的证据证明自己的观点。因此在找到合适的主题和论点之前要学会变通。在写**初稿**的时候最好能列个提纲。历史问题有很多讨论角度，如果没有提纲做指引很容易跑题。给自己留出充足的时间，在完成初稿后休息一下，之后再进行最后的**修改**。在重读初稿时问自己一些问题，主题是否清晰？文章中的内容是否起到了支撑作用？如果有必要，可以考虑换个表达方式。有不清楚的地方吗？史实和引用都没有问题了吗？有没有不相干的内容？记得在上交前仔细校对一下。

这样做	不要做
• 给自己留出充足的时间。历史论文可不是交作业前一个晚上就能赶出来的东西，你需要给研究和思考留出时间。	• 不要把材料往上一堆就不管了，要用自己的观点把它们都串联起来。
• 为文章想出一个合理而具体的主旨句。主旨句既要具体，也要覆盖全文的内容。	• 不要添加无关的内容，无论这些内容有多有趣。文章中的所有内容都要与主题相关，删掉无关的信息。
• 文章需要根据一个问题展开论证，不能只是简单地将史实摆出来，文章要有观点。	• 不要忽略反方的观点。如果能对反方的观点进行驳斥，论文会更有力度。如果无法驳斥，至少也要承认对方的存在。
• 将自己的文章与其他历史学家的研究联系起来。除非你完全是使用原始来源进行研究，否则一定要注意查看其他历史学家研究的问题，并将自己的研究内容安插其中。	• 不要为了迎合文章的观点而扭曲事实。找到合心意的材料是很困难的，但你必须将研究如实准确地展现出来。

这样做	不要做
● 观点要站得住脚。如果其他人在这个问题上与你意见相左，一定要明确自己的立场。不要害羞，大胆阐述自己的观点。	● 文章中不要使用主语"我"。大家都能理解你所议论的就是你相信的。
● 仔细考虑素材的来源问题。你打算用原始来源还是次级来源，还是两种都用？（可参见第 282 页的资料框"历史研究中的原始来源和次级来源"）使用时要注意它们是否有效，并与其他相关素材进行比较。同时也要考虑素材的倾向性，它们是否能表达出某种观点？这些观点是怎样对文章起到支撑作用的？	● 不要将他人的原创观点说成是自己的。在研究时就要做好记录，仔细标出每条引用的来源。关于哪些内容需要标注，可参见"如何避免抄袭"（第 252 页），或是向导师进行咨询。
● 花时间仔细阅读资料中的脚注和尾注。我们经常会忽略脚注，但其实脚注包含了大量的有用信息。	● 论证不要感情用事。可能你在写作时内心有很多的感受，但若是能冷静地陈述事实，文章会更有力度。感情用事的议论文会很容易遭到驳斥。
● 尊重文献中所提到的时代，尊重那个时代的文化。价值观和行为规范都会随着时间变化，要知道现在我们所掌握的信息，有许多在当时都是无法掌握的。即便你并不赞同那个时期人们的价值观，也要试着从他们的角度去看问题，尽量避免将自己的价值观强加在他人之上。	
● 注意自己的倾向性。观点会随着个人背景、文化差异和时间流逝而变化。因此要留心那些会对你的观点和看法产生影响的因素。	
● 文章始终要有议论性。我们经常会在写历史论文时过分关注史实。如果你一定要对某个历史事件进行叙述，那一定要有很好的理由。所有的内容都应对论文起到支撑作用。	

这样做

- 认真合理地做好引用，在研究时就开始认真记录，将读到的史实和观点记录下来。论文中可以使用尾注或脚注。向导师确认一下引用的具体格式。

面对历史问题
美国历史学会

缩小问题

所有的历史问题范围都很广，因此我们需要对其进行浓缩提炼。素材的数量很多，而我们的时间又很少，这里为你准备了三种缩小问题的方法：

- 限制范围——从地理、时间或研究对象等方面缩小问题的范围。我们可以只关注一个国家或区域，或只挑一个比较短的时间段，只研究一个组织，只分析一两个人。

- 选择角度——可以将某种理论观点作为框架指导研究。可以对一个人的某种身份进行强调，比如阶层、性别、人种或是民族，此外也可以针对某种社会化过程，例如世俗化、民族主义或是资本主义展开分析。分析某个历史事件可以有不同的角度，例如知识层面、环境层面、文化层面、社会层面、劳工层面、军事层面或政治层面。

- 有针对性地选择素材——一开始就划定素材搜索的范围，可以是某个学者写的几本书，可以是某本文选，可以是一沓报纸。研究时要注意分辨原始来源和次级来源。

浓缩出研究问题

浓缩和提炼问题会比想象中更难，因此要给自己留出充足的时间。

- 历史问题的种类——有些问题是历史研究解答不了的。历史问题大致可以分为三大类，你可以提前了解一下：对比不同时期某件事的异同，了解它如何随着时间变化发展；评估哪些重要因素和环境对某个人和事件产生了重大影响，对历史背景进行研究；了解过去人们的观念、心态和经历，深挖研究意义。

- 把问题写下来——研究都是从问题开始的。写个句子出来，在结尾打上问号。随着研究的推进，这个句子可能会有所更改。

- 提炼主旨句——研究的意义就在于探讨那些没有明确答案的问题。你可以给问题预先设定一个答案。所谓主旨就是回答问题。你可以多写几个主旨，随着研究的推进不断修改。

美国历史学会（AHA）是始建于 1884 年的非营利组织，为推进历史学研究，于 1889 年经国会通过改组公司。学会的网站是 www.historians.org。

...正确的例子

早期现代英格兰和西班牙的寡妇生活研究

英格兰与西班牙曾是早期现代欧洲最强大的国家，那么女性在这两个国家中有着怎样的待遇呢？这里有个有趣的研究角度，我们可以观察两种文化中对待寡妇的不同之处。寡妇的生活是很重要的考量方式，因为她们代表着当时最自由的女性：既不受制于父亲，也不受制于丈夫。尽管一些历史学家指出宗教改革是欧洲女权运动的关键点，仍有一些证据表明相对于英格兰的寡妇，西班牙的寡妇可以享受到更好的法律保障和社会认可度。

在西班牙，天主教是一种由国家资助的、高度集权的正统教派，教会对寡妇的行为举止做出了严格的规定。她们需要静默祈祷，且不可再婚。在天主教国家寡妇可以进入修道院，她们可以选择成为修女，大部分人选择只是住在院内。[1]

而基督教教会的信念更多是通过"行为准则"进行传播的。根据 P. 蕾妮·博恩斯坦（P. Renée Baerstein）的观点，"自古代基督教时代起，安布罗斯（Ambrose）、耶柔米（Jerome）、奥古斯丁（Augustine）等人就针对寡妇这类虔诚的化身撰写过文章。而到了中世纪晚期，女教徒的种类陡增，出现了针对女性教徒的三种生活的行为准则。"[2] 这一时期研究女性状态最知名的理论家是西班牙人胡安·路易斯·韦斯（Juan Luis Vives），他是《论基督教女性的教育》（*De institutione feminae Christianae*）[3] 一书的作者。该书的第三部分讲述了寡妇的状况。虽然韦斯并没有谴责再婚，但他坚定地认为没有必要再婚。他引用了圣保罗的话："独居好过再婚。"[4] 除了要保持单身，寡妇们除了去教堂以外要尽量足不出户，要避免和男性仆人接触，衣着从简，要全心全意照顾孩子，并且日夜祈祷。

但除却教会和理论学家韦斯的教义之外，当时西班牙的寡妇是享有一定法律权利的。按照大卫·莫斯伯格（David Vassberg）的说法，寡妇是"贫穷"且需要帮助和保护的人群。但在法律的层面上讲，寡

1　关于在中世纪后期的意大利修道院成为寡妇避难所一事，如需更多内容请参见 P. 蕾妮·博恩斯坦（P. Renée Baerstein），《女性的居所：十六世纪米兰修道院与家庭中的女性》，十六世纪研究期刊 25，第 4 期（1994）：787-807 页。

2　出处同上，789 页。

3　胡安·路易斯·韦斯，《一本名为＜论基督教女性的教育＞的深刻好书》（1523），理查德·海德（Richard Hyrde），伦敦 [1529?]。早期版本的复刻版由黛安·伯恩斯坦（Diane Bornstein）提供，《文艺复兴时期与女性相关的著作》（德玛，纽约：学者复刻重印版，1978）。

4　"我对着没有嫁娶的和寡妇说，若他们常像我就好。倘若自己禁止不住，就可以嫁娶。与其欲火攻心，倒不如嫁娶为妙"（《哥林多前书》7:8-9）。《日内瓦圣经：新约注解版》，1602 年版，杰拉尔德·T. 谢泼德（Gerald T. Sheppard），（克利夫兰：朝圣者出版社，1989）。

妇的生活要比结婚妇女"好得多"。[1] 法律会保护寡妇的财产。寡妇也有权利继续享有亡夫的封赐（由皇室授予的封地），[2] 根据米莲维纳·麦克德瑞克（Melveena McKendrick）的说法，"丈夫去世后，妇女就在法律上成为了一家之主。她能够掌控家中的大小事务，为儿子和女儿安排婚事。"实际上，那时只有西班牙的妇女能够成为一家之主。根据玛丽·伊丽莎白·佩里（Mary Elizabeth Perry）对早期现代塞维尔地区的研究，虽然社会对寡妇的行为有诸多限制，但她们仍是城市经济社会生活中的活跃群体："寡妇可以保留财产，能够成为儿童的法律监护人，能为孩子筹备嫁妆，能签署租赁合同，能买卖资产，能给自己立遗嘱。"[3] 虽然教会及其代理人有许多条条框框，但根据大卫·莫斯伯格的研究："在西班牙，寡妇是受人尊敬的群体。"[4]

而在英格兰，宗教改革运动使寡妇的生存状况更为复杂了。此时英格兰正处于宗教和社会的变革中，谁也不清楚最终改革的结果："这个国家被天主教统治了好几个世纪，而此时向新教的方向一去不返，谁也不清楚'新的'社会关系会是怎样的，尤其是妇女们的社会关系。人们对妇女的观念确实在改变，但社会整体并没能接受改变的这个现实。"[5]

新教时代到来，虽然有许多关于男女平等的言论，但英格兰女性的权利依然在受损："亨利八世破坏了寺庙和修道院，加之越来越多的新教徒将婚姻视为社会变革的唯一标志，更加重了妇女们的负担。由于妇女没有其他职业，所以只能嫁给那些原来看不上眼的社会边缘

1　大卫·莫斯伯格，"寡妇的生存状态"，《旧时欧洲贫穷的妇女儿童》，约翰·亨德森（John Henderson）和理查德·沃尔（Richard Wall）（伦敦：劳特利奇出版社，1994），185 页。

2　米莲维纳·麦克德瑞克（Melveena McKendrick），《西班牙黄金时代歌剧中的妇女与社会：关于女性男装的研究》（剑桥：剑桥大学出版社，1974），42 页。

3　出处同上，17 页；莫斯伯格，"寡妇的生存状态，"180；玛丽·伊丽莎白·佩里，《早期现代塞维尔地区的性别与失调》（普林斯顿，新泽西州：普林斯顿大学出版社，1990），15 页。

4　大卫·莫斯伯格，"寡妇的生存状态"，《旧时欧洲贫穷的妇女儿童》，约翰·亨德森（John Henderson）和理查德·沃尔（Richard Wall）（伦敦：劳特利奇出版社，1994），182 页。

5　西奥多拉·A. 扬科夫斯基（Theodora A. Jankowski），《早期现代歌剧中的女性权利》（乌尔瓦纳：伊利诺伊大学出版社，1992），37 页。

人群。"[1] 奇怪的是，寡妇在选择第二任丈夫时也有诸多限制。即便是已婚的妇女都能感受到自己的家庭角色发生了变化，这种变化让她们很不舒服。清教徒认为丈夫才是一家之主，原本妇女在家中也能够做主，但现在只能是个"内助"："结了婚，女性会失去在天主教家庭中能享受的权利，但不结婚，就连做修女的机会都没有。"[2]

英格兰寡妇失去的不仅是做修女的机会，她们失去的还有自己隐士般的生活方式："与信仰天主教的寡妇不同，新教的妇女若想在生活中完全不接触男性是没有宗教依据的。因此她们广泛地承受着经济上和社会上的歧视。"此外，社会上的主流思想并不将寡妇视为完整的个体。一旦一名妇女"未婚"或处于一种非正常的状态中，她就会与世界脱钩："寡妇的生存状态折射着妇女的生存状态，她们很难融入社会之中。"[3]

西班牙与英格兰在教化寡妇上有很大的不同，不仅在教义上有所不同，在当时的社会观念中也不尽相同。人们总认为当时西班牙的寡妇很贫穷，而英格兰的寡妇无论真实的状况如何，总被认为是富裕的。大卫·莫斯伯格称："'贫穷的寡妇'一词经常在当时西班牙的文章中出现，已经近乎于一个固定词组了。"他的这个发现十分有趣，可以用来与英格兰进行语言现象上的对比。在英格兰，有钱的寡妇也是一个常用的词语，修辞学家乔治·帕特纳姆（George Puttenham）就曾说："法官公正，寡妇有钱，牧师虔诚，事实就是如此。"[4]

当然这两种观念都是不真实的。虽然莫斯伯格称自己的研究"论证了西班牙黄金时代关于'贫穷寡妇'的观念"，但仍为未来的研究留下了许多问题。他怀疑一些西班牙寡妇只是装作很贫穷的样子，这

---

1 出处同上页 4。

2 帕特里克·科林森（Patrick Collinson），《英格兰新教诞生的阵痛》（贝辛斯托克，英国：麦克米伦出版公司，1998），74 页。

3 扬科夫斯基，《女性权利》，37 页；瑞萨·M. 韦尼克（Retha M. Warnicke），"女性悼词：榜样与领袖的公开宣言"，《早期现代英国的女性研究》，贝蒂·S. 特拉文斯基（Betty S. Travitsky）和阿黛尔·F. 斯夫（Adele F. Seeff）（克兰伯里，新泽西州：联合大学出版社，1994），174 页。

4 大卫·莫斯伯格，"寡妇的生存状态"，《旧时欧洲贫穷的妇女儿童》，约翰·亨德森（John Henderson）和理查德·沃尔（Richard Wall）（伦敦：劳特利奇出版社，1994），212 页。

样就能避免税务问题。玛丽·威斯纳（Merry Wiesner）也称英格兰的寡妇经常会强调自己十分贫穷，以此唤起市议员和行业代表的关注，"贫穷寡妇"一词在英语中也是有的。[1] 两种文化对寡妇的印象明显不同，这也代表了两种文化对寡妇有着不同的观念。

对于早期现代英格兰和西班牙妇女的生活，我们还有大量的研究要做。以往的研究得出了一个令人略感惊讶的结论：信奉天主教的西班牙寡妇比信奉新教的英格兰寡妇更加自由，更受尊重。

1　大卫·莫斯伯格，"十六世纪卡斯蒂利亚乡村寡妇的生存状态"，192 页。玛丽·E. 威斯纳，《女性与早期现代欧洲的性别》（剑桥：剑桥大学出版社，1993），104 页。

历史研究中的原始来源和次级来源

在撰写历史论文时，你可能会遇到两类信息——原始来源信息和次级来源信息。区分两类信息主要靠信息的产生时间。

原始来源

原始来源信息是我们在事件发生时写下的文字，它包括了报纸、杂志、地图、法律文件、商务文件、演讲稿、信件、私人日记、流行歌曲、口述故事、小说、诗歌等。

如果你的文章主要是基于原始来源信息撰写的，就要根据材料展现出自己对某一事件的看法。文章不能只是单纯复述发生了什么，而是要把这些材料用起来。在使用原始来源材料时，最好能从多处引用，核实事件的准确性。此类文章多数都按照时间顺序进行组织。

次级来源

次级来源信息是我们在事件发生后记录下的文字，其中包括史学家撰写的书籍文章，也可能包括小说、诗歌、歌曲或是与历史事件相关的歌剧，它还包括对原始材料整理后的学术简介。次级来源会涵盖对历史事件的观点和解释。

如果文章主要是由次级来源信息组成的，你的任务就是分析他人的研究成果，对他人的结论做出评价。你可以同意他们的观点，也可以反对他们的观点，但一定要找出支持自己的证据。

最后你需要注意那些既是原始来源，又是次级来源的文章，究竟属于哪一类取决于你的历史观点。以沃尔特·佩特（Walter Pater）的论文集《文艺复兴》（1873）为例，如果你的主题是关于十六世纪意大利诗歌的，那它就是次级来源。如果你写的是维多利亚时代的世界观，那么它就是原始来源信息。

第三节　艺术类写作

1. 艺术评论

　　艺术和艺术史类的老师会经常组织学生参观画廊或博物馆的展览，并要求在参观后提交观后感。学习艺术类写作对你今后的工作也会很有帮助。

基本情况

　　写艺术评论的**目的**是阐明某个展览是否值得一看，并为前来观展的人提供一些实用的背景信息和解读意见。写作时可以将自己想象成你的**读者**，对艺术很感兴趣，有一定背景知识，但不是专业的艺术评论家。要站在读者的角度进行**头脑风暴**。什么东西读者会感兴趣？什么东西读者会觉得有用？你能为他们提供什么样的信息？你想在评论中体现展览里的哪些内容？从整体到细节认真**组织**整篇文章。你可以先写写艺术家的情况，或是说说展览的整体情况，之后可以逐一展开讨论。你需要多写几版**初稿**，写完之后休息一下，站在一个没有看过展览的人的角度重读一次。看看需不需要添加什么内容，据此开始**修改**。

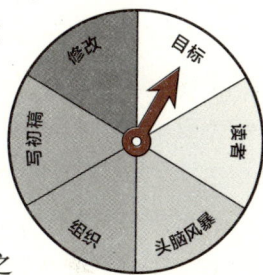

这样做	不要做
● 参观画廊或是博物馆之前要有所准备。看看老师有没有要求着重评论某一件展品。	● 不要显得很粗鲁，不要侮辱对方。如果你不喜欢展览的作品，可以解释一下原因。
● 参观前对艺术家、博物馆和画廊进行背景调查。这些工作能丰富你的参观过程和作品评论。	● 不要面面俱到。你不可能在一篇文章上描述所有的作品，所以可以挑几个重点进行评论。
● 观展时不要着急，仔细欣赏每一幅作品。	● 称赞也要有分析和证据。评论不能只说自己喜不喜欢，需要有证据支撑。

这样做	不要做
● 参观时要记笔记。 ● 阅读博物馆和画廊中能找到的所有内容，包括墙上的文字和宣传册。 ● 想想馆长为什么要把这些作品放在一起，是几个不同的艺术家在一起展出，还是展出了同一个艺术家的若干作品？ ● 将作品置于创作背景之中。这位艺术家与同时代的其他作者有没有相似之处？有没有不同之处？哪些艺术家或艺术流派对他产生了影响？他的作品有没有让你联想起其他的作品？ ● 如果艺术家的背景信息对分析作品有帮助，也可以加进来。 ● 客观描述作品。 ● 可以插入作品的照片。有些博物馆和画廊不允许拍照，因此需要拍照之前请确认清楚。 ● 评论中的引用要标明。	● 不要说自己看不懂某幅作品。如果上了艺术课，你就应该尽全力去理解作品的内涵。

如何写出一篇优秀的艺术评论

一篇常见的艺术评论主要由描述、解析、评价三部分组成。优秀的评论需要依次涉及这三部分的内容。

在对作品或展览进行描述时，需要让没有参观展览的读者有身临其境的感觉。最好先描述大致的特点，再对细节进行推敲。不要忘记写作品的尺寸大小和摆放位置，细节要尽可能详细。可以找个朋友先读一下你写的描述，再去看一看作品。他会告诉你哪些内容还不清楚，哪些内容有歧义，哪些内容不准确，哪些内容有遗漏。解析尽量不要操之过急。

解析需要建立在描述的基础上。一定要尽量抑制自己过度强调自我、哗众取宠或自作聪明的倾向。动笔前想想这些内容：艺术家想表达的是什么？作品之间有什么联系，作品和整个展览之间有什么关联？这些作品能带给普通观展者怎样的感受？回忆一下作品让你联想起了什么，带给你什么感受，为什么带给你这样的感受。思考一下其他人是否会有同样的感受，多为那些有不同文化背景、生活经历和信念信仰的人考虑。有时可以试着从特定的角度进行解析，比如形式主义的角度、身心障碍的角度或女权主义的角度。这种方式可以暴露出艺术家或馆长潜在的倾向性或偏见，当然也要注意不要代入自己的偏见。解析要避免太过个人化，不要自作聪明，或自以为很幽默。

评价作品是比较困难的，最好不要给作品分级或是"打分"。当然专业作品是可以打分的。评价时考虑艺术家是否将自己的意图有效传达了出来，是否和展览中的其他作品有联结和互动。不要只说好坏，要评价哪方面做得最好，阐述你评价的理由。

作者：约翰·德比（John Derby），博士，劳伦斯市堪萨斯大学视觉艺术教育助理教授，任职于《艺术教育》期刊编审委员会。

...正确的例子

马洛里·帕多克（Mallory Paddock）　　　　　　　　展览评论

颇为有趣的展品

"对我而言，金属雕塑就像是将从不同地方收集来的骨头拼接在一起，它能唤起我最原始的感情。"[1] 埃里克·约翰逊（Eric Johnson）是阿拉巴马州伯明翰市的金属雕塑艺术家。少年时期他就开始在父亲的车库里创作艺术品了，那时还是 1991 年。除了金属作品，他还会在业余时间做些墙绘和家具，激发自己的灵感。他做了很长时间的设计，但他认为做这些工作"只是为了用来支付邮寄来的账单"，所以后来离开了这一领域，专心钻研艺术。

他的作品大部分都很抽象，也有动物类的主题，会让人联想起埃拉·希尔图宁（Eila Hiltunen）的一些焊接作品。他也会创作一些人形的作品，但形状也是随心所欲。在《准备起飞》这件作品中，一个人弓着背，前面摆了支蜡烛。长长的几何线条和他脸上的表情结合在一起，给人一种程式化的调皮感。

雕塑的后背是一条长线，长线的尽头是一个助推器，作品也因此得名。就像约翰逊之前的作品一样，骨骼都是暴露在外的。作品没有任何隐藏，观众可以直接看到作品的全貌。《准备起飞》也反映出了艺术家作品的一个共通点：孤单感。作品中的人物孤独地站着，正符合观众观展时的感受。

《结束工作》表现了农民工作时的场景，在艺术中心的展览中也十分抢眼。约翰逊的线条感很强，他将作品用围栏围了起来。基座用的是木板，这点让人印象很深刻。木板的线条恰好能表现出大地播种后的状态。自然的动作中带有一种连续的节奏感，正好反映出农民一天的辛苦劳作，以及工作结束时的心情。

埃里克·约翰逊的作品虽然有些古怪，但很吸引人，也能引起观众的思考。随着技术与运用材料能力的精进，他的作品还会引起更多观众的注意。

作者：马洛里·帕多克，萨凡纳艺术与设计学院的 2015 级的学生，她的个人网站是 www.mallorypaddock.com。

---

1 爱丽丝·埃德里克（Alyice Edrich）."专访金属雕塑艺术家埃里克·约翰逊". EmptyEasel. com.《空画架》，2012 年 4 月 21 日刊登。

2. 演出评论

　　戏剧、文学、音乐和舞蹈课老师经常会组织学生观看演出，并要求在观看完后提交观后感。写评论能迫使你关注演出中的细节，并将自己的观点分享给大家。

基本情况

　　写演出评论的**目的**是为读者提供信息，帮助他们决定自己是否要来观看演出。在写作时，可以假设**读者**对这个话题感兴趣，但并不了解。当然在你看完后会有很多想说的话。可以从读者的角度进行**头脑风暴**。哪些内容对他们来说是最有用的？从整体到细节**组织**整篇文章：可以先从整部作品和出品公司说起，然后过渡到演职人员。动笔修改前先把**初稿**放一放。有时看完演出一两天后还会有新灵感，给自己留出思考的时间。**修改**时，问问自己这些内容对读者有没有帮助：你的评论能不能帮他们做出决定，如果他们决定前往，你的评论对观看表演是否有帮助。

> 评论既是一种交流，也是一种社交艺术，有时它能让你和那些与你看法相同的人产生联系。
>
> ——艾琳·克罗斯，舞蹈评论家

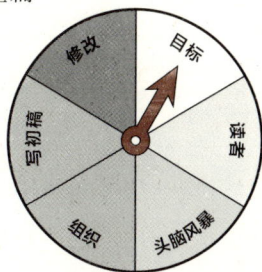

这样做	不要做
● 观看表演之前一定要充分理解自己的任务。向导师确定一下是否有特殊要求。	● 不要显得很粗鲁，不要侮辱对方。如果你不喜欢这场演出，可以解释一下不喜欢的原因。
● 针对编剧、作曲、编舞以及整个演出做一些背景调查，看一看之前上映的评价如何。这些信息都能更丰富你的观看状态。	● 不要光顾着说自己的感受，全然忽视必须具备的信息点。
● 观看过程中要记笔记。细节问题我们事后往往都记不太清楚。	● 即便不喜欢演出，也不要苛责演员或创作团队，表演并不代表演员本身。也有可能你很喜欢某场演出，但完全不喜欢演员。

这样做	不要做
• 提供一些编剧、作曲、编舞的信息。 • 对出彩的章节予以点评。 • 写一写自己关于细节和主题的看法，也可以谈谈它和当下有何联系。 • 如果表演由多部分组成，每部分都要有所涉及。 • 如果你觉得表演还需要改进，可以提出来。 • 记录布景、服装和灯光的情况，写出设计师的名字。 • 向读者提供必要的观看信息：地点、时间以及何处购票等。如果还有其他特殊情况也要让读者提前了解，比如是否有太过暴力的场景，孩子可不可以入场等。	• 不要只关注一个表演者而忽视其他人。即便这个演员是明星，也要给其他主要演员留一定的篇幅。

...正确的例子

红牛剧院再次上演了小众剧目《埃德蒙顿的女巫》，虽然讲述的是遥远的历史故事，但如今仍有借鉴价值。本剧写于 1623 年，作者是托马斯·戴克（Thomas Dekker）、约翰·福特（John Ford）和威廉·罗利（William Rowley），剧本讲述了一个被社会抛弃了的人突然变成了所有社会问题的替罪羊的故事。

本剧由杰西·伯杰（Jesse Berger）执导，他在红牛剧院担任艺术总监。他对剧本的掌控彰显了在这个窒息且充满了深刻偏见的社会中，主人公的痛苦与挣扎。

演出班底扎实，很难说清谁的演技更为出挑。扮演母亲索亚的夏莱恩·伍达德（Charlayne Woodard），也就是所谓的"女巫"，为我们带来了一场印象深刻的表演。折磨她的恶魔戴历克·史密斯（Derrick Smith）既富有魅力又阴森可怖，时而在地面上爬行而过，时而又直立行走。贾斯廷·布兰查德（Justin Blanchard）扮演了年轻瞩目的弗兰克，这是一位很不幸的年轻人，毁掉了两位挚爱的一生，一位由克里斯蒂娜·帕玛瑞格（Christina Pumariega）扮演，另一位由米里亚姆·西尔弗曼（Miriam Silverman）扮演。山姆·托斯塔维亚（Sam Tsoutsovas）在后半程的翻转让人不禁联想起李尔王。亚当·格林（Adam Green）为我们呈现了一个轻松幽默的卡迪·班克斯（Cuddy Banks）。

场景设计由阿妮卡·卢佩（Anika Lupes）完成，她为本剧创造了一个精巧而幽闭的氛围。服装设计由凯特·奥康纳（Cait O'Connor）负责，单色剧服暗示着整个社区的一体性。灯光设计由皮特·韦斯特（Peter West）负责，效果略显僵硬，低于作品的整体水平。丹尼尔·利维（Daniel Levy）的原创音乐为全篇打下了基调，瑞克·索德莱特（RickSordelet）为剧目设计了既多且精的动作场景。

《埃德蒙顿的女巫》于红牛剧院上映，地址：纽约市克里斯托弗街 121 号。时间从 3 月 1 日至 3 月 14 日，每周四到周六晚 7 点，周日下午 2 点。购票可访问 www.redbulltheater.com。

戏剧评论

戏剧评论包含了两种视角，一是从观看表演的真实状态入手，随着演出大笑、流泪、焦虑或出神。但还有第二种视角，你需要不断分析为什么表演能传达给你这种感受。换句话来说，你需要同时调动自己的本能和大脑。

在看剧的过程中，我会试着让本能去主导体验。偶尔（真的只是偶尔）我会去注意自己脸上的表情，看自己是不是在微笑。如果确实在微笑，就说明这个剧我很喜欢。（即便是悲剧也是如此。）只有当我坐下来开始写分析的时候才会开始进行评价。评价时我会更加抽离，这样才会更理性，更能看清创作者的意图，以及他们表达到了什么样的程度。

之所以要调用本能去感受，是因为那才是判断表演精彩与否最可靠的保证。虽然每个人的喜好不同，但在经过一系列研究之后你就知道自己应该说什么，以及应该如何发表客观的评价了。这就是你能掌握的全部知识。

对我来说，最好的评论能给人一种身临其境的感觉，同时还能将作品放置在当时的时代和环境背景之下。这是一种十分微妙的艺术，需要同时调动你的心（或本能）和头脑，单靠哪一样都是不行的。

作者：本·布兰特利（Ben Brantley），《纽约时报》首席戏剧评论人。

舞蹈评论

所有观众都能感受到舞蹈演员的美和舞蹈技艺的精湛。但舞蹈是一门无言的艺术，只能通过短暂的表演表达出来。从本质上讲，没有任何艺术形式能够替代现场舞蹈表演。演出的录像只是一种展示舞蹈编排的工具，并不能展示演出的全貌。

所以无论是观看学校的舞蹈剧目，还是大牌云集的国际舞蹈表演，你都面临着同样的问题：如何用语言去描述这种无言的艺术。

可以先向读者介绍一下要评论的舞蹈种类。舞蹈的种类十分庞杂，包括了芭蕾、现代舞、踢踏舞、民族舞等，其中民族舞的范畴从印度舞到弗拉明戈都有，更不用说剧院和电视里看到的交际舞了。

你当然可以在第一段描绘现场场景，但要记得自己同时是一名记者。读者需要知道你写的是二重唱还是四十人的芭蕾舞剧。像这样的信息需要尽早提供：舞团的名字、编舞者（尤其要注意新人）的名字以及演出地点。实验性的舞蹈一般都不在剧院上演，他们可能会挑停车场或游泳池这样的地方。

你可以在文章开头就抛出自己的观点（即便有些混杂），但一定要记得在随后用论据支撑自己的观点。

我们确实需要从视觉上定义舞蹈，但千万不要按照学院派的评论方法一个动作接一个动作地描述。在观看抽象画的时候我们也不会说蓝线左边有个红点，下面还有个绿圆圈。

我们想挖掘编舞者的想法。如果事前你没有研究过编舞的风格特征，也可以直接通过视觉感受和舞蹈进行交流。你的本能和智力都会告诉你哪些"好"哪些"坏"。

但光说好坏，不加以分析并不能称之为评论。表达观点的方法很多，你可以先写一篇小文章然后提炼论点，也可以先写论点然后扩充成文章。如果你发现了一个极为优秀的舞者，或是观赏了一场精彩绝伦的首演，可以大胆说出来。

鼓励新人是很重要的。即便新晋编舞没能达到最初的目标，你也可以从中发现有趣的点。如果你不喜欢或不理解对方的审美，可以说出来，但不要去质疑编舞的诚意。

技巧对舞者来说是很重要的，你可以对舞蹈的质量进行探讨，这和探讨编舞（比如结构、和音乐之间的关系、新晋合作伙伴等）是有区别的。你可以说一说灯光设计，也可以说一说导演和作曲。

看的舞蹈演出越多，你的了解也会越深。

作者：安娜·基塞格夫（Anna Kisselgoff），《纽约时报》前任首席舞蹈评论人。

3. 书评

书评能给你一个分享个人见解，分析书籍优缺点的机会。其他人能从你的书评当中得到有用的信息，从而判断自己要不要去读这本书。

基本情况

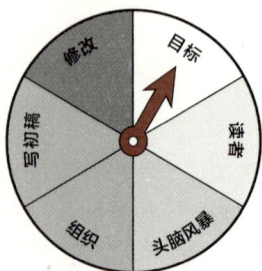

写书评的**目的**是针对某本书发表自己的见解，说一说这本书有多成功、多有趣，同时也可以建议读者是否有必要进一步阅读。可以假设你的**读者**感兴趣，但并不是特别了解这本书或这位作者。要站在读者的角度**头脑风暴**。他们需要哪些信息？在读书前最想知道什么？阅读时可以把书的优缺点列一张单子，下笔的时候也有据可循。示范提纲中有一个**组织**书评的结构方法可供你参考。要给自己留出时间多打几次草稿。可能**初稿**会很长，没有你想的那么精练，你也不可能把所有想说的话都写出来。在组织的过程中就要对内容有所选择，最后**修改**时要精练，细节信息要准确，不要留下笔误或其他错误。

示范提纲

书评的结构多种多样，这是一个最基本的范例，你可以根据自己的情况进行参考。

开头：书籍的基本信息，包括作者、标题、出版信息（出版社和出版时间）、图书类别等。简单说几句就可以，主要是为了给读者一个大致的概念。

中间：中间部分可以分为几段，逐步深入地对内容进行阐述。你可以和读者讲一讲书中哪些部分最精彩，并且列出具体的例子。针对非虚构类书籍，你还需要讲一讲作者的初衷、主题、论据和主要观点。这本书的优缺点是什么？你会推荐给别人读吗？原因是什么？

结尾：总结自己的观点，读者还等着听这本书值不值得读呢，要阐明自己对这本书到底有什么看法。

这样做	不要做
• 尽早着手，给自己留出充足的时间仔细阅读和重读。	• 不要害怕表达观点。书评和读书报告不同，并不一定要特别客观。写书评的目的就是要分享自己关于这本书的看法。
• 边读边记笔记，一定要把重要信息的页码记下来，否则之后还要花时间查找。	• 不要评价自己还没读过的书，因为根本就不知道要说什么。
• 有所选择。书评的篇幅是有限的，不太可能把你所有想说的东西都表达出来。	• 不要掉进概括全书的陷阱里去。对内容的总结够用就好，书评主要还是向读者表达自己的观点。你的任务就是和大家分享见解，而不是复述内容。
• 说说自己为什么喜欢或不喜欢这本书，叙述内容要具体。	
• 可以直接引用书中的内容来证明自己的观点，只是引用要精练。书评绝大部分还是要表达自己的观点，而不是大段摘抄。	

这样做	不要做
• 想一想作者的个人背景会对作品有什么影响。这是他的处女作吗？关于这个主题他写过别的作品吗？作者是受了何种启发才写了这本书？	• 除非十分必要，否则不要写太多关于作者的内容，比如作者的出生地、教育背景、工作经历、家庭背景等。你可以自己去判断，要抑制住自己为复述而复述的冲动。
• 思考一下目标受众是谁。这本书是为谁写的？是面向学院派读者，还是专业读者呢？是写给历史爱好者的吗？还是写给追随者的呢？是写给那些希望能自我提升的读者吗？还是面向大众的呢？	• 不要面面俱到，要有所选择。可以选择自己最感兴趣的、最值得讨论，或是写得最好的来与读者分享。
• 表明立场。写书评的最终目的是向读者推荐书籍。要敢于分享自己的见解，这种见解不一定是绝对的好坏。可能你很喜欢这本书，但还有所保留。可能你不喜欢这本书，但又很欣赏其中的某些部分。观点越细致入微，书评就会越有趣。	• 不要说得太多。如果你是给一本小说写书评，千万不要从头剧透到尾。
• 给书评取一个能反映内容的名字。不要用书籍的名字代替书评的名字。	• 不要表现得态度恶劣。即便不喜欢这本书也不要侮辱或嘲笑作者。你可以冷静客观地告诉读者为什么这本书不好。
• 态度不要表现得很恶劣。即便不喜欢这本书也不要侮辱或嘲笑作者。你可以冷静客观地为读者分析为什么这本书不好。	

如何评价一本小说

关于小说，可评价的内容有很多。下面的内容可供你参考。

背景： 故事的背景是什么？在哪里发生的？环境背景和时间背景是怎样对故事产生影响的？

人物： 他们是谁？互相之间有什么联系？这些人物真实吗？吸引人吗？有意思吗？他们之间是怎样对话的？

观点： 是谁在讲这个故事？是第三人称还是第一人称？叙述主体有没有切换过？如果有，这种切换有没有意义？哪些角色是主要人物？

情节： 情节有趣吗？读起来容不容易？有出人意料的地方吗？

文笔： 作者的风格是什么？写作特点是否鲜明？这种风格会对阅读体验有什么影响？

...正确的例子

　　帕特里克·奥布莱恩（Patrick O'Brian）的《怒海争锋》（诺顿出版社，1969 年首次出版）是一部历史小说，讲述了拿破仑战争时代完全不同的两个人成为朋友，共同在皇家海军舰队服役的故事。杰克·奥布雷（Jack Aubrey）是英国海军舰长，史蒂芬·马图林（Stephen Maturin）是一名爱尔兰和加泰罗尼亚[1]混血的医生，也是一名博物学家。二人偶然在马略卡岛[2]相遇。奥布雷接下了苏菲号的指挥任务，邀请马图林来舰艇上做医生。《怒海争锋》勾勒出了一个有趣动人的世界。虽然这本书受到了历史小说和军事历史粉丝的追捧，但它的情节足以吸引所有翻开书的读者。

　　本书生动描绘了十八、十九世纪欧洲的面貌，能看出作者确实仔细查阅过大量的历史细节。书中人物对话的特征十分明显。不同地域和阶层的人说话带有不同的口音，对服装的描述详细但不烦琐。对舰队的生活描述，比如饮食、起居、战争也颇具吸引力。最有意思的是书里描绘了当时用药的情况。虽然马图林医生被塑造成了一名技术高超的医生，但鉴于当时还没有麻醉剂和抗生素，有些医疗场景还是很血腥的。读《怒海争锋》就是搭上时光的列车，到不一样的世界中旅行。

　　奥布莱恩将当时的社会和政治复杂性阐释得很好。故事是从英国的角度讲拿破仑战争开始的，但他并没有将政治局势简单化。史蒂芬·马图林本身也不是英国人，他可以流利地讲爱尔兰语、西班牙语和加泰罗尼亚语。在全书的开篇，他卷入了爱尔兰革命活动中。杰克·奥布雷的性格也比较复杂，从他身上可以看到一些英国社会中分裂的矛盾。他的父亲是一名陆军将领，在辉格党当政的背景下仍是一名典型的保守党拥护者。虽然奥布雷希望在皇家海军中获得升迁，但奥布雷将军并没有给儿子带来多少政治资本。

　　本书最大的卖点是对海上战争生活的生动描述。奥布莱恩对航海术语使用娴熟，这是一大优点，但同样会给不熟悉航海的读者带来一些困扰。我自

1　位于伊比利亚半岛东北部，西班牙自治区。——译注
2　位于西班牙东部的岛屿。——译注

己就经常需要查字典。在书的最前面有一幅帆船的插图，对阅读很有帮助，当然读者还是更想来一张关于航海的完整词汇表。书中的战争场景十分动人心魄，对战争冲突的构架也十分精巧，即便不了解专业术语也不会出戏。

奥布雷和马图林之间的友谊也很有趣。二人都很招人喜欢，只是表现的方式不同。奥布雷是典型"约翰牛"[1]式的英国人，马图林又聪明又古怪。他们的友谊也反映了航海技术的进步对世界政治复杂性的影响。

总体来说，《怒海争锋》是一本颇为有趣，且信息量很大的小说，我个人强烈推荐。这是奥布莱恩所著的十七本奥布雷-马图林系列中的第一本，我很期待阅读这一系列的其他小说。

1　源于约翰·阿布斯诺特出版的小说《约翰牛的生平》。"约翰牛"是个矮胖愚笨的绅士，随着小说的畅销，"约翰牛"逐渐成为英国的代名词。——译注

第四节　其他形式的学术写作

1. 申请大学或奖学金

大学申请函和奖学金申请函写作都是很重要的，可以说它们是年轻人会遇到的最具压力的写作任务。它和考试不同，学生可以控制自己的文章质量，因此写作压力也更大。虽然在大学录取和奖学金评定的过程中申请函没有"加分"，但绝对占有很大分量，学生在写作时自然会感受到很大的压力。

基本情况

尽早着手，最理想的情况是一拿到题目就开始准备。这是很重要

的事情，千万不要犯拖延症。如果动手比较早，你就有充足的时间去修改，写作过程不会那么痛苦，得到的成果也会更好。

招生委员会已经拿到了你的成绩，这是申请材料中必备的内容。申请函更加主观，写申请函的**目的**是告诉招生委员会你是怎样一个人，你的价值在哪里，你有什么理想。与此同时，申请函也能让委员会的人看到你的写作能力，你的语法和词汇的掌握情况，论证观点时思路是否清晰。

认真思考**读者**想要看到什么。有时可以把读者想象成学校里还不太了解你的老师。读者想看到主题明确、没有错误的好文章。要知道这类文章他们已经看过无数篇了，所以一定要尽量让自己的这一篇看起来赏心悦目。

无论是打初稿还是修改，**头脑风暴**都不可或缺。这是一封正式的信函，读者希望看到你是怎样**组织**文章的。文章的结构有没有逻辑？可以花些时间列个提纲，即便已经动笔了也不要害怕推倒重来。一般文章都可以随写随改，到了修改阶段提纲也可能有变动。

最终成文前多打几次**初稿**。给自己留出充足的时间**修改**、再修改。第一稿肯定是不完美的，不要太受打击：编辑和修改都是写作过程中的一部分。校对是修改过程中非常重要的一步。原因很简单，你的拼写、标点和语法必须完美。祝你好运！

这样做	不要做
• 一定要自己写。你可以让信赖的朋友、家人、顾问读一读初稿提提意见。但文章一定要由自己独立完成。委员会的人很容易就判断出哪些文章是枪手代笔的。	• 千万不要找枪手代笔。文章一定要自己写，自己独立完成。如果你找妈妈代写两句，委员会的人绝对看得出来。有经验的读者能轻易看出语气、词汇和态度的转变。你可以让家人朋友帮你提一些意见，但不要让他们帮你修改。把他们说的内容消化吸收，然后用自己的语言表达出来。

这样做	不要做
• 文章要符合要求。有些学校在联招申请的范围内，学生可以只写一份申请投向多所学校。但并不是所有学校都在这个范围之内，有些学校还会对申请函有更多要求。如果你也要申请多所学校，按要求修改自己的申请确实很麻烦，但要想成功，这是必经之路。	• 不要一味强调自己提交的其他材料。委员会会整体衡量你的申请，里面会包括成绩。所以即便你的成绩很有说服力，也不要把笔墨浪费在重复的信息上。
• 回答问题要完整。一个问题通常会有很多方面，常见的问题有"讲一讲生命中重要的事或重要的人，并解释原因"。千万不要忘记还有"原因"这一项。这是你思考、分析、表现自我的一个机会。回答前一定要仔细读题，然后做出完整的回答。	• 不要去故意使用华丽的辞藻。如果你想说"称赞"，就不要用"嘉许"；想说"仔细思考"，就不要用"深思熟虑"；想说"行走"，就不要用"徘徊"。审查者不会因为你的单词复杂就给你加分，一定要用自然的语气写作。
• 遵循正式申请函的格式。文章的结构要清晰，观点要连贯，要特别关注读者的兴趣。你的文章不是写给朋友的电子邮件，也不是普通的谈话，更不是细数自己过往的成就。这是一封正式的信函，开头、中间和结尾要明确清晰。最理想的状态是，任何读者都会对这封信感兴趣，而不仅仅只针对委员会成员。	• 不要浪费太多笔墨去称赞你申请的学校有多好。好学校都知道自己有多好。虽然表现出对学校有所了解是一件好事，但最好在回答"为什么说你与这所学校的氛围和价值观相契合"这样的问题时再强调。
• 表现真实的自己。委员会想知道你是谁，虽然信函的格式需要很正式，但一定要用自己的话来写。堆砌华丽词汇、说大话是没有用的，要表现出真实的、最好的自己。	• 不要过分强调学校能带给你什么。你可以根据自己的了解说说学校能提供什么，但重点是你能给学校和社会带来什么。
	• 不要出现拼写错误或标点错误。这封信代表了你的写作能力，也表明了你有多看重这次申请。如果行文中有很明显的错误，委员会会认为你对这次申请并不在乎。多找几个信得过的人帮你校对之后再寄出。

这样做

- 幽默要谨慎，如有可能尽量不要表现得幽默。很多学生认为幽默的语气能凸显自己的个性，使自己从人群中脱颖而出。但自嘲一定要谨慎，尤其是在这种会存入学术档案的文章里，而且故意搞笑的文章基本无法通过审查。如果你真的很担心自己的成绩，可以认真直接地说出来。

- 校对，校对，还是校对。不要完全依赖拼写检查和语法检查程序，有时候它们也会出错。你一定要自己认真校对信函，至少要让两个信得过的人（如果你最好的朋友英文课得了C，那他就不合适）校对。在提交之前如果能花钱找专业机构帮你校对一下也未尝不可。

小贴士

无论写的是什么，最好都能在修改前"喘口气"。

你可以先打个初稿，在修改前先放上一整周。这样你就能以一个全新的视角去看待文章，审视一下目前的主题是不是自己想要的。

错误的例子...

作者的开头很有意思，但处理得太空泛。应该再向下挖掘，说清自己是谁，为什么适合申请这所学校。

这里的结构很乱，能看出来是因为修改的时候没有仔细校对。这类错误作者本人很难察觉，但其他人一眼就能看出来。

申请里已经包括了绩点信息，这里就没必要再提了。在这里写绩点会打断行文，对回答问题也没有任何帮助。

为什么你要申请加州中央大学？

我申请加州中央大学的原因有两个：一是我希望学校离家近一些，二是加州中央大学的专业很吸引人。

我家已经在加利福尼亚定居很多年了。我的祖母出生于1916年，她的母亲在24岁的时候就来到了加州。我祖父也是在这里出生的，可以说我们是加州的"老"住户了。因此我热爱加州，也希望一直在此定居。所以我希望能进入加州的高等学校学习，离家近对我来说非常重要。

我自认为是个非常出色的申请人。为了应对严酷的学术生活，我做了大量的准备。我的平均绩点是3.8，学术能力评估测试成绩总分是1680，这两项成绩都远高于贵校其他的申请人。我认为自己已经做了充分的准备，达到了申请标准。

贵校有一些很优秀的专业，我也很感兴趣，尤其是商业和农业专业。我家有农业背景，但比起简单的耕作，我更想让农业与商业有所结合。因此，我认为农业商务管理专业非常适合我。我曾遇到过这个专业的学生，他对我的想法深为嘉许。我认为贵校在这一专业的声誉对未来就业很有帮助。

> 写的都是学校能带给申请人什么，没有写申请人能带给学校什么。

除了学术方面，贵校还有很多其他的优势。作为一所年轻的学校，贵校的生源数量并未饱和，校园周围有很多舒适的公寓可以入住。

> 第二句话明显不是自己写的。看起来像是直接从学校的宣传册上摘出来的。

我的家族是加州古老的居民，我对农业商务管理专业十分感兴趣。我认为贵校能够满足我作为一个学生，以及加州常住居民的需求。非常希望能有机会加入加利福尼亚大学的大家庭。

> 花哨的语言很可能会给你惹麻烦，如果你根本不理解词的意思就更麻烦了。作者并不是想说"居民"，而是"子孙"。

...正确的例子

为什么你要申请加州中央大学？

我和加州农业有很深的渊源。加州于 1850 年成为自由州，我的曾祖母 1914 年来到这里，可以说我的家族几乎参与了加州全部的历史。我的家族绝大部分时间都在进行农业耕种。我也希望继承衣钵参与到加州的农业工作中。因此加州中央大学非常适合我，学校位于中央谷地，而且设有优秀的农业教育专业。

> 作者的家庭故事很有趣，他将自己的家庭背景和学习兴趣联系在一起，这个主意很不错。

我的外祖父母是从俄克拉荷马来到加州的，干旱、尘暴摧毁了他们的农场。作为加州的新居民，他们先是给别人干农活，最后终于买下了自己的农场。我父亲是柑橘农户的儿子，在新奇士工作了很多年。我的根深植于加州的土壤中，所以我希望学习农业商务，在这个行业中继续做下去。

> 与其谈学校能带给你什么，不如说说为什么对学校所提供的资源感兴趣。后面他还说了能为学校带来什么，这点也很不错。

贵校的农业商务管理专业与我的个人背景和职业期待十分契合。我有幸参观了校园，和该专业的在读学生聊过天。我和在读的同学一起上过两堂课，深入交谈过这一专业的细节问题，因此我确信这个专业非常适合我。我对劳动关系管理课程很感兴趣，相信在未来这一问题会越发凸显。我的家中既有劳工也有管理者，因此我学习该专业的视角也会与他人不同。非常希望加入加州中央大学的大家庭中并为其出力，希望可以得到这样一个机会。

通篇的语气都很自然，作者明显很用心，但没有故意使用华丽的语言。如果读起来轻松，给别人的印象自然也不会太差。

请说说哥伦比亚学院最吸引你的是什么？原因是什么？

哥伦比亚学院有两项世界级的优势：一是外部环境很有优势，二是学科跨度大。在我眼中理想的学校应当位于全国最繁忙的大都市中，学生能够接触到新鲜的想法，懂得把握机遇。与此同时，理想的大学还应当有优秀的文学、哲学和艺术传统。

学校地处曼哈顿的心脏，这对满怀抱负的学生很有吸引力，我就是其中的一员。毕竟只有在纽约，《纽约时报》的家乡，我才能去追逐我的新闻梦想，才有机会在纽约中央公园看一场免费的音乐会，或是坐着地铁去看全国辩论（比如当下正火的帕克街 51 号辩论）。

但哥伦比亚学院仍与市内的其他院校，如福特汉姆大学、纽约大学，甚至是正对面的巴纳德学院不同，哥伦比亚学院在学术上有着举足轻重的地位。学院的核心课程设置旨在让每一名哥伦比亚的毕业生都充分掌握理论知识，对荷马、洛克、弗吉尼亚·伍尔夫等思想家的观点了然于胸。每个学生都能接触到与自己的视角、兴趣完全不同的知识，比如工程专业可以学习文学知识，文学专业也会学习现代科学的知识。正因如此，哥伦比亚学院才尤显特殊：这是一所现代设施萦绕下的传统教育机构。

成功申请大学或奖学金的三个关键因素

申请大学或申请奖学金的文章可能是你这辈子写的最重要的信函之一。下面这三个技巧能帮助你顺利通过审核。

- 根据问题进行回答。其他文章中的内容也可以重复利用，只是不要答非所问。多花些时间调整修改，回答要对应问题。
- 展现自己的个人风格。这是一个很好的展示自我的机会，与其故作聪明，不如显得真诚一些，告诉委员会你是怎样一个人。
- 语法、拼写和标点都要准确无误。文章错误百出只能说明你并不重视这件事。你可以让别人帮你校对一下，保证文章不出差错。

最好的论文能与人交流

学生们总说写论文很难，这让我很是惊讶。我在楼道里总能听到学生天南海北的闲聊，从解决数学难题到上周访问的学校，再到四年来指导教室里的姑娘终于注意到了自己……学生们对自己和周遭的世界都有敏锐的观察力，但如果你让他们以论文的方式分享自己的见解，他们就全部噤声了。

其实是论文的题目把他们吓到了。对普通的高中生来说，"论文"要么显得非常高深，要么就是死气沉沉。如果把文章当作一篇演讲，大家肯定不喜欢完成任务。如果把它当作英语作业，也没人愿意主动去做完。无论是哪种情况，论文都显得很吓人。

要想完成任务，最好是把写论文当成一次与人交流的机会。如果条件允许，其实各所大学很希望能面对面向你提问，但如果真的这样，可能43岁前都没人能入学。为了加速这一过程，他们只能以书面的形式和你交谈，但你可以引导他们去了解你的情感、思想和生活。如果能成功，你的文章会挑起他们阅读的兴趣，就好像你正坐在屋里说话一样。就好像你刚从旁边的椅子上起来，椅子还是热的。

作者：帕特里克·奥康纳（Patrick O'Connor），密歇根州布隆菲尔德山格兰博克中学（Cranbrook Kingswood School）副院长，著有《大学属于你2.0》，也可以访问他的网站：www.collegeisyours.com。

申请大学的教师推荐信

很多美国大学的录取标准都很机械（基本就是看看绩点和成绩），但顶尖大学会要求你提供教师的推荐信，这在录取过程中会占很大的分量。

如果你要为自己的学生写一封推荐信，一定要仔细想想读信的人是谁，他想要看到什么内容。

不能做的事

对方已经拿到了学生的高中成绩单，所以不必再去重复这些东西了。对方也要求申请人提交了自己的课外活动、取得的成绩以及获奖情况。这些已经是对方掌握了的信息，都不必再重复。如果通篇都是对方已经了解的信息，他们也不会再往下读了。

可以做的事

在这封信里你至少要完成三件事。首先，说明自己是怎么认识申请人的。比如说，"简在九年级的时候上过我的代数课，十一年级的时候上过我的微积分","在约翰十年级的时候，我教过他美国史，并在他整个高中阶段担任他的足球教练"，"韦慧虽然不是我课上的学生，但她在校报担任编辑，而我则担任指导老师"。其次，你需要突出学生的各项成就，提供一些自己观察到的一手信息，这些信息要比成绩单上的内容更深入。只强调"苏在我的课上拿到了 95 分"是没用的，你要说"苏在我教她的时候拿到了班上的最高分"。或者是："托马斯有一篇关于《哈克贝利·费恩》的论文很出彩，他在交初稿的时候就有些很不错的点子，之后我又给了他一些建议，让他的文章变得更出彩。"或者是："关于 20 世纪 20 年代美国实施的移民限制政策，麦克提出了一种很有想象力的解释，并在一堂激烈的辩论课上阐明并捍卫了自己的观点。"或者是："阿利亚在我的微积分课上学得比其他人都要快。但她并没有只顾着自己提高成绩，我经常看到她给脑筋不那么灵活的同学讲题。"委员会希望了解一些他们不知道，但你知道的一手资料。第三，信的结尾要有总结。如果前两项任务已经完成了，那么最后可以写上一句："本是很优秀的申请人，我极力推荐他。"如果你没能在第一、二步建立起自己和学生间的联系，即便最后一句话是"露西是下一个爱因斯坦"，也不会有任何用处。

作者：利雅·M. 柯尼（Ria M. Coyne）、罗杰·莱赫奇卡（Roger Lehecka），R&R 教育咨询公司的合伙人。

2. 申请推荐信

在申请大学、研究生、职业院校、奖学金，甚至是某些工作时，都需要一封老师或教授的推荐信。

一般来说，电子邮件是申请推荐信最便捷的方式，大多数推荐信也都是通过网络发送的。

基本情况

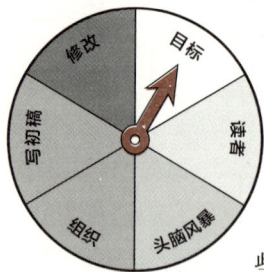

写申请推荐信的**目的**是让老师能推荐你。你的**读者**可能很忙，这件事对他来说也并不是非做不可。这样一来你的首要任务就是尽量写得清楚明白。对信息进行**头脑风暴**能帮助导师理解你的目的，写出一封具有说服力的推荐信，所以要申请哪里，申请的原因是什么，为什么觉得自己能够申请成功，这些信息都要列出来。你可以附上自己的简历和申请用的个人陈述。组织信息要清晰，示范提纲中为你提供了一个可以参考的文章结构。给自己多留出些时间修改**初稿**。（提出的请求越详细，最后的效果也就越好。）要站在读者的角度重新阅读。有没有认真说明自己是谁？有没有说清自己为什么对这个机会感兴趣？有没有证明自己为什么符合对方的条件？修改时要确保自己满足了以上标准，没有笔误或其他错误。

示范提纲

申请推荐信应写得尽量简明易懂，这样才可能按照你的要求写出合适的推荐信。

开头：让读者一上来就明白你写信的原因。你要提醒对方自己是谁，何时上过什么课。标明提供推荐信的截止时间。

第二段：说明为什么对申请的项目感兴趣，阐述自己的申请条件与对方的要求有哪些重合点。

第三段：说一说自己想要什么样的推荐信。向导师提供一些他不了解的信息，让他了解你的期待是什么，写一写你对自己有什么独特的认识。

结论：在结尾处对导师表达感谢，也可以提供一些关于自己的额外信息。

这样做	不要做
● 选择推荐人时要仔细考虑，要选最有可能推荐你的人。你在课上的表现好不好？是不是上过很多门他的课？在课外有没有和导师说过话？如果老师对你几乎都没有印象，那么推荐信也不会写得很特别。你可以去找最德高望重的导师，他们的推荐信肯定会更有分量。	● 不要认为对方肯定会同意。虽然给够格的学生写推荐信是老师的工作，但并不是说谁来申请都一定要写。 ● 语气不要太随意。你的信应当有礼貌，同时显得专业一些。 ● 不要把申请推荐信写得理所当然。

这样做	不要做
● 提前准备，给写推荐信的人留出充足的时间，至少要留出六周。	● 不要指挥对方按你的意思写。你可以有礼貌地提一些要求，老师一般也很希望看到这样的内容，但不要显得很粗鲁。
● 电子邮件的标题要明确突出"申请推荐信"。	● 不要拍马屁。你可以说自己很喜欢他的课，但不要言过其实。
● 联网申请需要输入教授的姓名，但在输入前一定要征得教授本人的同意。一旦输入了姓名，系统就默认将会收到这个人的来信。如果你把名字输了进去，但教授拒绝回应，你的申请资料就是不完整的。	● 不要申请看推荐信。推荐信应当是对申请人严格保密的，这样推荐人才能自由地表达自己的看法。如果你不确定推荐人说的是好话，那就去找别人来写。
● 即便是电子邮件，也要当作正式信函来写。称谓要正式，语气要礼貌。除非平时就熟到可以对导师直呼其名，否则一定要加上先生、女士、博士或教授的后缀。	
● 自我介绍。不要指望老师会记得你是谁。他的学生太多了，你对他的印象肯定要比他对你的印象深。告诉他你的全名是什么，上过哪节课，什么时候上的课。	
● 提供或邮寄一份自己的个人陈述。	
● 如有必要，可以附上自己的简历。	
● 一定要说"谢谢"。	
● 寄出之前仔细校对。如果对自己不放心，也可以让别人帮你看看。拼写或其他错误只会给沟通定下错误的基调。	
● 之后再寄一封感谢信。一旦得知学校已经收到了推荐信，记得再寄一封感谢信致谢。告诉对方一旦有了结果就会通知他，而且要记着这件事。拿到结果后，记得再谢谢他。	

...正确的例子

敬爱的克雷彻教授：

不知您可否为我写一封研究生报名推荐信。可能您还记得，我曾在 2011 至 2012 学年上过您的两门课，一门是"国家与个人"，另一门是"议会演讲"，成绩都是 A。我申请的截止日期是 2013 年 3 月 1 日。

我正在向西北大学、耶鲁大学、芝加哥大学和弗吉尼亚大学申请政治学博士。之所以申请这个专业，是因为此专业与世界的发展息息相关。我的研究兴趣是管理结构和社会文化多样性，希望能将其运用在政策制定的领域之中。

我将简历、个人陈述的初稿，以及您的两门课程的结课论文另附在后。希望您能在推荐信中谈一谈我的分析能力。我在您的课上学到了很多证据分析的知识，这是研究生招生很看重的一个环节。

感谢您在百忙之中抽时间考虑我的请求。我很喜欢您的课，您的推荐是我的荣幸。如果您还需要更多关于我的信息，请您告诉我。

再次感谢！

罗莎·门德斯　谨上

敬爱的王教授：

我想要申请梅多斯奖学金（Meadows Fellowship），不知您可否为我写一封推荐信。可能您还记得，上周我和您提过这件事，您建议我给您写一封邮件。我申请奖学金的截止时间是 2014 年 1 月 27 日。

梅多斯奖学金旨在为致力于美国文化普及领域研究的学生提供资助。我附上了准备随申请提交的研究计划初稿，同时还有一份我的简历。如果我能获得这份奖学金，我打算花整学期的时间在移民的洛杉矶华裔高中生间进行英语普及的研究。最终我会将该项研究的成果提交给洛杉矶联合学区。

我之所以申请是因为我从小就对文化普及很感兴趣，希望毕业后能从事倡导普及教育的工作。您也知道，在过去的三年中我在学校的成人文化普及项目中担任了志愿者，我很喜欢和您探讨这方面的活动。希望在推荐信中您能向委员会介绍一下我的志愿工作，以及我对这些工作的热忱。

感谢您考虑我的申请。如果您还需要更多关于我的信息，请您告诉我。

詹·巴克斯特　谨上

3. 给老师写电子邮件

可能你落下了课程，可能你对作业有些疑问，可能你在完成作业时遇到了困难，需要一些帮助。可能你的论文还没写完，需要延长提交时间，可能你在班级中遇到了麻烦，也可能是你对老师上课讲的内容很感兴趣，想看看课程大纲和延伸阅读的清单。如果你遇到了以上的情况，就该给老师写一封电子邮件了！

出手时不要犹豫。比起那些不预习也对课程没有兴趣的学生，老师是很喜欢收到邮件的。如果你能尊重对方的时间和精力，他们会非常乐意向你提供帮助。

这可能是你第一次通过电子邮件和家人、朋友之外的人沟通联系。这次你的用语要更为正式一些。下面的内容可以为你提供一些帮助。

基本情况

给老师或教授写信的理由有很多。一般来说都是为了获得更多的信息，或是寻求某种帮助。写的时候你肯定很清楚自己的**目的**是什么，要清楚明白地表述出来。让老师能明白你想要什么，他才更有可能向你施以援手！

写邮件时一定要想着**读者**。虽然老师和教授可能很友善，但他们并不是你的朋友。他们比你更权威，拥有更多的权力。一般来说他们都很忙，要教很多门课，也有很多学生。所以一定要把话对读

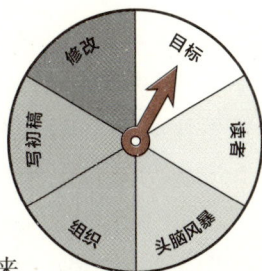

示范提纲

写给老师或教授的邮件应当尽量简洁。

开头：进行自我介绍，让老师知道你是哪个班的。

中间：礼貌地表达出自己的请求，如有必要还可以给出请求的理由。在礼貌的前提下尽量保持简洁。

结尾：在结尾处对老师或教授表达感谢。

者说清楚。一定要简洁明了，语气礼貌。

写给老师或教授的信一般都很简短，所以不需要进行太多的**头脑风暴**和文章**组织**。但一定要记得，邮件中的信息要完整。

在打**初稿**的时候就要注意自己的语气。语气要友好，并体现出应有的尊重。不要用对待家人和朋友般的语气对老师和教授说话。

修改的过程中再次检查自己的语气，同时也要检查信息是否完整。校对时要注意自己的拼写、标点和语法问题。

这样做	不要做
• 如果你需要帮助或是心存疑问，一定要尽早和老师或教授联系。如果拖到最后一刻才和对方联系，只能说明你对这件事并不上心，想让老师从头负责到尾。如果实在晚了，一定要强调一下表达歉意，不要装作没事的样子，就好像是要申请延长两小时交作业一样。	• 除非对方同意，否则不要直呼其名。要称对方"教授""老师""先生""女士""博士"等。
• 标题要具体，要有礼貌。如果你忘记留了什么作业，可以在标题上写"忘记了作业"，而不是"需要作业"。发邮件一定要有标题。	• 你可以提出请求，但不要命令对方，请求时一定要保持礼貌。不要说"我想知道阅读作业是什么"，可以试着说"请问您能不能告诉我阅读作业是什么？"
• 称谓要恰当。可以写"敬爱的布莱尔先生"或"罗斯教授你好"，但不要写"嘿，教授"或直接引入正题不加称谓。	• 不要抱怨。如果有问题，简单地描述出来，提出解决的方案。老师和教授什么借口都见过，只有实话实说才会赢得尊重，但记得不要事无巨细，不要跑题。
• 如果是第一次发邮件，记得介绍一下自己。如果是学期刚开始，或者教授有很多学生，那他很可能记不得你的名字。你要告诉他自己是哪个班上的。如果你要为课程进行采购，或是想看看课程大纲，可以直接提出来。	• 不要表现出这门课对你来说不那么重要。老师和教授也知道你有很多事要做，但他们还是希望你能完成课堂作业。
• 具体说明自己的请求。	• 不要"溜须拍马"，保持礼貌就好。是真心还是虚情假意，教授一眼就能看出来。
	• 不要咒骂，哪怕是开玩笑也不行。这是一封很正式的邮件，不是发给朋友的信息。

这样做	不要做
• 要表现出礼貌和尊重，毕竟老师和教授比你更权威。	• 给老师写信的时候不要使用缩略语，不要使用表情。要使用正规的表达。
• 邮件要简单明了。	• 不要贸然发给对方附件。如果你错过了交作业的时间，一定要事先问问教授能否通过电子邮件发给他。不要想当然地认为他肯定会把你的论文打印出来。
• 如果你是请人帮忙，记得说"谢谢"。	
• 邮件的最后要署名，不要只写完正文就结束了。	
• 要记住邮件发出去就不能修改了。如果考虑不周，之后很可能会有麻烦，所以一定要谨慎一些。	• 如果老师要你去办公室讨论邮件里的问题也不要太惊讶。一般面对面的交流会更加高效，如果能面对面和教授进行交流，你也更有可能得到一个完整而满意的答案。

错误的例子...

> 我上周没上课。请问您可以把做业发给我吗。另外我也不太确定交作业的时间？
>
> 谢谢！！！！！！！！！！

这名学生是谁？他从头到尾也没说自己是谁，在哪个班。

标点运用最不恰当的就是这一排感叹号。可能你经常给朋友这样写，但永远不要在正式的写作中重复运用感叹号。

"做业"写错了。一般检测软件可以查出来，但作者似乎写得太匆忙了，没有注意到下方的红曲线。要注意这里的标点符号是错的，这是个问句，最后应该是问号。

这句话并不是问句，但结尾确实是问号。

...正确的例子

波斯特教授：

您好！

我是您周四英文 533 莎士比亚课上的学生。很抱歉我昨天偏头痛，错过了您的课。不知道您是否能告诉我这节课的作业是什么，需要什么时候提交？下周前我肯定会追上进度。

感谢您的帮助！

阿丽尔·布斯

> 合适的称谓。

> 恰当准确而有礼貌的表达。

> 记住致谢。

错误的例子...

敬爱的萨尔茨曼教授：

我希望申请延迟论文的提交时间。这周我有三门期中考试，其中包括了化学和生物，实在没有时间写论文。这次化学课考试占了总分的 60%，简直让人无法相信。为了这些考试，我三天只睡了 6 个小时。我想要申请医学预科，所以好成绩对我来说非常重要。

我真的很喜欢您课。您的水平很高，听到您的课是我的荣幸。

感谢您考虑我的请求。

大卫·库珀　谨上

> "没有时间写论文"？哎呀，大卫显然是很忙，但表达方式还可以更婉转一些。

> 可能是突然意识到有什么不对，大卫开始拍萨尔茨曼教授的马屁。他还漏掉了一个"的"。如果我是萨尔茨曼教授，我肯定不会帮助他。

> 这一段基本是在抱怨，还解释了为什么萨尔茨曼教授的课对自己不那么重要。

> 邮件的结尾听起来硬邦邦的，和上面的语气不匹配。更糟糕的是大卫忘了自己为什么要写这封邮件，忘了自己到底想说什么。是打算申请论文延期吗？延期到什么时候呢？他需要把信息写得更具体一些。

...正确的例子

> 在这一版里，大卫很礼貌地询问了延期的问题，也提到了自己是萨尔茨曼教授哪门课上的学生。

> 大卫强调了自己很重视萨尔茨曼教授的课，而且还把这件事和申请延期联系在了一起。

敬爱的萨尔茨曼教授：

关于您亚洲史的课堂论文，不知道我是否可以延期提交？我这学期的课业很繁重，很多截止日期都堆在了一起，我实在难以应付。我知道您不接受延期的论文，但不知道您能不能网开一面？我真的很喜欢您的课，也很希望自己能赶上进度。不知我能否 27 日周一把论文交给您？

非常感谢。

大卫·库珀

> 大卫解释了自己课业繁重，但没有抱怨，也没有让萨尔茨曼教授觉得自己的课不受重视。他担起了不能按时交论文的责任，而且提出了解决的方案。

复核成绩

通过电子邮件复核成绩是件很棘手的事。在动笔前要仔细衡量可能出现的结果：如果向老师申请重新计算成绩，结果很有可能不升反降。如果你已经下定了决心，下面的内容可以给你一些指导，教你写出一封有礼貌的电子邮件。

这样做	不要做
• 想想自己为什么要这样做。你觉得老师算错分数了？你能给出分数应当更高的理由吗？还是说感觉自己没有受到重视，受到了误解？如果是后者，那么仔细考虑下是否一定要这么做，注意自己的语气，不要显得很委屈。	• 不要说出现了"错误"。与其指责导师出了错，不如表达一下自己对成绩的困惑。
• 格外注重礼貌用语。傲慢粗鲁的语气会很伤人。	• 不要唠叨自己在课上有多努力。如果学生很努力，导师一般会把成绩稍微提高一点，但这并不是他们的义务。而且很有可能导师已经把你的分数往上提过了。
• 克制自己的情绪。可能你会感到很受伤、很痛苦，但没有必要向导师倾诉。邮件要写得正式、专业。	

这样做

- 仔细解释一下为什么自己感到很困惑。说得具体一点,你是否知道每次的平时成绩占最后总分的比例?

- 如果你没见过期末论文或期末考试卷子,可以申请看一看。如果你没看到打过分的作业,也可以让导师退还给你。这些都有可能会影响你最后的分数。

- 简单明确地提出复核成绩的请求。如果说得太婉转,比如"我觉得我的分数应当更高"听起来就很像是在抱怨。

...正确的例子

敬爱的莱顿教授(Professor Leighton):

我是生物 5 班上的学生,上学期周二、周三 1 : 00 上了您的课。我非常喜欢您的课,而且学到了很多东西。只是我刚刚拿到了成绩,对这个最后的分数有些困惑。

可能是我最后算错了,但以我的实验分数和考试分数,我觉得最后应该得到一个 A。我觉得有些困惑,不知道为什么最后的分数会有这么大的差距。如果您能重新计算一下我的成绩,向我解释一下,我会非常感激。

非常感谢您的帮助,我深表感激。

约翰·普鲁西纳 谨上

4. 校园简历

（简历详见第 401 页）

　　为了申请工作、奖学金，以及其他事项，高中生和大学生有时也需要写简历。即便之前没有什么工作经验，或是之前的经验和现在要申请的事项无关，你也能用自己的教育背景、获奖情况、集体活动、工作和志愿者经历写出一份吸引人的简历。

基本情况

　　写校园简历的**目的**多种多样，可能是申请奖学金、获得实习机会或工作机会。目的很多，但你可以假设**读者**都很忙，看过了无数封类似的简历。你要做的是尽量简化对方的工作，让整份简历易于浏览，符合一般的社会常规。想想读者希望在简历里看到些什么。大学申请委员会或潜在的雇主会在简历里寻找哪些信息？

　　头脑风暴一下自己参与过的活动和经历。给自己留出些时间列个单子，把经历和成就都写上去。你可以和家人朋友一起讨论，他们可能会记得一些你不记得的事。经过了这个过程，你会发现自己有很多想说的东西。头脑风暴前可以参考一下资料框"简历中应包含的内容"中的内容。一旦选好了要写的东西，根据一般的社会常规对简历进行**组织**，要知道简历可不是你表现创造力的地方。你可以参考下面的例子写出一份自己的简历。在最终定稿前要多打几次**初稿**。简历最好不要超过一页，第一稿可能会很长。留出一些编辑润色的时间。写简历是个不断推敲的过程，一边改还不断会有新想法冒出来。在**修改**时，不要只想着把简历删成一页，还要想着留下哪些重要的信息。一定要变得挑剔一些，仔细校对语法、标点和拼写错误。至少也要找一个人帮你仔细看一看。简历如果出了错，会给人带来很不好的印象，因此一定要提前纠正错误。

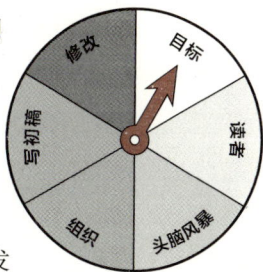

简历中应包含的内容

说起简历的内容，高中生和大学生会有细微的区别。下面有两列内容，你可以做出相应的选择。

平均成绩	课外活动
专业	参加的俱乐部、社团、志愿者服务
毕业时间	社区服务
与申请相关的课程	学生干部职务
独立研究的项目	运动能力
毕业论文	外语能力（标明自己的熟练程度）
学术奖项	重要的旅行经历
优秀生榜、光荣榜等	特殊的计算机技能
工作经验	兴趣和特长

这样做	不要做
● 始终记着自己的目的是什么。在收集挑选信息时，要记得自己为什么要写这份简历，并以此为标准对细节进行筛选。 ● 参考家人和指导老师的意见。他们都有写简历的经验，有些经历你可能自己已经忘了，或认为无关紧要，他们都还记得，会向你提出来。 ● 格式要专业，可参考下面的模式。 ● 格式干净简洁，页边距要留足。	● 简历长度不要超过一页纸。收简历的人很忙，没时间看太长的简历。如果你能简练一些，他们的工作也会轻松一些。简历太长只会显得很啰唆，容易引起对方的反感。 ● 字体和格式不要太多太乱。字体种类不应超过两种，页边距也要保持一致。简历是靠内容取胜，而不是靠格式创意。 ● 建立不要过度美化和造假，要实事求是。造假的简历很容易会被查出来。

这样做	不要做
• 检查自己的联系方式是否正确。如果你的邮箱地址是"iluvzombies@puffball.org"之类的，一定要注册一个新邮箱，地址中要包含自己的姓名。还要注意自己的语音信箱录音信息，也要专业严肃一些。 • 根据自己申请的学校和工作对简历进行修改。如果你申请的学校核心课程很强，那么就可以写一写自己读过的古典文学。如果你想在国际援助机构申请工作，记得说说自己的外语能力。 • 对活动进行描述时要选择有力的行为动词。	• 在检查拼写错误前不要贸然寄出。错漏百出的简历很容易给对方留下坏印象。

...正确的例子   **高中校园简历**

姓名：卡梅伦·夏皮罗（Cameron Shapiro）
地址：姜树巷 2556 号 圣卢西亚，CA 93454
邮箱：cameronshapiro@cihs.org
电话：555-111-9999

个人资料
出生日期：1995 年 1 月 15 日
出生地点：加利福尼亚州圣卢西亚

教育背景
高中：海峡群岛中学 （ 港湾街 1673 号 圣卢西亚，CA 93454 ）

平均绩点 / 班级排名：第 27 名（621）

学业测试成绩（SAT）：620（写作）、740（数学）、620（阅读）

大学预修课程成绩

生物：5

美国史：4

英语语言和写作：4

年级：12

获奖情况

齐格勒预修课程生物学奖（2012）

光荣榜（2010—2012）

CIHS 月度最佳学生奖（2011）

校园活动

《群岛人》（校报）（2011—2013）专题编辑

参加科学俱乐部（2010—2013）

参加金融俱乐部（2011—2012）

工作经历

盖璞（GAP）公司助理（2012 年 5 月—8 月）

马丁·费舍里公司助理（2011 年 5 月—8 月）

社区服务活动

联合劝募会（2011—2012）

岛外联络志愿者（2010—2011）

捐赠处志愿者（2010）

其他爱好：阅读、游泳、海洋生物学

大学校园简历

姓名：莉萨·沃森（Lisa Wattson）

地址：达顿厅 678 号罗德岛埃姆斯，02804

邮箱：lmw2334@branston.edu

电话：617-788-0985

目标职位

图书或杂志出版基础岗位

教育背景

布兰斯顿大学，罗德岛埃姆斯

英语学士，2013 年 6 月毕业，平均成绩 3.8/4.0

优秀生榜（2009 年秋至今），获索兹曼奖（2010 年）

毕业论文：《十九世纪新英格兰的图书出版业》

相关工作经验

工作单位：格里森出版社，马萨诸塞州波士顿（2011 和 2012 年夏）

职位：实习生

岗位描述：

- 甄别、校对非虚构类稿件
- 与选定作者进行一对一沟通
- 参与策划新书发布会和宣传活动
- 参加编辑会议

工作单位：布兰斯顿密封出版社，马萨诸塞州埃姆斯（2011 年 9 月至今）

职位：新闻编辑

工作内容：

- 编辑并协助出版校园周报

- 通过采访教授、学生、管理人员收集与学校相关的新闻事件
- 招聘、指导学生进行报道
- 协助向当地商户进行广告销售

其他经历

单位：布兰斯顿大学学习中心，马萨诸塞州埃姆斯（2010 年 9 月—2011 年 6 月）

职位：助教

职位描述：

- 为学生撰写论文、开展调查提供帮助
- 在小学期中设计、教授语法、标点和演讲技巧

参加的活动

单位：埃姆斯社区中心，马萨诸塞州埃姆斯（2010 年 6 月至今）

职位：志愿者

工作内容：

- 在"下班后文化普及项目"中向成年人教授阅读技巧
- 向高中学生教授写作技巧
- 撰写社区目录与电子邮件

单位：中国城社区项目，马萨诸塞州波士顿（2009 和 2010 年夏）

职位：志愿助教

工作内容：

- 协助向大中华地区移民每周教授英语课

语言能力

西班牙语（中级）；法语（初级）；汉语（初级）

电脑技能

精通 Office 办公软件应用，可简单操作 HTML 和 XML。

可根据需要提供参考资料。

5. 应招信

如果你想成为学院或大学运动队中的一员，可以跳过中间的步骤给教练写一封信介绍自己。虽然全国大学生体育协会（NCAA）明令禁止教练接触潜在的新队员，但你并不受这方面的约束，你完全可以写封信介绍一下自己。

一般来说，应招信都是通过电子邮件发送的。

基本情况

写应招信的**目的**是向学院或大学教练介绍自己。你也希望沟通能持续下去，所以要从**读者**的角度去考虑。教练都很忙，他们会收到很多类似的信。所以你最好能让他们的阅读尽量轻松、高效。信的内容要简洁。要从教练的角度进行**头脑风暴**。什么内容能引起教练对你的兴趣？重点不要只集中在你想得到什么上，还要说一说如果能够加入，你能给团队带来什么。你可以根据示范提纲**组织**自己的内容。给自己留出充足的时间多打几次**初稿**，这个步骤非常重要，最好不要赶时间。如果能让父母或现任的教练帮你看看更好。根据他们的反馈**修改**润色你的信。内容既要完整又要简练，消灭掉所有的笔误或其他错误。这封信会带来别人对你的第一印象，一定要好好写！

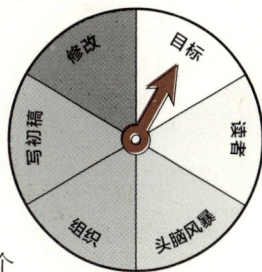

示范提纲

- 信是写给大学教练的，所以应当直接称呼，比如"敬爱的史密斯教练"。
- 信的开头应当介绍一下自己为什么想来这所学校。"我真的很喜欢这所学校，我曾经和父母一起去看过好几次足球赛"或"我对工程学专业很感兴趣"教练也希望看到你能喜欢这所学校，而不仅仅是喜欢这项运动。
- 下一段应当陈述自己为什么对运动队感兴趣。你可以先做一些调查，找一找这支队伍之前获得了什么成绩。了解一下他们之前打过什么比赛，目前这一季的战况如何。
- 向教练介绍一下自己的学习情况，让他知道你是个认真的学生，有实力进入这所学校学习。
- 介绍一下自己的运动特长，尤其是自己获得的奖项，以及自己是如何为团队出力的。
- 提供两到三名联系人的电话号码和邮箱地址。
- 如果你还录了视频可以放上链接。

作者：韦恩·莫佐尼（Wayne Mazzoni），招募专家，著有《成功应征》一书。他的个人网站是 www.waynemazzoni.com。

这样做	不要做
- 信一定要寄对人。可以登录学院或大学网站查询负责人和教练的名字。如果你仍有顾虑，可以打电话核实信息。 - 给不同的教练和学校写的内容要有所不同。群发信件只能说明你对这件事不甚重视。这封信要让教练感觉到你对这项运动真的感兴趣。 - 告诉教练最近你要打什么比赛，他可能会来看一看。	- 不要统称"敬爱的教练"。花些时间找找教练的名字，直接写信给他，你可以从学院或大学的网站上查到。如果没能查到，可以打个电话。 - 不要让家长给教练写信。教练希望直接听到你的声音。 - 不要用俚语或缩略语。这是一封正式的沟通信，应当用正式的语言书写。

这样做	不要做
• 如果你有球探报告，可以附上链接。 • 如果你有精彩的录像，可以附上链接。 • 对申请的学校表现出兴趣。你需要花些时间去了解学校，告诉教练申请的理由。内容要具体一些，比如体育、学术、传统、宗教信仰、生活体验等。这些都能说明你对这所学校真的感兴趣。 • 内容简短，格式简单，这样才便于浏览。教练会收到大量这类电子邮件，你要保证自己这封邮件能带给他良好的阅读体验。内容不要超过一页纸。 • 提供关于自己和现任教练的完整准确的信息。 • 不断跟进。如果第一封信没有回音，可以再跟进一封。执着而有礼貌，可以让人感到愉快。	• 不要吹嘘。陈述经历和吹嘘经历是有一定区别的。如果你不太确定，可以让父母或现任教练看看你的初稿，之后再寄出。 • 不要只关注自己的状态和成就，也要让教练知道你能为团队做些什么，要让他知道你很适合申请这所学校。

...正确的例子

敬爱的施里弗教练：

我想向您做一下自我介绍。我的名字叫史蒂文·兰德尔（Steven Randall），是三年级学生（2013 级），身高 1.8 米，体重 170 斤。我曾是先锋中学的一垒手，做接球手做了 3 年。大二的时候，我被公立学校的运动联盟（PSAL）选中，代表美国队到日本参赛。2012 年我的高中数据是：击打率 321，上垒率 451，3 个二垒安打，4 个三垒安打，3 个全垒打，打点 30。我的全国大学生体育协会的信息交换号码是 1304768149。

我希望进入梅森大学继续深造，同时延续我的棒球生涯。梅森为我提供了研读教育学的机会，同时也能让我的棒球提升到更高的水平。作为一个人、一个学生、一个运动员，我对自己很有自信。我的平均成绩是 3.50，虽然没有达到我理想的分数，但这并不能说明我不想做一个好学生，或是没有努力。我在社区十分活跃。我参加了"年度乳腺癌长走运动"，参加了"感恩节向流浪者派送食物"的活动，还参加了"汉娜计划"，为特殊儿童提供帮助。

我的培训计划包含了以下几部分：

- 帕里西中学——力量、速度和敏捷性训练
- 击打教练——弗兰克·德莱昂（于圣路易斯红雀队执教 10 年）
- 接球教练——泰德·塞缪尔（执教于帕特森体育学院）

如果您还想听听专业人才测评结果，泰德·塞缪尔曾给我做过一次，他曾是中西部棒球学院的负责人，也曾在西格玛培训中心担任负责人。他的联系电话是 888-400-7000。他的电子邮箱是 T.samuels@psacad.com。

我还有一位入学兼入队顾问，他叫比尔·基特里奇（Bill Kittredge）（888-400-9999），会在重要的时刻为我提一些建议。他的电子邮箱是 bkitt1991@lmvt.com。

我还附上了一个视频链接。如您需要，我还可以提供相关的推荐信以作参考。如果您最近有训练或授课的计划，请告诉我，我非常想去参加。感谢您抽时间阅读这封信，希望很快有回音。

祝好！

史蒂文·兰德尔

地址：爱荷华州科德尔市阿普尔顿路 9833 号，86110
电话：888-111-0000
邮箱：stevenrandall95.bb@phs.org
个人视频：http://www.youtube.com/watch?v=dhvX_s9kKA&feature=youtu.be

作者：韦恩·莫佐尼（Wayne Mazzoni），招募专家，著有《成功应征》一书。他的网站是 www.waynemazzoni.com。

6. 运动员简历

　　运动员简历，有时也称为运动员简介，这份简历能向招募人和教练提供完整的运动、学习和所取得成绩的信息。它并不是要你完整地记述职业生涯，而是要激起读者的兴趣，鼓励他们更好地了解你。

基本情况

　　写运动员简历或运动员简介的**目的**是列出易于浏览的提纲，介绍自己在运动和学习方面的成绩。你的**读者**是学院或大学里的教练，你对他的团队感兴趣。要记得教练会收到很多这样的信件，所以一定要写得尽量简明，易于阅读。你可以对自己在运动、学习、课外活动中所取得的成绩和参加的活动进行一下**头脑风暴**。如果能列个单子是最好的，这样会有助于回忆、收集信息。可能你想起来的东西要比最后用到的东西多。这也没有关系。准备充足总比忘记重要信息要好得多。简历没有单一的**组织**格式，只要保证简单易读就可以。**初稿**很可能会比较长。不断**修改**，最终将其缩减到一页。可以请父母、朋友和教练一起帮你进行修改。

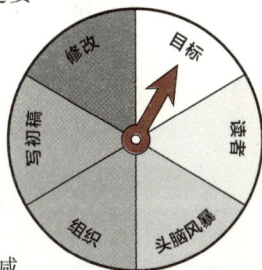

运动员简历中应包括哪些内容

　　简历没有单一的格式。无论怎么写，只要保证它简单易读就可以。一般来说会包含以下内容：

联系方式
你是谁、怎么和你联系

学习情况

班级排名、平均成绩

学业能力倾向初步测验（PSAT）、学术能力评估测试成绩（SAT）、美国大学入学考试成绩（ACT）

学业奖（荣誉榜等）

全国大学生体育协会划定的核心课程成绩

运动能力

身高体重

队伍中的位置

社团经历

统计数据

荣誉

掌握的其他运动

课外活动

志愿者活动、校园俱乐部、同级辅导、学生会、其他主要的校外兴趣活动

证明人

证明人的姓名、电子邮件地址以及手机号码

这样做	不要做
● 给自己留出充足的写作时间。如果拖到最后一分钟才开始写，只会漏掉大量重要的信息。要尽早着手，给自己留出时间多修改几稿。	● 永远不要在简历上撒谎。一定要真实反映自己的情况和成绩。如果教练对你感兴趣，肯定会去证实你提供的信息。

这样做	不要做
• 联系方式要显得专业一些。如果你的邮箱地址看起来很傻，或会冒犯到别人，可以为了这次招募开启一个新账号，其中最好能包含你的名字。同时你的语音留言也要尽量专业、清晰。	• 如果对方没有表达出明确的意愿，不要将其列为证明人。要让他们知道你在准备运动简历，想把他们列进去。不要想当然地以为别人肯定愿意做证明人，要开口询问。
• 真实反映自己的能力和成绩。扭曲事实是很容易被发现的。不要让自己或别人显得尴尬，一定要坚守事实。	• 证明人不宜过多。列一大堆证明人也不会对你有什么帮助。
• 简历控制在一页以内。	• 在经过多人仔细校对之前，不要贸然寄出简历。一定要将简历修改到完美。
• 格式清晰易读。可以大量运用留白，不要用文字把页面挤满。要记住，只要写出自己学习和运动中的闪光点即可。	
• 提供证明人。不用附推荐信，只要给出推荐教练的名字和联系方式就可以了。如果对方感兴趣会自行联系。	

...正确的例子

姓名：史蒂文·兰德尔

地址：爱荷华州科德尔市阿普尔顿路 9833 号，86110

电话：888-111-0000

邮箱：stevenrandall95.bb@phs.org

个人信息

学校：先锋中学

班级：2013

击球：左手

投球：左手

位置：一垒手、右外野

出生日期：1995 年 4 月 11 日

身高：1.8 米，体重 170 斤

父母：杜安·兰德尔、琳恩·兰德尔

平均绩点：3.50

学术能力评估测试成绩：数学 540，阅读 460，写作 370

2012 年高中棒球数据

击打率：321	得分：25	安打：115 中 40 次
全垒打：3	二垒安打：3	三垒安打：4
打点：30	四坏球：11	妨碍跑垒率：451
长打率：467	守备率：941	三垒安打：4

学习情况

毕业年份：2013

平均绩点：3.50

学术能力评估测试成绩：1370

高中教练（姓名／工作电话）

汤姆·杰普森	先锋中学	888-698-2000
拉里·斯潘	草原之星	888-804-0200
荷西·雷耶斯	洛杉矶道奇	888-400-5002
弗兰克·德里昂	击球	888-490-2020

课外活动

- 法律与政治社团
- 唱歌
- 课后作业帮扶小组
- 乳腺癌长走运动、献血
- 感恩节向流浪汉派送食物

- 汉娜计划志愿者，为特殊儿童提供帮助

夏季棒球 / 训练营

2009 年棒球锦标赛

2010 年棒球锦标赛

2011 年棒球锦标赛

2011 年爱荷华州公立学校的运动联盟（赴日本参赛）

2012 年棒球锦标赛

专业兴趣

体育管理、理疗、体育教育

位置 / 体形 / 速度 / 力量

一垒手，右外野 / 身高 1.8 米、体重 170 斤

冲刺：7.6、封杀：1.97、仰卧举重：220

作者：韦恩·莫佐尼，教练、招募专家，著有《成功应征》一书。他的网站是 www.waynemazzoni.com。

运动资料包

　　运动简历中已经涉及了资料包中的内容，你应该已经清楚地向教练展示了自己是怎样一个人。在运动资料包中你需要回答以下问题：

这名学生运动员可否顺利入学？

也就是说你需要提供正式或非正式的成绩单、成绩公告栏。

这名学生运动员是否能达到我队的水准？

- 你需要附一张 DVD 视频光盘，或是附上一个视频链接。

- 比赛日程
- 有意参加的训练营

这名学生运动员是怎样一个人？

一般而言，教练是不会去读推荐信的，因为推荐信多数都尽是溢美之词。最好是列一些运动界和学术界的联系人，并且留下他们的联系方式，比如教练、顾问、学校负责人等。

作者：韦恩·莫佐尼，教练、招募专家，著有《成功应征》一书。他的网站是www.waynemazzoni.com。

7. 实习求职信

实习求职信是指为了申请实习岗位向公司、组织发送的信件。实习求职信更像是一封推销信，目的是展示自己能为团体做些什么，刺激读者对你产生兴趣。

这样的实习求职信也适用于找第一份工作的大学毕业生。

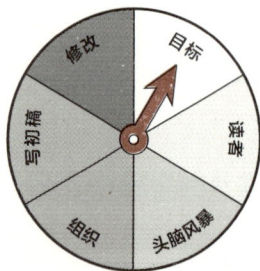

基本情况

写实习求职信的**目的**是向读者介绍自己，表达自己对实习岗位的兴趣，向对方展示自己的价值。这样的简历很多，为了能从中脱颖而出，你可以多说自己有什么价值，少说自己有多渴望这份实习工作。所有人都知道你想得到这份工作，但为什么对方要选择你呢？要站在对方的角度进行**头脑风暴**。他们需要什么样的人，你要怎样满足对方的需要？你可以给自己的技能和经验列一张单子。想想自己为什么能胜

示范提纲

求职信的格式一般都很简单。

称谓：要把信交给正确的人，不要只写"敬启者"。

开头：让对方了解你写信的原因以及对什么感兴趣。如果你是由读者认识的人介绍或推荐的，也可以在这里写上他的名字。

中间：与附在后面的简历对应，着重强调自己与这一岗位相符技能和经验。

结尾：最后感谢对方的关注。再次强调自己能为公司做出哪些贡献，写写自己要怎样跟上公司的步伐。

任这份工作。一般来说求职信要遵从标准的**组织**格式：你可以参照示范提纲来组织自己的文章。**初稿**可能会很长。但在这个阶段，太长总比太短要好。把能写的都写出来，然后休息一下，换换脑子再继续写。如果能把初稿拿给别人看就再好不过了。**修改**时尽量将文章浓缩提炼。可以让其他人帮你仔细校对一下终稿。求职信中的笔误和其他错误会只会让你的申请成为泡影。

这样做	不要做
• 给自己打初稿留出充裕的时间。一封好的求职信是申请的关键，因此一定要倍加重视。	• 不要赶工。虽然看起来像是走个形式，但求职信是很重要的。一定要倍加重视。
• 让求职信更加个人化。可能你同时在申请很多岗位，但一定要保证这封信寄到正确的人手中，直达你感兴趣的公司部门或项目小组。可以花些时间查询一下联系人，对公司或项目事先有个了解。	• 不要显得很傲慢。你需要展示自己的才华，展示时保持热情，但不要夸耀。
• 要记住自己是在说服读者。但也不要写得像是在推销，关注点要落在对方选择你做实习生的好处上。	• 不要具体提及某一项目。你没办法选择分配给自己的项目，只要突出自己的能力和热情就可以了。
• 讲一讲自己有多适合这个岗位。说说自己的经历和资质，为什么这些会让你在选拔者中脱颖而出。	
• 温和有礼。读者都很忙，而你占用了对方的时间，所以应当有礼貌，并且表达出尊重。	
• 校对，校对，还是校对！可能你的资质出类拔萃，但如果简历里出现笔误或其他错误，很可能会让读者看轻你。	
• 适当跟进。可以去确认一下自己的材料对方有没有收到，并且表现出对这个岗位还保持着兴趣。但一定要尊重对方的意愿，如果对方明确表示不接受来电，就不要打电话。	

...正确的例子

亲爱的威尔逊女士：

您的前任实习生乔治·库伯建议我申请麦肯锡公司的营销实习岗位。乔治对我的营销专业背景和沟通能力比较了解，他认为我很适合成为麦肯锡的暑期实习生。

目前我是特兰顿大学的一名大三的学生，英语专业，辅修市场营销。正如我在简历中所提到的，目前我已经修完了七门市场营销、人际沟通和公共关系的课程，并且全部得到了 A 的成绩。我曾在乐信网络做了两个暑假的实习生，这是一家位于新泽西城的小型数码品牌代理公司。实习期间我参与了制定品牌战略的工作，协助完成了网页设计，为客户在社交媒体中进行了宣传。明年我即将毕业，有志于加入市场营销的行业中来。

感谢您抽空读了我的申请。相信我的经历和初衷能够为我加分，也很希望能有机会与您讨论岗位的问题。您可以通过电话（619-888-1111）或邮箱（lw2388@haddonuc.edu）联系到我。两周内我会向您致电，询问是否需要提供更多信息。

拉丽莎·沃尔斯　谨上，

附件：简历

8. 校报

在从学校走到"外面世界"的过程中，写作技巧也是非常重要的。全国英语教师委员会将优秀的写作技巧描述为"21 世纪最重要的技能"，招聘人员也始终将写作能力视为十分难能可贵的素质。在学校中积累写作功底能为未来的工作打下很好的基础。

为学校校报撰写文章是一种很好的融入校园生活的方式，在这当中你可以磨炼自己的写作技巧，找到自己在集体中的位置，为未来积累经验。大部分校报只需要你有足够的热情和基本的写作技巧，他们会教你接下来要怎么做。另一方面，如果你有志于成为专业的记者，校报是你积累经验的好地方，你可以在这里积累素材，向未来的雇主进行展示。

报刊写作的类型多种多样。本节中讲述的是基础新闻写作。与社论相关的内容，可参见评论部分。

基本情况

很明显，撰写校园新闻的**目的**就是与大家分享信息。你的读者基本上都是同学。有些人会对你的故事非常感兴趣，而有些人可能最多只扫一眼。但无论你的读者是谁，都要尽量生动有趣地将你要表达的内容呈现出来。写新闻稿件时最重要的**头脑风暴**方式就是考虑"5 个 W 和 1 个 H"的原则，这样你的故事才是完整的。在资料框"5 个 W 和 1 个 H"（第 333 页）中有更详细的解释。通常**组织**新闻是按照信息的重要性降序排列的。也就是说，最重要的内容要放在首段，次要的内容放在后面。这样的结构有益于阅读，整篇文章不必全都看完。同时，这样做也有利于编辑缩减文章长度，即便是砍掉最后一段也不会漏掉任何重要的信息。如果有条件，尽量多打几次**初稿**，给自己留出充裕的修改时间。写作时尽量保持客观公正。对事实和信息要反复核查，仔细校对笔误或其他错误。对新闻写作而言，准确性是很重要的，因此一定要**修改**到自己完全满意为止。

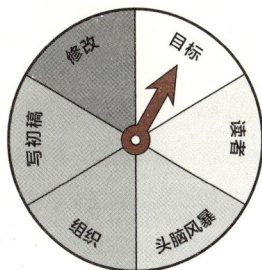

这样做	不要做
● 自学新闻。如果有可能，可以听一听新闻专业的课程。有些高中自己也会开设新闻写作课。	● 语言不要过度正式或过分华丽。新闻写作要干脆利落，切中要害。
● 即便最初没有得到写作的机会，也可以做些相关的工作。最初学生记者都会做一些文字编辑之类的工作，之后才有机会开始写文章。	● 不要出口伤人。

这样做	不要做
• 选择大众类的话题。如果你可以选择写作的主题，一定要选读者想读，而不是自己感兴趣的东西。	• 永远不要胡编乱造。如果你找不到合适的引言或是有力的数据，可以不写。在文章中永远不要编造事实。
• 认真对待工作。虽然这只是一份校报，可能你的同学并不以为然，但你自己一定要严肃对待。你的文章代表了你个人，也代表着你的学校。	• 不要抒发个人观点。作为校报记者你的任务就是收集信息，然后客观地将其呈现出来，不要加以评论或是带有"偏见"。
• 做好调查工作。针对写作主题进行背景调查。如果某个问题有争议，一定要展示出不同人群对这一问题的不同看法。	
• 保持公正。如果涉及有争议的话题，要引用原话将双方的观点都展示出来。即便是与自己的意见相左也要准确地表述出来，不能带有偏见。即便在这个问题上你有强烈的个人观点，文章也必须遵守客观的原则。	
• 保证事实的准确性。反复检查姓名、地点、重要日期、分数以及所有文章中涉及的事实内容。如有可能，可以使用录音设备，认真做笔记记录。	
• 学会引用。引用他人的话可以增加文章的可信度。要挑选那些能为文章增加维度的内容，而不仅仅是重复已有的内容。一定要注意引用内容的准确性。	
• 锤炼吸引人的文风。即便是平铺直叙的报道也可以让人读起来充满乐趣。最好的办法就是去读职业记者的文章，认真揣摩对方的用词和句式，然后移植到自己的文章中来。写作时应当有这个意识，知道自己为什么要选择这样的风格。	

这样做

- 反复检查语法和拼写。提交后才查出错误是再尴尬不过的事了，尤其还署了你的名字，这些是完全可以避免的错误。

---

5 个 W 和 1 个 H

文章的第一段是最重要的。很多人只会读个开头，因此要把所有重要信息都涵盖在这一段中。"5 个 W 和 1 个 H"的口诀能帮助你将关键问题——回答：

文章涉及何人？（Who）

发生了何事？（What）

在何时发生？（When）

在何地发生？（Where）

有何缘由？（Why）

事情是怎样发生的？（How）

如果文章能很好地回答以上的这些问题，在报道时就可以比较有信心了。

...正确的例子

设施与安全管理主管约翰·耶格尔站在 246 号街的拐角上，"这火花就像一场光电秀。"他看着压倒在电线杆上的树木说道。

由于树木折断，校园周边的道路受到了阻挡，上部和中部楼层电力中断，低矮的屋顶也被掀翻，维修和安全人员立即展开了清理和修复工作。在暴风雨到来之前，维修和安全团队已将易被强风吹走、成为安全隐患的物体进行了处理。

高中校报

耶格尔与几名维修和安全人员一起经受住了暴风雨的考验，"我们要将损失降到最低"，他说，"暴风雨来临时，我们最担心的就是树木折断。"周日晚上，他也在 246 号街的拐角处，那时的风速已达到了每小时 96 千米。他听到一声脆响，"伴随而来的是大地剧烈的震动。"办公室旁 24 米高的橡树轰然倒地，扯断了电线，将电线杆砸成了两半。他巡视了一夜，"每次树木倒塌都能看到刺目的闪电，听到隆隆的响声，造成巨大的损失。"

耶格尔与维修和安全人员已准备好明早提前开工。面对堵塞的下水道、折断的树枝和瘫痪的电路，经历了超级风暴之后，维修和安全人员需要尽全力使校园恢复正常。由于范科特兰公园中的一棵树倒塌，百老汇也因此关闭。但维修人员已经尽数到场，他们大多都住在附近。

在对校园状况进行评估时，安保经理麦克·麦考说："我们要观察得仔细一些。很多事不是特别明显。"在恢复工作中最困难的就是处理瘫痪的电线，但谁也不知道线路是否还在通电。

此次的暴风与以往暴风雪一类的自然灾害不同。麦克·麦考说："除雪是除雪，但这次不一样，这可是超级飓风。"一般来说，有树的地方就有电线，一旦树木倒塌，电路也会中断，会造成巨大的损失。

麦克·麦考表示，由于爱迪生电器公司没有足够的人手来处理灾后工作，魁北克、布法罗和佐治亚的电器公司也纷纷调派人手前来援助。在霍瑞思·曼的承包商们的共同努力下，耶格尔说："掀翻的屋顶已经完全修复，办公楼停车场的树木被连根拔起，路面也已重新铺设完成，树木专家也在两天的时间内移除了所有折断的树木。"

蒂林哈斯特与玫瑰庄园断电后，发电机运作了起来，带来了光和热。耶格尔说："我们的首要任务就是为 HM 大楼中的员工提供临时电源。"上周四开始，HM 大楼已大部分恢复了电力供应，但直到 11 月 10 日周日，萨默和莉萨·莫雷拉的房屋才恢复供电。

麦克·麦考说："我认为这次应对暴风雨的做法十分正确。我们有所准备，控制了局面，现场也已清理干净，我们为学生返校做好了准备。"

作者：贝蒂娜·埃德尔斯坦，本段选自其文章《暴风雨后重整校园》，发表于《霍瑞思·曼高中周报》，2012 年 11 月 16 日。

加州大学洛杉矶分校肥胖预防项目获 2000 万美元资助

本周，加州大学洛杉矶分校公共卫生学院与琼森综合癌症中心收到了 2000 万美元的联邦资助，该款项将投入"预防肥胖"的项目之中。

据报道，资助来自美国疾病控制和预防中心，该组织是"民族与种族社区健康计划"的组成部分。

疾病控制和预防中心将这笔资金捐赠给加州大学洛杉矶分校，主要是为了帮助在学校或办公室等公共场所宣传健康的生活方式。该项目名叫"日常健康"计划，主要是在美国男孩女孩俱乐部一类的团体内进行指导。罗山·巴斯塔，两个项目的主要研究人员之一，他致力于向公众推广介绍健康的习惯。

巴斯塔说："我们的项目周期很长，最终会让大家养成健康生活的习惯。"他表示在目前的项目中，研究人员正在鼓励当地的公司职员每天做一到两次的十分钟锻炼，这样可以提高大家的活跃度。

巴斯塔说，这笔款项对整个团队都是意外的惊喜。

巴斯塔表示这笔款项能帮助项目将影响力扩大到全国范围，更多地集中在大城市中心，在这里有更多不同民族的人聚集。

巴斯塔和安托瓦内特·杨赛都是公共卫生学院健康政策与管理专业的教授，他们已经研究了二十多年的健康问题，预防肥胖就是其中的一个课题。

巴斯塔说："我们在为一些社区提供帮助，希望情况能有所改善。"

史蒂芬·斯图尔特（Stephen Stewart）编辑，布莱恩（Bruin）报道。

《加州大学洛杉矶分校肥胖预防项目获 2000 万美元资助》，2012 年 10 月 5 日。

大学校报

第七章

工作中的写作

大多数人写作都是在工作中完成的。无论是简单的电子邮件沟通、安排协调事项，还是与客户沟通，写作技巧都十分重要。电子邮件已经替代电话成了最常见的商业沟通方式，这非常方便，同时也带来了一定的风险，因为一切都变得有据可循。在工作中，好的文章能保护你和你的公司，拓展你的业务，推动你的职业生涯向前迈进。

第一节　常用文体

1. 电子邮件

电子邮件是商业沟通中最常见的形式。很多人一天的工作就是读、写邮件。虽然打开收件箱后你很容易进入"自动驾驶"模式，但只要你肯在写邮件时多花一些精力，就可以大幅度提高邮件的效率和成功率。

基本情况

写电子邮件的**目的**一般是提出请求、提供信息或是提出问题。为了让信件更为简洁高效，你始终都要把自己的目的牢记于心。电子邮件是表达的媒介，因此更要考虑**读者**的需求、期望以及对方的态度。如果你能预测到读者想要什么，很可能一封邮件就能把工作搞定，不必一封接一封地写下去。如果信很短，那么就不用做太多的**头脑风暴**。如果信很长很复杂，就需要想想如何表达。**组织**信件时要在开头就向读者说明来意。示范提纲为你提供了可参考的结构。写邮件的语气很重要，打**初稿**时一定要加倍注意。我们既会给朋友发邮件，也会给同事发邮件，写邮件的时间都很短，所以很容易在语气上出错。短信一般不需要修改，长信需要，尤其要注意缩减长度。最后快速校对一遍，可以避免不必要的误解和后续的麻烦。

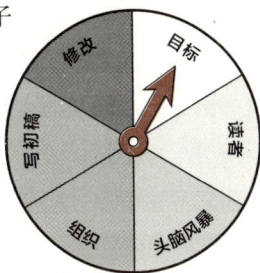

示范提纲

电子邮件应当尽量简短，直奔主题。
开头：告诉读者为什么要写这封信。
中间：写出所有读者需要的细节信息。这段也要尽量简短，复杂的信息可以分条排列组织。
结尾：重申自己的来意（阐明要求、下一步计划等），并且对读者表示感谢。

这样做	不要做
• 一封邮件只说一件事。如果一封邮件说好几件事，重要的信息也会显得不那么重要了。	• 如果打电话更合适，就不要写电子邮件。如果打电话能解决问题，就不要写电子邮件。这是在浪费你和读者的时间。
• 标题简洁具体。标题起得好，读者会优先阅读，之后也会更容易查找。如果这封邮件特别重要，可以考虑在标题中加上"重要"或"盼复"之类的词。	• 不要在邮件里涉及机密或私密的内容。即便邮件很安全，它也不是一种私人的交流方式。要谨慎一些，这是在保护公司，也是在保护你自己。
• 邮件的开头要称呼对方，哪怕是只写对方的名字外加破折号。打招呼是礼貌的象征。如果邮件有连续许多封，那么只在第一封中打招呼也是可以接受的。	• 如果不是必要，就不要抄送他人。有时公司会告诉你应该怎么做，但在抄送他人前一定要仔细考虑。毕竟我们的邮箱里也有很多垃圾邮件。
• 在邮件最开始就说明来意。不要指望读者会去猜你想做什么，多数人都不会这样做。	• 转发邮件前想清后果。转发时记得看看前面有没有什么不能公开的内容。
• 邮件越简短越好。这既能有效沟通，也更有希望收到回复。	

这样做

- 保持礼貌。我们都很忙，但也别忘了加上"请"和"谢谢"，你会得到很好的结果。

- 语气要与读者和主题相符。

- 如有多个收件人，记得一一回复。一旦有遗漏，再跟进是很麻烦的。

- 要记住邮件并不私密。邮件是公司的资料，最终可以用来"对簿公堂"。即便是在平时，邮件也很容易被转发，因此下笔一定要谨慎。如果不确定自己写的邮件是否合适，不如谨慎一些拿起电话吧。

- 邮件要署名。

错误的例子...

我和同事商量了一下，有些网页设计内容需要调整。整体来说我们很满意。但可不可以修改一下横幅广告的颜色，换成深蓝色？字体能不能稍微再大一点？现在看起来有些费劲。很多顾客都使用手提电脑浏览，所以这点对我们很重要。这点不知之后可否修改一下？

> "这点"是指什么？

> 伊莎贝拉的本意可能不想这样唐突。说得好像首页上有色情照片一样。

之前我们商量过，要把主页上不适宜的图片撤掉。

鉴于要做这些调整，不如我们把上线时间推迟几周吧。6月17日怎么样？

> 变更进度表对设计师来说是件大事，应该开头就提出来。放在这里很不明显。

> 这里写得太草率，明显没有经过修改。由于组织上有些问题，读者接受所有信息。

不知道可不可以做一个关于内容管理系统的说明书？

此外，马可想和你谈谈人力资源网站上的安

全漏洞问题。不知现在问题是否解决了？请尽快回复。

　　谢谢。

这句是之后想到的，不属于这封邮件的内容。按常理来说，这条内容根本不该出现在邮件里。写信人最好直接打电话说明。

如果要礼貌一些，在开头应当称呼一下对方，结尾也要更恰当一些。

...正确的例子

乔恩：

　　非常感谢你这版的网页设计，我们很喜欢。我们有些地方想要修改，所以想要推迟上线日期。你觉得改成 6 月 17 日可以吗？

　　以下是我们希望修改的内容：

- 首页：之前我们就讨论过，希望能把照片换成全景照。
- 横幅广告：可否换成深蓝色？
- 字体：可否大一点？在笔记本上也要能看清楚。
- 内容管理系统：可否做一个说明书？

　　再次对你的工作表示感谢。我觉得网页最后看起来会很不错。如有问题请与我联系，也请告诉我 6 月 17 日的上线时间对你来说是否合适。

　　祝好！

伊莎贝拉

这样的组织格式很容易浏览，乔恩一看就知道自己该做什么了。

在信件开头就提醒乔恩上线时间有了变动。

伊莎贝拉再次提醒乔恩时间变动的事，同时请对方做出答复。

伊莎贝拉的称谓和结束语都很有礼貌，展现出了积极的合作态度。

以下三种情况不要发邮件

我们往桌前一坐，电子邮件就从指尖很快发送了出去，但有时使用这样方便的交流方式并不妥当。以下就是一些不该发送电子邮件的情形。

- 如果你怀疑公司有人做了违法或不道德的事，邮件、短信等沟通方式都会在司法程序中曝光，而你很可能会被牵连在内。这样的事最好面对面交流。
- 如果你能当面向人道歉就不要写邮件。面对面向同事道歉比发邮件更合适。如果你有当面与对方交流的机会，就不要发邮件。
- 愤怒的时候不要发邮件。发邮件咒骂对方只能痛快一时，之后你肯定会后悔。点击发送按钮前要冷静一下。

电子邮件：厌恶与偏好

说起电子邮件，每个人都有自己厌恶的类型。对中西部大学的财政援助主管莱恩·艾略特（Len Elliott）来说，最让他厌恶的当属感谢邮件："没必要特意表达感谢，我完全不想收到这类邮件。这样的邮件不会引起我丝毫的好感。"莱恩负责上百名学生的财政援助审批工作，其中包括了校内外十五个研究部门的博士生奖励审批。据他自己估算，每天他都会收到约七十封邮件，其中有三十封都"比较麻烦"，每封都需要耗费四个小时左右时间去解决。七月到九月是他最忙的时候，有时他几天没开邮箱："我的收件箱里有四百封未读邮件。我就开始想'能不能先去干点儿别的？'我实在害怕打开它们。这个时候没什么比读感谢信更糟糕了。"

那礼节要怎么办呢？难道别人帮助了我，我不该去说声"谢谢"吗？

"我真的不需要别人感谢，"莱恩说，"如果你必须要谢，如果我真的帮了你一个大忙，写在标题里就好了。"莱恩又说起了凯瑟琳，她曾在注册办公室工作。只要完成一件工作，她就会在邮件的标题上加一个"完成"的字样，这样收件人看一眼就知道不用再打开邮件了。"完成，"莱恩说，"那是我最喜欢的词。"

凯瑟琳的方法能够节省时间，一些邮件可以不必再打开。现在有很多人都会把邮件的全部内容提炼在标题中，并加上信息结束符。例如，一名程序员写道"亚当今天在家办公（信息结束）"，他的同事就知道不用再打开邮件了，直接将邮件删除即可。

随着通信技术的不断发展，人们的需求也在不断变化。因此要注意保持灵活和敏感，不要向他人发送让人厌恶的邮件。

2. 请求 / 咨询

请求（咨询）是最常见的商务沟通方式。一定不要临场发挥，要花些时间好好思考，这样才更有可能得到你所需要的信息，并为未来节省时间和避免不必要的麻烦。

基本情况

请求最根本的**目的**是向读者寻求合作，最终获取信息、达成目标。即便最终可能会被拒绝，以书面的方式提出请求也能留有一份正式的记录。要站在**读者**的角度看问题，这是请求成功的关键。读者的态度可能是什么？说什么能让对方同意我的请求？要根据这个问题展开**头脑风暴**，预判对方潜在的反应，在写作中一一对应。你要思考如何才能激起读者积极回应，要妥当**组织**好信件内容，一般在信件的开头就要把请求提出来。在打**初稿**的时

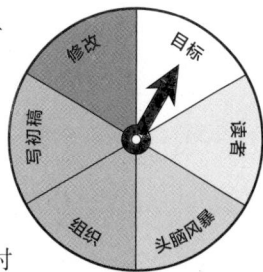

候保持礼貌，避免命令式的口吻。在真正发送出去前要多改几稿。直到内容**修改**得足够简明、高效、有说服力时再寄出。

这样做	不要做
● 请求要找对人，最起码要找对部门。找错方向很可能会偏离了主题。	● 不要"想当然"地去揣测读者和读者的态度，他们不一定会同意。要尊重对方的时间。如果请求很复杂，你就更需要激励读者帮助你完成。
● 如果读者不认识你，在开头要自我介绍。如果他对你有印象，可以说说你们是在哪儿认识的。	● 避免命令式的语气。专业的语气和专横的语气是有区别的。要知道你的目的是要争取对方的帮助。
● 尽早提出自己的请求。这样读者也知道自己该不该继续读下去，还是需要花更多的时间和精力来解决这个问题。	● 请求不能模糊。咨询信息一定要尽量具体，说明你到底需要什么样的信息。
● 请求要具体。越具体，对方也就越有可能帮助你，这样能够减少对方潜在的困惑。	● 不要写得过长。只说读者必须知道的内容，不要说太多无用的东西。
● 说明自己为何提出这样的请求。	● 不要以任何方式威胁恐吓对方。敌对和威胁的口吻很可能会适得其反。除非是友好沟通一而再再而三地失败，否则一定要使用轻松友善的口吻。
● 为了让对方同意你的请求，就要给足对方信息。你要提供相关的文件，如果对方还不清楚，还要表达出随时欢迎联系的意思。	● 不要卑躬屈膝。不必为占用对方的时间道歉（除非你的请求十分繁重）。即便你是想表达尊重和礼貌，也不必自谦，读者反而不想帮助这样的人。
● 让对方知道请求的重要性。说说对方同意后你能得到什么，对方又能得到什么。	
● 如可能，给出截止时间。模模糊糊地说"请尽快回复"很可能会被忽视。但你最好能同时礼貌地给出设定截止日期的原因。只要对方理解，就会尽量在规定时间内完成。	
● 记得向对方表达感谢。	

错误的例子...

> 亲爱的威廉姆斯女士：
>
> 对鲍勃·唐纳利下周访问之事，有以下几点需要确认：
>
> 往返纽约肯尼迪国际机场的专车（附行程）。
>
> 午餐供应（无坚果），有进餐的私人空间。
>
> 顺应其他个人习惯的安排。
>
> 还请尽早回复。如能考虑，感激不尽。
>
> 特里·霍普

...正确的例子

> 亲爱的威廉姆斯女士：
>
> 鲍勃·唐纳利要在下周的温泉会议上发言，我代替他给您写这封信。鲍勃请我和您一起敲定一下行程的具体细节，如您能为他做如下的安排，我们将感激不尽：
>
> - 往返纽约肯尼迪国际机场的专车。我将他的行程附上，其中包含了到达和离开的时间。
> - 会议午餐。鲍勃喜欢单独进餐，这样能看看资料。请一定注意午餐中不要有坚果，他对坚果过敏。
> - 向观众分发材料。我已将他的讲义 PDF 文件附上。
>
> 如还有其他问题请与我联系。可否在 3 月 28 日前给我答复？
>
> 非常感谢您的帮助。
>
> 祝好！
>
> 特里·霍普

3. 即时信息

在办公室发送即时信息似乎与当面交流一样快捷简便，但很可能会有一些风险。不过，只要了解了一些礼节性和常识性问题，你就能快速高效地与同事沟通了。

基本情况

发送即时信息的**目的**一般是问简单的问题。**读者**也和你一样繁忙，要把这点考虑进去。简短的信息一般不需要太多的**头脑风暴**，花些时间确认一下信息是否足够清晰具体。如果内容模糊不清，很可能需要沟通多次才能解释清楚。认真**组织**信息，让想说的事一目了然。即时信息不适合做大段的阐述。在点击发送按钮前检查一下拼写错误，虽然会麻烦一点，但**修改**错误能为你节省更多时间。

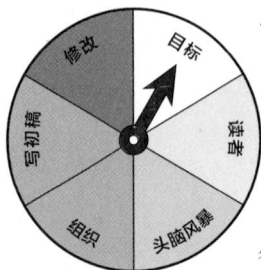

这样做	不要做
● 尊重同事。如果他们很忙，在询问紧急问题的时候要告诉他们很紧急。只是不要过分地要求对方一定要快速答复。 ● 如果信息比较长，发送前先询问对方是否在忙。 ● 不要只问"在吗"，说得具体一些，让对方知道你想要什么。 ● 等别人打完一句话再继续写下去。如果你看到对方正在输入，等一下看看他说了些什么。也许他正在回答你的问题。 ● 使用表情符号时要注意。如果你写得非常快，表情能帮你传递语气。但并不是所有的公司文化都能接受，可以看看别人是怎样操作的。	● 不要过度使用即时信息。要时刻牢记即便对方没有立刻回复你，只要发信息就会打扰对方。发送前一定要仔细想好。你现在就一定需要这个答案吗？为此打扰同事值不值得？把问题积攒在一起问会不会更好？ ● 与工作相关的即时信息语气不要太随意。通过即时信息来交流很容易变得很随意，如果你经常给朋友发，这个问题会更突出。要记住自己是在上班，词语和语气都要做适当的调整。 ● 在不确定对方能够理解和欣赏的情况下，不要尝试幽默。语气是很难传递的，还是保守一些比较好。

这样做	不要做
• 结尾处向对方表达谢意，礼貌地结束对话。 • 如果你同时在与多人进行即时沟通，一定要倍加注意。尤其是同时开着个人对话和商务对话两个窗口的时候（在工作中你也不应该这样做）。窗口开多了很容易搞混，注意不要把发给男朋友的信息发给老板。	• 给老板发信息时不要使用表情符号。让对方来决定这番对话的正式程度。如果他用了表情符号，那么你也可以用。 • 如果想说的内容不能外传，不要通过即时信息发送。即时信息并不私密！虽然关掉对话框或是电脑后信息就没有了，但即时通信平台会有记录，可以将内容恢复出来。像电子邮件一样，即时信息也能够作为司法证据，因此要特别留意。

错误的例子...

> 本杰明：（上午 10：21：31）
>
>   在吗？
>
> 史蒂夫：（上午 10：22：12）
>
>   嗯
>
> 本杰明：（上午 10：22：16）
>
>   有空吗？

本杰明想到了询问对方是否有时间，但他应该提高效率。

> 史蒂夫：（上午 10：22：26）
>
>   现在有空。10：30 有会。
>
> 本杰明：（上午 10：22：32）

史蒂夫说了自己很忙，本杰明应该直接提问。

>   好的，关于本塔纳的文件我有些问题
>
> 史蒂夫：（上午 10：22：34）
>
>   好
>
> 本杰明：（上午 10：23：11）
>
>   我不知道该拿这些幻灯片怎么办，是不是该从网站上撤下来，还是说有新文件顶替上去？

史蒂夫：（下午 10：23：44）

　　这事不归我管。问问卡伦

本杰明：（下午 10：23：51）

　　我走不了，必须加班了，妈的！！！

史蒂夫：（下午 10：22：34）

　　？？？

本杰明：（下午 10：23：04）

　　呃，对不起 lol

本杰明：（下午 10：23：10）

　　所以幻灯片的事不归你管？

史蒂夫：（下午 10：23：17）

　　对，卡伦管。

本杰明：（下午 10：23：49）

　　对不起！ ☺

> 本杰明同时正在和朋友发信息，不小心把信息发错了窗口，唉。

> 笑脸在这里不起任何作用。

...正确的例子

本杰明：（下午 10：21：31）

　　有时间吗？关于本塔纳的文件我有些问题。

史蒂夫：（下午 10：22：12）

　　这事不归我管。问问卡伦。

本杰明：（下午 10：22：16）

　　好的，谢谢！

史蒂夫：（下午 10：22：26）

　　不客气。

> 本杰明直接询问了对方是否有空，同时说明了自己的需求。

> 本杰明一上来就提出了问题，也对表达了对对方时间的尊重，为双方都省去了许多麻烦。

4.商务信件

在商务日常交流中，电子邮件已经取代了信件的位置。但有时候我们仍需要写正式的商务信函，打印出来通过邮政寄送。一般合同、协议或其他文件都是以带附信的传统商务信函模式发送的。如今我们依然通过邮政系统投递信件，索取回执，这样我们就能确认对方是否收到了信件，这仍是一种很有效的商务信函传递方式。而且你可能很难想象，有些企业依然没有使用电子交易模式。正式的商务信函可能已经过时，但说不定哪天就能用得上。

示范提纲

商务信函沿用了传统格式。

你的地址在最上方，可以手写，也可以是打印上去的。

日期：包括年月。

封内地址：收件人的地址。

标题：有些信件会有标题或是编号。

称谓：可使用"亲爱的"，后面跟一个冒号（：）。

信的主体

结尾：一般的商务信件会以"谨上"作为结尾。

签名：手写签名。

姓名和身份：打印出来的姓名，下级身份。

标识线：对于口述的信件，作者的名字以大写形式出现，冒号后跟小写的助手姓名缩写。

附件：如果有附件，要打印上"附"或"附件"的字样。如果附件不止一份则需要编号。

抄送：抄送多方的信件要表明"抄送："，后跟收信人的姓名。

又及：如果有"又及"的内容，可以写在这里。

这样做	不要做
● 用带公司抬头的信纸打印商务信函。如果没有这样的信纸，或者是以个人名义寄送商务类的信函，可以在纸的最上方居中的部位打印姓名和地址。 ● 统一信件格式，包括收信人的姓名、地址和日期。可能你的地址已经打印在信纸上了。	● 语气不要太随意。商务信函比电子邮件更正式。 ● 语言不要僵硬教条。商务信件的确是正式文件，但也不要太过模式化。要避免使用过度僵硬（如"根据您的要求，请查收"）或过于教条（如"署名"）的语言。

这样做

- 使用正式的称谓。传统的正式信函一般称对方"先生"或"女士",很少直呼其名。
- 语气要正式。一般来说商务信函比电子邮件更正式(也有例外),所以要注意语气不能太随意。
- 信的主体分块分段。
- 结尾要正式。一般最常用的结尾是"谨上"。
- 签名。
- 签名下方打印出姓名。
- 如果随信还有附件,邮件下方要有"附件"或"附"的字样,就在本页的最下方。标明附件的份数。
- 如果还将信件抄送给了他人,在本人姓名下方要标明"抄送"字样,就在本页的最下方。

...正确的例子

亲爱的布朗夫人:

周日在剧场遇到您真高兴。我总是希望能遇到赞助人,听说您一直来看演出,我真的非常高兴。感谢您长久以来对阿罗约剧院的支持。

我看了一下文件,发现去年新排的一部剧很不错,叫《狐坡尼》,附上资料,希望您会喜欢。这部剧很有意思,我自己很喜欢。我会让温蒂看看有没有劳伦斯的联系方式。

如果还有什么能帮到您,请告诉我。期待再次在剧院里看到您。下一场是《巴索洛缪市场》,11 月 20 日开演。期待到时见到您!

再次感谢您对阿罗约剧院公司的支持。

艺术总监 耶利米·贝尔根

5. 备忘

备忘是"备忘录"的简称，是一种内部业务沟通的形式，一般用来通知策略变更、时间变动、人员变动，以及其他公司日常事务。

纸质备忘曾是公司内部沟通的主要方式。如今多数备忘都是电子邮件的形式了。有些机构在特定情况下仍会使用纸质备忘，比如在其他打印文件或材料上附一份备忘。无论是什么形式，备忘在办公室沟通中仍然占有重要地位。

基本情况

写备忘的**目的**一般是向同事传递信息，告诉对方该做些什么。备忘写得成不成功，取决于**读者**会不会阅读。人们总是觉得来自内部的信息不如来自外部的信息重要。为了获得读者的注意力，备忘录一定要易读，并且要说明内容的重要性。花些时间进行**头脑风暴**。一定要确保信息的完整。要从读者的角度去思考。要完成这项工作你需要给对方提供哪些信息？**组织**内容要以节约读者的时间为重。要在靠前的部分强调出这些信息的重要性。如果要求对方按步骤完成任务，那么一定要写清楚。可能的话送出前多打几次**初稿**。要展现出合作的态度，这样才有可能引起他人的注意从而与你合作。在**修改**时也要从读者的角度观察。看看信息是否清晰？读者能不能看懂自己要做什么？检查是否存在拼写错误和笔误。对于公司策略变动等比较重要的备忘，一般在送出前需要由管理层的人员进行核查。

这样做	不要做
● 始终明确写备忘的目的。一份备忘只有一个主题，不要做成不同信息的汇编。	● 不要唠叨。备忘越长，读者越不愿读。

这样做	不要做
• 把备忘发送给对的人。确保每位收到备忘的人都有阅读它的必要。 • 标题要言之有物。无论是发送电子邮件还是打印纸质版本，简明而具体的标题都能帮助读者了解内容。如果这是一封电子邮件，读者也能很快在收件箱中找到它。 • 如果是纸质备忘，格式一定要恰当。 • 切中要害。读者能比较容易地理解备忘的内容和写作原因。 • 尽量简洁明确。备忘越精练，读者越有可能阅读。 • 使用便于阅读的格式。段落短、分条、在长段落中添加副标题，都能把大段文字切成容易阅读的小段。 • 要求明确清晰。 • 如有附件，在结尾处要做出标记。 • 保持礼貌，尤其是你要对方为你做事的时候。	• 不要为了显得"商务化"而模糊了自己的本意。与其说"着手"或"发起"，不如说"开始"。与其说"继……后"不如说"之后"。 • 不必像信件那样写称谓和结束语。备忘录不需要这些。

错误的例子...

第一段会让人误解，而且错失了大好的开场机会。丽萨不仅是要写出流程，还需要同事们为搬家做些具体的准备工作。如果一份备忘牵扯到需要对方做些事情，一定要在开头就写清楚。

致：福多拉团队
自：丽萨·迈耶斯
主题：办公室搬迁
日期：13 年 1 月 22 日

丽萨应该把主题写得更加具体。大家应该已经收到了很多办公室搬迁的邮件，很可能不会再看这封了。这份备忘并不是要提供背景信息，也不是要宣布某件事，而是要求员工做一些事。所以一定要让他们打开来阅读。

…… 正如大家所知，办公室搬迁的事宜到二月已经计划了一段时间了。我们刚刚收到了搬家公司的准确时间，也想趁此机会讲一下搬家的流程，这样大家也心里有数。

搬家工作将于 2 月 15 日进行，持续整个周末，并有望于周一即 2 月 18 日在新址恢复正常工作。为了完成这项任务我们需要通力合作。合作越融洽，搬家就越顺利。大家都知道，2 月 24 日要召开年度工作任务会，因此必须要将搬家对运营的影响降到最低。

> 这一点非常重要：公司无法承担搬迁带来的延误，但这点并没能突出。这样是在鼓励大家为搬家做好整理工作，丽萨应当找个办法让大家了解这件事的重要性。

搬运工会在 2 月 15 日前来打包，搬家会持续整个周末。因此大家 15 日不必来上班。但请务必保持 14 日离开时整理好自己的东西，为搬运做好准备。也就是说桌上不要留有零散的纸张、食物、小摆件等，这会拖延搬运的时间。尽量在周四完成自己的工作。你可以把东西放在抽屉里。如果周一你有急用的东西，一定要记住放在了哪里。如果你有一些易碎的个人物品，如花瓶、植物等，最好周末带回家，麻烦总比被弄碎了好。

> 这段看起来还像是初稿，有些啰唆，也没能强调出重点，略微有些难以理解。丽萨最好将信息一一列出来方便浏览，而不是要同事一点点仔细阅读。

如有问题请与我沟通，感谢大家的配合。

...正确的例子

致：福多拉团队
自：丽萨·迈耶斯
主题：2 月 15 日办公室搬迁
日期：2013 年 1 月 22 日

> 丽萨在标题中写明了搬家的日期。

> 丽萨把最重要的信息放在了备忘的第一句。

我们终于确定了办公室搬迁的日期！搬运工会在 2 月 15 日周五到达，18 日周一早晨我们就将在新址恢复运行。为了 **2 月 24 日的年度工作**

任务会，大家需要通力合作，确保搬家工作迅速顺利完成。

丽萨向读者强调了此事的重要性，并且在文中用了重要信息。

- 请于 2 月 14 日周四前整理好自己的桌子。桌面上不要留有任何东西。你可以把东西都收进抽屉里。
- 不要在办公室留易碎的东西。
- 办公室 2 月 15 日周五将会关闭。
- 为 18 日周一的工作做好准备。我们将会在 24 日的会议结束后庆祝公司的乔迁之喜。

分条罗列信息能帮助读者梳理自己的任务。

如有问题请与我沟通，感谢大家的配合。

6. 商务致歉信

工作中有时会发生一些令人后悔的事：对同事发脾气、彼此误解、没能满足同事或客户的期待等。这时商务致歉信就显得尤为重要了。

有些人担心道歉是一种示弱的表现。但从另一方面讲，真诚的道歉能表现出你珍视这段关系，也是为自己的行为负责的表现。

想一想哪种道歉方式最好。有时最好选择面对面交流，当然你也可以寄一封信或发一封电子邮件。错误是否严重，关系是近是远，都会成为你如何选择道歉方式的依据。

基本情况

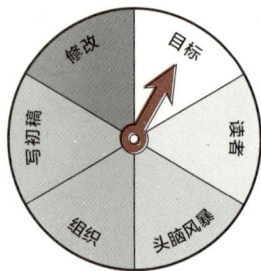

写道歉信的**目的**是让读者了解你意识到了自己的错误，并为给对方造成的伤害和烦恼感到抱歉。你也可以通过这个机会说明一下自己打算怎样解决这一问题。

要理解**读者**，了解他的态度。你们的关系如何？对方是你的老板、客户，还是下属呢？他会对道歉信作何反应？只要表达得当，大部分人都愿意原谅他人。

花些时间**头脑风暴**一下自己想说些什么。敷衍了事的话还不如不道歉。要从对方的角度思考，点出最重要的问题。

　　道歉信要认真**组织**，道歉的部分放在最前面，其他解释和计划放在后面。可以参考示范提纲中的结构。

　　你的语气取决于问题的严重程度，以及你和读者间的关系。除非道歉的内容简单直接，否则一定要在寄出前多打几次**初稿**。调整语气可能会比较棘手。一旦完成了初稿，可以休息放置一段时间，之后再从读者的角度**修改**一下。一定要保证道歉信真诚，没有携带抵触情绪。同时还需要注意避免笔误或其他错误，这会让道歉信显得无关紧要。

示范提纲

商务致歉信应当简洁明了，直切要害。

开头：承认给对方造成了伤害，并为此致歉。

中间：解释原因，保证不会再次犯错。如有可能，可以说一说采取了哪些防止事件再次发生的措施。

结尾：再次表达歉意，让对方了解自己很重视这段合作关系。

这样做	不要做
● 造成伤害后尽快致歉。拖延只会让事情变得更糟。	● 不要找借口。犯了错，承认了就是。你不必自责，但也不要表现得没什么大不了。
● 道歉。直截了当地表达歉意。如果让读者觉得你在搪塞，只会适得其反。	● 不要怪罪他人。如果确实是他人的过错，你可以在后面做解释，但不要因此逃避自己的责任。
● 尽量简洁。致歉也是一种商务沟通，因此也要简单明了。	● 不要责怪读者。像"我很抱歉，但你也不应该……"这样的道歉肯定不会有好结果。有时我们不敢承认自己犯了错，会无意识地责怪对方。这点很难察觉，因此要加倍留意。
● 真诚。	
● 给出解释。让读者了解原因。对方有权利得到解释，知道你并非有意针对他。	● 不必低三下四。要保持自己的尊严。
● 如果你正在处理这个问题，可以让对方知道你在做什么。	● 不要给自己制造法律风险。尤其当你代表公司向客户或顾客道歉的时候，要注意不要触及自己无法承担的法律风险。如果对此有所顾虑，可向主管或法律顾问咨询。
● 如有可能，向对方保证不会再犯错。	

错误的例子...

亨利应该在开头就表达歉意。他批评了自己的行为，但并没有道歉，削弱了道歉信的力度。

亲爱的同事们：

今天早晨在员工会议上我的表现很不得当。

老实说，因为大家在开会时习惯性地迟到，我感到压力很大所以"发作"了。大家也都知道，我正在制定明年的最终财务报表，看了很多资料，又在为简的位子挑选候选人。昨天我从上午 8 点一直开会到晚上 6 点。

希望我们能重新走上正轨。我很喜欢和大家一起工作，希望未来的工作能平稳顺利。

祝好！

亨利

他把自己的"发作"归咎于员工的"习惯性迟到"。与其说是在安抚大家，不如说是疏远了大家。发火确实是有缘由的，但要把这部分和道歉分开。

亨利写得太长，这里已经开始抱怨了。

...正确的例子

亨利在一开头就真诚地致歉，为自己的行为承担了责任。

亲爱的同事们：

今天早晨在员工会议上我失态了，对不起。我的行为很不得当，向大家道歉。

可能很多人都知道，最近我有很多紧急的工作，压力很大。但这并不能成为我失态的借口。我会和贝丝一起制定更加可行的会议时间表，希望这能够提高我的工作效率。

再次向大家致歉。我很喜欢和大家一起工作，希望未来的工作能平稳顺利。

祝好！

亨利

亨利解释了自己失态的原因，并且告诉大家自己正努力消化掉这些压力。如果下次贝丝再发会议通知，肯定会督促大家准时参会，解决迟到的问题。亨利并没有责怪别人。

亨利在结尾处再次道歉，并对未来持有乐观的态度。

7. 非本人错误的道歉

有时你并没有做错事，但给同事或客户造成了负面影响，也可以发一封道歉信，这种举动很有礼貌，也会为你带来良好的声誉。

> 亲爱的同事们：
>
> 　　厨房将在 9 月 13 日（周一）至 9 月 24 日（周五）之间关闭翻修。翻修给大家带来了不便，对此深表歉意。我知道大家平时会在厨房准备午餐，有时也会吃零食休息一下。但相信大家已经看到，厨房已年久失修，希望两周后能看到一间干净、崭新、功能齐全的厨房，大家都能够满意。
>
> 　　感谢理解。
>
> 　　　　　　　　　　　　　　　　　　　　　　　　　　丽贝卡

向顾客道歉

　　如果客服在你负责的领域内出现了小问题，你就需要承担责任向对方致歉。可以考虑给顾客提供一些补偿。道歉如果得当，既能够修正错误，又能加深你与顾客间的联系。

　　尤其要注意的是不要在道歉中使用被动语态。不要说"货物被寄错了"，可以说"我们给您寄出的货物是错的"。

> 亲爱的罗德里格斯女士：
>
> 　　我们给您寄出的货物是错的，在此表达深深的歉意。今天早晨我们已将正确的货物寄出。您可否用附上的标签将寄错的货物寄回给我们？
>
> 　　我们愿为您的下一份订单减免 10% 的金额。请在下次网上下单时输入折扣代码，如果是电话下单，也可以将代码提供给我们的同事。
>
> 　　再次为我们的失误向您致歉。希望将来还能够为您服务。
>
> 　　谨上
>
> 　　　　　　　　　　　　　　　　　　　　客户服务　西蒙·波利斯

在办公室道歉

在办公室道歉是件很不容易的事，选择恰当的形式能让你事半功倍。什么时候该写信，什么时候又该面对面道歉呢？

一般来说当面道歉是最好的选择，这样你能和对方建立联系，表达自己真诚的态度。当面道歉是需要勇气的，你既需要承认错误，又需要保持镇定和自信。如果你刚刚脾气失控了，那么最好不要立即道歉。可以考虑等上一两天，连同解决方案一起拿给对方。

有时我们会需要写信道歉。如果你身处虚拟团队之中，或是总在路上见不到对方，那么最好即时发送电子邮件致歉。如果需要向一群人道歉，最好也使用写信的形式。最后，如果你觉得自己会有抗拒情绪，或会找合理化解释，那么最好使用书面的道歉形式（可以是电子邮件或私人信件），这样对所有人都好。

无论是当面还是书面，道歉最主要的是真诚和及时。这取决于之前你做了什么说了什么，取决于对他人造成了什么影响。无论是以哪种形式，记得都不要拖得太久，即便情况很复杂，拖了数周再道歉也就无济于事了。如果拖得太久又没有任何实际的改变，道歉就是没有意义的。但无论是以哪种形式，真诚及时的道歉都能消除对方的敌意，让这段关系走得更远。

作者：黛安娜·A. 罗斯（Diane A. Ross），演说家、作家、教练，著有《办公室里那些显而易见的事：复杂沟通的简单策略》。她的网站是 http://dianeaross.com。

8. 商务简介

有些时候你需要给自己写一份商务简介，这样的简介可以放在公司网站上，可以用于做演讲，也可以用于公司资助的慈善活动。对商界人士来讲，简介是一种重要的销售手段。一份好简介能告诉别人你是谁，看重什么，能做什么。

基本情况

写商务简介的**目的**是以精练的形式专业地讲故事。简介和简历不同，简介是讲故事，简历是冷静地记录事实。讲故事是为了达到以下的某种目的：

- "这个人知道自己在说什么，我想听听他到底想说什么。"
- "这个人做了很多了不起的事。这肯定是一家好公司。"
- "这个人有很多相关经历，我需要他来工作。如果能雇到他，工作肯定能够做得好。"

你的**读者**希望能尽快了解你是谁。很多商务人士都会准备若干个版本的简介，用以应对不同的情形。**头脑风暴**一下读者想要了解什么。如果你要为某个特定场合准备简介，可以试想一下读者认为你是什么人，再想想自己的经历应该怎样迎合这份期待。头脑风暴时要广撒网，在漫长而丰富的职业生涯中，很容易会漏掉重要的内容。

组织简介要遵从一定的标准。读者只会扫读，不会认真细读，所以信息要易于浏览。你可以参考示范提纲中的结构。

打**初稿**的时候就要用商务化的语气。简介一般以第三人称叙述，就好像是别人在形容你一样。语气要客观，内容要真实。

但第一遍很难把所有问题都说清。尽早着手，这样才有时间**修改**。可以把初稿交给几个信得过的同事或朋友，听听他们客观的看法，据此进行修改。要记得检查自己是否有所遗漏。

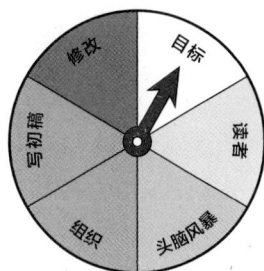

示范提纲

商务简介没有固定的格式，大多数简介都遵从以下模式：

开头：说明目前的职位和主要成就。

中间部分：描述过去的经历，其中包括了曾经的工作经历和主要成就。你也可以把自己的董事会成员经历、社区活动经历及所获荣誉写进来。

结尾：可以说说自己的教育背景和著作。

可选项：有些简介也会包含一些个人信息，如出生地、居住地、婚姻状况、生育状况、爱好等。这取决于你自己，有时你的公司也会有所要求。

让公司帮忙

如果你公司要求你为网站或其他出版物提供一份简介，可以给自己找一份模板，这会为你节省不少时间和精力。

看看公司在这方面有没有要求，哪些能写，哪些不能写（例如个人信息）。

这样做	不要做
● 多想成绩，少想头衔。你完成了哪些工作？为什么你能成为风趣的演讲人，或在公司中扮演特殊的角色？	● 不要只罗列成就，不进行深入叙述。要记住简介是用来讲故事的，不要只关注事实和数据，要抓住机会让对方感受到你的价值。
● 保持简洁，最多写一页纸。经历越丰富，这项要求就越有挑战性。随着经验越来越丰富，你会在取舍内容时很苦恼。可以以用途为导向对内容进行选择。	● 即便介绍人或出版机构大幅删减了简介也不要生气。介绍人一般没有认真看简介的时间，出版机构也会从读者的角度进行删减。
● 格式要易于阅读。几个小段比一大段文字更易于接受。可以通过分段划分主题。	● 不要透露客户或前雇主的敏感信息，无论这样做会对你多么有利。可能你确实为之前的公司扭转了 50% 的亏损，但这家公司并不愿意让大家知道你来之前它有多糟糕。如果你对此有所疑虑，可以进行询问，或是以更积极的方式表达。
● 随时更新版本。你的"故事"往往变得很快，你的手边一定要是最新的版本，便于他人索取。至少每年要更新一次。	
● 随时根据需要进行修改。	

错误的例子...

格洛里亚·汉隆的商务简介

汉隆女士在白山风险投资公司负责监管公司财务、收购战略及维持投资人关系等业务。汉隆女士拥有 20 余年全球运营、会计金融、投资银行、战略策划、收购兼并、公开募股和为美国证券交易委员会做调查报告的工作经验。汉隆女士曾为多家公司提供战略转型和财务管理方面的建议，其中包括伊莱克特公司、五浪网、牛皮纸快递公司、麦克斯银行、NA 数字技术公司、亚

> 哎呀！谁会读得了这么一大堆文字呢？为读者想一想，把简介断成更短更易读的段落。

瑟·凯恩公司、马尼托巴饮料公司、桑德斯与科尔文律师事务所，以及奥蒂利娅金融服务公司。汉隆女士在顾问委员会也相当活跃，曾在布莱恩·诺顿学院、高中校园中教授经济和金融课程。1994 年，汉隆女士受佐治亚州州长弗兰克·摩顿的任命，参与到 1996 年亚特兰大奥运会振兴项目，负责在遗产项目中吸引大型企业。1998 年，受马萨诸塞州牛顿市市长杰弗里·博诺莫任命，在该区成立高中经济和金融课程委员会。汉隆女士是波士顿大学长期的兼职教授。她在宾夕法尼亚大学获得了会计学学士学位和财政学工商管理硕士学位。格洛里亚·汉隆 1981 年于波士顿大学完成了并购融资的执行管理及企业金融项目，是马萨诸塞州的一名持照注册会计师。汉隆女士掌握包括法语、意大利语和德语等多门语言。

> 这份简介没怎么涉及格洛里亚·汉隆本人的事。与其说是讲故事，不如说是一份细目清单。有炫目的头衔固然很好，但最好能用更专业的方式呈现出来，说明你是怎样一个人。

...正确的例子

格洛里亚·汉隆，合伙人

汉隆女士在白山风险投资公司负责监管公司财务、收购战略及维护投资人关系的业务。汉隆女士拥有 20 余年全球运营、会计金融、投资银行、战略策划、收购兼并、公开募股和为美国证券交易委员会做调查报告的工作经验。在加入白山风投前，她在赛诺玛集团担任高级顾问，为多家公司提供战略转型和财务管理方面的建议，其中包括伊莱克特公司、五浪网、牛皮纸快递公司、麦克斯银行、NA 数字技术公司、亚瑟·凯恩公司、马尼托巴饮料公司、桑德斯与科尔文律师事务所，以及奥蒂利娅金融服务公司。

> 添加了之前的工作信息，这样可以更好地解释现在的工作。

> 把大段的文字断开，简介就显得很易读了是不是？小段的内容更有助于读者掌握信息。

这段讲的是格洛里亚的"正职"。

········ 汉隆女士是 RePol 公司的联合创始人及首席财政官，这是一家位于波士顿的咨询证券公司。

汉隆女士在顾问委员会也相当活跃，在布莱恩·诺顿学院的经济和金融课程中表现优秀。1994 年，汉隆女士受佐治亚州州长弗兰克·摩顿（Frank Molton）的任命，参与到 1996 年亚特兰大奥运会振兴项目中，负责在遗产项目中吸引大型企业。1998 年，受马萨诸塞州牛顿市市长杰弗里·博诺莫（Jeffrey Bonomo）任命，在该区成立高中经济和金融课程委员会。

这段讲的是她所提供的业务。

汉隆女士是波士顿大学长期的兼职教授，并于 1981 年在此完成了并购融资的执行管理及企业金融项目。她在宾夕法尼亚大学获得了会计学学士学位和财政学工商管理硕士学位，是马萨诸塞州的一名持照注册会计师。她掌握包括法语、意大利语和德语等多门语言。········

这段讲的是教育背景。

9. 自由职业者的简介

小贴士

写简介时如有问题可以把初稿拿给同事看看，他们可能会提醒你一些没有想起来的事，之后可以再添加进去。

顾问、企业家和公司所有者会比企业员工的简介更具"自我推销性"。如果你想用这份材料介绍并展示自己的咨询业务水平或其他业务水平，最好让简介的开头一鸣惊人。

史蒂芬·史密斯被称作"扭转乾坤的艺术家""公司奇迹的创造者"以及"再造魔术师"，他在扭转公司危机方面颇有建树。他在企业战略、财务、市场营销和运营方面 42 年的经验给了他面对企业时独特而广阔的视角。从小型家族式企业到世界 500 强企业，史密斯先生都能将自己丰富的经验带到咨询管理的工作当中。

登在公司网站上的简介往往是一段比较长的内容，主要说明过去有怎样的成就，表示能够胜任目前的职位。

杰夫·海曼：艺术科技高级项目总监，负责对所有项目管理活动进行监督。杰夫拥有丰富多样的项目管理经验。他曾为缪彻尔投资、MPR 全球通信、罗伯特梅森公司、瑞德兰特金融公司、JR 诺曼公司、CSU 在线及四级通信公司管理过大型科技项目。加入艺术科技后，杰夫成为在线学习项目总监，担任项目经理，负责客户合作和团队管理。他还曾在韦尔斯利互动担任过三年软件工程总监，在 PTE 担任了六年的软件工程师。杰夫在霍顿大学取得了金融与市场营销工商管理硕士学位，在明尼苏达大学获得了计算机科学专业学士学位。

> 传记只需叙述六七个自我，就可以认为是完整的了，而一个人完全可能有上千个自我。
>
> ——弗吉尼亚·伍尔夫

10. 演讲

据说公开演讲激起的恐惧比其他任何挑战（甚至是蜘蛛）都要可怕。但从另一方面讲，它的回报也十分丰厚。有一种方式能帮你克服恐惧，那就是写一份完备的演讲稿。优秀的演讲能激励听众，提高你的声誉，帮助你建立信心。准备得越充分，演讲就会越有力度。

基本情况

演讲的**目的**是激励、教育、说服、娱乐等。如果你要在某个活动中发言，可以询问一下组织者，看看对方希望你说些什么。

虽然他人也会向你索要演讲稿，但你的主要观众还是**听众**，而非**读者**。（发送前一定要修改完善。可能在演讲前你还会想要再修改一下。）

组织演讲时，要认真地为读者着想。他们想的是什么，相信的是什么？他们对你有什么期待？他们对什么主题最感兴趣？观众会立即用掌声或哈欠给你反馈。仔细想想大家想听什么，据此开始写

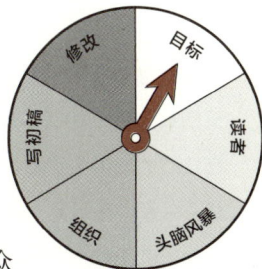

作。如果演讲无法尽如人意，既是对听众的折磨也是对演讲者的折磨，所以一定要努力做到最好。

要广泛地进行**头脑风暴**。如果你对主题思考得足够深入，从多个角度去观察，可以厘清自己的头绪，想清楚自己想说什么，演讲也会更加有趣。

仔细**组织**演讲内容。听众只能听从你的引导：介绍主要观点，点与点之间过渡衔接，演讲走向尾声，演讲正式结束。

在打**初稿**时请时刻记得一般演讲平均一分钟 120 个字。做好多打几次初稿的准备。最好能让同事或朋友读一读稿子，如果能旁听你练习就更好了。练习时你会发现需要**修改**的地方，例如有些话写在纸上很好，但不适合大声说出来。也有可能你漏掉了一些内容，或是写得篇幅太长。

这样做	不要做
• 尽早着手写稿，尤其是没什么演讲经验的时候。你需要大量时间找主题，需要打很多次初稿，正式演讲前还要预演几次。不要把所有事都拖到最后一分钟。	• 不要倾诉，要交流。打初稿时要想象着自己是在和一个人进行交流。
• 让主题与听众产生联系。挑选能引起大家注意的话题，展开实质性的阐述。	• 普通词汇能够表达的，就不要用华丽词汇。要试着用自己的思想而不是用语句打动观众。
• 想象出一位听众。他是谁？对演讲主题有多了解？他关心的是什么？什么能够引起他的兴趣？面对一位听众要比面对一群听众更好下笔。	• 针对一个主题，不需要面面俱到。不需要你给出详尽的说明，只要选择一个特别有趣的角度展开即可。主要观点一般要在三个以上。
• 开头就要吸引听众的目光。你可以讲轶事、笑话或引用一段话。也可以抛出一个问题，在之后的演讲中回答。你的目标是要和观众建立联系，吸引他们继续听下去。如果开头无聊，整场演讲通常也会很无聊。	• 不要超过时间限制。即便组织者和听众很欢迎，也要稍微控制一下时间。不要以为偷偷增加一两分钟就能增强演讲力度，事实可能正好相反。要让大家盼着你多说一些，而不是盼着你赶紧离开。

这样做

- 演讲要像自己说出来的，而不是念出来的。演讲用词自然要比日常说话更正式，但千万不要让自己像念稿一样。演讲需要预演，遇到别扭的地方就修改一下，让它更适于口头表达。

- 过渡标志要明确。读者如果没跟上节奏还可以返回头再读一次。听众可就没这个机会了。因此要注意随时总结自己的观点，要转换角度时给出明确信号，记得回顾之前的内容，让听众知道你要对哪些问题进行总结。

- 结尾要有力，要让听众印象深刻。你可以对内容进行总结，或讲一个精彩的故事，或讲一些其他内容，给演讲画上一个完美的句号。观众听完后会赞许地点头或微笑。

- 把稿子打印出来，方便阅读。调宽行距，用大号字体。谁也不想眯着眼四处找，漏掉重要的内容。

演讲片段

以下是道格·贝恩，波音公司高级副总裁兼法律总顾问于 2006 年 1 月 5 日针对波音公司领导会议丑闻事件发表演讲。

开头

> 贝恩先生在演讲的开头开了个玩笑，向观众说明了问题的严重性。

早上好。

走上来的时候我觉得好像听到吉姆·麦克纳尼（波音公司董事长兼首席执行官）在小声说："死亡博士上来了。"

对于这起丑闻，吉姆要我来向大家坦诚地做出评价，解释缘由。

我的观点非常简单：作为波音公司的领导者，我们需要选择企业文化，并根据选择决定要做什么，不做什么。我们会对这些选择承担责任。

当然我们需要问这样一个问题，需不需要塑造领导价值观？需不需要追究下属，甚至是上司的责任呢？

……我认为我们确实已经转危为安了，要做的是重新集中精力去做正确的事。但我们有一条底线，不能再出现这样的丑闻了。

……只要有一名员工犯了错，我们就会再次遭受丑闻的攻击，无论这个人是普通雇员还是在场的管理者。作为企业的领导者，我们的工作是建立一种制度，使这类错误不会再出现。做与不做，其实选择在我们。

谢谢大家。

节选自《波音公司道格·贝恩演讲稿》，西雅图时报，2006 年 1 月 31 日。

以下是雪莉·桑德伯格，脸谱网首席执行官，曾在 TED 女性峰会上发表的演讲"为什么我们的女性领袖这样少"。

今天在座的各位，首先要承认我们是幸运的。我们没有活在母亲生活的那个年代……那时给女性的职业选择非常有限。今天我们坐在这里，大部分人都是在拥有基本人权的环境中长大的……但除此之外，我们仍有问题，这个问题非常实际。那就是：世界各地的女性都还没有在专业领域坐到高管的位子。数据讲得非常清楚。在 190 个国家元首里，只有 9 位女性……在公司里，女性最高只能够坐到 C 级的位子上，在董事会里占比至多也不过 15% 或 16%……

……我们还有另外一个问题，女性总要在事业与家庭之间艰难选择。根据最新研究显示，在已婚的高管当中，有三分之二的美国男性都有子女，但只有三分之一的美国女性有子女……

我们这一代女性仍非常不幸，我们无法改变这些数据……在我们这代人中，没有任何一个行业的女性高管能达到 50%。但我希望后人能够做到。我认为如果世界上一半的国家、一半的公司能由女性运作，世界将会变得更好。我有两个孩子，一个五岁的男孩和一个三岁的女孩。我希望我的儿子既能在职场全心投入，也能在家中有所付出。我希望我的女儿既能事业成功，又能因自己的成就而受到肯定。

谢谢大家。

节选自"雪莉·桑德伯格的 TED 女性峰会演讲视频：为什么我们的女性领袖这样少"，2011 年 8 月 9 日。

11. 幻灯片演讲

据估算，世界各地每天都会诞生三千万份幻灯片演讲稿。幻灯片在学校、公司都十分普及，并在很大程度上取代了传统的视觉辅助工具，比如白板、挂图和投影仪。

"幻灯片之死"是由安吉拉·R. 加伯首先提出的，形容的是那些呆板无聊的幻灯片演讲会造成的后果。网络上有大量关于可怕幻灯片的搞笑例子。但如果换成是你演讲，那可就笑不出来了。

基本情况

幻灯片演讲最重要的就是明确自己的演讲**目的**。演讲是纯粹为了展示信息吗？是不是为了销售？目的模糊不清，幻灯片也会模糊不清。

对幻灯片演讲来说，最好把**听众**想成是**读者**。在制作幻灯片时，要从他们的角度思考。他们需要哪些信息？期望从演讲中了解什么？耐着性子听完演讲会有什么感受？怎样做大家才能更容易理解你的思路？怎样才能强化你的主要观点？要站在听众的角度看问题，这才是做好幻灯片的基础。

在开始前，或是在你构思时，对内容进行**头脑风暴**。你的信息是否完整？有没有遗漏？要思考信息的排列顺序。按最优效果**组织**内容，随着演讲稿的修改还要不断对幻灯片进行重组。

你可以用电子文档、纸笔或其他既方便编辑又能看到全貌的工具

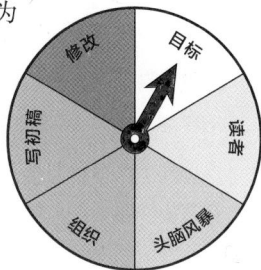

打**初稿**。值得注意的是，你的初稿可能会很长，内容可能非常详细，但不用着急，之后还可以再润色。

修改初稿时要记得，绝大多数制作幻灯片的问题都在于某些内容并不适合放进来。它只是你做演讲的一个视觉辅助手段。在说话的过程中，它所起到的是提示作用，同时向听众强化你的看法。幻灯片没办法传递太多的数据信息。如果演讲人把它当作"数据转存器"，肯定会遇到麻烦。再次考虑一下你的演讲目标和听众需求，并做出相应的修改。要确保你在修改时仔细进行了校对。

这样做	不要做
• 为幻灯片选择合适的模板或风格。有些公司会为你提供合适的模板，或至少在风格上提供指导。如果没有可选的模板，可以问问你的同事。网上也会有可供选择的模板。完全没有必要自己重新制作一个。	• 不要在幻灯片里塞满文字和图片。有留白的幻灯片更友好，更容易阅读。
• 字体清晰，控制字号。要选择整齐简明的字体。一般来说，每页的字体种类不要超过两种。太多字体页面会显得很乱，让人分心。此外最好使用比较常见的字体。那些不常见的字体即便好看可能也不易读，或是放在别人的电脑上演示时看起来会有变化。尽量选择基础、简单的字体。	• 不要把演讲的全文都打在幻灯片上。要记住，幻灯片上留下的都是你的核心观点。如果你把所有内容都打了上去，观众为什么还要听你说呢？
	• 不要把文字或图片缩得太小，听众会看不清楚。如果你的饼图或图标特别复杂，可以单独放在一个页面上，或是打印在纸上，这样才能看得更清楚。

这样做	不要做

这样做

- 将文字缩减到最少。页面上呈现的应当只有主要观点。当观众看到整页的文字时会失去兴趣，或是立刻开始阅读文字。阅读的速度要比你说的快，如果在你说之前观众已经看完了，也就不会再听你说下去了。页面上放太多信息只会拉大你和观众的距离。

- 如需提供更详细的信息，可演讲后发放资料。如果你想让观众掌握每一处细节信息，可以打印一份详细的资料分发。

- 可在幻灯片中有计划地使用动画和音效。这里有一条黄金法则：如果使用动画和声效能强调概念并使演讲更加清晰，就可以使用。如果它和你的演讲内容是竞争关系，只会使观众分心。

- 按点分条，对应的语句结构能帮助观众跟上你的思路。

- 使用粗体和斜体格式时需谨慎。除非这样做对强调概念有所帮助，否则不要轻易使用这些让人分心的功能。

- 仔细校对。在理想状况下，应当找一个对演讲不熟悉的人帮助你校对。如果幻灯片里充满错字和标点错误，只会让你显得很尴尬，降低你的声誉。

不要做

- 不要用眼花缭乱的背景让听众分心。幻灯片确实为你提供了许多内置的表格和背景，但你并不是非要用它。

- 不要随意使用动画效果。要再强调一次，效果虽好，但并不是非要使用。如果动画效果能帮助你凸显主题，那就可以使用，不要为了使用而使用。如果带给观众的感觉是"动画效果真酷"，那么大家的注意力肯定就从演讲上偏离了。

错误的例子...

这份幻灯片把所有演讲内容都打了上去。结果就是文字过多，字号过小。

打好电话你需要做到的事

网络团队经常要通过电话交流。了解以下的守则能够帮助你们沟通得更加畅快，在电话会议中获得更高的效率。

- 自我介绍

  每次会议的开始都要进行自我介绍。如果你并不认识电话另一边的人，就需要说明自己在哪里办公，负责什么工作。

- 开始讲话后说明自己的身份

  打电话的时候，尤其是在你不太了解对方的时候，最好能在一开始说明自己是谁。如果对方没能听出你的声音，就很可能会搞不明白是谁在说话。

- 试着了解其他团队成员的想法

  打电话的时候，尽量试着去了解其他团队成员的想法。只有每个人都试着去理解他人，团队工作才会更顺畅，解决问题才能更容易。

- 阐明角色与职责

  确保电话里的每个人都清楚自己在工作中的角色和职责。问问大家有没有需要再说明的内容，即便你不太确定，也要确保自己问的都是必要的问题。

- 阐明预期

  在电话一开头，就向大家说明对此次通话的预期，其中包括电话的时长、希望解决的问题。

- 回顾决议发送会议记录 / 附带决议的会议纪要

  打完电话后，回顾一下自己的会议记录，给参会人员发送一份会议纪要，将会议做出的决议高亮标记出来。

这份幻灯片里有四种字体，看得人眼花缭乱。

打好电话你需要做到的事

- 自我介绍

- 开始交谈后说明自己的身份

- 考虑团队成员的想法

- 阐明角色与职责

- 阐明预期

- 发送会议纪要和决议

修改后的幻灯片只包含了主要观点，由演讲人来对内容进行丰富。这样也方便听众浏览。

这一版幻灯片只有两种字体，利于阅读，也更加简洁好看。

错误的例子...

结论：成功组建虚拟团队的要点

- 注重**团队建设**
- 选择恰当的**沟通方式**
- 打好**电话**
- 与同事建立**联系**
- **文化**冲突
- 对反馈保持**开明**的态度

有些文字加粗了，但版式很随意。所有的内容都应并列且有所联系。

这些条目在语句上并不平衡，听众很难抓取到信息点。

...正确的例子

结论

- 组建虚拟团队

- 进行有效沟通

- 建立人际关系

- 应对文化冲突

- 鼓励反馈信息

做好幻灯片演讲的三个重要因素

为演讲制作幻灯片的时候，想想听众有什么样的期待。幻灯片应当是为听众服务的，而不是你自己。

- 不要在页面上放太多文字。高效的幻灯片都是略读的，不是精读的。
- 使用幻灯片是为了激起听众的兴趣。只需放上核心观点，不要把全文都放上去。这样听众会对你接下来要讲的内容感到好奇。
- 用幻灯片强调最重要的观点。既听又看，听众也会记得更牢。

12. 问卷调查

如果要从大量人群中收集数据，问卷调查就是一种很有效的形式。问卷调查需要投入大量的时间和资源，其关键是要花时间精心设计问卷。

虽然一些机构仍在沿用纸质问卷，但多数商业调查问卷都已"上线"，这样易于数据统计和制图。

基本情况

设计调查问卷的**目的**是从庞大的人群中收集信息。要想好通过问卷想收集什么信息。你想要解决什么问题？你打算怎样运用这些数据？目的越明确，设计问卷就会越容易。设计时始终要把**读者**放在最重要的位置上。受访者并不是必须答卷，所以要尽量把内容设计得简单轻松，这样才能得到对方的支持。**头脑风暴**能帮助你找出最确切的目标。你可以向同事征集问题。收集到的问题可能会远远多于需求量。设计时要对内容进行挑选，留下最精华的问题。根据逻辑顺序组织问题，可以从一般性问题到具体问题，或是从事实类问题到态度类问题，这完全取决于你的问卷内容是什么。设计问卷是件很棘手的事，所以要多打几次**初稿**。把问卷拿给同事看看，根据反馈进行**修改**。如果对问卷满意了，可以先拿给一小群人试试，看看效果如何。之后再据此进行**修改**。

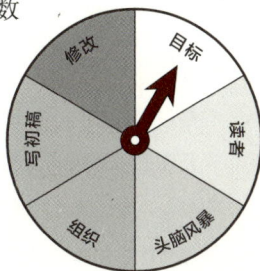

调查问题的类型

你需要仔细思考，确定调查问题的类型。它们各有各的优点和缺点。

如果问题是封闭式的，受访者的回答也会很有限。这类问题包括是非题、多选题，或是程度选择题（例如从 1 到 5 按程度进行选择）。封闭式问题的答案比较容易制图分析。

如果问题是开放式的，一定要给受访者留出回答的地方。这样的问题给对方更多的发挥空间，数据也会更有意思。但这样的回答难以像封闭式问题那样制图分析。

设计问卷时，要提前想好自己是否需要制图分析，汇报结果，之后再据此设计问题。

这样做	不要做
• 问卷越简短越好。一般来说参与者都是自愿来答卷的，如果问卷很长，大家就没有填完的耐心。要注意，只问关键问题。	• 不要设计带有引导性的问题。小心用词，提问要用中性词，不要因为自己需要某种答案而使用具有暗示性的词语。如果你没有把握，可以让其他人帮你读一读。
• 语言简练。复杂的词汇和句式是很难理解的。	• 不要使用专业术语或是缩写，因为读者很可能看不懂。语言要尽量简单。如果必须使用复杂的词语或是缩写，记得进行解释。
• 写短句。句子太长既不好理解也不好回答。	• 问题中不要包含双重否定。这种句子很难理解。
• 从简单有趣的问题开始。把复杂困难的问题放在最后。	• 一个问题只说一件事。比如"你觉得每周例会和每月汇报有用吗？"就可以分成两个不同的问题。
• 按照逻辑顺序排列，从一般问题到特殊问题。	• 不要设计难以回忆的问题。询问很遥远的事，不如询问近期的事。
• 仔细考虑问题的类型。封闭式问题比开放式问题更易于统计。	
• 等级量表要一致。如果问题中有等级量表，要保证在整份问卷中的一致性。	
• 正式散发问卷前先行测试。找十到十五个人作为测试组。答完问卷后询问他们的感受，找出大家难以理解的问题。	

错误的例子...

为了提高我们的服务质量，峡谷度假会议中心希望您能协助我们，根据您在这里的体验回答一份简短的问卷。

感谢您的参与！

（1）您每年的参会频率是？（单选）·············

> 问题有点怪，也有点难以理解。

☐ 1～2

☐ 3～5

☐ 6～10

☐ 10 以上

（2）在这些会议中，有多少是在会议中心，不是在酒店举行的？（单选）

☐ 1～2 ·············

> 答案里应包括 0

☐ 3～5

☐ 6～10

☐ 10 以上

（3）与商业酒店相比，您觉得会议中心有哪些优势？（可多选）

> 这个问题具有引导性。也许答卷人认为酒店一点优势都没有，但没办法表达出来。

☐ 服务人员更贴心，更能满足客人的需要

☐ 会议室更舒适

☐ 音响效果更好

☐ 温度更适宜

☐ 会客室更舒适

（4）在以下会议中心的不足之处中，哪项对您来说是最无关紧要的？（请按 1 到 4 排序）·············

> 这个问题是双重否定，比较难以理解。

_____工作人员不能满足参会人的需求

_____会议室音效不佳

_____会议室太冷

_____缺少适当的社交空间

> 应对这样的等级做出解释，1 和 4 都代表什么，是最重要的还是最不重要的？

第 5 到 7 题是开放性问题。开放性问题本身没问题，但要知道对这类问题进行汇总更难、更耗费时间。

（5）在峡谷度假会议中心你最喜欢的是什么，为什么？

（6）你是否会向朋友推荐峡谷度假会议中心，为什么？

（7）你认为在峡谷度假会议中心的经历中哪方面最应当改进，为什么？

...正确的例子

为了提高我们的服务质量，峡谷度假会议中心希望您能协助我们，根据您在这里的体验回答一份简短的问卷。

感谢您的参与！

换了一种表达方式，这样更容易理解。

（1）您每年的参会次数是？（单选）

☐ 1 ～ 2

☐ 3 ～ 5

☐ 6 ～ 10

☐ 10 以上

（2）在这些会议中，有多少是在会议中心，不是在酒店举行的？（单选）

回答中有了 0 的选项

☐ 0 ～ 2

☐ 3 ～ 5

☐ 6 ～ 10

☐ 10 以上

（3）您觉得会议中心在哪些方面有吸引力？（可多选）

重写后的问题没有了"引导性"。选项中添加了"以上皆不正确"。作者把原本具有误导性的第 4 题也删掉了。

☐ 服务人员更贴心，更能满足客人的需要

☐ 会议室更舒适

☐ 音响效果更好

☐ 温度更适宜

☐ 会客室更舒适

☐ 以上皆不正确

（5）在峡谷度假你最喜欢的是什么，为什么？

（6）你认为在峡谷度假哪方面最应当改进，为什么？

删除了一个问题，因为它和第5题很相似，对结果统计也没有额外的帮助。

13. 介绍信

介绍信是互联活动的重要组成部分。如果你认为自己的熟人中有人拥有共同的兴趣，就可以给他们发一份介绍信，这样双方就能建立起联系了。

在商务活动中，多数介绍信都是通过电子邮件发送的。当然有时也会打印在纸上。如果你写了一封信，要注意纸质版本会比电子版本更正式。

基本情况

写介绍信的**目的**是让有共同兴趣的人互相认识。介绍和推荐不同，推荐是为某人提供一份详细的担保证明。相比之下介绍更简短，也不涉及更细节的内容。想一想**读者**会有什么态度。一般在正式发信前，你需要和其中一方或双方进行沟通，评估双方的兴趣程度，获得他们的许可。但即便之前进行过沟通，双方也是互不相识的，你需要提醒他们信的结构。除非这份介绍很短很简单，否则一定要抽出时间**头脑风暴**一下介绍的架构。提供什么信息才能让他们产生对彼此的兴趣呢？多数商务介绍都很简短，不需要进行太多**组织**。但在某些情况下，你需要对资历和排序敏感一些，保证将地位较高的人放在前面。示范提纲中为你提供了一些指导。即便介绍非常简短，也要先检查一遍**初稿**再寄出。要从双方的角度进行审视。自己有没有把事情写清楚？提供的信息能不能引起双方的兴趣？如果不能，**修改**到能为止。

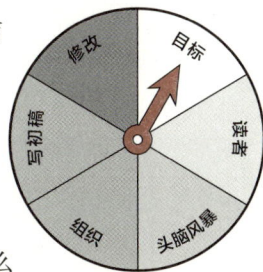

示范提纲

介绍信一般都很短，直指文意。

称谓：开头问候双方。地位较高的那位人名要放在前面。

开头：第一句话说明自己要给双方进行介绍。

中间：简述为什么觉得他们会相互感兴趣。

结尾：无论是明说或是暗指，如果你是在请人帮忙，记得对帮忙的人表示感谢。在结尾处向双方祝好。

这样做	不要做
• 如果觉得任何一方可能态度会比较勉强，就要在介绍前征得他的同意。不情不愿的介绍会显得非常尴尬，这也不会对你和读者间的关系有任何帮助。	• 如果你觉得介绍让你感到不适，就不要勉强。介绍隐含着推荐的意味，如果你对一方有所顾虑，就不要用自己的名声冒险。
• 在开头问候双方。最好将地位较高，更权威的人放在前面。	• 不要过度夸奖谁。要记住，你只负责介绍，不负责全情推荐。
• 如果之前提过介绍的事，可以在信里提一下。	• 不要写得太长。介绍要短小精练。如果你想为双方提供背景信息，可以考虑随信寄上一份简介或是个人网站的链接，或单独再发一封邮件。
• 把双方的情况都介绍一下。一般在电子邮件里，一人一句话就足够了。	
• 如果你主要是为了向一方进行介绍，也要说清楚。	• 如果是其中一方请你帮忙介绍，就不要硬说成对双方都有益。比如说你要向一位主管介绍一名年轻的毕业生，那么很显然这次介绍会对年轻人更为有利。
• 如有必要，可以提一下自己是怎样认识双方的。	
• 说明这份联系会怎样使双方都受益。即便一方明显得益更多，也不必为另一方邀功。	• 不要暗示双方必须见面。你只负责介绍，让他们决定接下来要怎么做。
• 在结尾处对帮忙的一方表达感谢，向双方祝好。	• 除非确定双方没有丝毫异议，否则不要安排会面。

错误的例子...

亲爱的斯迈思和罗恩：

> 很高兴能介绍你俩相互认识。斯迈思，罗恩是我在休斯公司的朋友，他有商业房地产的从业背景，希望能回到这一领域来工作。如果你能有空和他聊一聊就最好不过了。罗恩，斯迈思是我出海航行的朋友，之前和你提过，他正在市里经营着一家租房代理公司。他的生意做得很成功，除他之外再没有人能给你更好的建议了。我知道你们可聊的话题有很多，希望相互认识后会对你

维罗妮卡应当先和斯迈思讲清楚。这封信主要介绍的就是他。

斯迈思真倒霉。罗恩是不是要找他找工作呢？他是不是在给自己找麻烦呢？对此他没有获得任何信息。

们二人都有帮助。

祝好！

维罗妮卡

看不出来这层联系会对斯迈思有任何帮助，倒是会对罗恩有很大帮助。

...正确的例子

亲爱的斯迈思和罗恩：

很高兴能介绍你俩相互认识。斯迈思，非常感谢你能答应和罗恩聊一聊。我知道你非常忙，对此我非常感激。我知道你们可聊的话题有很多，希望你们会面愉快。

祝好！

维罗妮卡

维罗妮卡显然在写信前和斯迈思进行了沟通，征得了对方的同意。她已经把罗恩的背景信息，以及他想和斯迈思交谈的原因一并说明过了。

维罗妮卡说得很明白，这次的介绍实际就是要斯迈思帮助罗恩，她也对斯迈思所付出的时间表达了感谢。

罗恩显然还是个新手，需要斯迈思专业性的帮助，维罗妮卡并没有隐瞒这件事。结语很愉快友善，双方都会比较放松。

14. 表扬信

表扬信所传递的是对某人成就或行为的肯定。你可以写给当事人，也可以写给他的主管，或者两个人都写。可能这个人与你是一个公司，也可能是有业务往来的其他公司。

表扬信和证明类似。但证明的目的是推介生意，而表扬是为了推荐个人。

表扬信可以通过邮件发送，也可以打印出来寄送。一般来说打印的表扬信更正式，更有分量。

基本情况

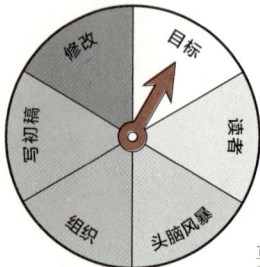

写表扬信有几个**目的**：可能是肯定某人的成就和表现，也可能是表达感谢。这样的信能加深双方的联系，表达良好的意愿。此外，这也是对某人成就的一种正式的认可：它会被放进员工的档案中。这样的材料在未来遇到奖励或晋升时会起到重要的价值。你的**读者**可能是当事人，也可能是他的主管。但即便你是写给本人的，也要从他主管的角度思考。**头脑风暴**时，选取那些最能反映当事人行为的细节。如果一个人非常有礼貌，很好，如果这份礼貌能帮公司赢得一个有价值的客户，那就更好了。示范提纲为你提供了一种**组织**结构。一般**初稿**都很长，尤其在你回忆事件的时候。最好一次全都写出来，之后再进行**修改**，这时既要修改长度，也要修改措辞。

示范提纲

表扬信需要简单明了。
开头：让读者在一开头就了解你的写作目的。
中间：描述当事人做了哪些事，这些行为对你有什么影响。
结尾：在结尾处重申目的，对读者表示感谢，表达良好的祝愿。

这样做	不要做
• 及时表扬。时间间隔短，效果也会更好。	• 不要草草了事。既然已经决定要写就要花些时间，给当事人带来真正的帮助。
• 寄给正确的人。试着去寻找当事人主管的名字。	• 不要涉及任何机密信息。表扬最主要的目的是让大家都看到。有谁能看不是你能控制的，商业类的表扬信有时还会挂到网站上，所以要确保信里没有尴尬或责怪他人的内容。
• 在第一句话或是第一段的最后一句话说明自己的写作目的。	• 不要写得太长，要简洁。
• 对成就和成果进行细致的描述。展示出自己对事件的熟悉程度。	• 不要提出实质化行动的建议。不要在表扬信中提议升职加薪。读者知道自己该做什么。
• 表达出成就对公司的价值。向读者展示出这一成就给公司带来的价值，这才是表扬信的价值所在。	• 表扬一个人时不要打压其他人。
	• 不要让他人觉得这封信是当事人授意你写的，或对方告诉过你要写什么。自愿写的表扬信才更有价值。

错误的例子...

如果能直接寄到具体负责人的手里，会更有效果。

敬启者：

上周六，也就是 5 月 5 日的时候，我在商场 3 层的贵店购物。当时我正在为准备出席朋友的婚礼选衣服。就在我挑选时，贵店的员工帕特丽夏·本斯曼过来给了我很多帮助。这样的事很少发生，所以引起了我的注意。本来我没有抱太大希望，但帕特丽夏给了我惊喜。她知道有多少存货，也知道设计师的名字，真的帮了我很大的忙。她给我展示了一些很不错的衣服。我找不到合适的尺寸，她给了我一件类似的更娇小的衣服，并告诉了我尺寸。我对她的推荐非常满意。

这是在间接批评其他员工帮不上忙。

如果卡罗琳能花更多时间凝练一下内容，这部分会变得很有说服力。

我知道帕特丽夏目前只是一名临时员工，正在申请富尔顿（Fulton's）的全职职位。真不知道你们为什么不留住她。让她管理一个部门都没问题！比起富尔顿其他聊着天、忽视顾客的员工来，她明显要好得多。请给她升职吧！

祝好！

这是读者现在的工作……

最好不要在表扬信里涉及与人事相关的话题。

可能这是真的，但卡罗琳不能为了表扬帕特丽夏而牺牲别人。最好把关注点集中在帕特丽夏身上。

卡罗琳·沃尔斯

...正确的例子

卡罗琳找到了准确的收件人，直接寄到这个人手中肯定会对帕特丽夏有所帮助。

寄：富尔顿百货销售人事主管吉娜·奎勒

亲爱的奎勒女士：

上周六，也就是 5 月 5 日的时候，贵店的员工帕特丽夏·本斯曼给了我很多帮助。我在 3 层的贵店购物，正在为出席朋友的婚礼选衣服。而

卡罗琳很聪明，她把夸奖帕特丽夏的话放在了第一句。

帕特丽夏知道有多少存货，也知道设计师的名字，她花了很多时间为我提了一些很好的建议。当我找不到尺寸的时候，帕特丽夏为我选择了更合适的小号尺寸。这是我之前从未想过的，以后我也会记住这一点！帕特丽夏知道得很多，对我帮助很大，本来我只想买一条裙子，但最后买了两条丝绸裙子。

卡罗琳提供了一些细节，讲述了帕特丽夏怎样成功地帮她挑到了裙子，这会让富尔顿的管理者很高兴。

因为帕特丽夏的帮助，卡罗琳买了更多的东西，这是在展示员工对销售的重要价值。

很少有销售人员像帕特丽夏知道得这样多，这样乐于帮助顾客。她才是富尔顿的财富。下次再来时我还想找她，谢谢你雇佣了这样优秀的员工。

卡罗琳既表达了帕特丽夏的工作很出色，又没有伤害到其他员工或是商店本身。

祝好！

卡罗琳·沃尔斯

15. 推荐信

有时，别人会请你写推荐信，可能是员工要申请另一份工作，也可能是年轻人要申请学校。这种情况下，你可能会帮别人一个大忙。写推荐信是很严肃的事，你需要腾出一些时间和精力把这封信写得尽可能有力度。

基本情况

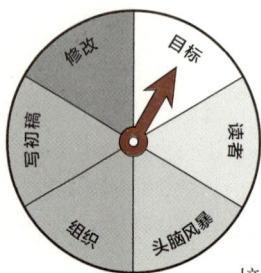

写推荐信的**目的**是从个人或专业的角度衡量一名申请人的资质。这封信能够起到简历或成绩单起不到的作用。**读者**希望从信中了解申请人是谁，能做什么，能否胜任工作、学业或其他任务。写作时要从读者的角度进行**头脑风暴**：对方希望听到什么？这名申请人与其他人有什么不同之处？你可以想想那个新环境会对申请人有什么要求，提供一些细节信息，证明申请人能做得很好。示范提纲中为你提供了一种推荐信的组织模式。给自己留出充分的写作时间，对**初稿**进行**修改**。不要被截止日期逼到最后一秒才动笔。初稿一般来说都会很长。写完后可以先放置在一边。修改时考虑读者会有怎样的反应，据此对内容进行打磨精简。仔细校对，保证没有拼写或其他会降低信件可信度的错误。

示范提纲

推荐信一般有一到两页纸长。

开头：在信的开头说明你是谁，为谁而写信，目的是什么。明确表示自己想要推荐申请人。说明你与申请人之间的关系，自己认识他有多久。

中间：选择几个点展开讨论。与其罗列各种优点，不如挑三四个优点出来认真阐述。

结尾：重申自己推荐的态度，表示希望他能成功通过申请。感谢读者花时间读信。最后说明如有任何问题可以和你联系。

这样做	不要做
• 收集写信所需的所有信息。问清申请人对推荐信有什么要求。简历会对写作很有帮助，你的推荐意见应当与申请人的简历保持一致。	• 如果你觉得对方不够格，或你不想帮忙，抑或你和对方不熟，就不要答应写推荐信。虚假模糊的推荐信只会适得其反，如果你觉得自己帮不了忙，直接拒绝。
• 在第一段中说明自己为什么要写这封信。首次提及申请人时要写全名。	• 不要言过其实。不要夸张形容，除非申请人真的是你所雇佣的员工中最好的，直白真实地描述即可。
• 语气要正式。即便你很了解申请人，也要从专业的角度表达观点，这样的信才有分量。	• 不要故意忽视缺点。如果对方要求你说一说申请人的缺点，请写一个能够克服的缺点，或是说说他是怎样克服这个缺点的。
• 在前半部分说明自己对申请人有多支持。要在第一段给读者留下强烈的印象，不要等到结尾才表达自己的感受。	• 不要使用模糊的描述性语言，比如"杰出""优异""出众"等。将关注点集中在申请人的成就上，读者才能理解你叙述的内容。
• 让读者了解你们认识了多久，以及你是以什么身份在写信。	• 不要写得太长。信不要超过两页纸。有些信会有字数限制，超过长度反而会对申请人不利。控制字数有助于凝练信息，反而会对内容更有帮助。
• 具体对申请人的素质和成就进行分析。	
• 对问题进行回答。比如对申请要求中提出的问题要一一给予回答。	
• 在结尾处重申自己对申请人的支持态度，对读者提出的问题给予解答。	
• 根据要求提交推荐信。	

错误的例子...

虽然罗布提到了苏珊的职位和工作时间，但没有说明自己和她是什么关系。第一段还能更有说服力一些。

招聘经理：

我写这封信是想向您推荐苏珊·麦科德。苏珊在吉本斯担任了七年的数据库部门主管，有非常杰出的成绩。

这句话非常模糊，好像罗布并不是太了解苏珊的工作是什么。

苏珊是一名非常优秀的员工。作为数据库部门主管，我们只要有数据库方面的问题都会去找她。虽然有些时候任务很紧急，但她所管理的部门工作非常努力，总能按时完成任务。总之，苏珊十分热情友善，她要走我们都很难过。

罗布显然是为了帮助苏珊，但这句评论感觉非常模糊，也很笼统。

很明显，如果罗布能将苏珊的职责叙述得更清楚一些，推荐信会更有说服力。

能为苏珊提供帮助是我的荣幸。如果您还需要其他信息，请随时与我联系，我的邮箱是 rstraker@gibbonintl.com。

祝好！

罗布·斯特雷克

...正确的例子

罗布说明了自己与苏珊相识的时间和缘由。

招聘经理：

很荣幸能有机会向您推荐我们的员工苏珊·麦科德。我在吉本斯国际公司任她的主管已有六年，她在我公司担任数据库部门主管。听说苏珊要离开芝加哥我们都很难过，但我很高兴能有机会竭力向您推荐这个人。

罗布表明了自己支持的力度——"有机会竭力向您推荐这个人"，第一段因此变得很有力度。

苏珊带领的团队为我公司七个不同部门提供了七年的数据服务，她工作起来既勤奋又沉着。部门每天都会收到若干数据方面的请求，有时会非常复杂。但经营者的工作就是从这些复杂的请求中寻找潜在富有成效的数据模式。苏珊本人对数据非常熟悉，为我们的软件做出了很多创造性的成果。有许多请求提出的时间都非常紧迫，但苏珊从未延误，一次又一次在截止日期前完成了任务。

罗布描述了苏珊的工作、工作的难度，以及苏珊怎样成功解决了这些难题。

虽然这份工作压力大、标准高，但苏珊尽职工作的同时也超乎寻常地和善。她很好相处，为了完成工作会做各种各样的尝试。

另外，苏珊还为她的下属树立了榜样。她手下有很多都是刚毕业的学生，头一次知道什么才是"真正"的工作。对这些入门级别的员工，苏珊是个很有智慧的指导者，她锻炼了他们的耐受力，帮助他们成长为有能力、有责任感的职场人。她的整个团队时刻准备以轻松的心态迎接挑战。

这段生动的文字记述了这是怎样一份工作，以及苏珊是怎样在其中做出贡献的。

罗布在结尾处重申了对苏珊的支持。

最后，能为苏珊提供帮助是我的荣幸。如果您还需要其他信息，请随时与我联系：rstraker@gibbonintl.com。

祝好！

罗布·斯特雷克

16. 领英网推荐

招聘经理或人事主管也会登录领英网查看推荐。虽然这些推荐并不能直接决定是否雇佣某个人，但绝对有促进作用。为了让你的推荐更有效果，可以参考以下指导：

- 简要叙述自己是怎样与申请人结识的。
- 描述申请人的具体表现，如果能够量化尽量量化。
- 把注意力集中在具有普遍性的职业技能上，因为你也不知道申请人会申请什么职位。
- 要举例说明，讲故事。
- 如果是企业所有者，要把注意力集中在他们是怎样从竞争中脱颖而出的。
- 字数限制在六十到一百之间。

17. 议程

议程能够帮助参会者了解会议主题，明确自己要准备哪些材料。它还能帮助会议主管和参会者不偏离主题。会后，议程还能为会议记录或会议纪要提供结构参考。

通常议程都是在会前通过电子邮件寄送的。当然会议期间也可以提供给参会者作为参考，因此很多人也会打印纸质议程。

基本情况

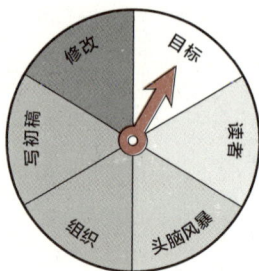

制作议程的**目的**是帮助参会者了解会议主题，明确自己要准备哪些材料。总之，写议程是为了让会议更加高效。首先，制作议程要为**读者**考虑，这样每个人都能有所准备，不会对会议内容过于惊讶。准备议程时，想想读者需要哪些信息。如果会议目标非常明确，就不需要进行太多**头脑风暴**。这完全取决于不同公司和机构的不同情况。有些人在最终定稿前会征求他人的意见。

经常开会的团队会有议程模板，可以把相应的信息填进去。示范提纲为你提供了一种议程的**组织**结构。由于议程一般都是罗列话题，所以在打**初稿**时不必考虑语气问题。即便寄送范围很小，最好也让其他人帮你检查一下，确保信息完整。之后再根据反馈进行**修改**。

示范提纲

议程就是简单的会议指南。

开头：包括了会议名称、时间、地点和预计参会人的名单。

中间：罗列会议主题，按讨论顺序排列。注明每项议程的预计时长和负责人。

结尾：如有可能，注明下次会议的时间。

这样做	不要做
• 写清时间、地点和参会人的姓名。如果是电话会议，注明具体细节问题。 • 罗列会议主题，文字简洁。	• 不要在议程里提供太多背景信息。如果参会者还需要其他信息，可以在议程之外添加附件。议程本身应该是一份简明易读的会议指南。

这样做	不要做
• 注明每一项议程预计占用的时间。这份时间表能帮助参会人遵守日程，防止拖延会议时间。最后将每项议程的时间汇总成最后的会议时间。 • 如有可能，在每项议程后注明责任人。 • 使用模板。如果你要为一系列会议准备议程，模板既能为你节省不少时间，也能够建立一定的标准。	• 不要提供不完整的议程。给自己留出足够的时间征求他人的意见。议程不完整违背了制作议程的初衷。 • 不要忘记更新议程。如果你使用的是模板，或是之前的会议议程，记得要将本次会议的时间和参会人信息更新上去。

...正确的例子

议程

洛克斯塔尔搬迁委员会

2013 年 6 月 7 日

美国东部时间上午 11：00

4 层会议室

洛克斯塔尔方：布莱恩·伯曼、斯蒂芬妮·佩奇、于林。

联系人：谢尔莉·伯恩特、雷·帕雷德斯

欧米加房地产方：林恩·惠勒

电话：888-999-0000 密码：67540

初次踩点情况报告——布莱恩和林恩（40 分钟）

员工调查访谈报告——于林（15 分钟）

技术升级报告——斯蒂芬妮和雷（15 分钟）

下次会议：7月6日，时间待定

如需对下次会议议程进行补充，请联系巴布·雅各布

电话：212-800-0101。或电子邮件：bjacobs@lockstall.net。

18. 商务会议通知

有很多团队都依赖 Outlook 这样的日程软件发布会议通知，邀请参会人。但如果你没有用这样的软件，也可以自己写会议通知。若想会议富有成效，参会者准备充分，一份完备的会议通知是必不可少的。

基本情况

会议通知的**目的**不仅仅是让大家知道要开会，还要让大家知道会议的重要性，鼓励他们参与进来。如果**读者**都是要参会的人，那么任务就很直接了。如果不是，你就需要思考一下什么信息能吸引他们参与进来。在**头脑风暴**时要保证信息完整，不仅基本信息表达完整，会议的目的也要表达完整。要对通知的结构进行**组织**，这样才能突出重点。打**初稿**时的语气部分取决于你和读者的关系。如果不能强迫他们参会，就要把精力更多地放在说服他们参会上。发送前要仔细校对。如果里面的时间或地点有误，这时就要改正过来，等所有同事都看到了只会造成误会。然后进行合理**修改**。

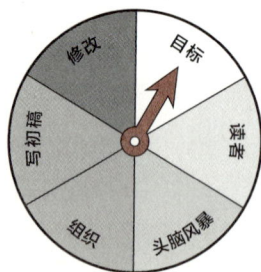

这样做	不要做

这样做

- 先写议程。随通知附上议程，或至少附上一份缩略版议程。如果会前还要再调整议程，一定要告诉参会人员注意更新。
- 注明会议目的。
- 让读者了解会议的重要性，说明这是一次例行的情况摸底会还是针对某个项目或事件的重要讨论会。
- 基本信息全面，包括时间、地点、预计时长。
- 如果希望读者为会议做一些准备，就要让他们知道。是否需要汇报进度？是否需要携带文件前来讨论？
- 强调关键信息。运用空格、分条和加粗的方式突出重要信息。
- 要求读者尽快回复，并说明如何回复。
- 至少发一次提醒。

不要做

- 不要拖到最后一刻。大家都很忙，留出的通知时间越短，大家越难以按时赴会。
- 不要向读者灌输太多信息。会议通知应当简洁明了。如果你想加一些背景信息，可以放在附件里，但不要加在通知当中。
- 不要想当然地认为读者一定参会。如果你是老板，确实可以让大家都来开会，但如果你不是，就没有要求的权力，所以一定要向读者强调会议的重要性，对他们的到来表示感谢。

错误的例子...

最后一分钟才通知的会是很烦人的，但你可以表现出一种紧迫感。让读者知道为什么这么晚才通知，也可能会勾起他们的兴趣。

团队各位成员：

　　关于网站的问题，史蒂夫想在周四 11 点和大家开一个会。抱歉通知得很急。他希望大家都能想一想怎样让新网站更好地为我们服务。大家都需要出谋划策，这一点非常重要，所以请大家尽量到会。

　　谢谢。

　　　　　　　　　　　　　艾米

在哪儿？

...正确的例子

团队各位成员：

关于网站的问题，史蒂夫想周四 11 点在 4 层会议室和大家开一个会。抱歉通知得很急，他周五刚刚和设计师定好时间，希望大家都能参与，想一想怎样让新网站满足每个人的需求。我们需要解决的问题有：

- 是否需要用社交媒体吸引年轻客户？
- 是否需要建立内容管理系统？这样每个人都能更新自己的页面。

史蒂夫希望大家都来出谋划策，所以请大家尽量到会。

请大家在周三下班前反馈。

谢谢。

艾米

19. 会议纪要

记录会议内容的笔记一般称为会议纪要，是对会议的文字记录。其内容包括参会人员、讨论内容、讨论结果、执行负责人、下一步计划，以及下一次将要讨论的问题。

会议纪要一般都是通过电子邮件发送的。它是一种比较正式的记录，无论是以纸质形式还是电子形式，都会存档。

基本情况

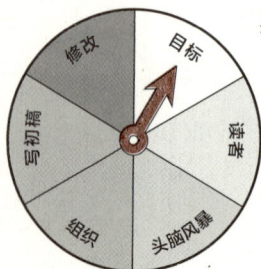

写会议纪要的**目的**有很多。它是一份官方的会议记录，同时也是公司机构决策的法律依据。会议纪要可以保证每名团队成员获得同样的信息，也能够为未来的决策提供参考。会议纪要的**读者**也分很多种。参会人可以用它来回忆做了哪些决定，履行应承担的责任；未参会的人可以通过它来了解情况。对于这些不同读者的需求，我们都要牢记在心。如果你在开会时做了记录，会后就不必进行太多的**头脑风暴**。如果你的记忆很模糊，笔记也不完整，可能就需要询问其他参会者，把细节填补齐全。纪要的**组织**顺序基本是根据讨论顺序安排的。经常开会的组织机构一般会有纪要模板。示范提纲为你提供了一种组织纪要的方式。打**初稿**时可以用客观、商务化的语气。初稿完成后对照会议笔记检查一遍。最好能把初稿发给其他参会人检查，看看是否准确，有没有笔误，再根据其反馈意见进行**修改**。

示范提纲

会议纪要是对会议情况进行文字记录。

标题：包括会议范围和目的，同时还要标明日期、时间和参会人名单。

主体：包括讨论的议题，按时间顺序进行排列。记录做出了哪些决定，负责人是谁。标明下次会议讨论的议题。

结尾：注明会议结束时间，如果已经确定了下次的会议时间，也列在上面。

这样做	不要做
• 从客观的角度，以中立和商业化的语气写作。 • 记录所有的参会人。如果有人迟到，要记录他到会的时间。 • 记录讨论的所有议题和决定。注明哪些人要负责哪些事，落实哪些行动。 • 根据公司的规定记录投票的情况。有些公司会记录投票情况，有一些公司则会保密。 • 用固定的格式，便于浏览。 • 利用好议程。如果会议有议程，可据此对会议记录进行组织。 • 熟悉公司政策和会议记录的固定格式。如果有条件可以看看之前会议记录的模板。最好能保持纪要格式和内容的连续性。 • 如果已经讨论出了结果，可以标明下次会议的时间。 • 写清记录人的姓名。	• 不要发表评论。会议纪要是对会议的客观记录，不要发表评论或个人观点。同时也要注意，不要通过筛选信息和转换语气的方式来表达自己的观点。 • 不必逐字逐句记录讨论的过程，也不必逐一记录每个人的观点。 • 纪要中不要涉及机密敏感的问题。会议纪要的读者可能会很多，在法律诉讼中也可能会成为证据。很多机构会专门召开"保密会议"来讨论纪要之外的内容。如果你对该写哪些内容有所疑虑，在发出前一定要问清楚。

这样做

- 设计模板。如果公司没有固定的纪要模板，可以设计一个今后使用。设计前可以多看看不同的例子，这会对你很有帮助。

...正确的例子

会议纪要

洛克斯塔尔搬迁委员会

2013 年 6 月 7 日

美国东部时间上午 11:00

4 层会议室

参会人：

洛克斯塔尔方：布莱恩·伯曼、斯蒂芬妮·佩奇、于林。

联系人：谢尔莉·伯恩特、雷·帕雷德斯

欧米加房地产方：林恩·惠勒

1. 初次踩点情况报告——布莱恩和林恩

布莱恩和林恩对四个选位进行了踩点。其中三个在城区，一个在较远的西边。

林恩表示此次踩点并未考虑租约问题，只是简单了解一下情况。她鼓励大家今后和布莱恩一同去踩点。布莱恩表示赞同。

布莱恩会让山姆通知大家下一轮的踩点时间。

2. 员工调查访谈报告——于林

于林与各部门主管一同完成了针对全体员工的调查访谈，并对结果做了报告。（附报告打印版）

主要内容：

办公选址

78% 的员工强烈要求留在城区。

96% 的员工会考虑增加通勤时间。

3% 的员工表示增加通勤时间会导致离职。

办公环境

67% 的员工反对开放式的办公环境。

89% 的员工表示如果能够远程办公，开放式的办公环境也不错。

于林在报告中表示，部门主管都希望成员能集中坐在一起。目前考虑的地点有三处，都有一些困难。正在考虑的是开放式办公的噪声问题。

人力资源部门对开放式办公所产生的保密问题表示担忧。

布莱恩对于林的报告表示感谢。

经过讨论，决议将注意力集中在城区。

3. 技术升级报告——斯蒂芬妮和雷

芝加哥的办公系统升级工作圆满完成，斯蒂芬妮和雷对此进行了汇报。这与纽约办公区的升级工作十分类似。搬家前进行升级很不划算，也不切实际。因此建议维持现状，等搬家后再作打算。在空旷无人的办公区布线也会更加容易。

林恩对这一结论表示赞同。

布莱恩向斯蒂芬妮和雷询问了升级所需的费用，目前有两种方案：一种是开放式办公方案；另一种是传统办公方案，比目前扩大了10% 的面积。

会议记录人：劳伦·板野

（下次会议：7 月 6 日，具体时间待定）

第二节　求职与招聘中的写作

1. 职位描述

精准完整的职位描述能为你和他人节省大量的时间和精力。虽然我们可以通过面试表达职位需求，但这样做不仅效率低，也很不公平。花些时间对职位进行精确的描述能帮你招到合适的、能够胜任工作的人。

基本情况

职位描述的**目的**是对某一岗位的职责和要求进行描述，也是说明职位在组织内部的位置。描述也可以为未来的绩效考核提供大致的思路。职位描述的**读者**类型多种多样，既有公司外部人士，也有公司内部人士。外部读者一般是找工作的人，他们通过阅读决定是否要申请这个职位。内部读者则包括了经理、主管，以及潜在的竞聘同事。对所有的读者来说，职位描述都应当精准完整。你可以对职位要求和定位进行**头脑风暴**。很多公司都有标准的描述模板。示范提纲中也提供了一种供你参考的**组织**结构。如果你要新设立一个职位，或者要对某个现有职位做很大改动，一定要多打几次**初稿**。最好能让其他人，尤其是组织内部有招聘需求的经理、主管、法律顾问、人力资源专家帮你看一看。之后再根据他们的意见进行**修改**。你可能需要重写、检查、修改若干轮才能最终定稿。

示范提纲

职位描述一般包含以下几个部分，你所在的公司可能会有其他的组织方法。

基本信息：职位名称、部门、主管名称、薪资范围。

工作职责：列出工作职责和目标，职责一般按照重要性排列，有时也会以百分比的形式出现。

职位要求：职位要求一般也会按照重要性排列。要求会分为"最低标准"和"加分项"

特殊要求：可注明是否需要考试、执照、许可等。

这样做	不要做
• 说明职位的名称。	• 不要发布过时或不准确的信息。要花些时间更新数据，否则既是浪费自己的时间，也是浪费申请人的时间。
• 说明职位的隶属和平行协作关系。	
• 列出岗位职责，一般会按重要性排列。也就是说，排在第一位的是最重要的任务，之后重要性依次递减。	• 不要东拉西扯。为了集中注意力，你可以先把内容浓缩在一句话里，之后再进行细分。
• 强调候选人需要满足某些条件才会受到考虑。要把"最低标准"和"加分项"区分开来，这样才能吸引到更多申请人。想一想你对岗位有什么最基本的要求。	• 不要把职责范围划得太窄。有些工作的职责界限确实很清晰，但多数工作的职责都很宽泛。如果未来工作内容还会增加，或者你也不清楚目前这一岗位的员工还额外承担了什么责任，可以在这里写上"完成交代的工作"，免去不必要的麻烦。
• 可以假设一个"理想候选人"，对他的资质、背景和特征进行描述。这样做既能完善你对职位的理解，也能帮助他人决定是否投递简历。	• 如果某项职责的占比没有超过 5%，就不必单列出来，用一句话概括总结一下。
• 可以考虑在描述中写一写本机构的文化、价值观和主要工作。这样申请人既能判断自己是否合适，也能为未来的面试制造话题。	
• 考虑薪资问题。有些机构会写"薪酬与工作经验挂钩"。但要注意的是，这种开放式的描述可能会招致一批不符合要求的人申请。有些机构会对岗位薪酬有明确的规定。可以看看本公司内部有没有这方面的政策。	
• 用语简明清晰，避免缩略语以及公司内部人士才能听懂的专业术语。	
• 制定模板。如果公司人员比较多，最好能设计一个职位描述模板，这样能保证工作的连续性。模板有助于组织、监督和分工，规范描述有助于绩效考核。它也能在将来保护你避免受到不公的责难。	

...正确的例子

职位名称：行政助理

本公关公司诚聘行政助理，岗位需面向客户，因此处理人际关系的能力尤显重要。该职位直接向公司总裁汇报工作，目前负责协助总裁和公关专家团中的 5 位成员工作。

岗位职责：

- 为公司总裁和 5 位公关专家提供高级行政支持
- 处理大量客户来电、邮件、报道和其他文件
- 协助准备演讲稿
- 准备各类纸质材料
- 准备各类会议
- 安排日程
- 安排出差行程
- 协助维护公司网站
- 完成交代的其他工作

岗位要求

最低标准：

高中或同等学历	注重细节
优秀的沟通和人际交往能力	优秀的电话沟通能力
多线工作的能力	压力之下能够保持情绪稳定
对外部信息有鉴别能力	熟练掌握微软 Office 办公软件
熟悉网站内容加载系统	学习能力较强
有 3 年相关工作经验	

加分项

学士学位或以上	5 年相关工作经验
能够阅读法语或西班牙语文件	

2. 招聘广告

招聘广告并不好写，你需要了解这份工作，从中提炼出最重要的信息。广告写成什么样，就会吸引什么样的应聘者，从中挑选可能会耗费你大量的时间，因此在下笔前一定要认真考虑。

基本情况

写招聘广告的**目的**是告诉大家有职位正在招聘，并从中选出最优秀的竞聘者。其重点在于让**读者**了解有什么机会，进而做出选择。进行**头脑风暴**时，最好从广告受众的角度思考。你对职位很了解，但对方并不了解。**组织**招聘广告的方式有很多。最好能看看发布平台上其他人都是怎么写的，之后再进行模仿。如果你要新创造一个职位，或是对职位描述进行大幅度修改，最好给自己留出多次修改**初稿**的时间。一般初稿都会很长，可以请朋友或同事帮你看一看，再根据他们的反馈进行**修改**。

> 只有上帝才能一次写好。
>
> ——史蒂芬·金，
> 小说家

这样做	不要做
● 动笔前认真对岗位进行思考。有什么主要要求？想要面试哪类人？列一张单子，把最重要的技能和要求都写上去，再据此开始写作。	● 不要写得过长。一般我们不会把职位描述的内容照搬进来。
● 向主管咨询。如果应聘者今后要向其他人汇报工作，一定要和他的主管一起完成这份招聘广告。	● 广告里不要尽是陈词滥调。像"有主动精神""懂得合作""积极性高"这类表述已经被用滥了，已经没有了任何的实际意义。
● 语言简洁。需要写清岗位对应聘者有何要求，一般是按重要程度排序的。报纸一般按字数收费，因此一定要简单明了。网络招聘广告一般篇幅都会长一些。	● 不要过于空洞，言过其实。有些招聘广告只顾赞美公司，并没有讲太多工作本身的事。
● 使用关键词。如果招聘广告是放在网上的，一定要设置便于搜索的关键词。	● 不要忽略必要的资质。如果竞聘者必须有工商管理硕士学位、驾照或是其他申请条件，一定要提出来。

这样做	不要做
• 分条，便于浏览。	• 不要忘了软实力。理想的应聘者该有怎样的职业精神、沟通能力、应变能力和合作能力。
• 参考模板。查一查报纸和网上类似行业的类似广告是怎么写的。	• 不要欺瞒应聘者。如果你付不起丰厚的薪水，就不要说薪资"很有竞争力"。如果经营状况并不好，就不要说自己生意兴旺。
• 思考要不要提及薪水问题。有些公司会给出一个薪水区间值。	
• 其他福利待遇，如医疗险、牙科险、生命险、假期等。	
• 福利和补贴。有没有弹性工作时间？可否远程办公？是否有其他吸引人的事物？有没有指导项目？有没有培训津贴？想一想怎样才能吸引到合适的竞聘者。	
• 描述办公环境。阐明公司文化可以帮你吸引到合适的竞聘者。要实事求是，不要只讲那些花里胡哨的东西。	
• 立场坚定。排除不合适的候选人，只考虑达到标准的竞聘者。	
• 说明申请方式。如果你不希望接到电话，一定要注明。	

...正确的例子

招聘高端公关公司行政助理

网络招聘广告

想要加入高效的创意团队吗？JCB 公关公司诚聘一名技术娴熟的行政助理，协助公司总裁及 5 位公关专家展开工作。**工作要求善于协调，注重细节。**有晋升机会。福利待遇优厚。

职责：

- 向团队提供行政支持
- 准备演讲稿及其他文件

- 与客户及媒体进行电话或邮件沟通
- 安排出差行程
- 维护公司网站
- 完成交代的其他工作

岗位要求：
- 高中或同等学力，获得学士学位更优
- 至少三年相关工作经验
- 优秀的沟通和人际交往能力
- 熟练掌握微软 Office 办公软件
- 有能力维护公司网站

电子邮件和简历请发至 contact@JCBpr.com。请勿致电。

诚聘行政助理

高效高端公关公司诚聘专业行政助理，为总裁和 5 人专家团提供行政支持。要求专业技能娴熟。三年工作经验。福利待遇优厚。电子邮件和简历请发至 contact@JCBpr.com。请勿致电。

报刊招聘广告

3. 求职信

求职信一般会随简历一同提交，在应聘中承担着重要的作用。它能使你从竞聘者中脱颖而出，大大增加和招聘经理直接沟通的机会。因此一定要珍惜，认真打磨你的求职信。

多数在线申请会要求将求职信粘贴到页面表格当中。有些公司会要求提交纸质求职信和简历，因此要把求职信的格式调整成正式商务信函的样子，然后亲笔签名。

基本情况

为什么申请工作时要加上求职信，**目的**有这样几个。求职信能够说明你申请的是哪个职位，有重点地引导读者查找简历中的信息，证明自己尤其适合这份工作。一般浏览简历和求职信的人会

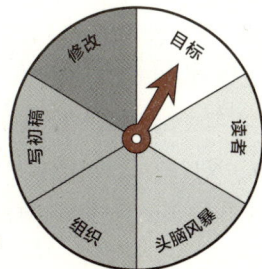

示范提纲

求职信要简单明了，便于浏览。

开头：告诉读者申请的是哪个岗位，说明自己认为很适合这个岗位。

中间：引导读者查找简历中的信息，将目前的工作与招聘岗位相对应。如有必要可进行解释。

结尾：表明自己对这份工作的兴趣。感谢读者为阅读花时间。

看得非常快。能供你抓住**读者**注意力的时间非常有限。要从读者的角度进行**头脑风暴**。什么样的信息能让他们把你的简历放进"可选"文档，而不是"拒绝"的文档中呢？如何修改才能在求职信中突出重点内容，强调自己的经历和岗位要求相符呢？求职信的结构要简单明了。示范提纲为你提供了一种参考的**组织**结构。虽然信很短，但在正式寄送前也要多打几次**初稿**，仔细**修改**。可以让朋友或家人帮你检查，看看是否有笔误。这封信必须是完美的，之后再寄出。

这样做	不要做
• 根据竞聘岗位修改求职信。如果你正在申请的工作有一百个，就要准备好写一百封求职信。可以设计几个不同的模板作为基础，但一定要保证求职信与申请的工作相对应。	• 不要重复简历上的信息。求职信的作用是激起读者仔细阅读简历的兴趣，并不是简单地重复信息。
• 开头要称呼具体的人。哪怕写"招聘经理"也可以，尽量避免使用"敬启者"做开头。	• 不必向读者说明公司的情况。读者当然知道自己的公司在航空设计领域有领先地位，是目前国内增长速度最快的保险公司，在本地是最大的技术类毕业生接收企业等。你的求职信是为了解释自己为什么适合该公司的这个岗位。
• 说明自己为什么要写信，想申请什么工作。如果你是通过公司内部人员引荐投递的简历，可以说说自己是怎么认识这个人的。	
• 与简历相关联。有重点地引导读者查看简历，突出自己相关的工作经验。	• 不要回避薪资的问题。公司询问之前的工资收入是为了看一下你与职位预算是否匹配。如果你不想提这方面的事，可以提供一个薪资区间。至于具体数字和可协商的范围都要由你自己决定。
• 对简历进行详尽说明。不要只重复上面的信息，而是说明自己的经历与这份工作怎样相符。	
• 重点放在能对雇主有什么贡献上，不要放在工作能带来怎样的福利上。	
• 用自己的话来写。虽然求职信是商务信函，需要用商务化的语气写作，但用自己的话来写能给对方留下更深刻的印象。	
• 保持简洁。你的目标是引起读者的兴趣。可以在面试环节提供更详细的信息。	

错误的例子...

永远永远不要以"我叫某某"做开头。读者可以在署名处看到你的名字。信的开头非常重要，这样做太浪费了。

敬启者：

我叫琳达·魏，写这封信是想申请企业家中心的行正（应为"行政"）协调员工作。我认为自己非常适合这个职位。

在简历中我也提到了，我的相关经验比较丰富。我曾在北安普顿大学商学院做过 6 年的项目协调员，主要负责撰写和编辑商务类案例。我还做过几年兼职编辑和写手，客户中有多名沃顿商学院的教授。我还曾在宾夕法尼亚大学校友办公室担任助理主管（之前担任了一年协调员），主要负责活动策划、项目建设、募集资金和日常行政管理。

行政协调员的工作很适合我。我家在经营几家零售店，其中包括几家高端服装店，因此我希望能找到一份长期稳定的兼职工作，这样我也能有时间投入家族事业当中。我的家族也在从事这个行业，所以能在中心工作也会对我很有帮助。

感谢您的时间和耐心。如需要我愿意参加面试。

琳达·魏

第一行就出现了错字。很多读者到这里就不会再读了，会觉得她很粗心。

这段太长。这是在对简历进行总结，只是单纯地重复信息。应当在这里给读者点出重点，而不是简单重复。

琳达解释了自己为什么想找兼职工作，这很好。但这段主要是在讲她的生活和家族事业。读者想知道的是她真的想待在这里，而不是她生活得怎么样。

...正确的例子

主管：

您好！我要申请的是企业家中心的行政协调员岗位，感谢您考虑我的申请。我认为自己非常适合这个职位。

可能您已经看过了我的简历，我曾负责撰写和编辑商务类案例，与多名沃顿商学院的教授一

琳达指出了简历中的重点，并且简要概述了自己的经历。这段是为了说明"我很适合这份工作，简历能够证明"。

同工作过。同时也曾在宾夕法尼亚大学有过相关行政管理经验，主要负责活动策划、项目建设、募集资金和日常行政管理。

我很需要这份工作，也非常感兴趣。为了给家里的零售生意帮忙，我需要找一份长期稳定的兼职工作。我很喜欢在沃顿工作，也希望能帮助中心取得成绩。

感谢您的时间和耐心。关于这个岗位，希望能与您面见商谈。

琳达·魏

> 琳达再次表达了对这份兼职的兴趣，不会只做一段时间就跑掉。同时也表达了愿为中心尽一份力的愿望。

特殊情况下的求职信

没有职位描述的时候

在你投简历的时候，有时对方并没有刊登招聘广告。可能你对某一家公司特别感兴趣，或想在新领域尝试一下。如果你发送简历是为了获得面试机会，就要在求职信中说出来。要把自己特别适合这家公司的技能优势和经验优势突出来。

将个人技能转换到新行业中

你想在某个领域中申请一个职位，但并没有相关工作经验，这时就可以用求职信来解释，自己之前的职业中有一些可以应用到新工作中的技能。要突出自己所有的相关经历，对相应的技能和经验进行具体描述。要解释自己为什么想换行业，这里为什么会吸引你。

工作空窗期

究竟要不要在这里提自己工作空窗期的问题，专家有不同的看法。很多人认为雇主会因此轻视你的简历。也有人认为这样可以提前回答读者心中的问题。如果你决定了要写，简单解释自己做了什么就可以。不必在此纠结，不必说得太具体，也不必不好意思。把焦点集中在自己应当做和能做的事上。

第一次找工作

刚开始找工作的年轻人总会觉得简历内容太简单，引不起对方的兴趣。如果你之前有些正式的工作经历，可以在求职信中突出自己做过哪些事、能做哪些事。可以说一说自己在哪里实习过，做过什么志愿活动，哪怕不正式也不要紧。把注意力放在自己有哪些技能上，强调自己对公司和行业的兴趣。求职信要认真写，很多公司会据此衡量你的写作能力。

4. 简历

简历其实是一种定向的营销工具，我们可以不断修改润色，证明自己是最适合这份工作的人。最理想的情况是为每个申请的工作定制一份简历。虽然修改简历会很费时间，但一份精心打磨的简历能使你从竞争中脱颖而出，进入面试环节。

基本情况

写简历的**目的**是展示自己的工作经历和主要成就。虽然你并不知道**读者**是谁，但你必须站在对方的角度来写。多数人看简历的时间不超过十秒。你必须仔细打磨简历，抓住他们的注意力。去看一看这份工作的职位描述，**头脑风暴**一下自己有哪些经历可以写进来。要把自己的相关经历都写进来。多数简历都

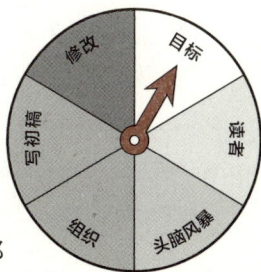

示范提纲

最常见的简历是按倒叙格式排列的。

抬头：包括姓名、地址、电话号码和电子邮箱。

总结或目标（选填）：突出重要且相关的技能和经验。更换行业时需要向读者明确自己的职业目标是什么。

工作经验：对工作进行详细描述，倒序排列（从最近的工作开始）。

教育或培训背景：说明自己的教育和培训背景，从时间最近的开始。

其他信息（选填）：说明自己隶属的协会，获得的奖项、荣誉、参与的志愿工作。具体参照各领域的标准写法。

参考：在简历最后注明"可提供参考信息"。这也是为了告诉读者这是最后一页，没有其他内容了。

是按传统的倒叙格式**组织**的。示范提纲为你提供了一个大致的格式。但也有些人会按技能排序。如果你是第一次写简历，或是很长时间都没有更新简历了，一定要给自己留出打多次**初稿**的时间。最好能让朋友或信得过的同事帮你看看，提出反馈意见。校对检查拼写错误非常重要。之后根据反馈进行**修改**。

这样做	不要做

这样做

- 如有条件，可根据申请的岗位准备简历。理想状态下应当根据不同工作对简历进行修改，突出自己在申请中的优势。与对方寻找的目标越相符，就越有可能获得面试。

- 熟悉领域内简历的书写习惯。

- 如果你打算换行业，或是隔了一段时间重返工作，最好说明自己的目标。这样读者才能知道你想要怎样的职位。

- 把最抢眼的内容放在最前面。一般我们都会把工作经历放在前面。但如果你刚刚大学毕业，没什么工作经验，或是你正要换行业，刚刚完成了新行业领域内的教育或培训项目，那么可以把教育背景的部分放在前面。

- 把简历变得更加易读。人们不会认真读简历，只会大致浏览。可利用分条、格式设计等方式让内容更易被接受。

- 选择能对你有加分效果的内容。将关注点集中在突出自身优势的工作和成就上。

不要做

- 不要撒谎。永远不要撒谎。随着社交媒体和网络信息的发展，简历造假是很容易被逮到的。不要去冒险，不值得。

- 不要为了挤下更多内容而缩小字体和行间距。简历一般都是用来浏览的，大段的文字只会让人想直接跳过。

- 不要使用过多技术或专业术语。要确保读者能够看懂。

- 不要为了抢眼使用稀奇古怪的格式。大部分公司都用电脑软件浏览简历，格式太古怪会导致文件无法打开。即便你申请的是小公司，在格式上过度创新也是有风险的。

- 不要在简历中重复职位描述的内容。要突出自己的成绩，以及与申请工作相关的经历。

- 不要出现年份空缺。缺失的年份会引起读者的质疑。如果你失业了，可以考虑用教育和培训项目填补这段简历上的空白。

这样做

- 在描述中准确使用动词。条目以行为动词做开头（可参见第404页"简历中适用的行为动词"资料框）。条目间保持句式平衡。

- 焦点集中在取得的成就上，并对其进行量化。例如产生了多少效益，谈下了多少客户，提高了多少发行量，等等。

- 增加志愿工作经历。志愿活动能体现你的领导能力和责任感。想想自己在志愿工作中担任了什么岗位，有什么特别的工作，比如募集到了资金，或是吸引了更多志愿服务人员等。

- 说明获得了哪些荣誉。如果你在本领域内获得过荣誉嘉奖，可以提出来。

- 要小心关于兴趣爱好的问题。它能反映出你的性格，可能会成为面试中的一个亮点，但也要小心。如果你的兴趣是打高尔夫或游泳，确实能比其他申请人高出一截。但另一方面，如果你喜欢跳伞或其他极限运动，读者可能就会亮起红灯，你有可能会因为冒险受伤而缺勤。音乐、舞蹈、格斗、摄影、艺术等都是需要自律、需要经过时间积累的爱好，这些特质都有可能打动未来的雇主。

- 格式一致、清晰。一旦选择好了简历格式，就要注意上下一致，其中也包括标点符号使用的一致性。

- 校对，校对，校对！

小贴士

如果你对不同类型的工作都感兴趣，可以准备多份不同的简历。不要指望一份简历就能应对所有不同的工作。要记住，简历是一种定向的营销工具，不是对过去工作的简单陈述。

简历中适用的行为动词

以行为动词开头能让你的成就显得更有冲击力。下面有一些例子：

与其说负责"管理"7名员工，不如说负责"主管"7名员工；

与其说职责包括与捐赠者建立联系，筹集捐款，不如说负责联系捐赠者，筹集捐款。

以下动词可以在简历中使用：

管理	收集	承担	制定预算
建立	推行	合作	协调
估价	创造	促进	订制
限定	授予	履行	开发
设计	影响	授权	制定
提高	扩展	确定	提速
制造	推进	预测	培育
配备	生成	增加	指导
掌管	执行	改善	增强
发起	引入	设置	开展
引领	维护	完成	推销
最大限度利用	调解	缩减至最低值	动员
适应	修改	激发	协商
获得	实现	经营	优化
策划	组织	开创	全面检查
监督	参与	运转	准确定位
开拓	计划	预估	准备
展示	主管	预防	优先处理
取得	提升	提议	证明

取得资质	筹集	运行	评定
达到	重建	实施	推荐
和解	重构	减少	委托
调节	改组	代表	研究
解决	恢复	重组	清理
审核	复苏	预定	检查
担保	服务	维修	创建
阐明	巩固	解答	倡导
详述	供职	提升效率	强化
精通	概述	监管	超出
协同	考察	跟踪	培养
转变	测试	担任	联合
运用	证实	刺激	操作
著述			

错误的例子...

桑迪·伊根个人简历

地址：布鲁克林东杰罗姆大街 19 号 4A
邮箱：sandy.egan@bunonline.net

工作经历

2011 年至今　行政助理
纽约大学斯特恩商学院
纽约州，纽约

- 协调内部及外部会议，其中包括确定时间、预定房间、准备材料、电话通知

粗略浏览桑迪的简历后，你也搞不清他的职业是什么。他的工作多种多样。在这种情况下，最好添加上自己的职业目标，便于读者理解简历中的内容。

为了把内容都写出来，桑迪把字号调小了，即便这样一页也没有写完。她需要仔细想想自己的目标是什么，把内容浓缩一下。

- 制作幻灯片
- 负责处理部门间的文件移交
- 协助撰写报告与其他文件
- 为发言人处理报销票据，安排差旅行程，员工招聘
- 负责处理费用报告
- 向资助人寄送感谢信、内部通知捐赠收入
- 捐赠收入录入 SPARS 系统
- 在 APCAR 与 FFE 中处理跟进开票
- 监管并执行内外沟通任务
- 监督一名勤工俭学学生助理的工作

> 这样的缩略语公司外面没人能看懂。桑迪应解释一下词语的含义，方便理解。

2010—2011 年　项目助理

威利特学院

纽约，布鲁克林

- 协助统计家长调查数据
- 协助统计校友调查数据
- 协助校友联谊与发展部门工作
- 负责安排每学期教室
- 协助教师订购书籍
- 扫描备份文件
- 分拣递送邮件、传真，负责管理厨房区域

> 到底是"NY"还是"纽约"？桑迪两种都用了。这个点很小，但雇主是很苛刻的，他们会以这个理由拒绝桑迪的申请。

2008—2010 年　助教

127 小学

纽约州，NY

- 协助三位小学老师的工作
- 保证教室补给
- 协助订购书籍
- 学年年初布置教室
- 协助特殊项目和活动
- 协助活动策划

- 组织管理库存

2005—2008 年　助理 ....

布鲁克林基督青年会

布鲁克林，纽约

- 协助负责人和员工工作
- 负责管理自主课堂人员名单
- 策划会议并撰写会议记录
- 负责布置会议室，安排影音设备
- 负责接听电话，接待来访人员
- 少量的账务管理
- 负责管理办公用品库存，与供应商对接
- 负责协助维护复印机、打印机等办公设备
- 与社区志愿者一同工作

> 工作描述没有连贯性。可能这份工作内容确实庞杂，但桑迪应当尽量写得更有条理。

教育背景

2005 年，布鲁克林社区学院，通信学准学士

2003 年，威廉·邓巴高中

可根据需要提供参考材料

...正确的例子

桑迪·伊根个人简历

地址：布鲁克林东杰罗姆大街 19 号 4A

邮箱：sandy.egan@bunonline.net

目标职位

能够发挥组织协调能力的行政管理或协调岗

工作经历

> 简历中的字体种类减少了。这样更便于阅读，也能挤在一页里。

行政助理

纽约大学斯特恩商学院　2011 年至今

- 协调内部及外部会议，其中包括确定时间、预定房间、准备材料、电话通知
- 监管并执行内外沟通任务
- 向资助人寄送感谢信；内部通知捐赠收入；捐赠收入数据入库
- 处理部门间文件移交
- 协助撰写报告与其他文件；制作 PPT 演示稿
- 在校内会计系统中跟进开票
- 为发言人处理报销票据，安排差旅行程，员工招聘
- 负责处理费用报告

> 桑迪对内容进行了缩减。他去掉了一些显而易见的地名，也把日期放在了比较不显眼的地方。

- 监督一名勤工俭学学生助理的工作

项目助理

纽约威利特学院　2010—2011 年

- 向多名教职人员、机构提供帮助服务

> 每条都以动词作为开头。

- 协助校友联谊与发展部门工作
- 协助统计家长调查和校友调查数据
- 协助教师订购书籍
- 负责安排每学期教室

- 扫描备份文件，分拣递送邮件、传真

助教 ···

纽约 127 小学　2008—2010 年

- 协助三位小学老师的工作
- 保证教室补给，组织管理库存，协助订购书籍
- 学年年初布置教室
- 协助特殊项目和活动；协助活动策划

助理

布鲁克林基督青年会　2005—2008 年

- 协助负责人和员工工作
- 管理自主课堂人员名单
- 策划会议并撰写会议记录
- 负责布置会议室，安排影音设备
- 负责接听电话，接待来访人员；与社区志愿者一同工作

教育背景

2005 年，布鲁克林社区学院，通信学学士
2003 年，威廉·邓巴高中

> 除了缩减综合，桑迪还去掉了一些内容。这份工作时间太久远，之后她又做了更重要的工作。为了让简历更好看，这些都是必要的牺牲。

5. 履历

　　履历是简历的扩展版本，一般用于申请学术、科研机构和其他职位。

　　一般申请助学金的时候会用到它。一般欧洲、亚洲、非洲和中东地区的资助人都会要求申请人提交一份履历。

　　履历的篇幅要比简历长得多。一般简历只有一页纸，但履历根据工作年限和成就的不同，有时会写到二十多页。一份标准的履历会包括你所有的发表作品、奖项、工作经历、荣誉、隶属关系、执照信息等一切与该职位相关的信息。如果履历要投向国外，还要添加更多的

个人信息，比如出生日期、国籍、出生地等。

6. 应届毕业生的简历

比起工作多年的老员工，刚毕业的学生显然没什么工作经验。不用担心，没有人要求你必须拥有二十年的工作经验。你可以从求职目标开始写，说明自己想找哪方面的工作。然后再描述一下自己近期最重要的活动，也就是你的学习经历。可以专门写写自己学了哪些相关课程，简要介绍与申请职位最相关的一门课程。可以说说自己的独立研究项目，做过哪些实习和志愿活动。如果你的成绩不错，也可以写进来。可以把自己获得的学术荣誉都写进来。你看，能写的比你想的要多得多！

7. 换行业的简历

想要换行业或是阔别职场的人会面临更特殊的挑战。你需要把自己的求职目标融入简历当中。单纯复述过去的经历并不能给人以专业感。

三种简历中的致命错误

写出一份好的简历是需要花时间和精力的。避免以下这三种错误能帮你提高成功率。

- 简历与申请职位不相符。无论你发出多少简历，每一份都必须符合招聘职位的要求。
- 简历中没有添加关键词。很多公司会使用软件对简历进行筛选。如果你的简历没有包含职位描述中的某些关键词，很可能会被机器筛掉，招聘者是不会看到的。

- 简历中出现错别字和语法错误。招聘人员就是在找各种理由把你的简历筛掉。可能你是世上最适合这个职位的人，但如果你的简历写得很粗心，也很可能会被淘汰。

运用关键词在简历中取胜

简历就是你个人的宣传手册。但如果没有遵守一些基本原则，人们连看都不会看。

如果你是为了应征某份工作而写简历，就需要考虑读者是谁。和撰写其他市场营销材料一样，你需要站在读者的角度思考问题。

在你提交简历的时候，可能你只是数十或数百个申请人之中的一个，大家都希望得到这个珍贵的面试机会。唯一能使你脱颖而出的，就是你的简历，你要证明自己能胜任这个职位。因此，简历中的每字每句都是至关重要的。

很多公司会用软件自动扫描简历，寻找具体的关键词。如果你的简历里没有这些关键词，招聘人员连看都不会看。招聘启事的字数虽然有限，但都是重要的内容。为了保证简历能送到招聘人手中，必须把关键词加进去。

有一些公司没有筛选软件，所以简历不要过长，招聘人员会很疲劳也很无聊，要把你最好的一面突出出来，同时也不要忘了加入关键词。

还可以考虑将一些关键词变成斜体来吸引读者的眼球，这样也更容易中选。

祝你好运。

作者：莉斯·卡西迪（Liz Cassidy），演讲人、协调人、行政主管，《工作面试提问与回答》一书的作者。她的个人网址是 www.lizcassidy.com。

8. 面试后的跟进信件

你终于得到了梦想的面试机会，可以在结束后给面试官发一封跟进邮件，这不仅是一种礼貌，也是一种获得职位的好方法。你可以对面试官表达感谢，重申自己对职位的兴趣，并对面试内容进行补充。这是向未来雇主再次展示自己闪光点的机会。

如果你留有面试官的邮箱地址，可以发一封感谢邮件给他。如果面试官有好几个人，那么务必要把他们的地址都复制进来。

基本情况

面试后写跟进信件的**目的**有以下几个：表明自己是知书达理的人，重申自己对工作的兴趣，突出自己的工作经验和专业背景。下笔前要考虑你的**读者**。大家都很忙，尤其是负责招聘工作的人，所以一定要简洁、有重点。收信人会将你视为潜在的同事，而你也可以通过这个机会展示自己特有的简洁、礼貌的写作风格。

邮件写得好，你就很有可能从众多申请者中脱颖而出，所以一定要多下些功夫。先进行一下**头脑风暴**，思考哪些内容有力度，能吸引读者。可以参考示范提纲对内容进行**组织**，使信件便于阅读，结尾有力。

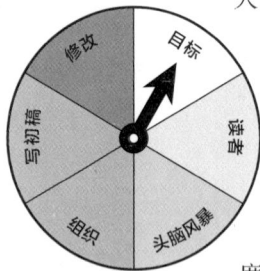

示范提纲

一封面试跟进邮件不应该超过三段或四段。

第一段：感谢读者抽出时间来面试你，记得标清职位。让对方知道这次面试你也很开心。

第二段：挑出一个面试中印象深刻的片段，比如自己完全能胜任哪部分工作，或是最感兴趣的是什么。如果你还有其他相关内容想要补充，也可以补充进来。

第三段：最后再次表示感谢，表达自己对这份工作的兴趣。向读者提供一些额外信息，并祝他找到合适的人选。

打**初稿**的时候，要注意信件或邮件是正式的商务信函。无论你对面试官多有好感，关系有多融洽，都不要写得太过随意。要保持礼貌，行文正式。可以将这封信视为简历的最后一部分。它是你"永久档案"中的一部分！

如果你仍处在面试的激动情绪之中，下笔前一定要冷静一下。邮件要及时，最好是在48小时之内，也不要太操之过急。花些时间静静思考一下想说什么，读者想听什么。有条件的话，可以把初稿拿给信任的人看看。让他站在招聘经理的角度来读信，说说自己看完有何感受。据此对初稿进行**修改**。在最终满意之

前，你可能要改上好几稿。发送前一定要仔细校对字词、标点和语法
错误，这些错误会毁掉你原本留下的好印象。

这样做	不要做
● 感谢读者花费的时间，表达自己很珍惜这个机会。	● 不要写得很模糊，流于形式，或是不提及任何与面试有关的内容。
● 标明自己申请的职位名称。	● 不要把注意力放在工作能带给你什么上。在重申自己兴趣的时候，要更强调自己为什么更合适，自己能为公司做出哪些贡献。
● 写写面试中自己感兴趣的点。借此机会再次强调如果得到这份工作，自己能做出哪些贡献。	
● 重申自己对这一职位的兴趣。	● 不要说如果自己中选后要做哪些改变，或是认为对方哪里做得不好。如果你们在面试的时候就某一具体问题进行了讨论，那也可以提一提，只是不要在录用前就开始做这份工作。
● 如果你的经验和资质没能在面试中得到展示，也可以在这里提出来。	

小贴士

一些人力资源专家建议在跟进的邮件中"送礼"，当然说的不是红酒或巧克力，而是对面试官有用的东西。如果你在面试中引用一些文章，谈论了某种趋势或想法，那么在跟进邮件中就可以把文章链接放进来。

要注意的是，"送礼"的目的不是改变面试官的看法，而是本着合作的精神共享信息。

这样做	不要做
● 附上一些对方可能会需要的额外信息，同时表达如果需要，还可以再次约见的意愿。	● 无论面试有多成功，也不要认定肯定会被录用。你眼下的工作依然是自我"推销"，不要太想当然。
● 祝对方找到合适的人选。即便你的自我感觉非常良好，也要谦虚礼貌。	● 这个时候不要太出风头。不要问招聘决定何时会公布，或着手安排二次面试（虽然这样能让读者知道你有进一步的意向）。决定是由对方做出的，要保持谦虚。
● 邮件要尽快发送。这个职位还有其他候选人，及时跟进能帮你从中脱颖而出。	

错误的例子...

开头的部分要提到面试职位的名称；莫顿院长招聘的可能不止一个职位。

约翰的第二段写得很模糊。他错过了展示自己特殊价值的机会。

结尾的部分说明约翰对这个职位仍有兴趣，但他并没有说明自己能给这份工作带来什么。要记住，少说自己的需求，多说能给潜在的雇主带来什么。

亲爱的莫顿院长：

感谢您周四给我的面试机会，谢谢您在百忙之中抽出时间见我。

我认为，以我的技能和经验完全能够胜任这份工作。我对这份工作很有热情，此外也有较强的写作技能和较高的教育背景。我注重细节，能适应多线工作，能应对多种需求，是这个职位的理想候选人。除此之外，我也很喜欢团队工作的气氛，相信我会和其他教职工合作愉快。

希望我能得到这个工作，盼望不久后能从您这里听到更多消息。

约翰·库尼亚

错误的例子...

对于如何解决院长的问题，约翰似乎有些好点子，可毕竟他还没有被录用。这段有些抢风头，也没有涉及约翰本人任何的实际经验。

约翰主动表示自己能参加下次面试，但似乎有些想当然了，他也未必一定能得到第二次面试机会。展示自信固然很好，但关键是要说服读者给你再次面试的机会。

亲爱的莫顿院长：

感谢您周四给我面试副院长的机会。我对这份工作仍然很感兴趣，希望能再次见到您。

正如我们之前讨论过的，在教职中心任职是一项很有趣的挑战。相信如果让研究生也参与工作会更富成效。我认为，如能聘请一些兼职的行政助理能帮主任分担一些压力。

希望之后还有机会能再与您沟通，也希望能成为贵部门的一员。如果在下次会面前您还需要更多信息，请告诉我。

约翰·库尼亚

...正确的例子

亲爱的莫顿院长：

　　很荣幸周四能见到您，并就副院长的职位问题和您进行讨论。感谢您抽出时间来。我认为自己非常适合这份工作，在了解了学校和学院的情况后，我的兴趣更加强烈了。

> 约翰在第一段再次强调对这份工作的兴趣。他的语气很友好，也很正式。

　　我对您教职中心管理的想法尤为感兴趣。在埃默里的时候，我提出了聘用研究生助理支持教职中心工作的想法。这样研究生既能锻炼自己的教学技能，又可以获得一些补助。也许西蒙斯也可以以类似的方式充实教职中心。希望有机会能进一步探讨这个问题。

> 第二段写了面试的内容，并提到自己过去的经历与这份工作相关。有了这些内容，院长很有可能想再次面试他。

　　再次感谢您给我这个面试机会。如果您还需要我提供更多信息，请告诉我。希望能再次和您会面讨论这一职位的问题。祝您找到合适的人选。

> 约翰主动提到自己希望再次会面，但他表现得很谦虚，祝院长能找到合适的人选。这种谦虚的态度和专业精神会给对方留下持久的良好印象。

约翰·库尼亚

9. 求职婉拒信

　　你面试了很多人，找到了最合适的人选。招募到新员工固然高兴，但也别忘了通知其他候选人，他们没有得到这份工作。如果处理得当，对候选人的打击会比较小，同时也能给对方留下好印象。

　　通知方式可能会由多种因素决定，比如候选人的数量，比如你和推荐人的关系如何。一般首选电话通知，再辅以婉拒的电子邮件或信件。

基本情况

　　写婉拒信的**目的**很明确，就是要申请人知道自己没有得到这份工作。其次是给公司留下良好的声誉。虽然在读者看来这封信并没有带

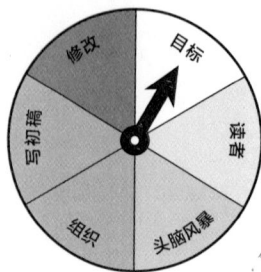

来好消息，但你可以借此展示自己行事妥当，尊重对方的看法和意见。**读者**自然会很失望，要体谅对方的感受。这类信件简短固定，不需要太多的**头脑风暴**。如果候选人在面试时给你留下了很深的印象，你也可以简要提一提。这样的信一般都有固定格式。你可以参考示范提纲来**组织**自己的信。打**初稿**的时候语气既要正式又要真诚。初稿完成后最好先放一放，之后再进行仔细**修改**。

示范提纲

婉拒信应当简短而真诚。

开头：感谢对方对这个职位的兴趣，并告诉他没有得到这份工作。

中间：会面很愉快，对方的资历给自己留下了很深的印象。建议申请公司的其他职位（如果你真的这样想）。这部分能够缓解对对方的冲击。

结尾：再次感谢对方，祝他找到合适的工作。

这样做	不要做
• 及时送达。有些人喜欢在做出决定后立刻电话通知候选人。一般来说，在面试过程中越顺利的候选人，越需要亲自通知。	• 篇幅不要太长，既要真诚又要简短。
• 篇幅保持简短，能够妥当温和地传达拒绝的意思即可。	• 不要过多评论候选人的资质。如果满篇溢美之词，对方会奇怪为什么自己的评价这么高还没得到职位。如果未来对方提起法律诉讼，你只会站在弱势的位置。
• 感谢对方所花费的时间。	
• 直接明了。坏消息要直接出现在第一段中。	• 不要说你找到了"更好"的候选人。在法律诉讼中这种话站不住脚，也会牵扯到其他候选人。
• 在给理由的时候一定要小心。一些人力资源专家建议不要给理由，对方有可能会指控你带有歧视色彩。	• 不要说太多。你并没有证明自己的决定是正确的的义务。
• 语气婉转。	• 如果你并非出自真心，就不要鼓励对方再次申请职位。
• 如果确有其事，你可以告诉候选人，他的表现或资历在面试中给你留下了深刻的印象。	
• 如果你确有此意，可以鼓励候选人再次申请公司的其他职位。	
• 结尾的语气积极正面。感谢对方对公司职位感兴趣，祝他找到合适的工作。	

错误的例子...

亲爱的艾丽卡：

感谢你周五来参加行政助理职位的面试。我和汤姆见到你都很高兴，你的资质和专业性给我们留下了很深的印象。你在韦尔顿的经历很亮眼。

但很抱歉，我们无法提供这个职位。虽然你给我们留下了很好的印象，但最终我们还是决定将机会留给另一名更合适的候选人。

你是一名非常杰出的候选人，希望你还会继续申请我校其他正在招聘的职位。之后的申请会接受新一轮的审核。

再次感谢你来面试。感谢你关注我们，也祝你未来一切顺利。能拥有你这样的雇员是雇主的荣幸。

莎伦·布伦

> 天哪，把第一段写得这么热情，艾丽卡肯定不会想到这是一封婉拒的信。

> 要小心了。你把艾丽卡夸得太过了，怎么又找到更合适的人选了呢？没必要告诉她你打算录用别人了。

> 明明是一封短信，"给我们留下了很好的印象"出现了两次。莎伦要慢一些，多花些时间修改。

> 可怜的艾丽卡，像个皮球一样被踢来踢去。如果她真的很优秀，为什么不雇佣她呢？

...正确的例子

亲爱的艾丽卡：

感谢你周五来参加行政助理职位的面试。我和汤姆见到你都很高兴，虽然你的资质和专业性给我们留下了很深的印象，但很抱歉，此次我们无法提供这个职位。

希望你还会继续申请我校其他正在招聘的职位。之后的申请会接受新一轮的审核。

再次感谢你来面试。感谢你关注我们，也祝你未来一切顺利。

莎伦·布伦

> 这是个坏消息，但莎伦做得很好。这样更容易让人接受。

> 这封信既妥当又不失亲切。我们宁可更正式一些，也不要混杂过多的信息。

10. 求职录用信

你刊登了招聘启事，筛选了简历，组织了面试，最后终于找到了合适的候选人。这时就要发录用信了，这件事非常重要。

一般来说，这样的消息都是通过电话和录用信来通知的，信可以邮寄，也可以作为电子邮件的附件，或是两种方式同时使用。

基本情况

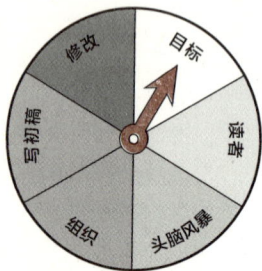

写录用信的**目的**是向候选人提供职位。一般信中会提供一些与职位相关的基本信息，并要求候选人在指定日期前答复。录用信可以说是一份合同，所以内容要格外小心。当然你的**读者**就是未来的雇员。一般大家收到这样的信都会很开心，但也会仔细查看你提出了怎样的条款。要格外注意信的内容是否准确，要避免面试和谈判中谈好的条件与信件中不符。这样的信一般不需要太多**头脑风暴**，基本都是对职位的描述。信件有标准的格式，可以参见示范提纲的结构**组织**自己的内容。你的语气既要正式又要亲切，这样能展现出你的喜悦感。可以先打个**初稿**，之后再对照职位描述检查。可以找一位同事帮你校对，挑挑错别字，做出必要的**修改**。信息错误既会造成尴尬又会误事。

示范提纲

求职录用信应当既正式又亲切。

开头：可以通知对方得到了这份工作，并表达自己的喜悦之情。如有附加要求也要一并具体说明，比如请对方通过药物测试。

中间：大致描述职位，包括薪水、福利和入职时间。可以把职位描述直接复制过来，不必重写一次。

结尾：告诉读者该做什么。以美好的祝愿结束。

这样做	不要做
• 对信的内容倍加留意。录用信可以视为一份合同，所以没把握的事不要说。	• 不要给对方留下将会无限期聘用的印象。有些公司不愿意在录用信里提年薪，会提供月薪或半月薪的数额。
• 描述职位，比如职位名称、主管（如果你想提的话）、薪水、其他福利、入职时间等。	

这样做	不要做
• 大致介绍工作职责。如果这个职位有些特殊要求，比如上夜班或是周末需要加班，就要在录用信中体现出来。有些公司会在候选人接受这份工作后发一封短信，之后再发一封长信，详细描述该岗位的具体职责。	• 尚未决定的事不要打包票。如果基本工资会根据表现有不同程度的浮动，那么一定要把这点说清楚。
• 如果还有附加要求也要提出来，比如体检、背景审查，或是签订保密协议。	• 不要认为什么都"用不着说"。任何有可能产生的误解，都要在录用信中说明。
• 确保录用符合劳动法。	
• 告诉对方如何确认录用。比如，有些公司会要求候选人在信上签字注明日期，以此作为接受工作的凭证。	
• 给候选人限定回复期限，一般会在五到七天内。最好能给对方一个周末的时间仔细考虑。	
• 使用模板。如果你要招聘很多人，录用信模板能帮你节省不少精力，也能保证信的内容始终如一。可以让律师帮你看看模板，确保它合法。	
• 使用模板也要小心。如果你决定要制作这样的模板，最终发出前一定要仔细检查信件。如果校对不仔细，模板上很可能还保留着上封信的内容。要确保所有信息都是属于这封信的内容。	

错误的例子...

要注意。有些词语会使对方误认为会签订长期合同。比如"家庭"一词就会给人带来错误的印象。

亲爱的多宾斯·马库斯女士：

天际工程很荣幸聘请您成为我公司高级工程师。我们相信您的知识与专业水平将是一笔宝贵的财富，期待您加入天际大家庭。

丽莎会认为自己还有奖金收入。但获得这份奖金有没有条件？

您的年薪总额是 97000 美元，半月一付外加奖金。此外还有我公司的基本福利：

提供年薪数字会让对方认为公司承诺至少聘用他一年。

401(K) 退休金

年度股票期权

子女日间照料项目

进修项目

健康、牙科、人身和残疾保险

病假制度

假期与个人事假

阿丽尔需要给丽莎限定一个反馈时间，并告诉对方应该如何反馈。

录用是否还有附加条件？非竞争条款？保密协议？这些都应写在录用信上。

希望您能接受这份工作，期待您入职。如有问题请随时与我联系。

阿丽尔·多佛

...正确的例子

亲爱的多宾斯·马库斯女士：

天际工程很荣幸聘请您成为我公司高级工程师。我们相信您的知识与专业水平将是一笔宝贵的财富，期待您加入天际工程团队。

如您接受这份工作，根据公司规定，自 2013 年 9 月 1 日入职起算，您将获得：

提到了入职的时间。

- **薪水**：半月薪 3730.76 美元
- **绩效奖金**：年薪的 3%，按季度发放

薪水和绩效不是长期计划。

- **福利**：基本福利，天际工程为我司员工提供如下福利：

  401(K) 退休金

  年度股票期权

  子女日间照料项目

  进修项目

  健康、牙科、人身和残疾保险

  病假制度

  假期与个人事假

如您决定接受这份工作：·······································

- 请在录用信下方的指定地点签字并注明时间；
- 请在附件中非竞争条款合同下方签字并注明时间；
- 请在附件中保密协议下方签字并注明时间；
- 请将所有签署文件放在附上的回复信封中寄回给我们，接收的截止时间是 2013 年 8 月 30 日，每份文件都将以复印件的形式存入您的档案；
- 请参加 9 月 2 日上午 9：00 的新员工培训。·······················

> 明确地写出如果接受工作需要做的事情。

> 更进一步的安排。

如您决定拒绝这份工作：

- 请在录用信下方的指定地点签字并注明时间；
- 请将录用信放在附上的回复信封中寄回给我们，接收的截止时间是 2013 年 8 月 30 日。

希望您能接受这份工作，期待您入职。如有问题请随时与我联系。

阿丽尔·多佛

11. 接受工作

经过了投简历和面试等环节，你终于得到了想要的工作。很多公司会让你在录用信上签字并注明时间，之后要把信寄回，表明你接受了这份工作。但有时候你需要自己写这封正式的确认信。你很可能已经在电话里接受了工作，也同意了条款，但仍要写一封信作为最终的正式确认。

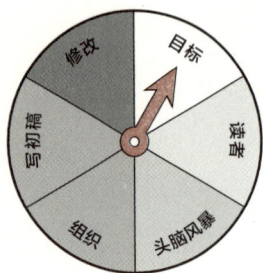

示范提纲

接受工作的信要简短，也要专业。

开头：在信的开头感谢读者给了你这个工作机会，自己打算接受这份工作。表示自己会很珍惜这个机会。

中间：如果还没有签录用信，可以在这封答复信中写清条款。注明自己会按时入职。

结尾：再次表示感谢，表示自己对新工作的期待。

基本情况

写这封信的**目的**是告诉未来的雇主，自己已经接受了这份工作和相关条款，会在指定时间前去报道。这封信应当是在**读者**意料之中的事，所以不用做太多的**头脑风暴**。你可以表示自己接受了这份工作，确认相关条款。可参考示范提纲来**组织**你自己的信。**初稿**的语气应当既正式又愉快。即便是这样一封短信，写完后也需要放一放之后再进行修改，保证信件的准确性，消灭笔误和其他错误。要开始新工作了，你肯定也想给对方留个好印象。

...正确的例子

亲爱的托德先生：

正如我们之前在电话里所说的，我很高兴接任马里兰有机产品公司营销经理这一职位。谢谢您给我这个机会。期待和大家一起共事，共同完成马里兰的目标。

我的起薪是 65000 美元，之前我们也讨论过。入职后 30 天起算医疗、牙科和人身保险。

我将于 2013 年 4 月 22 日入职，对此我非常期待。等我 4 月初重新安定下来后会再与您联系。与此同时，如您还需其他额外的纸质材料，也请告诉我。

再次感谢您给我这个机会。期待与您一起共事。

萨拉·多明格斯

12. 婉拒工作

别人向你提供了一份工作，但出于各种原因它并不合适。你需要告诉雇主很高兴得到这个机会，但婉拒对方的邀请。

如果你下定了拒绝的决心，最好尽早告知雇主，一般在动笔前会打电话进行说明。之后再以纸质或电子信件的形式加以确认。

基本情况

写这封信的**目的**非常简单，就是告知雇主你拒绝了这个工作机会。虽然你给出的答案是拒绝，但一封彬彬有礼的信能给对方留下好印象。信可以直接发给寄出录用信的人，但要注意，你的**读者**很可能不止一个人：可能有人力资源部门的人，也可能有招聘部门的人。如果有些内容不想让他们看到，就不要写进去。语气既要正式也要有礼貌。这样的信不用做太多的**头脑风暴**，只要保持简短就好。写作转盘能够帮助你**组织**内容。打**初稿**的时候就要注意语气。仔细校对你的初稿，对错误的内容进行**修改**。如果你做决定时情绪激动，比如对这份工作非常失望，可以找个朋友帮你读一读，给出反馈意见，这样才可以保证不说错话。

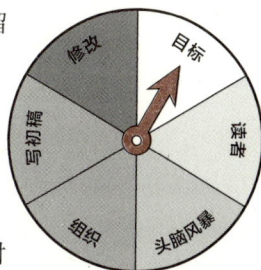

这样做	不要做
• 先打个电话，再迅速以信件跟进。如果你接受了其他工作，可能会很忙，现在趁着有时间赶紧做完这件事。	• 不要在信里说对方的坏话。即便你下定决心永远不会为他们工作，也不要彻底断了这条路。保持中立和专业的态度。
• 既要礼貌又要专业。未来你有可能还会和这位雇主共事，或者还会接触到这里的人，要保持良好的关系。	• 不要评价对方给你的待遇。即便你觉得很少，也不必抱怨。要警惕自己的被动攻击行为，剔除所有不正规、没有礼貌的内容。
• 可以表示自己对公司很有好感，尽量不要表现得太极端。	• 不要在信里讨价还价。如果你想用另一份薪水抬高这份薪水，不要写在婉拒信中。拿起电话来直接商量。

这样做	不要做
● 圆滑一些。如果你选择了一份薪水更高的工作，也不要说出来。你可以说另一家公司与你的兴趣和目标更相符。没必要告诉对方你要为谁工作，但如果没什么影响，说说也无妨。 ● 尽量简短。这是一种专业性的互动，只需将自己的决定礼貌地告诉对方即可。 ● 感谢对方给你这样的机会，祝对方一切顺利。	● 如果你接受了另一份工作，也不要说得太详细。除了"更合适"之外不需要提供其他的理由。

错误的例子...

> 托德最好在第一段就拒绝对方，不要给埃文过多期待。

亲爱的埃文：

感谢绿塘公司为我提供营销总监这一职位。正如我们所讨论的，我对贵公司可再生能源领域的工作很感兴趣，这份工作非常关键。

> 这句太私人化了。

然而很抱歉，我无法接受这份工作。我收到了埃尔森能源的录用书，薪水福利比现在优厚很多。这是一个艰难的决定。我很希望在绿塘工作，但目前埃尔森的薪水更吸引我。

> 已经可以了。托德的本意是好的，但这种被动攻击的行为不会给他带来任何好处。

再次感谢您给了我这个机会。希望您未来一切顺利，等绿塘能够提供比较有竞争力的薪酬时，愿我们还能一同工作。

托德·梅勒

> 没必要提薪水。埃文肯定也知道行业内的其他公司开价多少。

> 实在没必要再次提薪水的问题。托德是想表示雇主慷慨，但唠唠叨叨反复讲钱很难堪。

...正确的例子

亲爱的埃文：

感谢绿塘公司为我提供营销总监这一职位。贵公司的业务非常有价值，我也很珍惜这个机会，托德一上来就迅速告诉了对方。他表达了对绿塘的尊重，也表达了未来合作的兴趣。文中用到的是"需求"一词，暗示了另选别家的原因是薪水，但他并没有用这点来打击埃文。

但我还是决定接受另一家公司的工作，这份工作更能满足我目前的需求。

我很高兴见到您和您的团队，和你们在一起很愉快。希望我们能保持联系。祝你们找到合适的候选人，也祝愿你们未来一切顺利。

托德的结尾既亲切又真诚，也给未来留了一条出路。

托德·梅勒

13. 退出面试

你很幸运，有几份不同的工作可选，你也做出了最后的决定。这时你就需要通知其他雇主，自己要退出接下来的面试了。一封彬彬有礼的邮件会给对方留下很好的印象，不要错过这样的机会。

如果你已经参加了面试，应当先打个电话，再以邮件跟进。即便你只是刚发了简历，最好也让对方知道你目前的状况。即便你没有联系方式，也可以按照提交简历的渠道发送过去。

基本情况

写这封信的**目的**很简单，就是告诉雇主自己将不再考虑这份工作，其次也是为了保持关系，给对方留下一个好印象。这封信会让**读者**对你有很好的评价。在内容上不用做太多的**头脑风暴**。出于礼貌，在信中不必注明原因。只需简单说明自己已经接受了其他工作，或决定留在现在的单位，或决定搬家即可。信的内容要简单直接。**初稿**完成后需要校对，消灭笔误和拼写错误，据此进行**修改**。

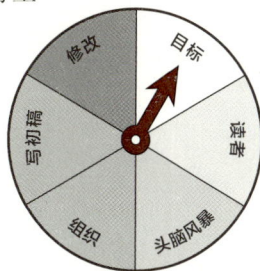

这样做	不要做
• 给相关的人直接写信。如果你还没有面试，可以把信发给之前发送简历和求职信的人。	• 不要写得太长。你的信应当简要、直奔重点。
• 把写作目的在第一段亮出来，不要让对方抓不住重点。	• 如果你接受了别的工作，也不要说得太多。得到新工作固然开心，但自己开心就好。
• 具体说明申请的是哪个职位。读者可能在同时进行多个岗位的招聘，很可能不记得你。	• 不要轻视任何一份工作。不要说自己找到了更好的工作。要记住你写信是为了给自己留条出路。
• 可以简单解释一下。如果你曾参加过面试，那么可以简单向对方解释一下，是接受了另一份工作，还是发生了什么事使你决定退出面试。	• 不要和对方就此"一刀两断"。未来你有可能还想到这里来工作，也有可能会与该公司有其他合作。要维护好你们的关系。
• 简单明了。没必要为自己的决定做冗长复杂的解释。	
• 对读者表示感谢。如果对方曾经面试过你，就更需要感谢对方所花的时间。给对方留下一个好印象，会使你在未来受益。	

...正确的例子

亲爱的伯比奇女士：

感谢您将我纳入安全技术岗位的面试范围中，但是现在我想退出面试。我已经接受了另一家公司的职位，这份工作与我的职业技能和目标更为相符。

再次感谢您，见到您和您的员工我很开心，愿您未来一切顺利。

德西蕾·华盛顿

14. 绩效考核

对雇员的表现进行评价是主管们的一项重要工作。大公司有人力资源部门，主管们考核会有很详尽的指导。小公司一般按自己的习惯进行评估。

虽然考核经常会打乱工作计划，但你也要认真对待。考核会对薪资等级产生重要的影响，对个人和公司来说都十分重要。它的影响力很持久，会一直存在员工的档案中，甚至比主管留在公司的时间都要长。

绩效考核一般都会与员工一对一交流，因此保密性也是极为重要的。

基本情况

绩效考核的**目的**是对员工的表现做出评价，通常都与既定目标紧密相关。考核做得好，能帮助员工和主管在工作目标上达成共识，为遇到困难的员工提供支持，通过提高透明度增加工作的满意度，从而完善企业或组织的整体职能。往往加薪和其他奖励都与之密切相关。考核是对员工主要的工作成绩进行衡量。考核的**读者**范围十分有限。一般只有员工本人、主管，以及部分人力资源员工能够看到。考核有多种**组织**方式。有些公司会将考核划定为几个部分，比如具体的工作表现、未来的目标等，还有一些企业的考评会围绕员工的岗位职责展开。当然也有可能围绕企业的核心价值观和企业目标展开。有些公司会以数字来衡量员工的表现。考核的框架能够帮助你进行**头脑风暴**，仔细思考每一部分需要怎样评估。最好能多花些时间仔细琢磨考核的内容。**初稿**可以多花些时间，也给**修改**多留些时间。完成后的初稿先放置一两天，要保证自己的用语得当，用事实而非感情进行评判。有些主管会将考核的初稿拿给员工看，然后再定稿。

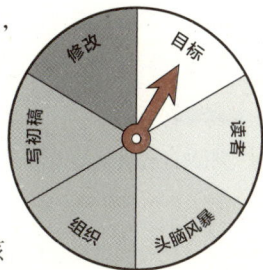

这样做	不要做
• 给自己多留出些考核时间，要把收集资料、查看记录、整理初稿的时间也算进来。赶在最后完成可能会使考评结果既不真实又不完整，带给员工不必要的困扰。因此务必尽早着手，按时完成。	• 不要发表对员工个人性格评价的言论，不要掺杂对员工个性的评价。你当然可以评价员工的性格，只是要格外注意自己的言论，否则会卷入麻烦之中。
• 熟悉公司为你提供的考核指南，根据指南动笔。违反规定可能会为你带来严重的法律后果。	• 情绪不要失控。绩效考核应当尽量客观，不要表现出愤怒、沮丧的情绪，即便是在正面评价中也不要显得太过兴奋。
• 员工可以自己先写，这项工作一般是以自我评价的形式布置的。可以让员工依据考核模板来写。员工对自己今年完成了哪些工作记得更清楚，他们也更了解自己工作中遭遇了哪些挑战。让员工本人也参与到考评当中，让对方知道你很重视他们的成绩，这是一种积极的激励方式，比消极等待老板的评价要好得多。	• 评价不要全都是负面的。即便某位员工的表现非常糟糕，也要找到他的闪光点。这不仅是为了保护员工，也是为了保护自己不会受到不公正的指控。
• 用邮件或其他渠道帮你回忆员工本年度的工作，想想要写些什么。	• 不要过度赞誉。背负着"是我在这个职位上见过的最优秀的员工"这样的评语，员工就一点错误都不能犯了。如果评价能够均衡一点，说一些值得改进的建议，不仅员工能得到更切实际的目标，也不会被主管逼到一个尴尬的角落。
• 要记住时间跨度是整年。近期的事印象会比较深，但也别忘了之前的工作。	• 如果你无法直接评价员工，就不要把评价放在考核当中。不要发表任何带有侮辱性或不专业的言论。
• 定性与定量并重。定量是通过数字来体现的：创造了多少收益，拉到了多少新客户，卖出了多少产品，生产了多少产品，接了多少电话，等等。定性会更抽象，如创造力、团队合作能力、问题解决能力、领导力等。根据职位的不同，定性与定量两种手段各有侧重。	

这样做

- 考核要公正。员工既有值得赞许的地方，也有需要提高的地方。即便是问题最多的员工也有优点，如果把这些体现在考核中，会使他感觉公司对待他十分公正，进而也更会关注自己还有哪些方面需要改进。即便是最优秀的员工也需要进步，指出这一点能激励他达到更高的目标。

- 考核内容要具体。无论好坏都要说出具体事例。通过这种方式能将某个具体问题突出来，为未来提供参考。

- 既要向前看，也要向后看。绩效考核不仅要回顾前一年，也要为将来设立目标。

- 用语要中性。可以描述员工的行为，但不要添加自己的感受，要使用客观的描述性的语言。

- 对需要改进问题的重要性做出诚实的评价。毕竟"可以改进一下"和"不改就走人"还是有很大区别的。

- 如果员工表现不佳，要让他知道自己会不会因此被解雇。

- 问题及时发现及时处理，之后再详细记录在绩效考核当中。

- 要记住员工是可以阅读考核内容的，对于负面评价，他们会读得更加仔细。

- 设计统一的系统。如果你的公司有多名员工，最好能花些时间制定一个格式，然后灵活套用在每个岗位上。使用相同标准来考核更加妥当，这样能避免产生歧视的色彩。

- 要记住，绩效考核就是对员工整年表现的"回顾"。也就是说无论褒贬，这都是过去发生的事，与现在无关。

范例节选

错误的例子 ...　　　　迟到依然是保罗的一个大问题。尽管一再受到警告，他还是不能按时到岗。这种迟到行为给他的同事和所在部门造成了负面影响，必须进行纠正。

... 正确的例子　　　　保罗还是有迟到的问题。我在 1 月 13 日、2 月 26 日和 3 月 2 日分别就此和他谈过，如果他不能按时到岗，顾问们就无法开始工作。他表示了解迟到带来的影响，也承诺加以改正。但是他在 4 月 14 日、4 月 20 日和 5 月 10 日再次迟到。如果保罗还希望在这里工作，就必须每天按时到岗。

错误的例子 ...　　　　科莱特是我共事过的最好的管理者。她工作认真，懂得随机应变，能不断超越我的期待。她极大地提高了我的工作效率，如果没有她，我不知道自己要怎么办。

... 正确的例子　　　　科莱特今年的表现十分突出。她工作认真，懂得随机应变。她可靠、稳定的表现足以让我腾出手来专注于其他工作。

错误的例子 ...　　　　埃里克好像特别不喜欢这份工作，不知道他为什么还会留在这儿。他很不可靠，常常唉声叹气，冷嘲热讽。好像整个世界都欠他的，其他员工也受够了他的态度。他拒绝在工作中有任何积极的表现，还故意阻碍进度的完成。

... 正确的例子　　　　埃里克似乎对工作不太满意。他总是显得很沮丧，工作缺乏主动性，有时显得也不太友善。他的工作完成得很慢。即便不明白自己要做什么他也不会去询问，就这样一直硬撑，结果经常出问题。

15. 给自己写绩效考核

有些企业主管会要求员工自己打绩效考核的初稿。目前自我评估这种形式很流行，毕竟没有人比自己更清楚做了哪些工作。

这里有一些小贴士可以帮助你完成考核：

- 搞清考核的格式和内容，如果不知道一定要问清楚。
- 不要过于谦虚。研究表明大部分员工对自己的评价要比主管对自己的评价低。有些人不好意思称赞自己，所以在描述成绩时过于谦逊。如果你也有同样的感觉，可以想象自己是在叙述其他人的工作，帮助对方获得应有的奖励。
- 可以借此机会来探讨问题。如果你知道主管对某些方面有所不满，可以借这个机会把问题抛出来，并阐述自己的观点。
- 委婉表达。如果你认为某件事不太妥当，可以以中立的态度描述它，不要让老板觉得你充满敌意。
- 听听同事们的反馈意见。让他们对你的表现做出诚实的评估。
- 内容具体。如果你有特别骄傲的成就，或是在某个领域下了很大功夫，一定要突出。

怎样写一份令人印象深刻的绩效考核

无论你是在规模小的公司，还是在大型跨国企业里工作，一份令人印象深刻的绩效考核都能够激励具有潜力的员工，控制离职率（包括自愿和非自愿），保护公司不会受到不必要的指控。

下面有一些具体的例子：

你的公司正面临着挑战，资金预算限制着你无法给优秀员工以足够的物质奖励。这时积极适当的评价会极大地提升士气。你们可以谈谈未来的目标，也可以讨论金钱之外还有什么别的激励政策。

员工未能达到预期的目标。可能你也私下和员工交谈过了。但很多员工并不会十分在意，也就是说他们不会认为这些零散的谈话意味着自己整体表现不佳。绩效考核覆盖的时间很长，展现的是员工在这一阶段的"总体表现"，以及他们需要在哪些方面进行改进。这样一来就清楚了，如果表现不佳，那么只有两种选择：努力改正或另谋他路。无论结局是哪一种，公司都会受益。

人力资源专家有很多职责，其中一项就是在难以决定员工去留时，为主管提供专业建议。有的经理从来不给员工正式的评价考核，还有的经理更糟糕，给出的都是正面积极的评价，这种情况下公司解聘员工的风险是很高的。根据员工工作时间的长短，解聘可能要几个月的时间。

如果经理打算解聘一个人，我会问他这样一个问题："这名员工会感到吃惊吗？"如果员工完全不知道自己的表现很糟，那他要怎么改进呢？我的建议是针对问题简单记录一年，好的坏的都记下来。要把自己的邮件和交谈记录放进来，这样数个月后也能回忆起重要的事件。

我们的底线是要和团队公开交流，对员工的表现和成绩做出连贯的评价，频率至少每年一次（两次更好！）。它会帮助你达到你的职业目标。

作者：米歇尔·科恩，城堡投资集团董事总经理，人力资源部主管。

16. 辞职信

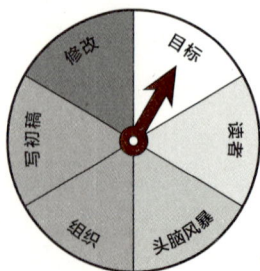

是时候该走了。无论你是找到了更好的工作还是回到学校，你都决定离开了，这时要把辞职信好好写一写。一封用词妥当的辞职信能为你留一个好名声。

辞职最好是当面沟通，之后再提交一份正式的辞职信。如果你只能发电子邮件，那么务必要确保邮件的格式正式和内容准确。

基本情况

辞职信的写作**目的**很明确，首先是要告知老板自己要离职，以及离职的具体时间，其次促进你和即将成为前任的雇主之间的关系。即便之前工作得并不愉快，辞职信也能帮你走出困境，给对方留下一个良好的印象。不用太担心**读者**的想法。只要表现得职业、有礼，就算完成任务了。

在这里并不需要做太多的**头脑风暴**，在这种时候，少即是多。辞职信应当简洁明了，一般都有固定格式。可以参考示范提纲**组织**自己的辞职信。**初稿**中的语气应当职业化且诚恳。如果你离职是因为不开心，那么最好在家里先自己写个初稿，不要在公司写，在家里你可以说些自己真正想说的话。等怒火发泄完毕，再坐下来写一封正式的辞职信。你可以将信拿给信得过的朋友看看，根据对方的反馈进行**修改**。

> **示范提纲**
>
> 辞职信要简单且职业化。
> **开头**：信的开头说明自己要辞职，并给出离职时间。
> **中间**：礼貌地说明自己离职的原因。即便离职是因为工作不顺，也不要写在这里。只要简单表达自己很珍惜这个机会即可。
> **结尾**：最后送上良好的祝愿，并表示自己愿意与对方在将来保持联系。

这样做	不要做
• 准备好了再下笔。有些公司要求提交辞职信后立即清空工位，尤其是那些涉及敏感信息或安全检查的工作。为了避免慌乱，一定要保证自己提交辞职信时做好了充分的准备。	• 不要在愤怒的时候写辞职信。情绪激动时写下的辞职信肯定会让你后悔。
• 简明扼要。无论为什么辞职，都要写得简洁明了。	• 如果并非出自真心，不要辞职。不要拿辞职威胁对方，或当作某种谈判策略，因为结果往往会事与愿违，也不会给老板和同事留下好印象。
• 写明离职的时间（要注意，公司有可能会要求你尽快离职）。	• 不要抱怨公司、工作、老板或某位同事。失去他们的支持会使你丧失潜在的举荐人。你应当在正式的离职面谈上讨论这些问题。
• 语气职业化。辞职信会进入你的员工档案，所以不要写自己会后悔的话。	• 不要责怪任何人。即便你觉得备受排挤，也要为自己的决定承担全部责任。
• 写明理由。让别人知道你为什么离职，这是一种礼貌。如果是因为工作环境离职，要记得保证语气的中立。	• 不要在被动攻击的情绪下写信。你会很容易在无意识中流露出不满情绪。最好在提交前找个人帮你看看。

这样做	不要做
● 说些好话。即便这份工作让你很不开心，也可以说自己很珍惜这个机会，或是自己在这里学到了很多东西。	● 不要犯傻。比如说，你认为自己走后他们会后悔，当初应当对你好一些。但不要说出来，这样看起来很傻。
● 如果你愿意，可以表示自己愿意协助交接。	● 不要写得太长。辞职信要简单且职业化。
● 对读者表示感谢。在信的结尾表达良好的祝愿，并表示愿意在未来保持联系。	

错误的例子…

琳达需要冷静下来重写一次。这样发牢骚对谁都没有好处，同时也暗指杰里管理无方。

琳达很情绪化，也没有显示出专业精神。她有这样的感受也无可指摘，只是在辞职信中需要注意一点。

亲爱的杰里：

我正式请辞业务经理的工作，离职时间是 3 月 30 日。

虽然我很珍惜在邓纳姆工作的机会，但近期的机构变化使我无法再继续工作。主管明显不理解我们的工作，我们的工作缺乏斗志，这点您肯定也看到了。

我也不想做出这样的决定，这只是被逼无奈。

琳达·卡拉布拉

…正确的例子

这封信写得谨慎礼貌而简洁，没有过多的抱怨，但信息都传达到位了。

亲爱的杰里：

我正式请辞业务经理的工作，离职时间是 3 月 30 日。

我很珍惜在邓纳姆工作的机会，在这里我学到了很多东西。希望您和您的团队未来一切顺利。

琳达·卡拉布拉

错误的例子...

亲爱的克莱尔：

正如我们上午讨论的，抱歉我打算从业务经理的岗位上离职了。我的离职时间是 6 月 23 日。

我在马术医疗中心的病患关系部门找到了一份主任助理的工作。能得到这个机会我非常激动，终于有机会在患者宣传与营销部门工作了。为你工作这段时间我学到了很多东西，希望能将它们运用到新的岗位上去。我希望能找一份不加班、人手充足的工作。

我很乐意帮助接任者尽快熟悉工作，以保证工作的连续性。但我很希望早些到新岗位报道，因此我的交接时间很有限。

克莱尔，再次感谢你给我了这个工作机会。你是一位很杰出的兽医，和你共事是我的荣幸。希望我们能保持联系。

祝一切顺利！

布赖恩

> 布赖恩在新工作上说得太多，看起来有点沾沾自喜的感觉。

> 这实际是对克莱尔的被动攻击行为，故意伪装成了对新工作很兴奋的样子。

> 他到底是什么意思？到底能不能帮忙？这里表达得非常混乱。

> 只说这些就可以了。找到更好的工作而离职是大家都能够理解的。

...正确的例子

亲爱的克莱尔：

正如我们上午讨论的，抱歉我打算从业务经理的岗位上离职了。我的离职时间是 6 月 23 日。

我在马术医疗中心的病患关系部门找到了一份主任助理的工作。为你工作这段时间我学到了很多东西，希望能将它们运用到新的岗位上去。

我很乐意帮助接任者尽快熟悉工作，以保证工作的连续性。我新工作到岗的时间是 7 月 7 日。现在离 6 月 23 日也不远了，希望我们能商量一下怎样交接更妥当。

克莱尔，再次感谢你给了我这个工作机会。你是一位很杰出的兽医，和你共事是我的荣幸。希望我们能保持联系。

祝一切顺利！

布赖恩

17. 解聘书

解雇员工是件很困难的事，妥当的解聘书能适当缓解对当事人的冲击，也能保护公司的权益。

解雇最好当面进行，之后再以正式信函跟进，信函可以当面送达，也可以寄送。最好不要通过电子邮件寄送。

基本情况

解聘书的写作**目的**是正式通知员工聘用合同即将终止，并告知对方解聘时间和解聘条件。如果事前你已经当面和员工协商过了，那么对方收到信也不会意外。即便是这样，**读者**看到信也不会特别高兴。你能做的就是减轻消息的冲击力，站在读者的角度换位思考，想想对方会有怎样的感受。**头脑风暴**时，要保证信的完整性。在信中你要回答和解聘相关的问题，比如生效时间、条款、需要做哪些准备、有哪些赔偿措施等。信的结构应当简单直接，你可以参考示范提纲自行**组织**。打初稿时语气要职业化。初稿完成后可以拿给相关同事看一看，确保行文妥当，没有遗漏信息，最好能拿给律师看一看。看完后，根据收到的反馈信息进行**修改**。

示范提纲

解聘书需要写得商业化一些，信息也要完整。

开头：说一下开会所讨论的事情，并告诉员工被解聘的结果。

中间：陈述一下解聘对方的原因，并回顾一下公司开会讨论的过程。

最后：告诉对方如果有疑义，可以当面进行沟通。

这样做	不要做
● 熟悉所在公司的相关文件，遵守公司相关规定。如不遵守规定，可能会产生严重的法律后果。如果你所在的公司规模很小，没有这样的规定，或者你自己就是公司的老板，最好能让律师看一下解聘书，之后再发给员工。 ● 面谈和信中给出的解聘理由要一致。理由变来变去会显得很不诚恳。	● 不要向员工表现出愤怒不满的情绪。解聘书应当职业化，不要带个人感情。 ● 不要写得过长。不要在信中声讨员工犯下的所有错误，如果你一定要给出理由，也一定要简洁。

这样做	不要做
● 标明解聘日期。 ● 标明解聘条款，比如遣散费等。 ● 说明员工将会得到哪些赔偿：退休计划、健康保险、人身保险以及员工福利。 ● 提供工作证明。很多公司都能够为员工提供工作证明，可向律师进行咨询。 ● 写清需要员工尽的职责有哪些，给出截止时间。比如交还钥匙、工卡、信用卡、工服等。如果这些物品要在最后一天前归还，请注明具体上交日期。 ● 注明联系方式，员工可能会有一些问题要询问。 ● 设计解聘书模板。模板能让类似的工作变得更轻松。最好把模板拿给法律顾问看看，确保内容恰当，为公司规避法律风险。	● 不必道歉。即便你心里不好受，也不用事后再道歉。解聘书是商务信函，反映的是商业行为，语气可以柔和，但不必道歉。 ● 不要过于伤感。如果员工遭到解聘，情绪必定会很失落，你可以在语气上温和一些，但不要太过头。你既要帮助维护他们的自尊，也要保护公司免于受到不公正的经济损失。

错误的例子...

亲爱的托尼：

　　正如我们今天所讨论的，卡明斯与海曼公司将正式与你解除聘用关系。 ⋯⋯⋯⋯⋯⋯

　　我们在会上也沟通过了，之所以与你解除聘用关系是因为你一直迟到，工作表现不佳。我们警告了许多次，但你依然长期迟到。此外你的工作绩效也很差，多次拖延，还需要其他同事帮助你善后。由于你拒绝学习操作软件，把我们的整体工作效率都拉低了。 ⋯⋯⋯⋯⋯⋯

　　最后一笔薪金中将包含未休假期补贴，我们

> 解聘日期没有写。这一点非常重要，遗漏日期可能会对薪金、福利等诸多问题造成影响。

> 什么警告？什么时候警告过？如果雪莉没有提供谈话记录，托尼完全可以对此进行质疑。

> 雪莉开始历数托尼的缺点。最好能挑出最典型的一点来说，否则会有公报私仇的嫌疑。

会在周五发放。支票可在接待处领取，也可通过邮寄的方式寄送到你家。

还有其他福利呢？医疗保险怎么算？

请将工卡和办公室钥匙提前一天归还。

哪一天？

雪莉·比加洛

...正确的例子

亲爱的托尼：

正如我们今天所讨论的，卡明斯与海曼公司将即刻正式与你解除聘用关系。

这样托尼就知道自己在这一刻就被解雇了。

我们在会上也沟通过了，之所以与你解除聘用关系是因为你长期迟到。我们曾在今年 1 月 13 日和 3 月 23 日向你做出了书面警告。在 6 月 6 日的绩效考核中我也曾警告过你，如再次迟到将导致解聘。但之后你又几次迟到，6 月 12 日和 19 日的迟到时间超过了一小时。

雪莉只说了一点，并且详细列出了记录。

最后一笔薪金中将包含休假期的补贴，我们会在周五发放。支票可在接待处领取，也可通过邮寄的方式寄送到你家。

你还将收到一份单独的福利情况清单，内容包含了解聘期间的保险福利状况。信中将包括继续参保等问题。

单独写一封信说明福利情况，不要写在解聘书中，这点做得很好。

在刚才的面谈会中，我们已经收回了你的工卡和办公室钥匙。

雪莉·比加洛

第三节　推广和公共关系中的写作

1. 宣传册

　　大部分公司都会在网站上自我介绍，但有些时候还是需要印些宣传册来推广自己的产品和服务。我们可以将网站上的内容和图片印成小册子，反之亦然。

基本情况

　　印制宣传册的**目的**是向潜在的客户进行推销，说服他们某种产品或服务能使他们受益，进而促使他们与你联系。宣传册要激发人们的好奇心。你的**读者**形形色色，有的人已经是你的客户了，有的人只是碰巧看到，也有人完全不感兴趣。越能让读者感受到好处，宣传册就越成功。可以从读者的角度对内容进行**头脑风暴**。他们需要哪些信息？有什么样的问题？哪些内容能刺激他们拿起电话，或是踏进店门？在**组织**结构时要遵循简单易懂的原则。这类写作需要多打几次**初稿**，多进行几次**修改**。可以把文字和设计内容拿给信任的人看一看，之后根据反馈意见不断改进。

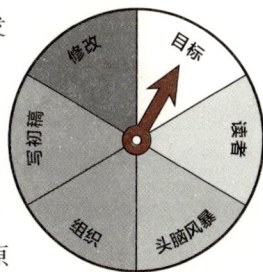

这样做	不要做
● 与客户建立融洽的关系。去了解他们是谁，需要什么。宣传册应当是为顾客量身定制的。 ● 满足顾客的需要。写作时从潜在客户的角度去思考。他们需要哪些信息？想了解哪些业务、产品或服务？	● 不要毫无秩序地堆砌公司的产品或服务信息。宣传册是一种营销工具，其中的内容应当贴合顾客的需求，说服他们与你联系。 ● 不必解释所有事。你不可能在一份宣传册中解释清所有服务或产品，关键在于调动起读者的兴趣，让他们主动获取更多信息。

这样做	不要做
• 将重点放在能给读者带来的好处上。你的产品或服务能帮助客户解决哪些问题？	• 不必添加太多的技术细节。如果这些细节信息对产品非常重要，可以考虑用表格或饼图取代文字。这样文字会更易阅读，技术细节也更容易理解。
• 要说服读者，而不是简单地提供信息。客户能获得哪些好处？把能够促使他们采取下一步行动与你联系的信息作为重点。	• 不要用过多的字体，加粗或斜体也不要用得太多。简单干净的宣传册比花哨复杂的宣传册更能给人留下好印象。
• 增加可信度。在展示产品和服务能带来的好处时，你还需要让顾客相信你。可以在册子里简要对自己的资质和相关经验进行介绍。	• 不要忽视封面的作用。对宣传册来说，空间是最宝贵的，不要浪费每一寸空间，物尽其用。可以考虑用封面来传递观点，与其放公司标识或产品图片，不如摆出吸引人的报价、数字或宣传语。
• 对宣传册的样式进行一些设计。人们在真正开始阅读前总会先浏览一下。	
• 把大段的文字分割成小块。文字太多人们是不会去读的。	
• 句子要短。一般人们读宣传册的速度很快，句子要简单易懂。	
• 可以考虑附上订购单。	

错误的例子...

作者没能从潜在客户的角度思考。他并没有说催眠能怎样使人受益，而是提出了一个论点，并进行了大篇幅的解答。

临床催眠

临床睡眠的是与非

········对于催眠，人们常常担心自己会受到精神控制，就像喝下了"吐真剂"。大家都担心自己会被迫做出什么违背自身意愿的事，担心会泄露机密，或是遭人利用。

这段话实在太长了。要记住，读者不会细读，他们只会浏览。

实际上，催眠并不是一种精神控制。相反，它是一种接近和获取内在力量的方式，能够使人们从已经失效的，阻碍我们达成目标的既有模式中挣脱出来，梳理思维，从而实现自我的和谐。因此，催眠能带给你更大的自我掌控力和洞察力，从而掌控自己的生命。

催眠与你

有哪些值得期待

催眠的昏睡状态我们都很熟悉，因为我们平时也会有这样的状态。跟随着临床催眠师的指示，我们的肢体能够得到放松，并将外部干扰降到最低，建立一种内部导向的警觉性。…………………………………

> 这里的重点依然不清，没有说明能给读者带来怎样积极的效果。

临床催眠的目的是绕过你**清醒的意识、分析思维和固有阻力**，直接与潜意识进行对话，在这里我们可以构建出真正持久的转变。………

> 很不错的点，应当再浓缩一些，便于浏览。

诊疗结束后，顾客普遍反映自己神清气爽，充满活力。他们的**思维更加清晰**，会从新的角度看待事物，能够以更加积极主动的态度面对挑战。…………………………………………………………………………

> 最后总算有点看头了！但却被埋在了文章最下面。

服务

服务项目包括：

恐惧焦虑（包括很多常见的恐惧症，如飞行恐惧症、公开演讲恐惧症、考试焦虑症、医疗恐惧症）………………………………………

> 记住，不要把所有内容都放在宣传册里。我们要做的只是吸引潜在客户的兴趣。在这里作者需要做一些选择。

戒烟（辅助治疗与药物治疗）

建立自信，释放压力

前世唤醒疗法

催眠疗法（以及催眠分娩）

难以治愈疾病的心理应对（包括癌症）

从既有模式、习惯和环境中解脱出来

疼痛管理（包括旧疾与顽疾）

联系方式

赛纳·N. 阿特韦尔博士

临床催眠治疗师

只接受预约

电话：(204) 951-2701

地址：加拿大温尼伯市唐纳德街 1405-120 号

邮编：R3C 4G2

邮箱：Siana_Attwell_Phd@yahoo.ca

网站：www. Siana-Attwell-PhD.webnode.com

...正确的例子

临床催眠
临床催眠是什么，能带给你什么

作者做出了正确的修改，将注意力集中在临床催眠能够给读者带来哪些益处上。 ········ 临床催眠是一种手段：

- 接近和获取内在力量

- 从既有模式、观念和现状中挣脱出来

- 获得更大的自我掌控力和洞察力，从而掌控自己的生命

这一部分确实告诉了读者哪些值得期待，并以积极的方式呈现了出来。 ········ 临床催眠能够解决：

- 失眠

- 恐惧焦虑

以分条代替大篇幅文字，便于读者浏览。

- 恶习

- 疼痛管理

- 自卑

- 自信问题

- 心理障碍

- 辅助治疗身体疾病，如自身免疫性疾病等

有哪些值得期待：

- 跟随着临床催眠师的指示，我们的肢体能够得到放松，并将外部干扰降到最低，建立一种内部导向的警觉性。催眠的昏睡状态我们都很熟悉，因为我们平时也会有这样的状态。

- 临床催眠的目的是绕过你清醒的意识、分析思维和固有阻力，直接与潜意识进行对话，在这里我们可以主

导真正持久的心理转变。

- 诊疗结束后，顾客普遍反映自己神清气爽，充满活力。他们的思维更加清晰，会从新的角度看待事物，能够以更加积极主动的态度面对挑战。

有哪些服务：

- 恐惧焦虑（包括考试焦虑症、医疗恐惧症）
- 建立自信，释放压力
- 前世唤醒疗法
- 催眠疗法（以及催眠分娩）
- 难以治愈疾病的心理应对（包括癌症）
- 从既有模式、习惯和环境中解脱出来

> 作者将注意力集中在比较重要的几项服务上，现在这段更容易读了。

资质证明：

赛纳·阿特韦尔医生拥有美国太平洋大学临床催眠学博士学位。已在美国催眠治疗协会获得临床催眠治疗与高级临床催眠认证。曾在欧米伽协会（纽约州北部）参加多次 CE 认证培训。

师从：布赖恩·韦斯医生（前世唤醒疗法），迪帕克·乔普拉医生，威廉·蒂勒医生，马歇尔·罗森伯格（非暴力沟通）。1998 年获得私人执业资格。

> 资质证明这一部分极大地强调了作者的可信度，能够帮助读者打消顾虑。

联系方式：

电话：(204) 951-2701

地址：加拿大温尼伯市唐纳德街 1405-120 号

邮编：R3C 4G2

邮箱：Siana_Attwell_Phd@yahoo.ca

网站：www. Siana- Attwell- PhD.webnode.com

2. 通信文章

商务通信是一种向客户、潜在客户和商业伙伴进行推广的文体。

它能够展现你在该行业当中专业知识的深度。

如今越来越多的通信通过电子邮件发送，但仍有一些公司会印刷纸质通信。有些公司两者兼备，只是在电子版通信中添加更多内容。

基本情况

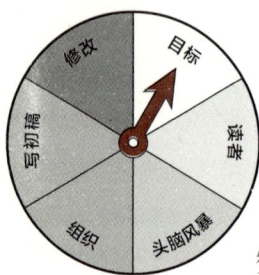

商务通信写作一般有几个**目的**：向客户和商业伙伴提供信息，强调自己在本领域的专业地位，即便目前没有特殊活动，也能加强自己在客户头脑中的印象。如果通信能够让**读者**了解行业发展的最新动态，提供相关信息，它的价值就达到了。我们每天都要面对大量的信息"噪声"，通信联系是很脆弱的，因此一定要努力从读者的角度进行**头脑风暴**。哪些文章会吸引他们的注意力？哪些信息能运用到日常生活中？推广没有错，但你的文章不能是赞美性质的广告。**组织**通信文章和组织新闻稿类似，都要把最重要的信息放在开头，人们很可能不会读完整篇文章。打**初稿**时，语气应当与主题相符。比如，介绍临终关怀的文章在语气上明显与介绍家庭旅游新风尚的文章不同。同时，你的语气也应当符合公司的形象。一家平面设计公司的通信明显会与一家保险机构的文风不同。

第一稿的篇幅会很长。一般第一稿写完，休息一下，然后进行**修改**，打磨留下最有趣、最有用的内容。务必仔细校对，检查错别字。此事关乎公司的声誉，不要犯这样低级的错误。

> 只有上帝才能一次写好。
>
> ——史蒂芬·金，
> 小说家

这样做	不要做
• 标题抓人眼球。标题需要吸引读者。 • 一上来就要抓住读者的注意力。给故事设置一个"钩子"，勾住读者继续看下去。 • 文章简单易读。句子要短，用词要简单。试想一下，你的读者正一边啃着三明治一边阅读。文章不要复杂。	• 不要为了吸引眼球做"标题党"。电子通信写手有时会用耸人听闻的标题吸引点击量。这是种很低级的手段，会引起读者的不满。 • 写文章的目的不能仅仅是打广告。如果公司要推广某种读者感兴趣的新产品或服务，当然可以写在通信里。要记住，每篇文章都要有价值。

这样做	不要做
• 内容要满足读者的需要。非商业组织的通信中可以放一些个人简介，或是人情味比较浓的小故事。但商业通信最好能提供一些有用的信息，顺便添加上公司的最新动态。	• 篇幅不要太长。通信文章一般都很短。逼迫自己将初稿浓缩，文章也会变得易读。
• 注明来源。如果文章是转发的，要保证标出文章来源。	
• 如果读者还想获得更多信息，告诉他们去哪里查找。你可以贴上公司网址。可以邀请他们参加相关的讨论会等。	

...正确的例子

为什么我们要抚养"机器人"？

作为父母，作为社会中的一员，我们都很关心如何让孩子在未来的全球经济环境中具有竞争力。这种心情我很理解。我们都希望孩子能成功幸福。没人愿意自己的孩子 40 岁还住在地下室里！

但有一点很令我费解。为了应对这样的竞争，我们抹杀了孩子的玩耍娱乐时间，把他们推进学前班、公文补习班、儿童运动队等。从他们蹒跚学步开始，我们就想着怎么让他们在申请大学的简历上添彩了。这些带有强迫性质的文化课学习，以及家长导向的室外活动确实会对孩子早期的读写算术能力，以及按指令行事的能力有一定帮助，但随着时间的推移，并没有任何证据显示，这些早期教育会产生任何学术优势。与此同时，我们牺牲的是孩子的创造力和情绪恢复能力，这两种特性都是通过玩耍培养的，有研究表明它们对孩子的未来有着巨大的影响。

我们来思考一下，在现代经济社会中什么叫作有竞争力。我们早已不再是新兴工业国家，需要大量识字工人，听得懂指令，能集中注意力，能每天重复执行相同的任务。但现在有机器能替代我们做这些事了。如今真正对经济有贡献作用的是创新和创新精神。我们需要培养有想象力的人，能看到未来的问题，并且解决它们，我们需要培养具有冒险精神的人，他们不怕失败，能从失败中吸取教训，能在团队中合作。

越来越多的研究人员都试图用科学来解释创造力，公司也开始重视这一点。这就是为什么谷歌公司允许员工在办公室里可以玩滑板车、乒乓球和台球。谷歌鼓励研究人员一天花 15% 的时间开拓思路。这看似是个招聘的噱头，实际反映在工作上确实非常有效。谷歌的创新时间计划造就了公司约 50% 的产品。类似的计划在 3M 公司和皮克斯也同样存在。

很显然，在美国，最成功的、最具创造性的公司都认为：长时间集中注意力并不能产生创造力，而当我们像孩子一样放松玩耍时，创意反而会撞上门来。既然如此，我们为什么一刻都不能放松，为什么要把学前教育提前到幼儿园里，为什么要剥夺孩子的玩耍时间，把他们扔进辅导课堂呢？一方面公司强行向成年员工灌输创新思维，另一方面我们又去剥夺孩子们的创造力，这难道不讽刺吗？

想要孩子成功，就把玩耍时间还给他们！

梅丽尔·尼曼，选自其文章《为什么我们要抚养"机器人"？》。

哪怕只有一名记者进行了报道，都有可能吸引全世界的关注。

——塔玛·迈尔斯，
小说家

3. 新闻稿

新闻稿（有时也称新闻通稿）是一种向媒体提供新闻最新进展信息的稿件。稿件的类型多种多样，内容包括新产品发布、重大人事变动、财务报告、公关活动等。

新闻稿可以通过邮寄、传真或电子邮件等形式发送。

基本情况

写新闻稿的**目的**是及时向媒体提供具有新闻价值的信息，并

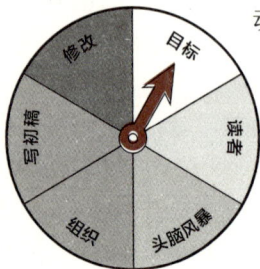

让媒体报道该信息。你的**读者**都是职业记者，这就要求你要像记者一样思考，使稿件更生动、更具感染力。读者看得越明白，你的消息就越容易见报。你可以大范围地进行**头脑风暴**，将重点放在能够吸引读者的内容上。第一稿的内容很可能会很多，但没有关系。关键在于提炼出最具新闻价值的内容认真打磨，精简后巧妙地表达出来。你可以按照一定的格式来**组织**内容。示范提纲能给你一些启发。当你并没有太多写作经验的时候，除非时间特别紧，否则最好多打几次**初稿**。第一稿一般会比较长，重点也比较分散。多次**修改**，直至文章紧凑，能勾起读者的阅读兴趣为止。

示范提纲

新闻稿写作可参考以下格式：
发布日期
联系人及完整的联系方式
标题
地点、日期
第一段：介绍基本信息，回答记者"何时、何地、何人、做什么、为什么、怎样做"的问题。
中间段：文字简洁，便于阅读。
第一页底部（如果新闻稿有一页以上）：注明"—更多—"
第二页顶部：简化的标题。
第二页：文章剩余的部分。
在最后一段再次强调联络信息。
结尾：＃＃＃标明（表示稿件在此结束）。

这样做	不要做
• 按标准的新闻稿格式写作。不按格式写会显得很不专业，记者也不会认真对待你的稿子。	• 不要为了发稿而发稿。一定要找到值得报道的新闻点，不要重复"狼来了"的故事。
• 信息一定要具有新闻性。	• 文章不要写得太长太细。要从记者的角度看问题，只提供关键信息即可。附上联系方式，如果记者有其他问题可以与你联系。
• 将宣传和广告区分开。新闻稿也要引起他人关注，但你所要做的是将内容直截了当地表现出来，不要写成广告方案。	• 不必使用华丽、复杂或过于情绪化的语句。虽然新闻稿的目的是宣传，但语气不要太过头。
• 开头要有力度，把最重要的信息放在开头段。即便读者只读了前几行也能抓住重点信息。	• 尽量不要使用专业术语。如果你必须使用生僻的术语，一定要附上对它的解释。
• 使用倒金字塔结构：重要的信息放在前面，细节慢慢展开。	• 内容不要超过两张纸。新闻稿一长，读者的注意力就会分散。尽量保证简短有力。
• 在第一段回答记者"何时、何地、何人、做什么、为什么、怎样做"的问题。	

这样做

- 新闻从业者都希望看到整齐清晰的稿件，这样的文字可以直接使用。句子要短，用词要简单。

- 把注意力集中在新闻上，而不是新闻发布人上。

- 为了方便阅读，可分条写作。

- 可做适当的引用增加权威感，但要保证自己有引用文字的权限。

- 如有条件的话，将新闻稿直接送到记者本人手上，不要交由部门或公司代转。

- 校对，编辑，修改。确保稿件准确无误，清晰易懂，便于阅读。

- 制作模板。如果你有许多新闻稿要写，模板能为你节省不少时间。可以提前预置好标题和联系方式，便于随时取用。记住工作安排有变动时，要随时更新模板。

...正确的例子

即刻发布

联系人：梅丽尔·尼曼

电话：(412) 606-0408

邮箱：Meryl@playdateplanet.com

网址：www.playdateplanet.com

"玩伴星球"让寻找玩伴不再困难

为繁忙的父母解决孩子寻找玩伴的烦恼！

如今孩子和家长的时间都排得很满，想给孩子找个玩伴实在是件困难的事，有两位妈妈决定为此做些事情。"玩伴星球"就这样诞生了，它能够快速给孩子寻找到适合的玩耍对象。

"我们自己也是妈妈，给孩子找玩伴是件很费时间和精力的事。"联合创始人丽莎·巴斯洛这样说，"我们的网站能使寻找玩伴变得前所未有地容易。"

正如《父母杂志》2012年9月刊中提到的，在"玩伴星球"出现前，安排一次活动可能要打上3天的电话，结果还是一团糟。但现在，我们的网站能够帮你解决所有这些烦恼。

但我们网站的功能远不止安排活动。"如今的生活节奏非常快，孩子们没有足够的玩耍时间，专家对此也很担忧。我们希望孩子能有足够多和朋友玩耍的机会。"玩伴星球"的另一名联合创始人梅丽尔·尼曼补充说道，"我们从来都没有忘记自由玩耍对自己有多重要，如果将寻找玩伴的过程变得简单，也许孩子们就能获得更多的玩耍机会！"

加入"玩伴星球"无须缴费。父母只需注册填好自己和孩子的信息即可。网站的优势在于它大大简化了组织过程。比如我们能迅速了解一个家庭中是否有泳池、蹦床、宠物，孩子是否有特殊需求，是否有过敏史、用药史等。这些信息只需输入一次，之后都可以查看。

账户设置完成后，家长就可以邀请朋友加入，开始组织活动了。组织活动只需输入简单的信息，如时间、地点、人数等，然后点击想要邀请的朋友，因为有人数限制，参加者基本是先到先得，你既可以向多个朋友发出邀请，同时也不会有人满为患的顾虑。

网站的设计理念是为了妈妈们能更轻松。你可以通过社交网站或电子邮件链接邀请朋友，网站有简易导出日历功能，你还能够将孩子的朋友进行分类（邻居、学前班同学等），更多功能等你来发现。

"玩伴星球"的创始人

"玩伴星球"是由丽莎·巴斯洛和梅丽尔·尼曼两位妈妈创建运营的网站，二人结识于一年级，当时按照高矮个头排队，两个矮个子姑娘挨在了一起。丽莎在投资银行做业务分析员，在纽约市外的奈阿克居住，他的丈夫吉姆是一名记者，儿子名叫泰勒。梅丽尔是"父母脱口秀"的主持人，目前正在撰写一本关于儿童玩耍时间减少，母亲能够做些什么的书。她和丈夫大卫（精神病专家）、儿子德鲁、女儿杰西一起住在匹兹堡。她的网址：www.playdateplanet.com。

4. 好评

当企业向你提供了周到的服务，或是你对他们的产品感到特别满意时，也许你会想要给他们一个好评。这样的评价一般都写得简单明了，它可能会成为员工晋升和企业对外宣传的依据。

基本情况

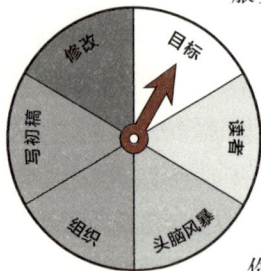

写好评的**目的**是通过分享自己的经历来推荐某个公司、产品或服务。**读者**一般来说都是这家企业的潜在客户，通过阅读评价决定是否要与这家公司建立业务往来。你可以站在读者的角度写作，哪些内容对他们来说是有用的。**头脑风暴**也要从读者的角度入手。如果要好评发挥最大效用，一定要解决读者潜在的问题。他们能提供我需要的东西吗？价格合理吗？他们值得相信吗？你需要回答这些问题。**组织**结构清晰，让读者从第一眼就知道你对企业表示支持。**初稿**都会比较长。一般人都会觉得自己的故事很有趣，但别人并不这样认为，所以初稿中会包含大量的细节信息。**修改**时可以对文字进行提炼：这家公司帮你解决了什么问题，为你提供了哪些帮助。错别字会削减你的可信度，因此要仔细校对。

> 只有上帝才能一次写好。
>
> ——史蒂芬·金，
> 小说家

这样做	不要做
内容要具体。解释自己与这家公司有哪些联系，自己对哪些产品或服务感到满意。生动的故事和细节远比模糊的盛赞更有可信度。	如果你和对方没有过真正的来往，就不要下笔，否则你的信誉会受到损害。如果这还不足以说服你，要记得网友都是很精明的，很有可能会将你拆穿。

这样做	不要做
● 你的名字还可能会出现在网络或宣传材料上，这点要有心理准备。如果你希望匿名，一定要让公司知道。	● 不要给自己的公司写。正如上面说的，网友很乐于拆穿这样的谎言。这样做只会毁了自己的生意。
● 简单明了。读者不需要知道你的阁楼上有没有松鼠，或是给中学生举办派对有多困难。把注意力集中在对方是如何帮助你的。	● 不要夸大其词。有热情固然很好，但也不要做得太过火。
● 表扬也要具体。不要泛泛地说"很不错"，解释一下到底为什么"不错"。	● 如果不是发自真心，最好不要写。商家可能会请你来写，但除非出自真心，否则不要写。最好能有个比较合理的借口，不要违心地写作。
● 如果你感到非常惊喜，也可以说出来。最初持怀疑态度的人往往能提供最有价值的评价。	● 不用写得过长。你的文章可能只是众多文章中的一篇。如果你希望有人来读，最好简洁一些。
● 明确表示自己会将这家公司或个人推荐给其他人。	● 不要为了赞美而打压别人。如果你在本行业中一直没有找到适合的服务，而这家公司又带给了你耳目一新的感觉，可以说出来。但要注意自己的语气，不要显得"阴阳怪气"。
● 可以向公司进行咨询。写多长比较好？他们最需要哪些内容？	

错误的例子...

去年夏末的时候，我家楼上的卧室开始漏水。我先生到阁楼上时发现水已经积成一滩了。于是我们做了最坏的打算，请来了修屋顶的工匠。

工匠肯定了我们的想法，屋顶出现了很严重的损坏，所以必须要更换。我们的房子很大，预算很紧张。我们真的不知该如何是好。

> 直到第二段最后，我们都不知道琳达想要说什么。应该把称赞的话放在最前面。

还好我们找了里克来做屋顶维修。里克来看了我们的渗漏点，他说换屋顶的说法实在很可笑。他仔细检查了屋顶，找到了三处需要维修的点。

> 要注意，听起来里克像是在诋毁其他修理工，这种行为并不专业。评论在这里要婉转一些。

仅仅一个星期他就完成了任务。里克的活干得很好，我们都很满意。

整个冬天我们的屋顶都好好的。5月有一场大暴雨，我丈夫又到阁楼上看了一次，干干净净的。

里克为我们省下了1万多美金。如今已经很难找到这样诚实的承包商了，我们见了许多工匠，很多都只想骗钱。里克这样的人真是太宝贵了。

如果将来我们需要更换屋顶，里克是我们唯一的人选！

琳达·桑切斯

> 琳达明显带有强烈的感情色彩，但她最好能把故事压缩一下。毕竟不是每个人都能从头读到尾。

> 可以说里克比其他人干得更好，但小心不要越界批评其他人。

...正确的例子

去年夏末的时候，我家的阁楼开始漏水，我和先生都做了最坏的打算。还好我们找到了里克进行屋顶维修。他为我们省下了1万多美金。

我们曾咨询过一个修理工，他说屋顶需要整体更换，要收取1万2千美金。之后我们联系了里克。他仔细检查了屋顶，找到了三处需要维修的点。他的修理队很专业也很有礼貌，每天工作结束后会仔细打扫干净。仅仅一个星期他们就完成了任务，整个冬天屋顶都很好。5月有一场大暴雨，我们又到阁楼上看了一次，干干净净的。屋顶修好已经快一年了，依然非常坚固。

里克的诚实与正直为我们节省了1万多美金，我们也成了他永远的客户。如果将来我们需要更换屋顶，里克是我们唯一的人选！

琳达·桑切斯

> 琳达没有打压其他修理工，而是用事实来说话。

> 琳达一上来就表达了肯定。

> 多处细节体现了服务的优质。

> 琳达还有很多想说的，但她压缩了篇幅，故事更易读了。在整个过程中，她给予了里克极大的肯定。

怎样才能获得好评

写好评很容易，获得好评就有点困难了。企业和小公司正是靠着这些好评吸引更多客户的。作为临床催眠师，好评是拓展业务的关键，因为大多数人从来都没见过或拜访过催眠师。看到好评，顾客会发觉自己并不孤单，渴望通过医疗获得健康。

邀请对方进行评价是很简单的。几乎所有人都会承诺将评价寄送给你。但遗憾的是，大家通常都会忘记，所以我必须要改变一下获得好评的策略了。以下是我的方法：

- 将评价表夹在写字板上当面交给客户。如果你必须通过电子邮件收集，可以制作一个简单的电子表格，只是要注意，这种情况反馈率并不会太高。
- 附上"许可转载"的表格，这样你才能将评价转载到网络、电台、电视或其他你想转载的地方。具体许可转载的文字可向律师进行咨询。
- 在表格的最底部留出签名、日期及印刷姓名的位置，也可以列出对方的职业和居住地等。大家可能不会填全，但前三项是必须的。
- 一式两份，一份存档。这些评价是非常宝贵的财富，要好好保存。

这些真的有用吗？我做这行已经十年出头了，积累了750多份评价，这个数量比我认识的所有催眠师都要多。有时，我的潜在客户翻着这五英寸的大厚本就会笑起来，他们知道自己来对了地方。

小窍门：求好评的最佳时机是客户表扬了你的产品或服务的时候。

作者：布莱恩·D. 托德，职业催眠师，在宾夕法尼亚州拉斐特希尔开设了普利茅斯催眠治疗中心。他的个人网址是 www.plymouthhypnosis.com。

5. 网站简介

网站是公司的"门面",对销售、营销和公关具有重要作用。网站上的文字,或者说是简介,是众多设计元素当中的一种,但它是公司传播信息的重要手段。简介如果写得好,读者可能意识不到,但如果写得不好,读者一眼就能看出来。花些时间好好写一份简介,你就能领先其他公司一大截。

基本情况

网站简介的写作**目的**是向公众发出公司的声音,展示公司的形象。简介能够阐明公司的宗旨、所生产的产品、所提供的服务,能够展示员工风采、公司政策和品牌形象。(虽然内网信息是针对员工的,但品牌形象从内网到外网应当是一致的。)你的**读者**是客户及潜在客户。要想写好简介,你一定要理解读者需要什么,有什么期待。为了了解他们的需要,你需要认真研究读者群体。要从读者的角度进行**头脑风暴**。人们在网上一般只是浏览,不会认真阅读,因此还要对内容进行仔细的**组织**。将重要的内容放在每段的开头,这样读者才能看得清楚。网站介绍一般都要写若干版**初稿**。一般初稿都会很长,重点也比较分散。可以让其他人看一看,提点反馈意见。介绍容不容易理解?对目标读者有没有吸引力?**修改**时再次回忆自己的目的是什么,直至满意为止。内容是否清晰明了?是否为读者提供了所需的信息?网站简介不能出现错别字或其他错误,否则会严重影响你的信誉。

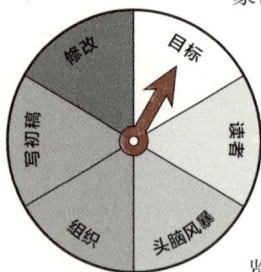

写初稿的过程就像在等待宝丽来照片成像。一开始你看不到,也不应该看到最后成品的样子。

——安妮·莫拉特,
小说家,散文家

这样做	不要做
整个过程中都要想着你的读者。他们需要什么?有什么期待?你的公司能如何满足他们?在写简介的过程中要不断揣摩这些问题。	不要说太多关于自己和公司的内容。你要把注意力放在读者的需求上。有哪些信息能帮到他们?

这样做	不要做

这样做

- 要把注意力集中在读者的需求上，不要放在公司的产品和服务上。网站上的所有内容，包括公司的历史、员工简介都要紧紧围绕能为客户提供哪些服务的问题上。

- 想象一下成品效果。你有没有发现人们总是说"去看看我的网站"，从来不会说"去读读我的网站"？网络上更多的是视觉传播，而非文字传播。所以你应当严格控制网页上的文字量。

- 使用短段落和分条的方式分割大篇幅文字。网络文字一般论"块"，也就是说模块式的文字更容易浏览消化。

- 句子要短。这样浏览起来才更容易理解。

- 学会利用搜索引擎优化的功能。通过设置关键词和对其他技术的运用，能够提高你的网页在搜索引擎中的排名。这就要求你在简介中要囊括行业内的高频词语。

- 合理使用空格、空行等元素，使简介更容易浏览。你需要与设计师一起合作，让文字排列更易读，更赏心悦目。

- 把简介放到网页上查看。可能你的初稿是在Word里写的，但如果不放到网页上，你根本想象不出来它会是什么样子。你可以请设计师将简介放进网页里看看效果。

- 请其他人来帮你看一看。问问他们看后有什么感受（长不长？有没有太啰唆？），接收到多少信息。

- 附上联系方式，邀请读者与你联系。

不要做

- 要控制页面的字数。大家读不下去，只能关掉页面。因此简介要显得友好、易读。

- 没有必要把重点放在你有哪些特色上，要把重点放在你能为读者提供哪些帮助上。不必描述你有什么，在做什么，而是要让读者知道你能为他们做什么。

- 不要乱用术语。根据行业的不同，可能你会用到一些术语，但要加以节制。

- 不要为了挤下更多文字而把字号调小。网友看到后根本不会阅读，直接就关闭页面了。你需要花些时间来精简文字。

- 不要把每一页都做得一模一样。网站首页、目录页的功能都是不同的。要思考每个页面的不同作用，再据此进行写作。

错误的例子...

我们来看一下这个页面。你想继续读下去吗？大部分网友都不会想读下去。每段的内容都太长了，完全没有吸引力。我们访问网站时，扫一眼就决定了自己要不要继续看下去。所以文字一定要有吸引力，这样网友才会多停留一会儿，多读一点。

这句的内容和本段首句几乎完全一样。这点肯定对哈恩公司很重要，但他们必须做出艰难的决定，舍弃这部分内容。

这点很重要，讲了公司能为顾客提供哪些服务，但它被埋在了段落的末尾。

哈恩换窗公司

更换窗户能极大地提高房间的舒适度，同时也是一笔很大的投资。设计优美的窗户不仅是一笔明智的投资，也能够使你的家居生活更加温馨美好。如果能找到靠谱的承包商，选择正确的材料，换窗能够成为一项最有价值的家庭投资。

哈恩换窗公司长久以来都是班戈区换窗业务的品质之选。这是一家家族自营的企业，秉承着传统的价值观。32 念（此处为原文举例的错字）来，我们一直在社区中提供服务，并以此为荣。我们对这份事业感到非常骄傲。我们专精于更换窗户、推门、滑动门和院门。

哈恩换窗公司采用最先进的材料和技术，为您提供最好的服务。我们的低辐射中空玻璃使用氩气作为填充，提高了 U 值和 R 值，也因此成为当今市场上最先进的窗类产品。我们的测试数据符合美国建筑制造商协会（AAMA）和国家窗类分级委员会（NFRC）质量标准。

这一段篇幅很长，内容却很少。能看出哈恩的员工很真诚，但他们并没能说清自己能提供哪些产品和服务。

这里的错别字会降低你的信誉。

这里的内容都是哈恩公司觉得重要的内容，他们以为读者也会很重视。为企业树立信誉固然很好，但不要忘了简介永远是读者导向的文章，不要把重点放在自己身上。

这些可能都是真的，但谁能看得明白呢？有这些技术细节作为支撑固然很好，但一定要让读者理解你在说什么。

...正确的例子

我们来看一下这个页面。页面上文字少了很多，看着顺眼了很多。

哈恩换窗公司

32 年来，哈恩换窗公司致力于为班戈区提供高品质的更换窗户、推门、滑动门、院门服务。

更换窗户不仅能使房间更加美观，还能为你节省 50% 的取暖费用。

为了更加温馨舒适的环境，为了节省更多费

哈恩是做什么的，信誉如何，读者一上来就都了解了。

啊哈！这一点对读者很有吸引力。

用，请点击此处。

哈·恩公司的窗户在绝缘性和安全性方面已达到最高行业标准。查看更多技术测试参数请点击此处。

这是一家家族自营的企业。

现在就来了解一下吧。

潜在客户对产品质量有很高的期待。在这里简要叙述了与质量相关的关键信息，如果读者还需要更多内容，也可以通过链接页面查询，这样他们在页面上逗留的时间会更长。在技术参数页面上同样可以添加联系方式，邀请读者向你进行咨询。

对本地客户来说这是一个很好的卖点，明确了自己的定位。

再次呼吁客户与你联系，邀请十分诚挚。这份简介整体围绕读者展开，将注意力放在了客户身上，而没有放在重复企业的信息上。

6.商务博客

博客可以成为一种很有效的商务沟通工具，既能用它和老客户保持联系，又能用它吸引新客户。持续更新博客能够给网站增加流量。与社交媒体关联后，你就能够创建出自己的社交网络了。

基本情况

创建商务博客的**目的**是通过提供有价值的信息来吸引客户、留住客户，巩固自己在本领域的地位，带给客户轻松愉快的参与感。你的**读者**可能是已有的客户，也可能是潜在客户，他们在网络上搜索信息，并且乐于就某一特定话题参与到线上讨论之中。**头脑风暴**环节可谓是写博客最有趣的部分。从读者的角度去思考问题，他们会对哪些问题感兴趣？需要哪些信息？哪些内容会让他们开心？围绕着抓人眼球的标签**组织**文章，激起读者的阅读欲望。打初稿时语气要友好，用词要口语化，这样文章才会显得有趣易读。一般来说**初稿**都会很长，标签最好也简短一些。可以让公司里的其他人帮你看看，根据他们的反馈进行**修改**。这时你肯定等不及想要点击"发布"了，但要小心，博客是公开的，任何错误都会给公司造成坏的影响。

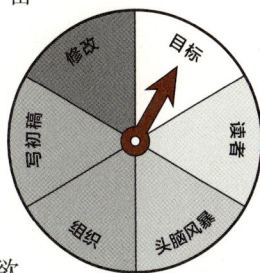

这样做	不要做
• 经常更新，这样读者会对你最新发布的内容有所期待。一方面，如果你没有更新内容，读者会感到失望，他们会开始怀疑你是否认真对待这个博客，以及是否认真对待顾客。如果你下定决心要开商务博客，一定要持续更新一星期。	• 不要把博客当成公告板，每次只发布一些简短常规的促销信息。博客应当给读者带来货真价实的信息。如果你提供的消息没有用，人们就不会再来了。
• 所提供的信息要有价值。你要通过博客告诉顾客和潜在顾客，自己了解他们需要什么。只有做到了这一点，他们才会继续关注你。	• 不要与人发生口角。态度要友善。你需要在博客上展示自己优秀的一面，要用更优质的信息来打败对手。
• 给其他企业做宣传。不必总是宣传自己的企业，想想顾客想看什么。以园艺中心为例，你可以推荐附近正在促销的家居卖场，也可以说说当地广受好评的健康蜂蜜。	• 不要随意放弃。如果博客上始终只有几篇旧文是很难看的，还不如不开通博客。如果你不能定期更新，就不要随意开博客。如果开通后无法坚持，记得把页面隐藏或把文章拿掉，直到你能够保证定期更新为止。
• 可以套用固定模板使文章更易阅读，便于读者查询信息。大段的文字很容易把人吓跑，你可以用分段分条的方式使文章更容易阅读。	
• 如有可能，加一些图片。图片会使博文更生动，更富吸引力。	
• 学习如何有效使用标签，提高搜索效率。	
• 时常查看评论。你可以选择接受评论，也可以关闭评论。如果你有精力定期查看反馈意见，这也是个引发讨论的好方法。	

...正确的例子

红牛剧院将带来
《王与非王》

1月23日周一，红牛剧院将为您带来博蒙特和弗莱彻的一场生动的悲喜剧剧本朗读会——《王与非王》。本剧是博蒙特和弗莱彻最具盛名的作品之一。

此剧于1611年首演，因其刻画了对王权的限制而盛行于十七、十八世纪。它讲述了君主制衰落后王道理想的弊端，以及王权对"自然法"的违背。

本剧是英国王政复辟时期的作品，"王与非王"成了描述查理二世复辟期间的时兴词汇。该剧拥有许多忠实粉丝，较为著名的有塞缪尔·佩皮斯和约翰·德莱顿，后者于1694年创作了自己的话剧《胜利之爱》，与博蒙特和弗莱彻的作品有着极高的相似性。

届时，莎士比亚学会艺术总监迈克尔·塞克斯顿将主持朗读会。朗读完毕后还可与马里奥·迪甘吉教授进行讨论。

朗读会上马修·劳奇将出演阿耳巴克斯。同时将出演的还有米歇尔·贝克、盖伊·博伊德、珍妮弗·池田、马克·尼尔森、罗伯特·斯坦顿以及山姆·楚特索瓦斯。

雅典卫城希腊餐厅将为红牛剧院的观众提供9折优惠！
可拨打212-555-1111电话预定。

《王与非王》剧本朗读会门票请点击此处。
1月23日周一，晚7：30
露西尔委员会剧院
纽约克里斯托弗界121号（近贝德福德街）

查看更多红牛剧院奥比奖获奖作品朗读计划，请点击这里。
为红牛剧院进行慈善捐款，请点击这里。

如何用博客在网络上吸引眼球

很多商务人士会质疑博客在企业中的价值。他们一方面不知道能写什么，一方面觉得花大价钱请营销专业人士，购买昂贵的搜索引擎优化服务才能保证客户能够找到自己。其实普普通通的博客也能达到同样的推介效果，而且不产生任何花销。

开通博客后，你会发现可写的东西远比想的要多。毕竟没有人比你更了解自己的企业能为顾客做些什么。可以想想哪些内容会引起顾客的兴趣。讲讲故事，说说经验，帮助别人了解你的行业定位。在博客中分享专业知识能帮你成为网络上的专家。

为了保证博客能出现在搜索结果当中，记得设置一些客户常用的关键词。你可以搜索一下行业内最重要的关键词有哪些。这些关键词既要出现在博文中，也要出现在标签里。这样搜索引擎才能搜索到。

与其他博主合作也是另一种提高网络知名度的好方法。你可以邀请客座博主发表博文，也可以为其他博客写文章。由此分享链接也能够让搜索引擎注意到你。此外，也可以邀请他人将你的博文设置为友情链接。不要制造垃圾邮件，也不要直接要求他人为你做链接，你可以有礼貌地发一封电子邮件，让大家知道你写的东西很有意思。

你要在博客里回答网友的提问。多提供一些信息既能建立你的专家地位，也能为你吸引潜在客户。你可以在博客上发起讨论，回答相关问题。人们在博客上搜到的东西越多，你的搜索排名越靠前。点击量越多，流量越大，就会为你带来更多的销售额。

如何让搜索引擎发现你呢？我们有一些方法。博文更新得越频繁，与行业相关度越高，就越能被搜索引擎发现。如果你能做到准确提供内容、与其他博主合作、鼓励网友参与讨论，你就能吸引到大批目标受众，其效果甚至会优于使用昂贵营销渠道所得到的效果。

作者：西德妮·奥沙利文，著有《社会营销巨星》《30天内搞定社交媒体》，她的网址是 www.cydneyosullivan.com。

第四节　报告

1. 报告的基本格式

　　商务报告有长有短，短的可能只有一页，长的有的上百页。篇幅短、非正式的报告可以参考备忘录的模式。篇幅长、正式的报告就需要遵从固定的格式，这样对作者和读者都有好处。

　　不同机构都有自己特殊的写作和报告样式。你可以参考以下结构修改自己的模板。

文件传送单

　　在传送商务报告时一般会附上文件传送单，目标读者，一般都是我们的出资人。传送单中可以突出报告的部分内容，如结论、建议等。

前页部分

　　封面：此页包括报告的标题、作者、日期，有时也会标明赞助商。

　　摘要：摘要部分一般为 200~250 字。

　　目录：为了阅读方便，可以列出报告中所有的章节标题和副标题。

　　图表目录：如果文中的图表、柱状图、插图、图画或照片超过了 5 个，可以列一个图表目录。

　　表格目录：如果文中的表格超过了 5 个，可以列一个表格目录。

　　前言：前言是一种可选择性的介绍文字，由作者之外有一定地位的人撰写。前言可写，也可不写。可以在前言的部分提供背景信息，也可以阐述报告的主旨。

　　序言：序言是可选择的。我们可以在这里讨论报告的背景、目的和范围，也可以向那些为我们提供帮助的机构和个人致谢。

　　缩写和符号列表：如果读者有可能不理解文中的缩写或符号，最好单列一个表格。

主体部分

报告摘要：报告摘要比一般摘要更短，长度基本不会超过报告的十分之一。

引言：引言部分向读者提供了读懂报告所需的基本知识和背景信息。其中包含报告的主题、目的、范围，以及你的研究方法和写作方法。

正文：正文中应包含描述性的标题，帮助读者更好地理解内容。

结论：总结研究的主要成果。

建议：基于这次研究，你认为应当采取哪些措施。

引用：列出报告引用的研究、书籍、文章和网页。所有涉及他人的调查研究都要列入在内。

附属资料

参考文献：列出报告中参考的纸质文献或电子文献。

名词解释：对特殊的术语进行解释。只要你不是完全确定读者能看懂报告中的术语，就要在最后进行解释。

索引：索引是读者可能会感兴趣的核心术语列表。这样的列表能方便读者浏览长篇报告。

2. 文件传送单

文件传送单可以算作一种附信，也可以说是一种备忘录，它是公司内部常用的一种文件类型，与报告、合同、提案和工作草案相类似。它能提供一些其他文件不具备的信息，如背景或截止日期。同时它也能将读者引到正文中最吸引人的内容上去。在某些情况下，传送单还会包含一些敏感信息，比如为保护电子文档所设的密码。

文件传送单既可以作为电子文件的一部分，也可以成为纸质文件的附件。

基本情况

　　设置文件传送单或备忘的**目的**是为文件提供一些背景介绍，让大家能够以非正式的形式讨论文件中的内容。你的**读者**通常是这个项目的利益相关者，一般都是布置任务的人。文件传送单的篇幅一般比较短，不需要对内容进行太多**头脑风暴**。阅读时，大家的注意力会比较集中，虽然集中的时间不长，但也足够突出重要的信息、最后的截止时间等。传送单虽短，但仍需要打**初稿**，之后再进行**修改**。修改时要站在读者的角度，看看内容是否有遗漏。修改时要注意检查笔误，确保内容完整。

示范提纲

文件传送单需要写得简单而容易阅读。
开头：陈述写文件传送单的原因。
中间：简单地讲文件的内容，标记出重点。
结尾：向对方表示感谢。

这样做	不要做
● 直截了当，第一句话就要点明写作的理由。	● 事关你本人的声誉，行文不要草率。
● 套用模板，让文件传送单更易阅读。如果篇幅比较长，一定要用副标题将文字划分开来。可以用粗体和其他颜色来强调重要内容和截止时间。	● 不要漏掉截止时间和重要的信息。
● 留下自己的联系方式，如果读者有问题可以直接与你联系。	

错误的例子...

亲爱的陈小姐：

　　根据副总裁阿里尔·邓纳姆在 10 月 3 日的要求，我们撰写了关于 2011 至 2013 年员工健康行动的跟踪报告。

　　更多信息请致电 212-888-1111，或发邮件至 jblock@industries.com。

约翰·布洛克

> 虽然没出什么错，但约翰并没能给陈小姐提供任何有效信息。如果她能在传送单上看到感兴趣的内容，才更有可能仔细阅读报告。

...正确的例子

> 只需短短几行就可以阐明研究方法，使得研究结果更加权威。

> 约翰提到了报告中几个关键的点，为了便于陈小姐阅读还进行了加粗。如果陈小姐想获得更多信息，他也为她指出了查找方向。

亲爱的陈小姐：

根据副总裁阿里尔·邓纳姆在 10 月 3 日的要求，我们撰写了关于 2011 至 2013 年员工健康行动的跟踪报告。

我们将各区人事主管的访谈调查内容，以及国家一线员工、主管调查报告汇总了成这份报告。

调查显示，员工健康行动极大地提升了考勤率，请病假的时间减少了。调查的细节内容，包括各区具体数据已列入报告当中。

更多信息请致电 212-888-1111，或发邮件至 jblock@industries.com。

约翰·布洛克

3. 报告摘要

报告摘要只涉及报告最核心的内容，专供决策者参考。读者一般会先略读报告摘要，再决定是否要阅读整个报告，以及哪个部分需要仔细阅读报告。

基本情况

写报告摘要的**目的**是对报告内容进行简要概述，为通读报告和没有时间通读报告的读者提供便利。摘要能引起读者的兴趣，吸引他们更仔细地阅读报告。可以想象你的**读者**很忙，只需要了解报告中最精华的部分。要站在读者的角度进行**头脑风暴**：哪些是报告中最精华的部分？哪些内容能吸引他们阅读报告？为了将最关键的内容放进摘要里，你需要重读一次报告，把重要的内容挑出来。摘要的**组织**方式要按照报告提纲的顺序安排。**初稿**完成后可以拿给不相关的人看一看，问问他读完后是否会产生疑问。之后再根据反馈进行**修改**。要确保摘要中没有笔误或其他错误。

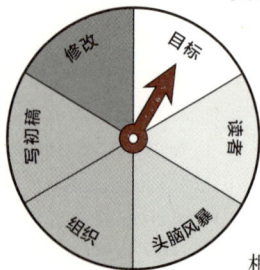

这样做	不要做
● 像报告摘要写多长之类的问题，可以查看公司内部的写作惯例。有些公司会将摘要控制在一到两页，有些则对字数有要求。无论如何，摘要的长度不能超过整份报告的 10%。 ● 准确客观地描述报告内容，不要带有倾向性。 ● 报告中的各个部分都要照顾到，篇幅也要均衡。 ● 阐述报告写作的动机或原因。 ● 阐述调查所使用的方法。 ● 综述研究结论。 ● 列出报告中的提议。 ● 可以用副标题或分条的方式分割长篇幅的内容，便于读者阅读。	● 无关紧要的技术细节不要出现在摘要中。细节信息是为了使读者更好地理解报告内容，无关的内容不必放进来。 ● 不要出现报告中没有涉及的内容或结论。

...正确的例子

因员工生病所导致的医疗费用和生产力损失每年都是一笔巨大的开销。这份报告反映了 DBFH 公司 2011—2013 年员工健康行动的跟踪调查成果。

公司于 2008 年发起了员工健康行动倡议，其目的是缩短员工请病假的时间，减少医疗成本。2008—2010 年，倡议活动在全国范围内为公司缩短了 4% 的病假天数，削减了 2% 的医疗支出成本。为了继续提高业绩，公司于 2010 年重新调整了计划，并对近两年的行动计划进行了调查评估。

这份报告对 DBFH 全国各办公区的一线员工和主管进行了调查，调查结果已提供给各区人事主管。报告既包含了定量的数据统计，也包含了定性的采访访谈。

调查显示，员工健康行动已在全国范围内显著提高了员工的考勤率，降低了请病假的概率。在调查期间，员工请病假的天数合计下降了 5%，医疗成本合计下降了 3%。DBFH 公司西部办公区成果最为明显，其次分别是中部、东部和南部地区。总体来看，南部办公区效果最不明显，某些南部办公区的缺勤率和医疗成本还有所上升。

对此公司建议：

- 在未来两年的时间内，继续为员工健康行动提供资金支持（具体数字根据通货膨胀率有所浮动）。
- 2015 年继续针对此项目提交评估报告。
- 在未来的研究中，着重对南部办公区反常的结果进行原因分析，降低该区域的缺勤率。

4. 事故报告

事故报告，也称事件报告，也就是及时将出错的事故记录下来。有些公司有自己的模板，将内容填入即可；但如果没有，你就只能自己来写了。事故报告可能会在法律诉讼中使用，因此一定要认真对待。

基本情况

写事故报告的**目的**是对工作中的非常规事件进行官方记录。这类报告是为了改进安全生产流程，确认保险赔付责任，在某些情况下还具有法律效应。事故报告的读者一般是部门主管、总管、险损估价人以及法律顾问等。他们都希望能看到一份完整、客观、清晰的事件陈述。这种时候，**头脑风暴**的任务主要是将所发生的事完整串联在一起。在"事故报告内容清单"的资料框中有一个模板，你可以用来**组织**自己的报告。打**初稿**的时候语言要客观中立。除非是很小的事，否则一定要多打几稿确保信息的完整性。**修改**时对内容查漏补缺，对不妥当的语言进行调整。

事故报告内容清单

事故报告要尽力呈现出事件的完整面貌，其中要包含如下内容：
- 确切的时间和事件发生的地点

- 涉及的人员
- 具体发生了什么事
- 造成了哪些损失，做了哪些补救措施
- 紧急事件发生时呼叫了谁，对方是什么时候到达的
- 有无财产损失
- 有无停工，生产有无延误
- 有无目击人，他们的联系方式是什么

这样做	不要做
- 事件发生后立刻用报告跟进，这时你的记忆、其他人的记忆也会比较清晰。 - 语言中立，重点是要全面地反映究竟发生了什么。 - 尽量全面，细节尽量丰富。只有这样的报告才能帮助调查人员了解究竟发生了什么。 - 如有必要，可将其他人提供的内容也纳入报告中。如果你并不是亲历者，可能就需要他人提供信息。所有他人提供的信息都要标明出处。 - 可在报告中添加照片、图画或表格作为补充。	- 不要在报告中发表自己的看法。报告应当客观，就事论事。 - 不要在报告中携带私人情绪，不要含沙射影地指责他人。将来可能会根据你的报告判定责任归属，不要有意影响判定的结果。 - 不要在报告中做任何提议。要记住，你的职责是忠实地记录所发生的事。

...正确的例子

　　2 月 11 日约上午 9 点 17 分，夏莱恩·彼得斯在员工厨房煮咖啡，左手严重烧伤。据她本人所说，当时玻璃壶突然爆炸，水花四溅。夏莱恩感到剧痛，于是大声呼救，她的手已经烫起了水泡。唐娜·布鲁尼尼第一时间对她进行了急救，帮助夏莱恩进行冷水冰敷。约 9 点 31 分，夏莱恩决定前往急诊，唐娜陪着她。约 12 点 10 分，唐娜返回办公室。据她所说，急诊的判断结果是二级烧伤，目前夏莱恩已经回家。唐娜说据急诊室医生的诊断，夏莱恩需要休息两天。目前厨房已经整理完毕，碎玻璃也已经清除干净。

报告讲得很清楚，夏莱恩是事故信息的来源。

讲清了唐娜所做的事，她的行动比较妥当，没有造成其他伤害。

对于夏莱恩的情况，信息源交代得也很清楚。

报告将夏莱恩的联系方式囊括了进来，这点做得很好，因为她可能有两天都不在办公室。

涉及人员：
…… 夏莱恩·彼得斯，电话：515-888-1111；邮箱：peters@cpsdelivery.com
唐娜·布鲁尼尼，电话：515-973-1111；邮箱：bunini@cpsdelivery.com

第五节　销售与账单

1. 推销信

推销信是一种为目标受众特别定制的直邮营销方式。如今，利用数据采集和处理技术能使推销信比过去更加有效。虽然这是一个电子邮件营销过剩的时代，但它尚不能完全取代传统邮寄的方式。传统信件仍具备电子邮件所没有的优势。电子邮件阅后就失效了，但传统推销信的影响力更长久，也更容易将有效信息传达给读者，写作的秘诀就是要吸引说服你的读者。

基本情况

写推销信的**目的**是吸引读者的注意力，无论你传达的内容是什么，都说服他们接受你，鼓动他们主动与你联系，购买你的产品或服务。你一定要站在**读者**的角度思考，这点非常关键。你是在为读者展示产品或服务，而不是进行自我表扬。无论你的产品性能多优越，服务多完善，如果读者不感兴趣也没有任何用处。**头脑风暴**也要从读者的角度进行。他们需要什么？你能提供什么？可以参考示范提纲**组织**自己的推销信。最终定稿前你可能需要打若干次**初稿**。写好后最好能拿给其他人看一看，问问他们能否有阅读兴趣，有没有购买的欲望。如果没有，可以问问他们文中缺失了什么，据此进行**修改**。校对要仔细，笔误或其他错误会降低你的信誉。在最终寄出前一定要仔细地全部修改一遍。

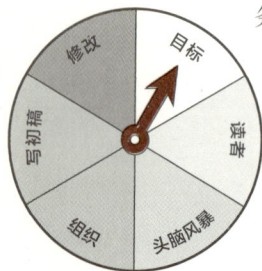

三招搞定推销信

推销信想要写好需要慢慢磨炼。以下三点建议能帮你了解潜在客户的需求，洞悉销售的整个流程。

要说的不是你。推销信要为顾客服务，而不是供你炫耀。你以为对方需要的内容，和对方实际需要的内容其实完全不同。顾客需要的才是最重要的。为了写好推销信，你需要研究潜在的市场在哪里。你可以进行头脑风暴，可以与他人交谈，可以向潜在客户投放调查问卷。要始终保持灵活，不断适应新环境。愿望和现实总是有很大的差别。有愿景是好事，但对营销和销售而言并没有太大的用处。

人们买的是效果。我们在买东西的时候，购买的不仅仅是"东西"，而是希望达到的某种"效果"。潜在的客户需要什么？他们买了你的东西，自己能获得哪些好处？他们的生活会有哪些变化？会有什么不同的体验？这些改变意味着什么？意识到这一点，会对你写好推销信很有帮助。

搞清大家为什么不买。我们已经找到了若干要买的理由，现在来想想大家为什么不买。大家购买产品的目的是什么？我们要直面这些目的。掩耳盗铃，假装负面因素不存在是没有意义的，要学会去预测，提前准备应对策略。

最后一点最重要，**一定要提供有价值的内容，自己要对出售的商品有信心。**老实说，确实有人认为销售人员为了业绩不择手段，毫无底线。想要驳斥这种看法，最好就是反其道而行之。如果你能为客户提供有价值的内容，并对产品充满信心，那么你就把销售变成了一种满足他人需求的商业活动。顾客和你本人都能从中受益。

作者：史蒂夫·哈里森，哈里森的公司为作者、专家、企业家、非营利组织、公关专员及其他专业人员提供多项出版、培训服务，帮助他们完善推广业务。他与合伙人杰克·菲尔德一同创立了网站：www.bestsellerblueprint.com。

示范提纲

推销信与其他形式的写作不同，它的篇幅比较长，一般会有好几页。基本的格式如下：

标题

第一段：抓住读者眼球

你的产品所能提供的服务和能解决的问题

阐明你的产品或服务是怎样解决问题的

简述产品或服务的特点

提供折扣，或是预告何时限时抢购

如有必要，注明担保人

结尾段要呼吁读者行动起来。总结产品的价值，提示抢购的时间。引导读者与你联系，点击网站的主页等。

可在附言中再次强调销售信息，呼吁读者行动。

这样做	不要做
● 认真思考读者是谁。他们需要什么？哪些内容能真正吸引他们的注意力？	● 每段内容都不要太长，这样的文字很难读懂，别人也不想去看。

这样做	不要做
● 信的开头要抓人。这是抓住读者的好机会。开头可以稍后再写，或是先写完再修改。	● 不要用太多术语和专业词汇。当然，如果你卖的是技术产品，当然会用到技术术语。
● 描述读者遇到的问题，以及问题导致的结果。	● 内容不要"假大空"。像"革命性"或"惊人"这类词听起来就很傻。要把注意力放在满足读者需求上。
● 从读者的角度看问题。他们会质疑："它能为我做什么？"你一定要认真回答这个问题。	
● 个性化定制推销信。比如，我们可以根据消费数据分析顾客群体。为不同的顾客提供不同的内容，不要把一封信发给所有人。	● 不要一上来就提价格。除非你是拿价格作为卖点，否则一定要先勾起顾客的兴趣，再说价格的问题。
● 标题醒目。人们读或不读，多半取决于标题。很多文案写手会先写内文，最后拟定标题，要多在上面花些时间。	● 不要连用多个感叹号。必要时只用一个感叹号强调态度即可。否则你的推销信会变得像电视或广播里的购物节目一样聒噪。
● 信自始至终以读者为中心。不要把注意力放在自己身上，要关注读者的需求。	● 读信并不是客户的义务。所以信的语气要自然，表达出应有的尊重。既不要过度屈就，也不要出言不逊。
● 语气亲切自然。内容要直面读者，就好像是在和一位朋友交谈。	
● 取信于读者。可以在信中加入佐证，列举其他客户的反馈内容。	● 信里的内容不要堆砌得过多。要把注意力放在最有力的卖点上。信息并不是越多越好，太多信息会导致读者注意力分散。如果你的内容确实很多，可以考虑拆分成若干篇，不要堆在一篇里。
● 段落要短，三五行即可。	
● 做好页面设计，使内容便于浏览。读者会先浏览，再决定要不要认真阅读。除了缩短段落篇幅之外，还可以用副标题、分列排布的方式对内容进行分割。	● 不要公然攻击对手。这样只会成为笑柄，自己也显得很尴尬。
● 鼓动读者行动起来。引导他们给你打电话、发邮件，或点击访问网站主页。	
● 让读者能够找到你。将自己的电话号码、电子邮件、网站地址等信息放在比较显眼的位置。	
● 充分使用附言。很多读者会先看附言再看正文，所以附言内容要言之有物，并且要引导读者采取行动。	

...正确的例子

题目很抓人、很有趣，读者也想看看下面写的是什么。

不用动手
即可享受自家后院种植的有机农产品

亲爱的帕萨迪纳市市民：

　　帕萨迪纳人生活在天堂里。这里有肥沃的土壤，充足的日照，宽广的院子，想种什么都可以。为什么大家不种东西呢？

　　在这个高速发展的城市里，每个人都太忙了。我们从办公室冲向超市，抢购别人加工好的食物，再拎着食物冲回家扔进微波炉。我们饮食中的食物添加剂太多，水果蔬菜又太少。我们的孩子境况更糟，他们在成长过程中享受不到新鲜、自产的食物。我们空有这样优越的自然环境，这简直是一种浪费！

雅各布摆出了问题：我们吃的东西并不好，而且更糟的是，我们还把这些食物喂给了孩子。

　　我知道你没时间在后院种菜，也没有时间照料它们，但我知道怎么种，我能帮你！

雅各布提出了解决方案。

　　帕萨迪纳绿色庭院是一家独立的庭院维护公司，我们能够提供上门服务，与您一同查看院落情况，与您讨论要种哪些水果蔬菜，之后我们会帮您栽种好，并定期帮您维护。我们会负责除草、灭虫、施肥等常规的植物养护工作，如果您连浇水的时间都没有，我们也可以代劳。您所要做的就是走出屋门，挑选自己想吃的蔬果，它们完全是有机种植的。

雅各布描述了服务内容，并且始终将注意力放在读者身上。

　　我们还可以为您种植果树，橙子、柠檬、李子、石榴、牛油果等，大部分果树会在一年后开始结果。

　　有了帕萨迪纳绿色庭园，一年到头都可以享受新鲜、自产的蔬果。您可以制作各式各样的蔬菜沙拉，夏天可以吃到甜美的西瓜，秋天能收获金黄的南瓜，还有西红柿、胡萝卜、萝卜、豆子等，只有想不到没有做不到。

中间段落描述了读者能得到哪些服务。

　　想象一下，您和家人将享用到自家庭院里种出来的蔬菜。告别不健康的高糖零食，庭院里的蓝莓和草莓都可以让孩子一边摘一边吃。告别过咸过油的薯片，你可以享用到新鲜的胡萝卜、芹菜和西葫芦。

此处能拒绝得了？

　　有研究显示，大量食用新鲜的蔬果才是减肥和保持身材的关键。

想象一下，你只要走出房间，就能为全家采集到新鲜的食物。

为了推广服务，帕萨迪纳绿色庭园现推出整月服务 200 美元的活动。想想购买有机食物需要花多少钱，甚至可以想想购买带农药的普通食物要花多少钱。对于自家后院产出的有机食品，这个价格非常公道。

只有最先打进电话的前 20 位顾客享此优惠，之后会恢复到原来的价格，现在就致电 626-800-1111 吧。

> 雅各布提供了优惠，而且有时间限制，这样能够引导读者行动起来。

难道您家不想享受这样健康、长久、有趣的服务吗？有机庭院就能带来这样的体验，我们可以帮助您！现在立刻致电 626-800-1111，开始布置自己的院子吧。

> 雅各布又重复了一遍电话。

帕萨迪纳绿色庭园　雅各布·马什

附言：如果您是前 10 名打进电话的顾客，我们将根据您的选择赠送五株价值 150 美元的果树，同时免费帮助您培植！我们接到的电话可不止 10 通，立即致电 626-800-1111 订购服务吧。

2. 投标书

企业会向潜在的客户寄送投标书（有时也称"报价单"），提供自己的项目工程造价。不同行业的投标书可能会有很大差异。

有些公司会先给客户报价，等到对方确认签字后才会开始工作。有时，报价是具有约束力的。有时，投标书中会专门列出一条，说明最终的成本将根据具体情况另行计算。你和客户都希望能在投标书中尽量完整准确地将报价确定下来。

基本情况

写投标书的**目的**是告诉潜在的买家或客户，如果他们决定与你合作，究竟要花多少钱，最后能得到怎样的成果。投标书可以算作一种合同，大家会对无法履行的部分进行讨论。**读者**会根据投标书决定是否雇佣你。要对所有可能发生的成本进行**头**

脑风暴，这些成本外加工作的盈利都需要客户来买单。下面的例子能够作为范例，帮助你**组织**自己的投标书。最好在打完**初稿**后休息一下，之后再交给对方。送交前仔细检查内容有无遗漏，核对数额加总是否正确，出错的代价是很高的。之后再根据情况进行**修改**。

报价内容清单

计算报价时要考虑以下内容：

- 人工（你和员工们的工资和保险）
- 运输
- 用材
- 设备租赁
- 总开销
- 盈利（以百分数表示）

报价需要包含以下信息：

- 总价
- 费用明细
- 工作安排和交工时间，详细说明完工的具体时间
- 支付条款
- 报价的有效期

这样做	不要做
- 用纸要带公司抬头，或是用带有公司名称和联系方式的信笺也可以。 - 认真计算人工和材料费，不要靠猜测。 - 在报价上签署日期，同时注明此价格的有效时间。费用会随着时间增加，不要把自己束缚住。 - 如有必要，可以标注该价格可能出现的变动。一定要列清楚可能导致超支的因素，其中既包括外界环境的变化，也包括客户需求的变化。	- 不要忽略任何成本。不要让客户吃惊。

这样做

- 如果客户希望有多种选择，可以考虑制作多
  份报价。
- 制作模板。如果你需要写很多投标书，最好
  制作一个模板。

---

3. 长投标书

　　某些行业的工程量比较大，标书的履行期也很长。此类标书一般都是根据"需求建议书"撰写的，此类文书是为了给某件特定工作寻找合适的承包商。

　　这样的标书更像一份正式报告，应当包含以下内容：

- 文件传送单
- 扉页
- 行政摘要
- 对当前问题的说明
- 对当前解决方案的说明
- 对方案的说明
- 对目前方案与建议方案的分析比较
- 设备要求
- 成本分析
- 交货时间表
- 受益项目
- 任务分解
- 承包商说明，附团队简介
- 承包商的宣传材料
- 合同

4. 发票

开具发票是为了向接收到产品或服务的客户索要报酬。

如今电子发票很流行。电子发票也很方便，只要用时能够找得到即可。如果你将发票放在邮件的正文里，没有单独以附件的形式保存，那么一定要在别的地方备份一下，以方便今后查找。

基本情况

开具发票的**目的**是记录自己提供了哪些产品或服务，并据此向客户收取费用。发票也可以将全额付款的支付收据囊括在内。它是你和**读者**签订的一种合同，双方都应当了解支付的内容是什么，价格具体是多少。很多公司都有发票模板，可根据不同客户的要求进行修改。无论你要写一次性的发票，还是制作发票模板，都要对所写的内容进行**头脑风暴**，其中包括你的姓名、联系方式、付款信息（如需要还可以写上税号）以及任何方便你获得报酬的信息。大部分发票都会严格按照模板**组织**，示范提纲能给你一些启发。需要打**初稿**的内容并不多，只要将信息填好即可。将发票寄出前一定要仔细检查，确保信息完整准确，如有不妥之处立即**修改**。尤其要注意检查总金额。发票具有合同的效力，金额出了错会给双方造成不小的麻烦。

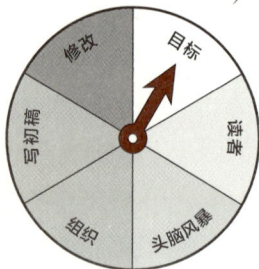

示范提纲

发票上应当包含所有付款所需的信息。

抬头：公司名称、完整的联系信息、发票号、税号、日期以及客户的名称和联系信息。

中间：逐项列出提供的产品或服务名称及单价。

页脚：出具总额，其中包含税额、退换货政策、逾期处理办法等。最后表达感谢。

这样做	不要做
• 在发票上留下完整的联系方式，包括邮寄地址、电子邮件和电话号码。	• 不要想当然地认为客户肯定知道发票针对的是哪一笔费用。要把商品或服务的名称，连同结算期限一同写清楚。

这样做	不要做
• 与客户提前联系，询问对方会计部门出账需要哪些信息。如果是独立承包商，可能会需要提供税务登记证等。大公司的会计一般要求比较严格，所以要确保自己的发票符合对方的要求。一旦出现偏差，到账时间就会延迟。 • 在发票上注明开票日期，编好号码便于自己查阅。 • 描述产品服务的每一笔成本开销。 • 列出付款截止日期。当然这样的标注可能并不作数，但它能避免引发相关的讨论。 • 发票的排版要便于浏览。可以充分运用 Word 文档中的模板或是其他网上的工具，这样就不必自己从头设计了。 • 在发票上找个位置表达感谢。发票是种冷冰冰的、功能性的文件，如果能加上一点人文色彩会更好。表达谢意能给对方留下很好的印象。	• 不要不经检查就寄出。一旦发生错误会导致付款延期。

5. 催账单

我们每个人或许都遇到过赖账的客户。大公司有专门的催账人员，小公司或个体经营者就需要自己来写催账单了。

基本情况

写催账单的首要**目的**是说服对方支付账单。但还有另一重目的，那就是用它与客户保持良好的关系，给你的**读者**留下好印

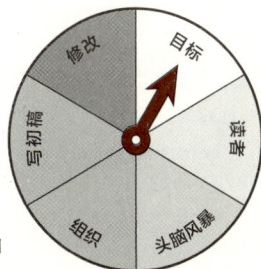

象。对方付款不及时的原因可能很多，这点我们需要牢记。一开始语气最好友善一些，将催账当作一种友好的提醒。可能你会接连写很多封这样的信，每一封都可以比前一封更坚决。对内容进行**头脑风暴**时，要记住自己写信的目的是让对方更快付账。不要用罪恶感捆绑他们，不要感情用事，要冷静地陈述事实。可以参考示范提纲的结构**组织**自己的催账单。打**初稿**时一定要注意自己的语气，一定要有礼貌。如果你要连写多封，可以参考前一封的语气，在这一封中更加坚定一些。注意检查信中是否有笔误或其他错误，再据此进行**修改**。

示范提纲

催账单应当简短而正式。

开头：提醒读者账单过期了。写明金额和过期时间，并附上一个新的截止时间。

中间：如果这不是第一封催账单，可以让对方了解一下不依照规定支付账单会有怎样的后果。如要支付滞纳金、额外利息、会将账目交给催账公司，或会采取法律行动等等。

结尾：再次强调截止时间，如果对方有疑问或是困难，鼓励他与你联系。记得留下自己的联系方式。

这样做	不要做
● 无论对方拖欠了多久，都要有礼貌。	● 不要威胁恐吓。这样做只会让客户感到更疏远，从而延迟支付时间。
● 保持乐观的态度。客户可能马上要付账了，钱很快就会到账。	● 不要使用非法手段威胁对方。如果最终要以法律手段索要账款，会对你产生负面影响。
● 语气坚定。虽然要保持礼貌，但也要让对方知道情况很严重。	● 如果你并没有打算采取行动，就不要写出来吓唬对方。如果你告诉对方要找讨债公司，或要动用法律手段，一定要付诸行动。
● 给出过期时间。如果即将或已经开始收取滞纳金了，要让对方知道收取了多少，以及这笔额外的费用要如何计算。	● 不必谄媚。像"我们想破了头，也搞不清为什么没有听到你的消息"这样的句子很容易引起对方的厌恶。
● 给出截止时间。最初设定的日期已经过去了，要给出一个新的截止时间。	
● 语言风格简单直接。这样能避开误解的风险。句子尽量短，用词尽量简单。	
● 控制篇幅，信件不要超过一页。	
● 如果你能为对方安排一个支付计划，使对方的付款更加便利，也可以一并具体列出来。	

催账单一连串

如果运气好，我们只用发一封信就能追回款项了。但如果不走运，钱一直没有追回来，我们可能就要发一连串的催账单，每一封都比前一封态度更加坚定。遇到这样的情况，我为你提供如下建议：

提醒信。提醒客户账目已经过期，语气要友好，态度要坚定。可以假设对方忘了这件事，很快就会付款。

第二封信。态度更坚定。说明自己之前发过一封提醒信，但仍然没有收到付款。如果已经开始产生滞纳金、利息或其他罚金，也一并讲清楚。为了表示善意，你可以说大家都很忙，可以理解，某些事很容易忘记，但语气依然要坚定。告诉对方最新的付款期限，并表示相信对方会很快付款。

再次跟进。给出催账单编号，这样对方有可能会与你联系，说明当下付账困难的原因。双方协商后设定截止时间。不断提醒对方有还款的义务，继续拖延会对信用等级有所影响。

最终决定。态度坚定，语气失望。陈列出过期的时间、拖延的时间，以及自己多次尝试联系追账的过程。表明如果对方仍不能在截止日期前采取行动，我方将会雇佣催账公司、寻求法律帮助，或向信用管理部门进行举报。

采取措施。如果之前的信都没能起到效果，而你已经打算寻求法律帮助，或雇佣催账公司，可以将你的行动通知客户。不过要记住，你的一切举动都是受法律和条例管辖的，不要触碰法律的底线。如有异议，可向您的律师进行咨询。

...正确的例子

亲爱的古普塔先生：

我们注意到您仍有 1237.89 美元的账目未付清。请及时付清。

感谢您对此事的关注。

海伦·斯特蒂文特

2013 年 2 月 15 日

亲爱的古普塔先生：

您仍有 1237.89 美元的账目未付清，上个月我们曾提醒过您。目前我们仍未收到付款。您是我们的老顾客，可能只是您没有看到。请您于 3 月 28 日前付清。

我们相信您会及时对此予以纠正。

海伦·斯特蒂文特

2013 年 3 月 11 日

亲爱的古普塔先生：

您的账目已经严重过期，目前有 1237.89 美元未付清。我们曾多次联系您，但始终没有收到回音。

如果您一次付清确有困难，请致电 818-555-1111，我们将为您安排一个支付计划。我们希望能与您合作，但请务必于 10 天内与我们联系。

感谢您及时关注此事。

海伦·斯特蒂文特

2013 年 3 月 29 日

亲爱的古普塔先生：

目前您有 1237.89 美元欠款逾期，我们曾多次与您联系，但始终没有收到回复。

我们仍希望能与您合作，安排还款事宜。请致电 818-555-1111。

如果 2013 年 4 月 17 日前我们仍未与您取得联系，将会雇佣催账公司，此举将会对您的信用造成巨大影响。为了避免此种情况发生，请立即与我们联系。

海伦·斯特蒂文特

2013 年 4 月 10 日

亲爱的古普塔先生：

您有 1237.89 美元逾期未还。我们多次与您联系，始终没有收到回音。

如 2013 年 4 月 24 日前您仍未与我们联系，您的账目将移交催账公司。请致电 818-555-1111。

海伦·斯特蒂文特

2013 年 4 月 15 日

致　谢

　　成书的过程当中，很多人都曾对我施以援手。我很感谢他们在各方面对我的支持。

　　很多朋友、同事都曾为我的稿子提出建议，帮助我不断完善，感谢：科莱特·希波·博韦、利兹·卡西迪、米歇尔·科恩、鲍勃·多尔蒂、瑞秋·克里斯姆斯·德里克、埃里卡·盖纳、丹尼尔·戈尔茨坦、詹妮弗·戈尔曼、罗纳德·格拉尼特、海蒂·J.霍尔德、尤金·D.希尔、朱恩·康明斯·刘易斯、苏珊·麦考密克、玛丽·奥尔森、艾莉森·布朗·帕多克、布兰顿·帕多克、马洛里·帕多克、史蒂夫·帕多克、大卫·罗杰斯、阿普汀·赛迪、汤姆·塔多格诺、纳杰·图瑞、马丁·尤尼亚克、卡伦·乌托索和阿兰·齐格勒。

　　红牛剧院的杰西·伯杰与温蒂·麦克莱伦·安德森慷慨地为我提供了一间办公室来完成手稿。史蒂夫·哈里森与杰弗里·比尔文德为我提出了许多宝贵意见。

　　成书期间，玛丽亚·波斯卡瑞诺帮了我很大的忙。是她帮我设计出了写作转盘，帮我放到书中合适的位置上。在很长的一段时间内，都是她在帮我平复我焦虑的情绪，提供专业帮助。我很庆幸能拥有这份友谊，也对她的支持深表感谢。

　　还要谢谢我的第一位英语老师凯瑟琳·M.萝丝，她是我一生的指引者。还要感谢霍华德·L.赫兹教授、詹姆斯·V.米洛教授、詹姆斯·S.夏皮罗教授，以及陈明哲教授。

　　莱斯利·阿达托、盖尔·J.安德森、莉萨·库里·奥斯汀、珍妮·科恩、鲍勃·芬格曼、凯瑟琳·M.格里森、海蒂·J.霍尔德、艾琳·兰斯顿、吉尔·尼米思卡、卡伦·乌托索在成稿过程中一直给我以精神上的鼓励。同样感谢菲利斯·莫托拉、艾莉森·布朗·帕多克、帕特里夏·F.布朗以及戴维·沃克·布朗的爱与支持。

　　我的经纪人是格林伯格的詹姆斯·莱文，他很多年前就认定这是一本好书，而那个时候我还没开始动笔。在他的启发下，我创造了写作转盘。成书后，他又为我找到了合适的出版社。非常感谢你，吉姆。

最后，我想特别感谢诺顿出版公司的编辑吉尔·拜尔斯凯。她极具洞察力的建议帮助我成功提升了书籍质量。吉尔，感谢你给我这个机会，谢谢你对我的帮助。

劳拉·布朗

图书在版编目（CIP）数据

完全写作指南 / （美）劳拉·布朗著；袁婧译 . -- 南昌：江西人民出版社，2017.3
ISBN 978-7-210-07488-5

Ⅰ . ①完… Ⅱ . ①劳… ②袁… Ⅲ . ①写作—指南 Ⅳ . ① H05-62

中国版本图书馆 CIP 数据核字 (2016) 第 308548 号

HOW TO WRITE ANYTHING: A Complete Guide
By Laura Brown
Copyright © 2014 by Laura Brown
Simplified Chinese translation copyright © 2017 by Ginkgo (Beijing) Book Co., Ltd.
Published by arrangement with author c/o Levine Greenberg Rostan Literary Agency through
Bardon-Chinese Media Agency
ALL RIGHTS RESERVED
本书中文简体版由银杏树下（北京）图书有限公司出版发行。

版权登记号：14-2016-0372

完全写作指南

作者：［美］劳拉·布朗（Laura Brown）
译者：袁婧　责任编辑：冯雪松
出版发行：江西人民出版社　印刷：北京盛通印刷股份有限公司
720 毫米 × 1030 毫米　1/16　31 印张　字数 462 千字
2017 年 3 月第 1 版　2017 年 3 月第 2 次印刷
ISBN 978-7-210-07488-5
定价：78.00 元
赣版权登字 -01-2016-922

后浪出版咨询（北京）有限责任公司　常年法律顾问：北京大成律师事务所
周天晖　copyright@hinabook.com
未经许可，不得以任何方式复制或抄袭本书部分或全部内容
版权所有，侵权必究
如有质量问题，请寄回印厂调换。联系电话：010-64010019